dumont taschenbücher

Russell Page (1906–1985) war einer der gefragtesten englischen Gartenarchitekten des 20. Jahrhunderts. Er schuf unter anderem die Parkanlagen der
Pepsi-Cola-Hauptverwaltung in Purchase, New York, des Frick-Museums
in New York City und der Festival Gardens im Londoner Battersea Park.

Russell Page

Ich schuf Gärten in aller Welt

(The Education of a Gardener)

Mit einer Einführung
von Annette Roellenbleck

DuMont Buchverlag Köln

Umschlagabbildung: Longleat, blaue und rote Rabatte und Orangerie. Foto:
Jürgen Strassel.

Die Deutsche Bibliothek – CIP-Einheitsaufnahme

Page, Russell:
Ich schuf Gärten in aller Welt = (The education of a gardener) /
Russell Page. Mit einer Einf. von Annette Roellenbleck. [Aus
dem Engl. übers. von Leni Losert und Renate Braun]. – Köln :
DuMont, 1992
    (DuMont-Taschenbücher ; Nr. 276)
    Einheitssacht.: The education of a gardener <dt.>
    ISBN 3-7701-2806-0
NE: GT

Aus dem Englischen übersetzt von Leni Losert und Renate Braun; fachliche
Durchsicht des deutschen Textes: Kaspar Klaffke.

Diese Übersetzung erschien erstmals 1967 unter dem Titel *Ich schuf Gärten
in aller Welt. Der Werdegang eines Gärtners* im Verlag J. Neumann-
Neudamm, Melsungen; für die vorliegende Ausgabe wurde sie leicht über-
arbeitet.
Titel der englischen Originalausgabe: *The Education of a Gardener,* William
Collins Sons & Co., London, 1962

© 1992 DuMont Buchverlag, Köln
Alle deutschsprachigen Rechte vorbehalten
Satz und Druck: Rasch, Bramsche
Buchbinderische Verarbeitung: Bramscher Buchbinder Betriebe

Printed in Germany   ISBN 3-7701-2806-0

INHALT

EINFÜHRUNG

Das vorliegende Buch des weit über die Grenzen Englands hinaus bekannten Gartenarchitekten Russell Page ist seit langem zu einem Klassiker der Gartenliteratur geworden. Unter vergleichbaren Schriften wie denen von Gertrude Jekyll oder Vita Sackville-West nimmt es eine ganz eigene Stellung ein. Zwar ist es charakteristisch für die englische Gartenschriftstellerei, Sachdarlegungen mit einem Bericht über persönliche Erfahrungen und Beobachtungen zu verbinden, aber selten bildet, wie hier, die eigene Lebensgeschichte den Rahmen für ein Lehrbuch der Gartenkunst.

Russell Page beginnt seine gärtnerische Laufbahn schon in jugendlichem Alter in seiner Heimat in Lincolnshire, wo er für sich im elterlichen Garten und für die Nachbarn kleine Steingärten anlegt. In Frankreich nimmt er dann in den dreißiger Jahren endgültig von seiner Idee, Maler zu werden, Abschied und beginnt, seiner eigentlichen Berufung folgend, die ersten größeren Gärten anzulegen.

Die Kriegsjahre verbringt er in den Vereinigten Staaten, dem Nahen Osten, Indien und Ceylon. Nach Kriegsende läßt er sich in Paris nieder. Von hier aus führt ihn seine Arbeit durch ganz Frankreich, nach Norditalien, Belgien und in die Schweiz. Er unternimmt Reisen nach Ägypten, in den Iran und die Vereinigten Staaten und später wieder nach Italien und Spanien. 1962, im Erscheinungsjahr der vorliegenden Autobiographie, kehrt er nach England zurück, setzt aber auch von hier aus seine Arbeit in ganz Europa, Australien, den Vereinigten Staaten und Südamerika fort. 1985 ist er in London gestorben.

Auf seinen vielen Reisen hat Russell Page immer neue Landschaften, Pflanzen, Gartentypen und Kunstformen in Architektur und

Malerei kennengelernt und die Fähigkeit erworben, mit nachtwandlerischer Sicherheit den Charakter eines Ortes, den Genius loci, zu erfassen, um ihn dann mit Hilfe seiner persönlichen gestalterischen Mittel herauszuarbeiten. Bei aller Verschiedenheit weisen die Gärten – kleine Stadtgärten oder große Parks, formal streng gegliederte oder Landschaftsgärten –, die er in so unterschiedlichen Landschaften angelegt oder restauriert hat, doch alle gewisse Merkmale auf, die seine Handschrift erkennen lassen.

Oberstes Ziel seiner Arbeit war immer der Gesamtplan, das heißt die Grundstruktur, die den Garten als Einheit erleben läßt. Seine Kunst bestand darin, einen vorgegebenen Raum, gleich welcher Größe, durch wohlüberlegte Kunstgriffe wie ein Gemälde zu gliedern. Er war von der Idee besessen, daß es für jeden Garten nur eine einzige richtige Lösung geben könne, und glaubte an einen sechsten Sinn, der eine Situation diagnostizieren, das Problem erfassen und hieraus die Lösung ersehen könne. Diesen »Gedankenblitz« festzuhalten, könne man einüben, um ihn dann beim Durchdenken der gestellten Aufgabe stets präsent zu haben. Gleich im ersten Kapitel seiner Autobiographie schreibt er: »Ich weiß, daß unter den von mir gestalteten Gärten diejenigen am ehesten den Eindruck von Einheit und Notwendigkeit vermitteln, bei denen ich mir weder Nebengedanken noch ablenkende, das Grundthema verwischende Einzelheiten erlaubt habe.« Immer wieder spricht Page von dem Grundthema, auf das sich der Gartenarchitekt konzentrieren müsse. Der Lehrsatz »Du mußt wissen, was du willst; versuche dann, es so einfach auszudrücken, wie du kannst«, den er sich als junger Mann auf der Kunstschule eingeprägt hatte, war ihm bei seiner Arbeit ein ständiger Begleiter.

Beschränkung und Einfachheit waren also seine Grundprinzipien. Aber nicht nur der Gesamtplan des Gartens, sondern auch alle ausschmückenden Details sollten so einfach wie möglich sein. Mit Hilfe einer klaren Strukturierung einerseits, einer genau durchdachten Auswahl an Pflanzen und architektonischen Elementen andererseits vermochte er, auch auf kleinstem Raum großzügige Gartenbilder zu entwerfen. Er verstand es meisterlich, weite Durchblicke und Blickpunkte zu schaffen, mit ruhigen grünen Hecken neue Gartenräume entstehen zu lassen, die Silhouetten prachtvoller Bäume oder stiller Wasser auf grünen Rasenflächen gegen einen weiten Horizont zur Wirkung zu bringen und auf eindrucksvolle Art und Weise Stufen und Wege als belebende Elemente einzusetzen, die die einzelnen Gartenbereiche harmonisch untereinander verbinden.

Am liebsten aber ging er mit dem Element Wasser um. Die unzähligen Seen, Teiche, Springbrunnen, Kaskaden, Flüsse und Bäche, die er behutsam in seine Pläne integriert oder neu entworfen hat, machen seine Liebe zum Wasser deutlich. So widmet er nicht nur den Bäumen, Sträuchern und Blumen, sondern auch dem Wasser ein Kapitel seines Buches. Eindrücklich berichtet er darin von Reisen in die Wüste, auf denen ihm die Natur des Wassers und seine Bedeutung für alles Leben zum erstenmal bewußt geworden sei. Der Blick aus dem Flugzeug auf dem Weg von Khartum nach Kairo läßt ihm den Lauf des Nils wie das Bild einer Lotosblume erscheinen: »Aus der Luft sieht Ägypten wie eine Lotosblume aus; der Nil ist der Saft, der den grünen Stengel hinaufsteigt, die Oase Fajum ist das Blatt, und das Delta stellt die entfaltete Blüte dar.«

Reisen wie diese brachten ihn zu der Überzeugung, daß die frühesten Gärten nicht nur deswegen von Wasserläufen durchzogen waren, weil die Pflanzen getränkt werden müssen, sondern auch, weil die Menschen das Verlangen hatten, am Ort der Ruhe und Freude seine belebenden Kräfte zu erfahren.

»Weißes Wasser«, so schreibt er, »brechende Wellen, Wasserfälle, Kaskaden und Springbrunnen sollen negative Ionen freisetzen, die ›die Luft reinigen‹ und zum Wohlbefinden des Menschen beitragen.« Auch aus allen späteren Epochen der Gartenkunst wird für ihn deutlich, daß die Gartenkünstler Wasser auch noch zu anderen Zwecken als rein nützlichen eingesetzt haben. Gärten mit Wasseranlagen haben auf ihn eine besondere Faszination ausgeübt, und wenn ihm ein Garten ohne sichtbares Wasser besonders harmonisch erschien, so meinte er, einen unterirdischen Wasserlauf oder ein fließendes Wasser in der Nähe zu erspüren, das er dann vielleicht sogar wie ein Wünschelrutengänger auf einer Anhöhe in einer zwischen Felsen versteckten Grotte entdeckte.

So gern arbeitete Page mit Wasser, daß er unter seinen potentiellen Kunden mit Vorliebe diejenigen auswählte, die ihm ein Gelände mit einer Aussicht auf Wasser bieten konnten. Bei all seiner Begeisterung für Wasser bemühte er sich aber stets, sich nicht von einer »Wunderwelt malerischer Details« ablenken zu lassen, sondern auch hier, wie beim Umgang mit Pflanzen oder architektonischen Details, seinem Prinzip der Einfachheit und der Beschränkung auf das Wesentliche treu zu bleiben. Stets versuchte er, das zu gestaltende Gelände als ein Ganzes zu sehen, in dem das Wasser nur einen Bestandteil unter anderen darstellen sollte.

Weist das Gelände ein fließendes Gewässer auf, so müssen der Entwurf und die Bepflanzung »Licht, Heiterkeit und Bewegung« ausdrücken. Hat es der Gartengestalter dagegen mit einem stehenden Gewässer zu tun, dann soll er die statischen, ruhigen Qualitäten der Bäume, Rasenflächen und übrigen Pflanzen herausarbeiten.

Ob Page nun ein parkartiges Gelände gestaltet oder einen kleinen Stadtgarten anlegt, ob er mit Wiesen, Feldern und Wäldern, mit Flüssen oder Bächen, Seen, Teichen oder künstlichen Wasserbekken, mit Felsen oder Steinen oder mit Bäumen, Sträuchern und krautigen Pflanzen arbeitet – stets versucht er, die einzelnen Objekte in eine harmonische Beziehung zueinander zu setzen, damit sich der Garten zu einem Ganzen zusammenfügt.

Von japanischen Gartengestaltern, so berichtet er, habe er gelernt, daß bei der Gestaltung eines Geländes die räumliche Beziehung der Objekte untereinander die entscheidende Rolle spiele. Fasziniert von der Idee, daß jedes Objekt Schwingungen aussendet, die aufgrund des unterschiedlichen Materials, der Farben, Formen und Texturen variieren, versucht er, durch leichte Verschiebungen oder Drehungen der Objekte die ideale Wechselwirkung zwischen ihnen zu erzielen. Ausgehend von schon vorhandenen Fixpunkten – zum Beispiel einem Baum, einem Gebäude oder Wasser –, deren spezifische Schwingungen eine verstärkende oder abmildernde Behandlung verlangen, versuchte Page, durch Hinzufügen oder Reduzieren von Formen und Texturen und mit Hilfe einer überlegten Farbgestaltung die gewünschte Wirkung – ob nun spektakulär oder zurückhaltend – zu schaffen. Nur wenn man die Spannung zwischen den Objekten im Auge behält, glaubt er, kann der Garten zu einem Kunstwerk werden.

Nicht nur für den Gartenarchitekten, auch für jeden Gartenfreund kann Pages Autobiographie eine fesselnde Lektüre sein. Sie führt uns immer wieder vor Augen, daß zum Gelingen selbst des kleinsten Gartens das Erspüren der umgebenden Landschaft mit der ihr eigenen Pflanzenwelt Grundvoraussetzung ist. Um zu dieser großen Kunst zu gelangen, müssen wir nicht nur ein sicheres Raumgefühl entwickeln, sondern auch Pflanzen kennen- und liebenlernen und mit ihnen umzugehen verstehen.

Page hat sicherlich sehr bewußt den Titel »The Education of a Gardener« (Lehrjahre eines Gärtners) für seine Autobiographie gewählt, da er sich in erster Linie als Gärtner und nicht als Gartenarchitekt verstanden hat. Seine Liebe zu den Pflanzen, die sich entzündet, als er mit vierzehn Jahren für ein paar Groschen eine Glockenblume erwirbt, eröffnet ihm eine faszinierende Welt, die zu erkunden und den Menschen in Form schöner Gärten sichtbar zu machen er sich sein Leben lang leidenschaftlich bemüht hat.

In jedem Kapitel des Buches wird Pages unerschöpfliche Freude im Umgang mit Pflanzen deutlich. Trotz seiner großen Erfolge und vielen Auszeichnungen als Gartenarchitekt ist er im Innern seines Herzens ein Gärtner geblieben, der glücklich ist, wenn er eine neue Pflanze entdecken, eine harmonische Pflanzenkombination anschauen, den Flaum eines Blattes unter den Fingern spüren oder den Duft einer von der Sonne gewärmten Rosenblüte genießen kann.

Der Titel »The Education of a Gardener« verrät aber auch, daß Page seine Arbeit als einen nie endenden Lernprozeß verstanden wissen wollte. Das Bemühen um die Lösung eines Problems bedeutete ihm mehr als das Ergebnis. Aus diesem Grund hat er sich wohl bis zum Ende seines Lebens seine Begeisterung und Neugierde bewahrt, Eigenschaften, von denen man sich bei der Lektüre dieses Buches anstecken lassen kann. Er hat immer betont, wie glücklich und dankbar er sei, daß er sein Leben lang seiner Lieblingsbeschäftigung, der Gestaltung von Gärten, habe nachgehen können. Wenn auch die wenigsten unter uns dieses Glück haben werden, so können wir doch ein Stück davon jeden Tag im eigenen Garten wiederfinden.

Annette Roellenbleck

VORWORT

Zuallererst möchte ich hervorheben, daß das vorliegende Werk sein Entstehen zu einem guten Teil meiner Frau verdankt. Sie war fest davon überzeugt, daß dieser Bericht eines Gartenarchitekten das Interesse von Amateuren und Berufsgärtnern finden würde. Ihre aktive Hilfe und ihr ermutigender Zuspruch während jeder Phase der Niederschrift machten dieses Buch erst möglich. Ebenso bin ich Miß Solita Solano und Madame Kadloubovsky für die Redigierung der ersten Abzüge und meinem alten und geschätzten Freund Mr. Roy Hay für seine stets guten Vorschläge und seine Begeisterung für die Sache zu großem Dank verpflichtet.

Mr. Fred Whitsey war so freundlich, die Pflanzennamen zu überprüfen und meine altmodische Nomenklatur auf den neuesten Stand zu bringen – keine leichte Aufgabe bei der ständigen Neu- und Umbenennung alter Favoriten.

Schließlich möchte ich auch noch Mr. Mark Collins und Mr. Robert Cross meinen Dank für ihre Ratschläge, ihre Hilfe und ihre Geduld aussprechen.

EINLEITUNG

Wie ich Gärtner wurde

Bis zu meinem achtzehnten Lebensjahr hatte ich einen eigenen Garten. Seitdem aber ist es meine Hauptbeschäftigung, Gärten für andere Leute zu entwerfen. Ich habe in England, Frankreich, Belgien, in der Schweiz und in Italien gearbeitet, gelegentlich in Ägypten, einmal sogar in Persien und im Osten der Vereinigten Staaten. Ich sah auch Gärten in Indien, Ceylon und Isfahan, im Libanon, in Skandinavien, Holland und Deutschland. Ich habe Fensterkästen und Gärten für Siedlungshäuser bepflanzt, Wohnviertel für Industriearbeiter und Grünanlagen für Fabriken. Für Grundbesitzer und Großindustrielle habe ich gearbeitet, für öffentliche Körperschaften und Handelsgesellschaften, für die ganz Reichen und die Armen, für Fachleute und Liebhaber. Dies alles hat im Laufe der Jahre eine umfassende und gründliche Erfahrung ergeben. Ich schreibe bewußt »umfassend«. Von vielen Gesichtspunkten, nach denen Gärten gestaltet werden könnten, verstehe ich überhaupt nichts und von manchen anderen nur sehr wenig. Doch nie sah ich einen Garten, von dem ich nicht irgend etwas gelernt hätte, und selten traf ich einen Gärtner, der mir nicht auf die eine oder andere Weise half. Hätte ich die letzten dreißig Jahre mit der Gestaltung meines eigenen Gartens zugebracht, würde ich vielleicht wünschen, diese Erfahrung mitzuteilen. So verschieden jedoch die natürlichen Bedingungen, Zeit und Ort auch waren, immer habe ich versucht, jeden Garten harmonisch zu gestalten, indem ich die Menschen mit der Natur verband, das Haus mit der Landschaft, die Pflanze mit ihrem Boden. Dieses Ziel zu erreichen ist schwer, und die Durchführung blieb immer hinter dem Entwurf zurück. Bei jedem neuen Versuch sehe ich zuerst das, was überflüssig ist, und alles, was mein Verständnis für ein Problem in Unordnung bringt, muß entfernt werden. Alles, was von dem Gedanken einer Einheit ablenkt, hat zu verschwinden.

Ich begann etwas von Pflanzen zu begreifen, als ich anfing, sie selbst zu ziehen und zu pflegen. In den Sommerferien war es, ich war vielleicht vierzehn Jahre alt, als ich, gelangweilt von den Reit- und Springwettbewerben bei einer landwirtschaftlichen Ausstellung, zum Blumenzelt schlenderte. In jener schwülen Atmosphäre, erfüllt vom Geruch der Menschen und Tiere, des zertretenen Grases und der Blumen, wurde meine Aufmerksamkeit von dem winzigen Exemplar einer Glockenblume *(Campanula pulla)* gefesselt. Sie trug drei tief purpurfarbene Glocken, die riesengroß waren im Vergleich zu den zierlichen Blättern und dem sehr kleinen Topf, darin sie wuchs. Für einen Shilling gehörte sie mir, und eine neue Welt tat sich mir auf. Ich hatte weder eine Vorstellung, was ich mit ihr beginnen, noch wie sie in der kalten, tonigen Erde eines Gartens in Lincolnshire gedeihen sollte. So ging ich in eine Bibliothek, und innerhalb weniger Tage hatte ich in Reginald Farrer mit seinem »English Rock Garden« und in Gertrude Jekyll mit ihrem »Wall and Water Garden« Freunde und Lehrer zugleich gefunden, zwei Menschen, die ihr Leben mit Pflanzen und Gärten verbracht hatten.

Mein ganzes Taschengeld gab ich für Steingartenpflanzen aus. Alle freien Tage widmete ich meinem eigenen Gartenwinkel. Ich radelte meilenweit, um einen Korb Walderde zu bekommen, ich stahl Kies, Sand oder Schotter von den Haufen an Straßenrändern, und ich borgte Pferd und Wagen, um Steine zu sammeln, die in unserer steinlosen Gegend schwer zu finden waren. Meine Campanula ging ein, aber ich hatte inzwischen das Bild einer *Primula farinosa* gesehen, mich in sie verliebt und erfahren, daß sie in Yorkshire wild wuchs. Ich lockte also meinen Vater, der gern Vögel beobachtete, in die Täler von Yorkshire. Dort wanderte ich meilenweit, wobei ich jeden Vorübergehenden befragte, und nach drei Wochen des Forschens fand ich endlich einen verlassenen Steinbruch, übersät mit den blaßvioletten Kostbarkeiten, die ich suchte.

Als ich ein kleiner Junge war, fand jeden Freitag in der Nähe des Stonebow in Lincoln ein Wochenmarkt statt. Die Bauersfrauen fuhren sonntäglich gekleidet früh am Morgen mit Körben voll frischer Butter, Eier, Küken, Enten und mit Bündeln frisch gepflückter Minze und Salbei dorthin. Ich wurde oft von der Haushälterin meines Großvaters mitgenommen, wenn sie dort ihre Einkäufe machte, und ich erinnere mich, daß es im Frühling immer Sträuße von gefüllten, hellvioletten Primeln und von wunderbar duftendem Seidelbast *(Daphne mezereum)* gab. Später, als sich meine Begeisterung für Gartenarbeit entwickelte, wollte ich diese Pflanzen gern haben, fand sie aber nirgends in den Gärten unserer Freunde. Sie schienen nur in Bauerngärten der Weiler zu gedeihen, die zwischen Feldern und Wäldern weit verstreut lagen. Allmählich lernte ich alle Besitzer der Häuschen und ihre Gärten im Umkreis von mehreren Kilometern kennen, denn diese Leute auf dem Lande hatten eine sehr glückliche Hand im Umgang mit Pflanzen. An den Küchenfenstern häuften sich Blumentöpfe mit Kaskaden von *Campanula isophylla,* Geranien, Fuchsien und Begonien, alle von Schnittlingen gezogen. Ich bekam Stecklinge von Nelken und Rosen, die in keinem Katalog zu finden waren, und Sämlinge von Pflanzen, die vielleicht ein verwandter Matrose mit heimgebracht hatte. Hier fand ich eine Welt bescheidener Blumenliebhaber.

Mein Vater muß es gewesen sein, der mir von einer älteren blumenbegeisterten Dame erzählt hat. Sie lebte in einem viktorianischen Haus in gotischem Stil im Schatten der drei großen Türme des Münsters zu Lincoln. Eines Tages klopfte ich an ihre Tür. Sie öffnete selbst und stand groß und hager vor mir, mit wirrem, grauem Haar, nach der Mode von vor dreißig Jahren gekleidet. »Passen Sie bitte auf, wohin Sie treten«, sagte die Dame – und diese Warnung war auch notwendig, denn die Hälfte der bunten, gebrannten Fliesen, mit denen der dunkle Gang belegt war, fehlte. Man mußte Himmel und Hölle spielen, um die Sämlinge asiatischer Primeln nicht zu beschädigen, die in den Feldern der schachbrettartig entfernten Fliesen wuchsen. Das Wohnzimmer war in anderer Weise als Garten gestaltet; Efeu war durch Löcher in den Wänden hineingezogen worden, um Fenster, Wände und Zimmerdecke mit Grün zu bekränzen. Diese Dame hatte in Indien gelebt, wo sie viele Jahre lang naturnahe Aquarelle von Blumen, Musikinstrumenten, Juwelen und Haushaltsgegenständen angefertigt hatte, die einen ganzen

Stoß von Alben füllten. Draußen gelangte man in einer alten Syko-more über eine wacklige Bambusleiter zu einer Plattform zwischen den Ästen, die sie ihren Hochsitz nannte, obwohl die Nachbars-katze der einzige Tiger war, auf den sie »ansitzen« konnte. Es gab auch einen Steingarten, der als Behausung für Frösche, Eidechsen und Grasschlangen gedacht war. Da sie ihn im Winter farblos fand, hatte sie ihm Kolonien von hellfarbigen Pilzen aufgebürdet, die sie, so erzählte sie, aus den Deckeln von Schuhcremebüchsen und alten Zahnbürsten selber gebastelt hatte. Ich war immer willkommen. Es gab keine festen Essenszeiten; »ein kleiner Happen alle zwei Stun-den ist besser«, pflegte sie zu sagen und brachte mir einen Teller mit Ananas oder Eiercreme oder ein belegtes Brot.

Ich betrieb die Gartenarbeit, so gut ich konnte, studierte meine wenigen Pflanzen gründlich, hegte und pflegte sie und lernte durch Riechen und Berühren kennen, was ihnen guttat und was nicht. Das Bücherstudium vermittelte mir Kenntnisse, aber wirkliches Wissen und Verständnis für einen lebenden Organismus läßt sich nur durch physischen Kontakt erwerben. »Grüne Finger« oder einen »grünen Daumen« haben ist eine alte Bezeichnung für die Fähigkeit, durch liebevolle Behandlung eine lebende Pflanze zum Gedeihen zu brin-gen. Allmählich gelangte ich dahin, aus der Farbe, dem Gewebe, der Form und dem Verhalten die Herkunft einer Pflanze und ihre Lebensbedingungen zu erkennen.

Meine Lehrzeit in der Kunst der Gartengestaltung absolvierte ich ebenfalls in einem kleinen, aber sehr praktischen Rahmen. Ich war siebzehn, als man mir einen Grashang gab, ein paar Karren voll örtlich vorkommender Eisensteine, etliche Säcke Zement, einige Pflanzen und eine durch Röhren geleitete Wasserzufuhr; damit sollte ich einen kleinen bewässerten Steingarten anlegen. Drei Monate lang lebte ich richtig in und mit dieser kleinen Welt und mühte mich mit meiner Landschaft in Westentaschenformat ab. Jeder Stein war für mich ein Felsen oder eine Bergspitze, mein Was-serrinnsal konnte ein See, Fluß oder kleiner Wasserfall sein, und drei Zwergwacholder bildeten einen Wald. Einige Quadratzentimeter feuchter und schattiger Erde an der Nordseite eines Steines waren ein Himalajamoor, wo *Primula rosea* wuchs; eine Handvoll Kies auf der Sonnenseite des gleichen Steins ersetzte einen heißen, steinigen

Bergabhang, dort konnte ich Steintäschel (Aethionema) oder Mannsschild (Androsace) ziehen. Ein fünfzehn Zentimeter hoher Wasserfall war mein Niagara, und meine Freunde, die mich bei meiner Arbeit besuchten, sah ich nur als Riesenfüße und -beine, so sehr war ich in meine Liliputprobleme vertieft. Mit siebzehn waren mein Unterhalt und ein neuer Tennisschläger kostbare Sonderbelohnungen für alles, was ich über Farbe, Proportionen, Struktur und über die Pflanzen und ihre Bedürfnisse lernte.

Freunde reichten mich von Haus zu Haus weiter, und immer wieder hatte ich neue Steingärten anzulegen. Meine Hände waren zerkratzt, meine Füße immer naß, und mein Rücken schmerzte heftig – aber ich habe viel gelernt. Heute weiß ich, daß man nicht nur durch Theorie lernen kann, Gärten zu entwerfen. Man muß die Art und Natur der Pflanzen und Steine, des Wassers und Erdbodens mindestens gleichermaßen mit den Händen wie mit dem Kopf kennenlernen. Das England der zwanziger Jahre war günstig für einen lernenden Gartenarchitekten, denn es gab noch eine unbeschäftigte Klasse, die zwar schon knapp an Geld war, aber Zeit, Kultur und Geschmack hatte.

Eine meiner ersten Arbeiten war ein Steingarten auf einem Feld in der Grafschaft Rutland. Dort liegt der Kalkstein des Oolithgürtels nahe an der Oberfläche und hat das Material für hübsche Dörfer geliefert. Gutshof, Kirche, Bauernhäuser und Siedlungshäuschen sind aus schönen Quadersteinen gebaut, die Dächer mit Dachziegeln aus Colley Weston gedeckt. North Luffenham, das Dorf, in dem ich arbeitete, hatte eine schöne Kirche aus dem 13. Jahrhundert, und daneben war das Gutshaus – Caroline links und Königin Anna rechts davon. In einem Feld jenseits des Obstgartens hatten die Besitzer kurz vorher die zerfallenen Mauern eines alten Fischteiches und eine Quelle entdeckt. Während des starken Frostes im Frühjahr 1929, der nach meiner Erinnerung bis Mitte April herrschte, mühte ich mich mit Hilfe eines Stalljungen damit ab, die Quelle zu fassen, so daß ein Bächlein zwischen und über Steine hinweg auf dem Feld hinunterfließen konnte. Wir bepflanzten den Steingarten mit bewurzelten Stecklingen und allen Arten von Pflanzen, die wir von Nachbarn durch Tausch erhielten. In dieser ganzen Zeit lernte ich viel. Mein Gastgeber war glücklich, einen jungen Enthusiasten gefunden zu haben, der seine Leidenschaft teilte, und nahm mich zum Wochenende überall mit hin, um in der näheren und weiteren Umgebung andere Gartenliebhaber aufzusuchen und ihre Gärten zu besichtigen.

Ich lernte recht schnell. Indem ich die Pflanzen in die Hand nahm, begriff ich aus der Art, wie sie sich anfühlten und wie sie aussahen, welche Wachstumsbedingungen ihnen zusagten, und ich war bald imstande, ihren Ursprungsort zu erraten. Ich lernte ihre Namen einfach dadurch, daß ich mir von jeder Pflanze, die ich zum erstenmal sah, den vollen Namen aufschrieb. Selbst wenn ich heute eine Pflanze sehe, deren Namen ich beim zweiten oder sogar beim fünfzigsten Male nicht behalten kann, schreibe ich ihren Namen auf; am Ende behält man ihn.

Bei einem der eben erwähnten Gartenbesuche kam ich zum erstenmal nach Gloucestershire und lernte Mark Fenwick und seinen damals berühmten Garten in Abbotswood bei Stow-on-the-Wold kennen. Mark Fenwick war schon ein alter, durch Arthritis verkrüppelter Mann. Innerhalb von dreißig Jahren hatte er einen Bergabhang der Cotswold Hills in ein Paradies für Pflanzenliebhaber verwandelt. Das Haus, das von Lutyens neu gestaltet worden war, hatte eine Reihe ziemlich gekünstelter regelmäßiger Terrassen und Gärten, die ihren Besitzer zu jener Zeit weniger interessierten. Er war damit beschäftigt, einen Teil seines Hanges in einen »wilden« Garten zu verwandeln, wo einige kleine Wasserläufe und mehrere zutage liegende Steine genügt hatten, um eine große Sammlung stein- und wasserliebender Pflanzen, Alpenpflanzen und Blütensträucher anzulegen. Morgens und nachmittags setzte sich Mark Fenwick in seinen elektrischen Rollstuhl, prüfte, ob Notizbuch und Bleistift mit einem Stückchen Schnur sicher an seiner Jacke befestigt waren, rief Mr. Tustin, seinen Obergärtner, und auf ging es. Obwohl seine Sammlung der verschiedensten Pflanzen verwirrend war, zeigte Mark Fenwick einen außerordentlichen Geschmack. Seine Pflanzen sahen zufrieden aus, und die Art, wie er sie zusammenstellte, bewies ein feines Empfinden für Farbe und ein bemerkenswertes Verständnis für Form und Struktur. Ich lernte diesen Garten zu jeder Jahreszeit kennen, vom ersten zarten Grün des Katsurabaums *(Cercidiphyllum japonicum)* und vom Blühen der

Tulpen, Anemonen und Primeln im Frühling bis zu dem oktoberlichen Scharlachrot des Japanischen Ahorns, dem Hellviolett der Herbstkrokusse und den gedämpften Tönen des Heidegartens im Winter.

Ein Gefühl von Jugend und Fröhlichkeit beherrschte den Garten, und am rührendsten waren die Begeisterung meines Gastgebers, seine Geduld mit meiner Jugend und Unwissenheit, seine Lebenskraft und gute Laune. Er schien glücklich zu sein, seine Liebe und sein Wissen über Gärten jedem, der lernen wollte, beizubringen.

Die gut bewässerten, gut drainierten und geschützten Täler der Cotswold Hills eignen sich als Gartengelände, und wir machten uns oft auf den Weg über die nach Klee duftenden Hügel, um die Gärten der Nachbarn zu sehen. Nicht weit von uns kamen die Gärten von Hidcote bei Chipping Campden gerade zur vollen Entfaltung. Lawrence Johnston, ihr Besitzer und Gestalter, war als junger Mann aus den Vereinigten Staaten gekommen und hatte ein kleines steinernes Gutshaus gekauft, das inmitten grüner Felder stand, aber keinen Garten hatte. Nach und nach schuf er den heute berühmten Komplex von Gärten, die nach meiner Ansicht ein außergewöhnliches gestalterisches Können verraten. Das Thema des Hidcote-Gartens ist eine Folge kleiner Parzellen, deren Größe im Einklang mit dem bescheidenen Haus steht. Jede Parzelle war Pflanzengruppen gewidmet, bei denen im allgemeinen eine Farbe vorherrschte. Die verschiedenen kleinen Gärten waren durch lange axiale Alleen sorgsam verbunden und getrennt; und damit der Pflanzenreichtum nicht verworren aussah, bildeten Graswege oder Rasenflächen – mit Eiben-, Buchen- oder Hainbuchenhecken eingefaßt – eine beruhigende Unterbrechung. Vielleicht war Lawrence Johnstons wesentlichster Beitrag zur modernen Gartengestaltung seine Fähigkeit, Pflanzen in ungewöhnlicher Weise miteinander zu kombinieren. Ich denke an eine Doppelrabatte mit Rosen und Pfingstrosen *(Paeonia officinalis)* aus Großmutters Zeiten. Der Weg dazwischen war mit der kleinen rotvioletten Glockenblume *Campanula portenschlagiana* und dem senfgrünen Frauenmantel (Alchemilla) eingefaßt. In dieser unerwarteten Zusammenstellung scheinen sich diese altmodischen Pflanzen genau zu ergänzen, und man spürte das Ergebnis von Durchdenken und gutem Verständnis für die Art der Pflanzen.

Später sollte ich noch mehr von Lawrence Johnstons Werk sehen, und zwar im Wald von Montmorency bei Paris, wo in St. Brice Edith Wharton im Pavillon Colombe lebte. Den Pavillon hatte ein *fermier-général* für die Schwestern Colombe, vermutlich seine Freundinnen, im späten Louis-XV-Stil erbaut. Edith Wharton, deren wenig bekanntes erstes Buch von dem damals noch neuen Aufgabenbereich der Innendekoration handelt, hatte die getäfelten Räume mit Büchern und Möbeln aus dem 18. Jahrhundert gefüllt. Mit Major Johnstons Hilfe gestaltete sie den Garten genau in der Wesensart des Hauses. Ein strenger Buchsbaumgarten, den sie gemeinsam schufen und »blauen Garten« nannten, besteht noch heute. Die äußeren Beete sind jetzt mit Rittersporn, Galtonien, Ochsenzunge und Salbei *(Salvia patens)* angefüllt, während im Parterre in der Mitte *Nepeta × faassenii* und Ageratum wachsen. Die Höhe wird bestimmt durch die blaue Eibischsorte *Hibiscus syriacus* ›Coelestis‹. Man hat diese etwa zwei Meter hohen Sträucher wie Birnbäume in Pyramidenform beschnitten. Vom Haus aus gelangt man durch ein Gehölz und um ein großes, in Stein gefaßtes Wasserbecken aus dem 18. Jahrhundert herum in die Blumengärten, die wiederum abgeteilt sind. Später arbeitete ich mit der Herzogin von Talleyrand, der nun das Haus gehört, gegenüber dem blauen Garten. Hier legten wir einen anderen formellen Garten mit geschnittenen Eiben und zwei schönen Steinvasen an. Alle Beete in dem Garten sind mit Federnelken bepflanzt. Ihr silbriges Laub sieht zusammen mit dem cremefarbenen Stein der Vasen, die von Silbersantolina umrahmt werden, das ganze Jahr über eindrucksvoll aus. Von Mai bis Juli gibt es eine Überfülle von rosa und weißen Blüten, und der Garten ist von schwerem Duft erfüllt.

Zu dieser Zeit arbeitete ich auch in Devonshire bei einem großen Haus, das an dem oberen Teil einer zwischen Eichenwäldern zur See hinabdrängenden Flußmündung lag. Im äußersten Südwesten Englands einen Garten anzulegen war etwas ganz anderes. In jenem milden, fast frostfreien und sehr feuchten Klima gedeihen alle Arten von Bäumen und Sträuchern, die man nirgendwo sonst ziehen kann; in der Tat kamen mir Gärten in Devonshire mit ihrer Fülle von seltenen botanischen Arten wie eine Übung im Lateinischen vor. Eden Phillpotts erschien als Retter mit seinem wunderbaren Buch über Bäume und Sträucher, und ein anderer hilfreicher Fachmann war Ashley Froude, der Sohn des Historikers, der in der Nähe von Dartmouth lebte und einen Garten voll der seltensten Sträucher hatte. Wie die meisten Gärten in jener Gegend war sein Garten allerdings mehr interessant als eindrucksvoll. In der Nähe wohnte hier auch der Fabrikant eines besonderen Wacholderbranntweins, der, so wurde behauptet, einmal jährlich in die Abgeschiedenheit ging, um im geheimen die Grundbestandteile seines Produktes zu mischen. Im übrigen war er Fachmann für Osterglocken.

Mein Problem war hier von besonderer Art. Ich hatte einen steinigen Flußlauf und einen Garten zu gestalten, der erst im Herbst zum Blühen kommen sollte. Dies schränkte meine Auswahl ein, und das Ergebnis sah unter dem feuchten Himmel von Devonshire etwas melancholisch aus; aber die Jagd nach Pflanzen war faszinierend. Zu jener Zeit gab es einen interessanten botanischen Garten in Paignton; und Dartington Hall, wo die Elmhirsts eifrig mit umfassenden Versuchen beschäftigt waren, hatte eine ausgezeichnete Gärtnerei für Hochgebirgspflanzen. Die Pflanzstätte besteht nicht mehr, aber die steilen Grasböschungen und die ungeheuren Eiben des Turnierplatzes aus dem 15. Jahrhundert haben sich nicht verändert; es gibt dort heute noch eine schöne Sammlung von Magnolien und Japanischen Kirschen, und in dem Schatten eines alten Eichenwaldes nahe am Haus gedeihen herrliche Kamelien.

Ich verbrachte den größten Teil jenes Herbstes in meinem Garten in Devonshire. T. E. Lawrence pflegte manchmal an Sonntagen herüberzukommen. Er war bei der Royal Airforce in Plymouth, nur wenige Kilometer entfernt, stationiert. Es war sowohl der jungen Hausbewohner als auch mein Ehrgeiz, ihn zu einem der langen Spaziergänge zu überlisten, die wir durch die lohfarbenen Wälder am Fluß entlang oder über die Klippen oberhalb des herbstlichen Meeres unternahmen. Er sprach gern über Schriftstellerei und Musik. Freunde versorgten ihn mit Büchern und Schallplatten. Obwohl das äußere Bild seines Lebens exzentrisch und eskapistisch war, war seine Leidenschaft für die Abgeschiedenheit eher körperlich als geistig. Er hatte ein starkes Stilgefühl auf jedem Gebiet; seine Unterhaltung hatte Form, seine Beobachtungen hatten Schärfe, und seine Kommentare zu meinen gärtnerischen Anstrengungen waren treffend und förderlich. Er besaß die Gabe, eine Sache voll zu erfassen und ihre Probleme zu wittern, sogar wenn sie ihm ganz fremd war. Er war für uns eine legendäre Gestalt – wir sahen es als seltenes Privileg an, ihn zu kennen, und in Übereinstimmung mit der Legende schwiegen wir taktvoll über seine Abenteuer im Mittleren Osten, die uns heroisch und exotisch schienen.

Jedes Jahr verbrachte ich Wochen, manchmal Monate in Frankreich. Ich war fasziniert von der Berührung mit einer strengen und durchgeformten Kultur, die mir neu war; sie war klarer und betonter als die englische Tradition, die Einflüsse so vieler verschiedener Länder aufgenommen, abgeändert und zusammengeschweißt hat, die aus Italien, Frankreich und Holland Entwürfe, aus der gesamten gemäßigten Zone Pflanzen bezog. In Frankreich sind fremde Einflüsse, ob in Stil oder Material, nur aufgenommen worden, wenn sie (so schien es mir) sich dem französischen Stil anpassen konnten. Die relativ wenigen Pflanzen zum Beispiel, die kultiviert wurden, waren deshalb da, weil ihre Farbe und Form genau dem logisch Erforderlichen entsprachen.

In der Begegnung mit Leuten, die sich für Architektur, Dekoration, Bildhauerei oder Möbel interessierten, lernte ich langsam einige Feinheiten des französischen Stils schätzen und erfuhr eine Menge über Häuser und Gärten des 17. und 18. Jahrhunderts. Die Klarheit der französischen Linienführung war für mich immer von großem Nutzen, obgleich sie zeitweise kalt ist und des Geheimnisses und der Phantasie ermangelt, denn sie brachte Ordnung in das Durcheinander meiner Vorstellungen, die sich nur allzugern von rein gärtnerischen Bildern und Assoziationen beherrschen ließen.

Um 1930 verbrachte ich einen Teil des Sommers mit dem Versuch, den Garten eines Schlosses bei Melun zu beleben. Er gehörte Ogden Codman, einem überspannten, wohlhabenden und streitsüchtigen alten Herrn, der als junger Mann Architekt gewesen war. Zu seiner Zeit hatte er außerordentlich fachkundig einige Häuser im Stil des 18. Jahrhunderts in New York, Southampton und Newport gebaut. Als ich ihn kennenlernte, hatte er sich längst zurückgezogen und viele Jahre die Architektur französischer Schlösser studiert. Er zeigte mir einige seiner Aktenbündel – er hatte Zehntausende von Häuserfotos mit ausführlicher Beschreibung in seiner Kartei. Er

machte Gebrauch von örtlichen Adreßbüchern, befragte Bürger-
meistereien und Postämter kleiner Dörfer, wandte sich an bekannte
Schriftsteller – Geoffrey Scott, der Autor von »The Portrait of
Zélide« und »The Architecture of Humanism«, war einer von ihnen
– und benutzte zwei zitronenfarbene offene Hispano-Suiza-Wagen,
um diese Schlösser aufzuspüren. Sein Ziel war, von jedem Schloß
nach Möglichkeit das Baujahr, die Geschichte, den Namen seines
Architekten und die seiner Besitzer zu erfahren wie auch Fotos und
Pläne zu erhalten. Obwohl ein weiteres Hobby, die Erforschung der
Stammbäume von Bostoner Familien, seine meiste Zeit in Anspruch
nahm, war er unerschöpflich im Erteilen von Informationen und ein
bewundernswerter Stilkritiker. Zu jener Zeit vervollständigte er
auch die Villa Leopolda in Villefranche-sur-mer bei Nizza. Nach
Vorbildern aus dem 18. Jahrhundert, wie dem Schloß Borelli in
Marseille, der Villa Belgioso in Mailand und dem Palast in Portici bei
Neapel, gelang es ihm, etwas zu schaffen, was vom baulichen Standpunkt aus vielleicht das einzige beachtliche große Haus an der
Riviera ist. Es war auf einem Gelände erbaut, das früher König
Leopold II. gehörte, und hatte schon ein Vermögen gekostet, als der
Börsenkrach von 1929 allen Unternehmungen ein Ende setzte. Wir
arbeiteten Zukunftspläne aus, die sich für ihn nie verwirklichen sollten. Obwohl er 95jährig erst 1948 starb, lebte er nie in seinem schönen Haus, dessen Garten ich später für seine jetzigen Bewohner neu
gestaltete.

In den Jahren vor dem Krieg gab es in Paris eine große und blühende amerikanische Kolonie, die Schlösser und Herrenhäuser an
den Flüssen und in den Wäldern der Ile de France um Senlis, Fontainebleau, Rambouillet und Versailles besaß. Es war Mode, diese
Gebäude mit feinen Holztäfelungen und Möbeln zu verschönern
und die vernachlässigten Gärten wieder in Ordnung zu bringen. In
jenen Tagen war es noch leicht, sowohl Gärtner als auch Pflanzen zu
finden. Nach und nach machten runde Beete mit roten Salvien, die in
ungepflegtes Gras gesetzt waren, schönen Rasenflächen, Staudenrabatten und einem mehr zeitgenössischen Stil der Gartengestaltung
Platz. Einer der bezauberndsten Gärten war vielleicht der, den
Louis Bromfield bei einem alten Pfarrhaus anlegte. Er grenzte an das
Ufer der Nonette, die Senlis durchfließt, bevor sie aufgefangen

wird, um die langgestreckten formellen Wasseranlagen des Schlosses von Chantilly einige Kilometer weiter westlich zu versorgen. Louis arbeitete täglich stundenlang in seinem Garten, der – übervoll von Rosen, Lilien und reichblühenden Staudengruppen – diejenigen zur Verzweiflung gebracht hätte, die von bezahlten Gärtnern abhängig waren. Für seine Gartentätigkeit hatte er viel von Edith Wharton in St. Brice gelernt, und ich glaube, sein Garten war der einzige in Frankreich, in dem Moschusrosenhybriden – Penelope, Pax und andere – gediehen. Sie hingen in breiten, leicht beschnittenen Büschen über das Ufer und waren mit ihren Trauben von cremefarbenen, weißen und rosaroten Blüten besonders in der beginnenden Abenddämmerung ein entzückender Anblick. In ihrer Nähe erfüllten Königslilien *(Lilium regale)*, Ziertabak und Levkojen die Abendluft mit ihrem Wohlgeruch.

Zu dieser Zeit war ich mit dem Garten eines kleinen Schlosses am Rande des Fôret de Senart dreißig Kilometer südöstlich von Paris beschäftigt. Das Schloß hatte einen cremefarbenen Putz und war mit schlichter Eleganz als Jagdhaus für den Grafen von Artois entworfen worden, und zwar von dem Architekten Belanger, der für denselben Bauherrn auch Bagatelle geschaffen hat. Als das Haus gebaut wurde, war der kleine Park nach romantischer Art angelegt worden. Er zeichnete sich durch eine Besonderheit von großem Reiz aus: Eine schmale gewundene Allee mit riesigen Platanen führte zu einem Fluß hinunter, der den Besitz abgrenzte. Auf feuchtem Grund, in einem Abstand von drei Metern gepflanzt, strebten die creme- und grüngefleckten Stämme dieser Bäume – vom Weg aus schräg nach außen gerichtet – mindestens einundzwanzig Meter astlos in die Höhe. Die Wirkung war großartig: Durch die sorgfältig geplante Biegung schien der Weg in einem ungeheuren Säulengang aus lebendigem Holz zu verlaufen. Der freundlich-formelle Stil des Hauses erforderte eine etwas formelle Verbindung zum Park. Der Besitzer hatte einen französischen Architekten hinzugezogen und mit der üblichen geometrischen Anordnung von Kieswegen, gestutztem Buchsbaum und schmalen Beeten voll roter Blumen begonnen. Bald verwarf er jedoch das Ganze und ersetzte es durch eine einfache, weiträumige Kiesterrasse, ein Rasenviereck und niedere Hecken, die vom Haus ausgingen und diese gemäßigt formelle Anlage gleichsam umarmten. Sie wäre langweilig gewesen, hätte er dieser Komposition nicht Leben und Farbe gegeben, indem er Ständer mit großen Papageien aufstellte, deren buntes Gefieder und heisere Schreie das Bild beträchtlich belebten.

In diesem Garten wurde jedem Detail große Aufmerksamkeit gewidmet. Trinkgläser waren immer neben einer Quelle bereitgestellt, die aus dem Boden unter einer efeubedeckten Grotte hervorsprudelte. Pfauen wurden jeden Mittag vom Eßzimmerfenster aus gefüttert. Im Frankreich der dreißiger Jahre bestand tatsächlich noch eine gewisse Freiheit der Lebensführung, und nur durch das Vorhandensein einer großen Dienerschaft konnte sie aufrechterhalten werden.

Im Jahre 1932 war ich während meiner Sommerferien allein in diesem Haus, wo ich eine ausgewählte Sammlung von Gartenbüchern zur Verfügung hatte; damals begann ich, Gartenkompositionen zu zeichnen. Ich verbrachte viele Stunden täglich mit Bleistift und Papier, ich arbeitete Probleme in Entwürfen aus und interpretierte meine gefühlsmäßigen Vorstellungen der vielen Gärten, die ich in den vorhergehenden Jahren besucht hatte, maßstabgerecht. Natürlich merkte ich auch, wie nachlässig und flüchtig meine Beobachtungen gewesen waren, und von jener Zeit an wurde es mir zur Gewohnheit, von allen möglichen Gegenständen – einer Teicheinfassung, einem Gesims, der Täfelung einer Tür oder von einem Spalier – Skizzen anzufertigen. Dies geschah nicht so sehr, um bloß äußerlich Dokumente zu sammeln, sondern um mein Auge und meinen Geist zu sorgfältiger Beobachtung und Wiedergabe zu erziehen. Die wenigen Augenblicke, die ich auf ein noch so grobes Gekritzel verwendete, ließen mich das, was ich betrachtete, gründlich in mich aufnehmen. Diese Gewohnheit, unaufhörlich zu zeichnen, hilft einem auch, sich schnell und verständlich auf Papier auszudrücken. Es ist von unschätzbarem Wert, wenn man einem Auftraggeber eine Idee klarmachen oder einem Handwerker die Konstruktion einer Anlage erklären will.

Während dieser ganzen Zeit mußte ich mich um meinen Lebensunterhalt kümmern und jede Gelegenheit wahrnehmen, bei der ein junger Mann mit sehr begrenzter Erfahrung ein paar Guineen verdienen konnte. Allmählich wurde mir klar, daß ich irgendwo seßhaft werden mußte, und mein Wohnsitz wurde schließlich London. Dort arbeitete ich eine Zeitlang in einem Warenhaus, das sich auf Möbel spezialisiert hatte; ich lebte in dem durchdringenden Geruch von neuen Teppichen und Linoleum und erwies mich als schlechter Verkäufer. Meine nächste Beschäftigung kam meinem Ziel näher. Ich fand eine sehr untergeordnete Stellung in dem Büro eines Gartenarchitekten. Hier wurden Grünflächen für die endlosen Blocks billiger Wohnungen entworfen, die damals in den Londoner Vororten entstanden.

Zu dieser Zeit traf ich Henry Bath, den derzeitigen Eigentümer von Longleat. Er war jung, fröhlich, voller Ideen und begeistert von dem Besitz, mit dessen Umgestaltung er bereits beschäftigt war. Zusammen nahmen wir die Wälder und Fahrwege des ungeheuer großen Parks von Longleat in Angriff, die zum größten Teil seit Generationen ziemlich vernachlässigt worden waren. Das Haus, ein Renaissancepalast aus gelbem Bath-Stein, liegt dort, wo Wiltshire, Somersetshire und Dorset zusammentreffen, in einer Grünsandmulde mit Seen, Alleen, einzelnen Baumgruppen und Buchenwäldern, die die Hügel ringsumher bedecken. Das Haus soll um 1600 von John Thorpe gebaut worden sein. Der schöne formelle Garten im holländischen Stil war etwa um 1670 von London und Wise hinzugefügt worden. Im 18. Jahrhundert ersetzte »Capability« Brown diesen Garten durch eine Reihe kleiner Seen und pflanzte die lange, zum Hause hinführende Ulmenallee, deren Bäume erst kürzlich gefällt werden mußten. Er scheint auch die »Buchenvorhänge« ersonnen zu haben, die sich an dem Hügel »Heaven's Gate« entlangziehen, wo der Park im Osten gegen Salisbury Plain ansteigt. Im frühen 19. Jahrhundert nahm Sir Geoffrey Wyatville, der damals in Wilton und in Windsor Castle für Georg IV. beschäftigt war, Änderungen im Innern des Hauses vor und fügte sehr geschickt den noch bestehenden Stallhof und die Orangerie hinzu. Als nächster kam Humphrey Repton. Er machte eine Reihe Vorschläge zur Verschönerung der Landschaft und verewigte sie in einem seiner berühmten »Red Books«. Darin kann man seine Aquarellskizzen mit auswechselbaren Teilstücken sehen, die darstellen, wie das Gelände war und wie es aussehen könnte, wenn seine Vorschläge ausgeführt würden, und tatsächlich hat man in Longleat auch einige davon verwirklicht.

In der Mitte des 19. Jahrhunderts war der Rotwildpark mit häßlichen runden Baumgruppen von Nadel- und Laubbäumen bepflanzt worden, und in die Wälder hatte man eine Überfülle an exotischen Bäumen und Sträuchern eingestreut. Die hellvioletten Pontischen Rhododendren *(Rhododendron ponticum)* und die gelben Pontischen Azaleen hatten die Wälder wie eine schwere See überrollt und achtzig Jahre später mindestens fünf Meter hohe Dickichte gebildet. *Rhododendron arboreum* war zu ansehnlichen Bäumen herangewachsen, die im April mit blutroten Blüten bedeckt waren, *Rhododendron obtusum* ›Amoenum‹ bildete zusammenhängende Flächen rötlicher Blüten; Schuppentannen, die riesigen Mammutbäume *(Sequoia sempervirens)* und andere Nadelbäume hatten sich in dem kühlen Grünsand zu beachtlicher Höhe entwickelt.

Wir stellten uns zwei Aufgaben: die Pflanzungen des Rotwildparks durchzusehen und den Longcombe Drive auszuforsten und neu zu bepflanzen; dieser führt vom Warminster Gate ein enges Tal hinauf zu der Höhe des Gebirgsrückens, den »Capability« Brown in große Buchenwälder kleidete und von dem man durch den Park auf das Haus hinabblickt. Tagelang durchstreiften wir die offene Parklandschaft und markierten die Baumgruppen und einzelne Bäume aus dem 19. Jahrhundert, die nach unserem Gefühl störten. Nachdem sie entfernt worden waren, sah der Park sauberer und weniger verworren aus, aber doch beinahe zu kahl. Dann begann die zweite Etappe. Sie bestand darin, die Baumgruppen des 18. Jahrhunderts zu vergrößern, wo die Zeit ganz eindeutig ihren Tribut an Bäumen gefordert hatte, und neue Gruppen da hinzuzufügen, wo die Beschaffenheit der Landschaft es erforderte. Als wir diese alten Baumgruppen untersuchten, sahen wir mit Interesse, wie unsere Vorgänger ihre Bäume plaziert hatten: Sie verwandten Reihen, rechte Winkel oder Keilformen, als hätten sie Kulissen für ein Bühnenbild entworfen. Diese Gärtner wußten sehr wohl, daß die runden Formen ausgewachsener Bäume eine gradlinige Anordnung verlangen. In einem so großen Maßstab zu pflanzen ist schwierig. Wenn wir eine Baumgruppe planten, markierten wir den Standplatz für jeden Baum mit einem langen und dicken Pfahl. Dann gingen wir einige hundert Meter zurück und beschrieben weite Bogen durch das struppige Gras, um die Wirkung von jedem Gesichtswinkel aus zu beurteilen. Es ist überraschend schwer, auch nur fünf oder sieben Pfähle so zu stecken, daß sie nicht wenigstens von einem Punkt aus hinkommandiert aussehen; wir mußten unsere Aufstellung drei- oder viermal korrigieren, bevor wir zufrieden waren.

Als nächstes galt es über die Auswahl der Baumarten zu entscheiden. Bei schon vorhandenen Baumgruppen gab es keinerlei Schwierigkeiten: Wir ergänzten sie jeweils einfach durch Bäume der gleichen Art. Oft waren es jedoch Ulmen, und diese Bäume neigen zu Krankheiten; andere Gruppen bestanden aus Eßkastanien *(Castanea sativa)*, die wir auch nicht verwenden wollten, denn junge Bäume nehmen eine Verpflanzung übel, und Sämlinge hatten wenig Aussichten, in dieser offenen Parklandschaft zu überdauern. Schließlich beschränkten wir uns vorwiegend auf Linden und Buchen.

Nachdem wir in dem unteren Teil des Parks die Seen von unnötigen Inseln und wuchernden Sträuchern gesäubert hatten, mußten wir ihnen einen Rahmen und eine Betonung durch Baumgruppen und einzelne Bäume geben. Für eine oder zwei Inseln wählten wir *Populus szechuanica*, eine der besten Balsampappeln aus Westchina. An anderer Stelle pflanzten wir auf feuchtem Grund nahe dem Wasser Gruppen von Platanen, die nie gut gediehen, und Scharlacheichen *(Quercus coccinea)*, die üppig wuchsen und nun sehr schöne Bäume sind, deren karmesinrotes Laubwerk sich in jedem Herbst in dem See unterhalb des Hauses spiegelt. Von Platanen hatten wir *Platanus × hybrida* verwendet, die man auch in London sieht. *Platanus orientalis* ist ein viel schönerer Baum, aber schwierig zu bekommen. Seine Blätter sind kleiner und schöner geschnitten; als Ganzes betrachtet scheint das Laubwerk, auf dem das Licht verführerisch spielt, dichter zu sein. Es ist der Chenarbaum, den man ständig auf persischen und Mogulminiaturen gemalt findet, und in Isfahan kann man noch riesige alte Exemplare sehen, die von Schah Abbas im frühen 17. Jahrhundert gepflanzt wurden.

Der Longcombe Drive gab uns ein anderes Problem auf. Als wir dort anfingen, war die Straße, die als Hauptzufahrtsweg zum Haus gedacht war, halb verschwunden, erstickt in einer Flut von Pontischen Rhododendren und duftenden Pontischen Azaleen. Mit Hilfe eines Traktors entwurzelten wir die Pontischen Rhododendren und verbrannten sie auf der Stelle. Erst dann konnten wir erkennen, daß der Boden etwa drei Meter zu beiden Seiten der Straße eben war und dann ziemlich steil zu den Buchenwäldern auf beiden Seiten anstieg. Nachdem die Rhododendren verschwunden waren, fanden wir ein paar große einzelne Buchen, ein oder zwei Thujen, Schuppentannen und einige sehr große Exemplare des blutroten *Rhododendron arboreum*. Dieses geschützte Tal war von Buchenwald eingeschlossen; wir waren sicher, daß wir hier mit allen Arten von Bäumen und Sträuchern experimentieren konnten, die in einer offenen Landschaft zu exotisch gewirkt hätten. Wir entschlossen uns, die Pontische Azalee *(Rhododendron luteum)* wegen ihrer stark duftenden Blüten und der rotorangefarbenen Pracht ihres herbstlichen Blattwerks als Rückgrat unserer Pflanzung zu behalten. Indem wir hier zurückschnitten und dort junge Pflanzen hinzufügten, entstand ein unregelmäßiger Gürtel von Azaleen auf beiden Seiten; in den weiten Einbuchtungen dazwischen säten wir Schafschwingel. Dann pflanzten wir die Bäume: Flußzedern (Calocedrus) und *Sequoia sempervirens,* wo wir starke dunkelgrüne Akzente brauchten; Tulpenbäume wegen des hellen Gelbs ihrer Herbstblätter; verschiedene Gruppen von Kanadischer Felsenbirne *(Amelanchier confusa)* und Amberbäume (Liquidambar), deren junge Triebe jedes Jahr durch späte Frühjahrsfröste gänzlich schwarz wurden, bis sie der Bodenfrostzone entwachsen waren. In die Graseinbuchtungen fügten wir flächenweise Knap-Hill- und Exbury-Azaleensorten in Scharlachrot, Orange, Creme und Kupfer ein und in die Nähe einer umfangreichen Gruppe der kupferfarbenen Sorte eine große Gruppe *Pieris forrestii,* deren neues Laubwerk in jedem Frühling das gleiche helle Kupferrot zeigt. An einer kühleren Stelle weiter oben im Tal gruppierten wir einige schöne rote Rhododendronhybriden, die von kräftiger Art sind und keine übertriebene Pflege verlangen. Leider schien der Boden kaum tief genug für die großblättrigen Rhododendronarten; so pflanzten wir zur Abwechslung *Mahonia bealii* und großblättrige Hortensien *(Hydrangea aspera* ssp. *strigosa).*

Hier war ein herrliches Betätigungsfeld für zwei junge, begeisterte Gärtner, und heute, fünfundzwanzig Jahre später, beginnen Park und Wälder die vielfarbige Gestalt anzunehmen, die wir damals für sie ausdachten. Wir gelangten nicht bis zur Nähe des Hauses: Henrys Vater lebte noch dort und verlangte, daß der Ausblick von seinem Fenster aus so bleiben sollte, wie er immer gewesen war.

Der Landsitz von Longleat war damals sehr ausgedehnt, und ein merkwürdiger Teil davon interessierte Henry besonders. Das war die Cheddarschlucht, ein Einschnitt in die Mendip Hills, dort, wo diese Hügel in die Somersetmarsch nach Wells, Bridgewater und Glastonbury hin abfallen. Ich erinnere mich des ersten Tages, als ich mit ihm in dieses sagenumwobene Gebiet fuhr; die schöne Kathedrale von Wells lag dicht unter den schützenden Hügeln, und am Horizont beherrschte der Glastonbury Tor das geheimnisvolle Land, wo der Heilige Dorn noch gedeiht. Einige behaupten, daß hier in den Sümpfen die Insel Avalon liegt, wo König Arthur ruht. Die Gestalt des Landes um Glastonbury, die Flüsse, Wiesen, die alten Fahrstraßen, Wälle und Grenzsteine sind sogar als die wirkliche Tafelrunde interpretiert worden, eine riesige Landkarte aus der Zeit, die wir Vorgeschichte nennen. Die Cheddarschlucht und ihre Höhlen waren eine nicht mehr ganz neue Touristenattraktion. Wo die schmale Straße sich zwischen hohen Felsen hinabwindet und in die Ebene hinausläuft, liegt ein Weiler mit winzigen getünchten, von Bäumen überschatteten Häuschen. Dort wurden in einem Durcheinander von Rosenlauben, bunten Schildern und bäuerlichen Gartenmöbeln, die alle im Volkstumsstil des 19. Jahrhunderts ausgeführt waren, Tee, Cheddarkäse und Souvenirs verkauft. Der Pachtvertrag für eine dieser Höhlen war abgelaufen, und wir fuhren hin, um zu sehen, wie man den Betrieb wieder in Schwung bringen könnte. Zuerst dachten wir an eine Wellblechunterkunft für Busfahrer, aber unser Problem wurde schnell komplizierter, und ich sah mich vor der Notwendigkeit, ein Restaurant und ein Museum zu entwerfen, für die nur ein zehn Meter breiter Streifen zwischen Felswand und Straße zur Verfügung stand. Wenn dieses Programm auch innerhalb meiner Vorstellungskraft lag, so lag es ganz gewiß außerhalb meiner technischen Fähigkeiten. Von vornherein schien es richtig, ein Gebäude zu planen, das langgestreckt und niedrig war, um die Wirkung des Höhleneingangs zu verstärken und das senkrechte Moment der Felsen zu betonen. Es war ein Landschaftsproblem, dessen bestimmender Faktor die Lage selbst war. Welcher Architekt würde es von diesem Gesichtspunkt aus sehen?

Ich hatte kurz zuvor Geoffrey Jellicoe kennengelernt, einen der Begründer des damals entstandenen Instituts für Landschaftsgärtnerei und eine Autorität auf dem Gebiet der klassischen italienischen Gärten. Zusammen stürzten wir uns in die Schwierigkeiten und Aufregungen des Cheddarprojekts: Wir forschten nach den Skelettresten, die zu dem berühmten Cheddarschädel gehörten; wir arbeiteten tagelang hintereinander in der stillen, feuchten Luft der Höhlen, um sie durch Scheinwerfer anstrahlen zu können, und arrangierten schließlich ein Jahr später ein Riesenfeuerwerk anläßlich der beendeten Ausführung des Projekts. Es war eine reizvolle Aufgabe für zwei junge Architekten, da wir jede Einzelheit, zum Beispiel Möbel und Geschirr, Bekleidung der Angestellten, Messer und Gabeln und sogar die Aschenbecher, selbst entwerfen mußten. Heute, nach dreiundzwanzig Jahren, wirkt die Anlage noch gut. Trotzdem habe ich erst vor kurzem ein ähnliches Problem anders gelöst. Es ging um einen zweiten Höhleneingang etwas weiter unten an der Straße. Er liegt dicht zwischen Häusern in dem dort üblichen Stil. Hier entschied ich mich für ein kleines Gebäude in rohen Steinen mit spitzen »gotischen« Öffnungen für Höhleneingang und Fenster und bekleidete das Ganze mit Efeu.

Das erste Unternehmen mit Geoffrey Jellicoe führte zu einer Partnerschaft, die andauerte, bis der Krieg ihr ein plötzliches Ende machte. Unsere ersten großen Auftraggeber waren die Ronald Trees. Sie hatten gerade Ditchley Park, ein Haus aus dem 18. Jahrhundert, gekauft, das von James Gibbs, dem Architekten von St. Martin's in the Fields, gebaut worden war. Die neuen Eigentümer waren eifrige Gärtner, und sie beauftragten Jellicoe, einen regelmäßigen Garten als Umrahmung für das prachtvolle Haus zu entwerfen. Es war noch kein Garten da, und Gibbs' Pläne deuteten nur eine lange Grasterrasse an der Südfront des Hauses an. Aus diesem Anhaltspunkt entstand die Terrasse, die durch eine Hainbucheneinfassung von einem tiefer liegenden Garten auf der Ostseite des Hauses abgetrennt wurde. Jellicoe plante hierfür ein einfaches Buchsbaumparterre, das mit einem reichverzierten halbkreisförmigen Springbrunnenbecken endete; dieses war groß genug, um als Schwimmbecken zu dienen. Aus Steinvasen des 18. Jahrhunderts plätscherte Wasser in das Becken, und in wechselnder Reihenfolge zauberten Springbrunnen mannigfaltige Wasserspiele. Dieses schöne Projekt großer Gartenkunst wurde nur dadurch verdorben, daß der Besitzer darauf bestand, den wohlproportionierten Buchsbaumgarten zugunsten eines mit Steinrändern versehenen Parterres wie in Wrest Park fallenzulassen. Das war aber eine höchst komplizierte Anlage im Stil des 19. Jahrhunderts, voll spitzer Winkel, und es war fast unmöglich, sie einfach und gut zu bepflanzen.

Ditchley hat seitdem den Besitzer gewechselt, und ich weiß nicht, was von diesen kunstvollen Gärten übrig geblieben ist. Aber die Hauptlinien, die ebenen Flächen, die Hecken und die Reihen ineinander verzweigter Lindenbäume werden wohl noch dort sein und eine außergewöhnlich gut gelungene Gartenkomposition andeuten, am ehesten vergleichbar mit der Pracht von Blenheim und den wenig bekannten Gärten von Rousham Park, die ein früher und glänzender Versuch einer Landschaftsanlage von William Kent sind.

Mittlerweile hatte sich der Maßstab meiner Gartengestaltung geändert. Die Grundprinzipien, die ich in den Einzelheiten des Planens und Pflanzens zu verstehen versucht hatte, mußte ich nun auf größere Probleme der Komposition anwenden. Während dieser Jahre vor dem Krieg umfaßte unsere Arbeit eine Reihe verschiedener Aufgaben. Ich erinnere mich zum Beispiel an den Versuch, einen allgemeinen Leitplan zur Bepflanzung des bewundernswerten Dorfes Broadway auszuarbeiten, für das Geoffrey Jellicoe einen Bauplan gemacht hatte. Dabei ging es vor allen Dingen um die Erhaltung der ausgewogenen Beziehungen zwischen den wunderschön gebauten Steinhäusern und Bauernhäuschen und den Baumhecken und Hängen dieser englischsten aller Landschaften. Aber diese Art der Planung mußte etwas Lebendiges, Wachsendes sein, wenn wir vermeiden wollten, ein lebloses Museumsstück daraus zu machen. Neue Wohnungen, zukünftige Fabriken, neue Straßen und neue Anpflanzungen mußten so geplant werden, daß die schon bestehenden Harmonien weiter entwickelt und hervorgehoben wurden. Das Leben war damals noch verhältnismäßig beschaulich und ließ uns Zeit genug, jeden Winkel der Hauptstraße zu studieren, um dann vielleicht eine geschnittene Eibe für einen Garten, einen Birnbaum für einen anderen oder eine Gruppe von Malven für einen dritten vorzuschlagen.

Ein anderer Plan zu dieser Zeit befaßte sich mit der Charterhouse School auf ihrem Plateau inmitten der an Nachtigallen reichen Eichenwälder von Surrey. Die Schule, die im Laufe der Zeit zu einem großen Komplex herangewachsen war, hatte den Rahmen der symmetrisch angeordneten, um 1872 erbauten gotischen Häuser der viktorianischen Zeit gesprengt und bildete eine durcheinandergewürfelte Ansammlung von Klassenzimmern, Internatshäusern, Spielplätzen, Kapelle, Museum, Bibliothek, Gemeinschaftsraum, Rüstkammer, Pavillons und Gebäuden für Lehrer. Innerhalb von sechzig Jahren hatten sich alle Arten von Traditionen herausgebildet. Jeden Baum, jeden Weg, jede Wegabkürzung umgaben geheiligte Tabus (die sich auf streng überlieferte Gebräuche stützten), starr aufrechterhalten durch die konservative Einstellung von Schülern und Lehrern. Ich kannte sie alle, da ich selbst dort zur Schule gegangen war. Meine Aufgabe bestand darin, die Beziehungen der verschiedenen Gebäude und offenen Flächen mit dem Problem des Verkehrs in Einklang zu bringen, wie ich auch die herkömmlichen Gebräuche, die an jedem Quadratmeter hafteten, berücksichtigen mußte. Jeder Vorschlag, einen alten Baum zu fällen oder einen neuen zu pflanzen, erforderte endlose Überzeugungsarbeit. Schließlich wurde der Plan durch die taktvolle Hilfe und Förderung des Direktors und seiner Frau, Sir Frank und Lady Fletcher, von den Lehrern, der Verwaltung und dem Vorstand gebilligt; teilweise wurde er schließlich auch ausgeführt.

Obwohl ich kein erfolgreicher Schüler einer höheren Schule gewesen war, hatten mich Charterhouse und seine Umgebung immer gefesselt. Miß Jekyll wohnte noch in ihrem Haus jenseits des Tales. Sir Edward Lutyens hatte seine ersten Privathäuser aus dem Bargate-Stein der Umgegend gebaut. Er sollte die englische Renaissance gründlich studieren und sich die klassischen Prinzipien der Architektur so vollkommen zu eigen machen, daß seine späteren Bauten – die meines Erachtens weithin unterschätzt werden – vielleicht die letzten Beispiele für klassische europäische Tradition darstellen. Daß er launige Einfälle hatte, manchmal das Badezimmer oder die Vorratskammer unpraktisch anordnete, Gärten vielleicht übertrieben anlegte und übermäßig bepflanzte, beeinträchtigt in keiner Weise die Eigenheit seiner Formen und die lebensvolle Schönheit so vieler seiner Gebäude: Material, Raum und Proportionen beherrschte er vollkommen. Es ist merkwürdig, sich vorzustellen, daß er zur Zeit von Gropius und Le Corbusier noch tätig war und viele seiner Werke gleichzeitig mit den Bauten von Frank Lloyd Wright entstanden.

In der Mitte der dreißiger Jahre beschäftigte uns zum großen Teil öffentliche und halböffentliche Planung. Das Chaos planlos errichteter Gebäude und schlecht erdachter neuer Verkehrsadern verursachte bereits Unruhe, und oft wurden wir um Ratschläge für eine ausgleichende Bepflanzung gebeten. Die Straßenverschönerungsgesellschaft, das Bepflanzungskomitee und verschiedene andere öffentliche und private Körperschaften versuchten, das öffentliche Interesse wachzurufen und zumindest etwas Abhilfe zu schaffen. Ich glaube, daß damals wie auch heute nur wenige den Kern des Problems wirklich verstanden haben; auch hat es in England niemals ein Exekutivorgan gegeben, das die Macht hatte, eine Lösung zu erzwingen. Die öffentliche Bepflanzung und ganz besonders die Straßenbepflanzung ist in England als gärtnerisches Problem betrachtet worden; das heißt, man hat von einer Straße immer nur kurze Strecken so entworfen, als betrachte man sie von verschiedenen Standpunkten aus oder gehe zu Fuß, während die Wirkung einer Straßenseitenbepflanzung doch nur in Erscheinung tritt, wenn man mit etwa fünfundvierzig bis neunzig Stundenkilometern fährt. Um eine Wirkung zu erzielen, dürften anderthalb Kilometer die kürzeste Strecke für ein Anpflanzungsschema sein.

Inzwischen änderten sich die Gartenmoden. Es ließ sich wohl selbst in herrschaftlichen Häusern nicht mehr der Lakai finden, der die Korbtische und -stühle, die Chintzkissen und all das glänzende Silberzubehör des Teeservices über die weiten Rasenflächen in den Zedernschatten trug. Aus irgendeinem Grund also und weil es teilweise auch unser Spezialgebiet war, verlangte man von uns in steigendem Maße den Entwurf gepflasterter Terrassen, die mit dem Haus verbunden waren, wo Gartenmöbel, Markisen, Skulpturen, Springbrunnen und Pflanzen in Kübeln einen Wohnraum im Freien schufen. An zweiter Stelle wünschte man Schwimmbecken. Das rührte wahrscheinlich von der Beliebtheit Südfrankreichs als Reiseziel in den Sommerferien her und von dem ungeheuren Erfolg Eden

Rocs, dessen schlecht entworfenes, kleines Bassin ein weltberühmter Treffpunkt für mondäne Sonnenbadende geworden war. Geoffrey Jellicoes Kenntnisse von formeller Gartenplanung und seine Vorliebe dafür halfen uns nun, bei der Umgestaltung englischer Gärten diese verhältnismäßig neuen Elemente einzubeziehen. In Frankreich und Italien waren Perron und Loggia während der heißen Sommermonate die klassischen Mittelpunkte eines jeden Landhauses; sie sich in englischer Abwandlung vorzustellen war recht interessant.

Einer der ersten Gärten, an denen wir uns versuchten, war der für den Herzog von York bei der Royal Lodge im Großen Park von Windsor, einem gotischen, von Georg IV. erbauten Landhaus. Dieses war kurz zuvor vergrößert und – als Kopie eines Strathmore-Hauses in Hertfordshire – in blassem Rosa angestrichen worden. Die Farbe des Strathmore-Hauses stammte wiederum von der Familienvilla bei Florenz. Royal Lodge, nun wieder ein königlicher Wohnsitz, wurde sozusagen »entviktorianisiert«, indem wir einen formellen Zugang zum Haus schufen. Wir ersetzten auch eine Grasböschung an der Gartenseite durch eine breite gepflasterte Terrasse. Von hier blickte man über eine sanft abfallende Rasenfläche bis zu einem Wald mit Rhododendren. Diese Rhododendronarten waren ein besonderes Hobby des Herzogs und seines Bruders, des damaligen Königs, unter dessen gärtnerischer Obhut der Park von Fort Belvedere stand. Neben der Terrasse befand sich ein geometrisch angelegter Senkgarten mit ineinander verschlungenen rechteckigen Beeten, zwanglos mit altmodischen Rosen und Stauden bepflanzt. Er führte zu einem Schwimmbecken, das dort lag, wo der Garten in den großen Park überging. Um eine intime Sphäre zu schaffen, nahmen wir die für das Becken ausgehobene Erde und errichteten einen hohen Damm, der auch etwas Schutz vor dem Wind geben sollte; mit Gras bewachsen und mit Birken bepflanzt, verschmolz er unmerklich mit dem Park. Es war eine vollendete kleine Komposition, die sich noch nach fünfundzwanzig Jahren harmonisch in die Umgebung einfügt.

Eine weitere elegante und recht prächtige Terrasse schufen wir für eine schöne weiße, mit Stuck versehene Regencyvilla, die um 1830 von Decimus Burton am Inner Circle im Regent's Park gebaut worden war. An die Terrasse grenzte ein von Weiden überschatteter Rasen, der sanft zu dem mit bunten Segeln belebten See abfiel; jenseits davon lag das anmutige Stadtbild von Nashs Terrassen, die man durch die Bäume des Parks hindurch sehen konnte. Die schöne Ausstattung dieses Hauses stützte sich auf einige Räume des fürstbischöflichen Palastes in Würzburg im späten Louis-XVI-Stil, und der Eigentümer hatte einen Garten gestaltet, der von rosafarbenen immerblühenden Rosenhybriden, Salbei *(Salvia turkestanica)*, blaßblauem Rittersporn und vielen Lilienarten leuchtete. Dieser Besitz wurde durch Bomben schwer beschädigt und gehört nun zum Bedford College, das ich später kennenlernte, als es die BBC während des Krieges benutzte. Es war eine wahre Erleichterung, von den endlosen Zusammenkünften und dem Papierkram in den botanischen Garten zu entfliehen, wo mannigfache Pflanzenarten in schachbrettartig angeordneten Beeten zur Schau gestellt waren.

Ein anderer Stadtgarten, diesmal zwischen den alten Birnbäumen von St. John's Wood genau nördlich von Regent's Park, war die Ursache für eine neue Bekanntschaft, aus der sich eine enge Freundschaft und Zusammenarbeit entwickeln sollte. Als ich diesen ziemlich kleinen Garten herrichtete, mußte ich mich auch mit der Inneneinrichtung des Hauses beschäftigen. Verschiedene Dekorateure hatten eine Verwirrung zustande gebracht, die nach einer erfahrenen, eine gewisse Ordnung stiftenden Hand verlangte. Die Eigentümer, am Ende ihrer Weisheit, fragten mich um Rat. Ich erinnerte mich an die Harmonie und den Glanz der Inneneinrichtung in Ditchley Park, und obwohl ich nur den Namen des dafür verantwortlichen Mannes wußte, empfahl ich, Stéphane Boudin in Paris anzurufen. Er war in wenigen Stunden zur Stelle und entwirrte die Probleme schnell, er fand Lösungen, die begeistert aufgenommen wurden. Es war eine glückliche Begegnung für mich und endete damit, daß wir jahrelang Häuser und Gärten zusammen gestalteten.

Der eigentliche zündende Funke, der unsere lange Zusammenarbeit einleitete, war ein Detail in diesem kleinen Londoner Garten. Ich hatte gerade ein langes Beet mit scharlachroten, karmesinroten, zinnoberroten, lachsfarbenen und magentaroten Geranien bepflanzt und mit so viel Weiß durchsetzt, daß diese sich widerstreitenden Rottöne eine Harmonie bildeten. Diese Zusammenstellung zog Boudins Aufmerksamkeit auf sich und mag ihn veranlaßt haben, mich kurze Zeit später nach Frankreich zu rufen, um Gärten zu entwerfen und damit die Inneneinrichtungen zu ergänzen, die er für Häuser in ganz Frankreich schuf. Ich war an die zögernde, sanfte, halb ausgesprochene und tastende britische Art gewöhnt, die Dinge zu erledigen. Boudins Herangehen an seine Auftraggeber und ihre Probleme war für mich eine Offenbarung und entsprach gerade meinem Temperament. Ich lernte von ihm, den Auftraggebern gegenüber sicher, schnell und sachverständig zu sein, die besonderen Vorzüge und die Grenzen einer Lage zu erfassen, sie zu nutzen und das Beste daraus zu machen; ich lernte auch, wie man die rechten Worte gebraucht, um ein Bild zu entwerfen und jene Atmosphäre zu schaffen, die einem Vorhaben den nötigen Schwung verleiht. Hier war ein Mann, der keine Linie ziehen konnte, jedoch die Fähigkeit besaß, sein großes Wissen und seine Erfahrung mit Farben, Formen und Proportionen durch alle technischen Feinheiten der Innenausstattung auszudrücken. Da er sein eigenes Gebiet so gut beherrschte, konnte er, wenn er seine Aufmerksamkeit nach außen wandte, die Möglichkeiten und Schwierigkeiten der Gartenplanung ohne besondere gärtnerische Kenntnisse verstehen.

Eine Woche nach Kriegsbeginn kam unsere Arbeit zum Stillstand, und meine bescheidene Sammlung von Plänen, Fotos und Gartenbüchern über das 18. Jahrhundert ging ein Jahr später beim ersten deutschen Bombenangriff auf London in Flammen auf.

So paradox es klingen mag, dieser plötzliche Abbruch schien doch vorteilhaft. Er hemmte eine gewisse Selbstzufriedenheit, die durch einen bei aller Bescheidenheit doch oberflächlich glänzenden Erfolg hervorgerufen worden war. Die nächsten Jahre waren mit ganz anderen Beschäftigungen ausgefüllt: Gartengestaltung schien einzig der Vergangenheit anzugehören; es gab keine Zukunft – nur die bedrückende Gegenwart. Jedoch hatte ich infolge der Kriegsereignisse viele und weite Reisen zu machen, so daß ich manches von Gestalt und Aussehen verschiedener anderer Teile unseres Planeten lernen sollte.

Meine gärtnerische Ausbildung kam in den zwei Jahren, die ich im Mittleren Osten zubrachte, nur langsam voran. Mußestunden waren selten, und so viel gab es zu sehen und zu studieren. Ich durchwanderte sämtliche Gassen und Höfe im alten Kairo mit Lady Russell, die in dem staubigen Wirrwarr verfallener Hütten und bröckelnder Mauern fachmännisch nach Spuren des sagenhaften Palastes der Fatimiden suchte. Ich studierte die vorbildliche Straßenbepflanzung in den neueren Teilen der Stadt und in Zamalek, wo Bauhinien, *Delonix regia* und die amethystblaue Jakaranda farbenprächtige Alleen bilden. Im Zoologischen Garten von Gizeh, einer Verstiegenheit des 19. Jahrhunderts, vom Khediven Ismail in Form eines romantischen Parks angelegt, gab es eine großartige Sammlung von Bäumen und anderen Pflanzen, die mir alle neu waren, und eine Reihe schlangenförmiger Teiche, dicht mit der Ägyptischen Lotosblume *(Nymphaea lotus)*, der reizendsten aller Wasserpflanzen, bewachsen. Von den Tieren sind mir am deutlichsten der melancholisch dreinschauende Schuhschnabel mit seinem glänzenden, schiefergrauen Gefieder, ein seltener Stelzvogel aus dem oberen Sudan, und eine zartrosa Seemöwe in Erinnerung geblieben.

In Kairo selbst besichtigte ich eingehend all die herrlichen Moscheen, und manchmal saß ich still und lauschte, wenn ein Scheich Verse aus dem Koran sang – jeder Laut war durchbebt von Verehrung und Ergebenheit. Im Kairo jener Tage gab es noch Spuren einer spielerischen und bezaubernden Architektur: Paläste, Pavillons und Springbrunnen im türkischen Rokokostil des frühen 19. Jahrhunderts. Hinter all dem fand man das ältere Ägypten, die Wunder des Ägyptischen Museums und das Geheimnis der Pyramiden, die dort, wo das bebaute Land endet und die Wüste beginnt, über einen niedrigen, felsigen Bergrücken verteilt liegen. Nur einmal hatte ich Gelegenheit, mit dem Zug nach Luxor zu fahren. Wenn es überhaupt Frieden auf Erden gibt, dann ist hier seine Heimat, und es ist ein wunderbares Erlebnis, die Sonne über dem Niltal aufgehen zu sehen. Die orangegoldenen Stämme der Palmen und die weißen, zuckerhutförmigen Kegel der Taubenhäuser steigen aus einer Schicht von schillerndem Dunst empor, und langsam verwandelt sich alles in blasses Gold und zartes Blau, die wahren Farben Ägyptens. Luxor, Karnak und Medinet Habu wirkten auf mich zuerst erdrückend und furchteinflößend; erst nach langem Studium hatte die Vollkommenheit dieser großen Kultur auch mir etwas zu sagen. Zu jener Zeit schienen mir nur einige unbedeutende Gräber und Wandmalereien zugänglich und auf das menschliche Leben, wie ich es kannte, bezogen zu sein. Später lernte ich mehr hierüber durch Schwoller de Lubicz und Alexandre Varille. Sie hatten Jahre mit dem Studium der Symbolik verbracht, die sowohl der Gesamtheit wie jedem Detail der alten ägyptischen Kunst innewohnt.

Eines Tages stieß ich in Kairo auf Feliks Topolski; mit Hunderten seiner lebensvollen Federzeichnungen war er auf der Heimreise von Indien. Er ermutigte mich, wieder mit dem Zeichnen zu beginnen, und während der nächsten drei Jahre machte ich täglich rasche Skizzen, fast alle mit dem Füllfederhalter; später allerdings hatte ich stets Wasserfarben in der Tasche. Durch das Skizzieren konnte ich das endlose Schauspiel neuer Eindrücke in mich aufnehmen. Ununterbrochene Übung verlieh mir beachtliche Leichtigkeit, so daß ich innerhalb weniger Monate die schwierigsten Objekte geschickt und schnell zeichnerisch erfassen konnte. Später jedoch mußte ich lernen, diese Leichtigkeit aufzugeben, um einen Gegenstand im Raum wirklich zu studieren, zu verstehen und darzustellen. Inzwischen aber erwies mir mein Bildertagebuch gute Dienste.

Gegen Ende des Jahres 1943 wurde ich noch weiter nach Osten geschickt, durch die arabische Wüste nach Bahrein – damals nur der Perlen wegen berühmt –, den Persischen Golf hinunter über die gezackten Gipfel von Belutschistan nach Karatschi, weiter über den Indus nach Bombay, dann nach Kotschin mit seinen Kokospalmen und Fischern und schließlich über die schmale Meerenge nach Ceylon mit seinen in den tropischen Wäldern verborgenen alten Stätten einer früheren buddhistischen Kultur und der dünnen Tünche britischer Backsteinarchitektur des 19. Jahrhunderts, die Colombo so alltäglich wie Southsea oder die Bronx gemacht hat. Mein Wohnsitz war Kandy; dort lebte ich in einer Palmhütte am Ufer des heiligen Sees. Jeden Abend lauschte ich dem prächtigen Trommeln, das aus dem »Tempel des Zahns« jenseits des Wassers ertönte. Wir arbeiteten in dem von Schlangen wimmelnden Botanischen Garten in Peradeniya. Die Monate gingen dahin, und ich beobachtete das Aufblühen der Bäume; der ersten Fülle von Gelb folgte ein Blütenmeer in Weiß, Rosa oder Hellviolett, je nach Baumart. Auf Ceylon mußte ich eine besondere Pilgerfahrt machen, und zwar wollte ich den

Buddha mit den Saphiraugen finden, der den Autor P. D. Ouspensky dreißig Jahre vorher so tief beeindruckt hatte. So ratterte ich eines Tages in dem kleinen Zug bergab nach Colombo, um ihn zu sehen. Es ist ein ruhender Buddha, etwa zehn Meter hoch, der den Pavillon, in dem er sich befindet, völlig ausfüllt. Da die Farbe seines hellen, safrangelben Gewandes immer erneuert wird, ist es unmöglich, sein Alter zu erraten. Mehr als gewöhnlich eignet ihm die Zeitlosigkeit und das Lebendige eines großen Kunstwerkes. Für mich hat er den gleichen Wert wie der wunderbare Chephren im Museum von Kairo, wenn auch mit einer unterschiedlichen Bedeutung, ebenso wie das außergewöhnliche hölzerne Bildwerk des Ka im ersten Stock des gleichen Museums durch seine Intensität und Lebenskraft dem etruskischen Apollo von Veji in Rom verwandt zu sein scheint.

Als der Krieg zu Ende ging, befand ich mich in Griechenland, und am Tag der japanischen Kapitulation war ich auf der Insel Hydra, wo die kleine weißgetünchte Stadt einen muschelförmigen Hafen umschließt. Als das Radio die Nachricht brachte, fiel mir ein, was ein Wahrsager mir 1939 in dem Pariser Vorort Asnières gesagt hatte: »Wenn der Krieg endet, werden Sie inmitten weißer Häuser stehen.«

Meine Kriegsreisen waren auf ihre Art ein wichtiger Teil meiner Ausbildung. Obwohl ich über Pflanzen und Gärten wenig lernte – außer wie man eine gute von einer schlechten Mangofrucht unterscheidet –, hatte ich doch begriffen, daß das Leben auf andere Weise verstanden werden kann als vom europäischen Standpunkt aus, der bis dahin mein einziger Maßstab gewesen war. Wenn ich in Damaskus im Café saß, in den Basaren von Kairo oder Delhi war und nichts von dem verstand, was um mich herum gesprochen wurde, lernte ich die Freuden des Schweigens kennen und wie man begreift, was vorgeht, ohne daß eine Erklärung durch Worte notwendig wäre. Sowenig ich auch vom Leben der Mohammedaner sah, es überzeugte mich davon, daß hier die Religion die Menschen lehrte, sich selbst und ihre Mitmenschen zu achten, und ihnen half, eine menschliche Würde ungeachtet aller Besitz- und Standesunterschiede zu finden. Ich bekam eine Ahnung von der tiefen Bedeutung der islamischen Annäherung an Gott, als ich ein- oder zweimal im Bektaschi-Kloster auf den Mokattam-Felsen oberhalb der Zitadelle von Kairo war, und dann wieder an manchen Abenden, wenn ich in Damaskus die Mewlewi-Derwische bei ihren religiösen Übungen beobachtete. In dem Trubel indischer Städte erkannte ich, daß Demut und Liebe wie Sauerteig in den Alltagsgeschäften wirkten, trotz Gemeinheit, Gier und Egoismus, die dort ebenso stark sind wie anderswo.

Dann waren vier Kriegsjahre mit intensiver Tätigkeit, neuen Schauplätzen, anderen Menschen und neuen Eindrücken vorüber, und ich war wieder in London ohne Geld und Beschäftigung. Der Rhythmus und die Geschäftigkeit der vorangegangenen Jahre waren mir zur Gewohnheit geworden, und eine Zeitlang fühlte ich mich gänzlich verloren in einer Welt, zu der ich keine Beziehungen mehr hatte.

Der Zufall führte mich mit Oskar Kokoschka zusammen; ich zeigte ihm einige meiner Zeichnungen aus der Kriegszeit. Er nahm sie – vielleicht auch mich – genügend ernst, um mir durch die Malerei zu einem neuen Anfang zu verhelfen. Es war ein aufschlußreiches und läuterndes Erlebnis, unter seiner Führung mit der Aufgabe des wirklichen Zeichnens zu ringen. Wenn ich Wesen und Form eines Gegenstandes vor mir studierte, wurde mir eine neue Art des Schauens und der Beherrschung zuteil, und nach und nach fiel die Last überflüssiger Oberflächlichkeiten von mir ab, so daß ich mich nach einiger Zeit erfrischt und ruhig fühlte, weil mir wieder klar wurde, daß es hinter den Erscheinungen und Problemen des Alltags eine fortdauernde Realität gibt.

Für einige Tage fuhr ich nach Paris, um eine Verbindung zu erneuern, von der ich hoffte, sie würde mir zu meinem eigenen Ich und zu meinem eigentlichen Platz zurückhelfen. Dort traf ich auch Stéphane Boudin wieder. Innerhalb einer Woche hatte er für mich eine Arbeit gefunden, und so begann ich wieder zu gärtnern.

Es war nicht leicht, von neuem zu beginnen. Jahrelang war ich wie jedermann ein kleines Rädchen in einer großen Maschine gewesen. Nun mußte ich wieder meine eigene Politik betreiben, eigene Entscheidungen treffen und auf eigenen Beinen stehen. Über Rasenflächen und Blumenbeete zu diskutieren schien mir anfänglich recht seltsam, und ich mußte bei der Zeichnung von Gartenplänen ganz von vorn beginnen. Meine erste Arbeit, der Entwurf eines kleinen Gartens in Paris, bereitete mir beinahe schlaflose Nächte, so verloren und unsicher fühlte ich mich in einem Beruf, von dem ich jahrelang gedacht hatte, er sei für immer dahin.

Zunächst plagte ich mich ab. Dann erfuhr ich eines Tages, daß ein alter Freund, den ich jahrelang nicht gesehen hatte, André de Vilmorin, krank in einer Pariser Klinik lag. Ich besuchte ihn. Die Vilmorins sind seit zweihundert Jahren Gärtner und Samenhändler; sie bewohnen seit Generationen das Château de Verrières südlich von Paris, ein reizendes Gebäude im Louis-XIV-Stil, in dessen Garten noch die Wippe der Louise de la Vallière steht. Hier hat die Familie einige Gärten, Samenversuchsgebiete, Laboratorien, ein Museum und eine bedeutende Bibliothek über Gartenkultur geschaffen. Es war immer ein patriarchalischer Familienbetrieb. Die Dorfbewohner, die auf den Blumenfeldern arbeiten, sind stolz auf ihr Werk und nehmen regen Anteil an der Familie und ihrem Schicksal. André de Vilmorin, der nun den Betrieb leitete, bat mich sofort um meine Mitarbeit. Er sah voraus, daß in der nächsten Zeit viele Gärten entstehen würden. Das Schloßleben war zu Ende, die Leute würden in kleinere Häuser ziehen, es würde weniger Gärtner geben, und ein Wiederaufbauprogramm war schon in Sicht. Im übrigen hatten sich die Menschen während des Krieges an Gartenarbeit gewöhnt, um für den eigenen Bedarf Gemüse und Obst zu ziehen. Sie würden sich jetzt wieder den Blumen zuwenden, aber anders als früher. Das war der Zeitpunkt, den Franzosen eine Gartengestaltung nahezubringen, die ihnen neu war. Gemeinsam planten wir einen Feldzug für kleine Gärten mit Rasen, blühenden Sträuchern und ausdauernden Pflanzen, die mit oder ohne Gärtner leicht instand zu halten waren. Wir würden eine ganze Menge neuer Pflanzen nach Frankreich einführen und für ihre Verbreitung sorgen müssen.

Innerhalb weniger Wochen war ich in einem kleinen Büro mit Blick auf die Seine untergebracht; es war in einem Teil von Paris, der sich vielleicht weniger als jeder andere verändert hatte. Er ist seit je der Mittelpunkt des Pariser Gartenbaugewerbes. Dem Fluß gegenüber liegen die Läden der Samenhändler, die ihre Verkaufsstände voller Samenpäckchen, vielfarbener Blumen und Pflanzen auf den Bürgersteig setzen. Hier und da findet man Zoohandlungen mit exotischen Finken, Goldfasanen, Tauben und allen bekannten Vogelarten in Käfigen. An sonnigen Sommertagen kommen die ausländischen Touristen, um in den Bistros nebenan einen Imbiß einzunehmen und sich dabei an dem Treiben und Stimmengewirr der lebhaften Straße zu erfreuen. Oder sie überqueren den lärmenden Verkehrsstrom, um bei den Bücherständen am Geländer oberhalb des Flusses zu schmökern. Unmittelbar darunter fließt die Seine, und geht man hinunter ans Ufer, so kommt man in eine andere Welt. Hier wächst Gras zwischen den Pflastersteinen, dort stehen alte Bäume, und Männer sitzen gebeugt über ihrer Angelrute. Unter den Brückenbogen sind die vorübergehenden Biwaks der Clochards mit ihrem Rotwein und ihren Lumpen. Der Fluß bietet hier ein eigenartig ländliches Bild mit seinen Bäumen und seinem Treidelpfad. Man hat ihn für einige Kilometer eingefangen zwischen hohen Ufermauern, die die geräuschvolle Stadt ausschließen. Das ist das alte Herz von Paris, das noch wie ein Marktflecken seinen Handel mit dem Land aufrechterhält, und hier sollte ich für die nächsten Jahre leben.

1. KAPITEL

Auf der Suche nach Stil

Das Anlegen eines Gartens bedeutet ebenso wie die Gartenarbeit selbst eine Auseinandersetzung des Menschen mit seiner natürlichen Umgebung. Die charakteristische Ausdrucksweise hat sich von Ort zu Ort, von Epoche zu Epoche gewandelt, ob wir nun den kleinsten mittelalterlichen Kräutergarten betrachten, der als winziges strenges Muster an der Zwischenmauer einer befestigten Burg angepflanzt wurde, oder die riesigen Anlagen, welche Le Nôtre symmetrisch in die sanften Abhänge und die Wälder der Ile de France schnitt. Gelegentlich steht hinter einem Garten auch eine umfassendere Intention: Einige wenige Männer, die innerhalb der buddhistischen Zensekte arbeiteten, schufen im Japan des 15. Jahrhunderts Gärten, die weit mehr als bloß ein ästhetischer Ausdruck waren und noch heute sind. Und was von den frühen Mogulgärten in Indien geblieben ist, deutet an, daß ihre Schöpfer das geistige Gut der Sufibewegung in Hochasien kannten und darum bestrebt waren, ihren Gartenbildern weitere Dimensionen hinzuzufügen.

Ich weiß, daß ich nichts Neues schaffen kann. Einen Garten gestalten heißt, alle vorhandenen Elemente zu organisieren und andere hinzuzufügen; aber in erster Linie muß man nach bestem Vermögen alles, was man sieht, in sich aufnehmen; den Himmel und den Horizont, den Boden, die Farbe des Grases und die Form und Eigenart der Bäume. Jeder halbe Kilometer der Landschaft hat seine eigene Note, und jeder Quadratmeter bedeutet etwas anderes. Jeder Stein sagt etwas über die innere Struktur des Bodens, auf dem er liegt, und die dort wachsenden Pflanzen – ob einheimisch oder exotisch – verraten etwas über die chemische Beschaffenheit ihres Standortes.

Solche Dinge zeigen einem die Grenzen eines Geländes auf, und Grenzen schließen Möglichkeiten ein. Ein Problem ist eine Herausforderung. Ich kann mich an kein Gelände erinnern, das völlig ohne Gepräge gewesen wäre, obwohl zum Beispiel ein ummauertes Rechteck aus sandigem Boden im Niltal ohne Baum in sichtbarer Nähe diese Behauptung einzuschränken scheint. Das gleiche gilt für ein ausgedehntes flaches Zuckerrübenfeld im Industriegebiet Nordfrankreichs mit Hochspannungsmasten in einer öden Landschaft, die lediglich durch Fabrikschornsteine am Horizont aufgelockert wurde. Aber selbst in so extremen Fällen kann man einen Ausgangspunkt finden. Im ersten Fall stellte der heiße, blaue, das ganze Jahr über wolkenlose Himmel eine einfache klare Forderung – Schatten. Anzulegen war daher ein Garten, durch den man immer im Schatten gehen konnte. Schatten hieß: Bäume. Ein Mangohain wurde das Hauptthema des Gartens, und alle Teile und Einzelheiten wurden diesem beherrschenden Moment untergeordnet. Im zweiten Fall bot sich das Pflanzen von Bäumen ebenfalls als Lösung an, wenn auch aus einem anderen Grunde: nicht des Schattens wegen, sondern um die Illusion einer urwüchsigeren Landschaft in die von Menschen verdorbene Gegend zu bringen. Hier war die Zeit ein wichtiger Faktor. Das Haus war häßlich, und für die Instandhaltung des Gartens konnte nur wenig getan werden. Ich entschloß mich, junge Birken zu pflanzen, und heute, zwanzig Jahre später, ist das Haus von einem Schleier lichter Birken umwoben, die die Sonne durchschimmern lassen, während ihre Zweige und die zwanglose Reihe ihrer Silberstämme den häßlichen Anblick verdecken.

Anders als Bilder, Skulpturen und Gebäude ist ein Garten immer im Wachsen. Sein Aussehen wechselt – Pflanzen kommen zur Entfaltung, manche in sechs Wochen, andere in sechshundert Jahren. Nur wenige Gärten kann man sich selbst überlassen. Nach einigen Jahren der Vernachlässigung kann man nur noch das Gerippe eines Gartens erkennen – die Formung des Bodens etwa, Mauern oder Stufen, einen Teich, eine Baumgruppe. Japanische Künstler, die vor vierhundert Jahren nur mit ein paar Steinen und Sand arbeiteten, erzielten eigenartig dauerhafte Zusammenstellungen. Aber auch dort wäre wenig geblieben ohne die frommen Hände, die den weißen Sand zu Mustern geharkt und das Ausbreiten von Moos und Flechten eingedämmt haben.

Wir leben inmitten einer Anhäufung von Stilarten und Kulturen. Die Formen des künstlerischen Ausdrucks in der ganzen Welt seit 4000 Jahren sind uns zugänglich, wobei die gewaltige Fülle des Wissens auch eine gewaltige Verwirrung zur Folge hat. Die Architektur hat einen Ausweg im Funktionalismus gefunden und ist weitgehend zu angewandter, oft wunderbarer Technik geworden. Maler und Bildhauer haben im Kampf um die Befreiung von einer überschweren Last mit Assoziationen experimentiert, die aus den verschiedensten Tiefen ihres Bewußtseins kamen.

Ich glaube, schöpferische Gartengestaltung muß nicht unbedingt unter den Folgen einer sich ändernden, wenn nicht sogar auflösenden Kultur leiden, denn sie hat einen ganz anderen Ausgangspunkt. Ein Same, eine Pflanze, ein Baum müssen den Gesetzen ihrer Natur gehorchen. Tritt eine ernsthafte Störung ein, so müssen sie sterben. Sie wachsen und gedeihen nur, wenn ihre Lebensbedingungen annähernd berücksichtigt werden. Wenn man etwas zum Wachsen bringen will, so muß man es verstehen, und zwar in einem sehr realen Sinne. »Grüne Finger« sind eine Tatsache und nur für den Ungeübten ein Geheimnis. Aber »grüne Finger« entspringen einem reichen Herzen. Ein schöner Garten kann nicht von jemandem gestaltet werden, der nicht die Fähigkeit entwickelt hat, Wachsendes zu kennen und zu lieben.

Solche schwer greifbaren Dinge sind Tatsachen, und eine ganze neue Welt wartet darauf, erforscht zu werden. Der kleinste Anfang genügt – ein Sämling in einem 8-cm-Blumentopf. Er wird zu einem magischen Bohnenstengel emporwachsen, den wir erklettern können, um das Tor zu einer anderen Seite dieser Welt zu öffnen, jener Welt eben, die uns umgibt und in der wir uns vielleicht ohne die geringste Ahnung von ihren Möglichkeiten bewegen.

Entwicklungen haben mich stets mehr befriedigt als Ergebnisse. Vielleicht ist das typisch englisch und erklärt unsere nationale Zuneigung zu einer Beschäftigung mit etwas sich Wandelndem: Wachstum und Verfall, der Ablauf der Jahreszeiten, unser unbeständiges Wetter, das die Entwicklung eines Baumes oder das Blühen und Samenbilden einer Pflanze beschleunigt oder verzögert. Englische Gärten scheinen einem steten Wechsel unterworfen zu sein. Die flüchtigen Freuden, die das Gärtnern mit sich bringt, scheinen für uns durch eine subtile, gewollte Unordnung gesteigert zu werden, die die Härte gerader Linien mildert und es nie dazu kommen läßt, daß der Garten statisch und vollendet erscheint. Ein Klima, das das Wachstum von Pflanzen aus allen Erdteilen begünstigt, muß dazu beigetragen haben, daß die Engländer auf dem Gebiet der Pflanzen- und Tierzucht wegweisend sind. Eine angeborene Abneigung gegen kalte, logische Ausdrucksweise oder die Vorliebe für halbausgesprochene Sätze deutet darauf hin, daß ein Thema niemals erschöpfend behandelt zu werden braucht; es ist immer in der Entwicklung, es bleibt immer Raum und Zeit für eine neue Auslegung.

In England ist die Beschäftigung mit dem Garten ein langsamer Prozeß, der alles Wachsende zur bestmöglichen Entfaltung einlädt. Es gibt keine Endgültigkeit, und gäbe es sie, so wäre man nicht damit zufrieden. In Frankreich scheint das Gegenteil zu gelten. Ein Lustgarten ist seit der Zeit du Cerceaus oder noch früher eine regelmäßige Anlage und wirkt wie ein ausgebreiteter Teppich, er dehnt die Förmlichkeit des Salons bis ins Freie aus. Ein »grünes Wohnzimmer« oder das »Schattenzimmer«, ein »Theater in Grün«, sie alle sind zwingende Bestandteile einer klassischen Gartenkomposition und drücken das Wesen eines französischen Gartens recht genau aus. Der große Künstler Le Nôtre trennte sich, wie weiträumig und erfinderisch seine Pläne auch waren, selten von dieser strengen Auffassung. Ebenmaß und Klarheit bestimmen das französische Gartenbild.

Der italienische Garten war zunächst zur Zeit der Renaissance eine phantasiereiche Rekonstruktion des klassischen Hains mit schattigen Wegen für Spaziergänge und Gespräche, ein Rahmen für ausgegrabene antike Statuen, die zur Erinnerung an ein klassisches goldenes Zeitalter dort standen. Später spiegelten die italienischen Gärten mit ihren Bäumen, Skulpturen und Springbrunnen in geordneter Form das geschäftige Treiben in einem bevölkerten Landstrich wider, bis zu Beginn des 18. Jahrhunderts der bourbonische Einfluß den französischen Stil in Mode brachte. Danach arteten in Italien – ebenso wie in Österreich, den deutschen Fürstentümern, in Ostpolen, Rußland und Spanien – die weiträumigen Anlagen, die von Le Nôtre für andere Wälder und einen anderen Himmel entworfen worden waren, in geschmacklose Nachahmungen aus: Sie wurden Landschaften aufgezwungen, zu denen sie nicht paßten.

Im ausgehenden 18. Jahrhundert dann wurden die europäischen Gärten vom englischen »Landschaftsstil« oder romantischen Stil beherrscht. Dieser ließ sich der Mannigfaltigkeit von Klimaten und Landschaften im ganzen besser anpassen und schuf einen biegsameren Rahmen für bis dahin unbekannte Pflanzen aus fremden Ländern. Von damals bis heute hat meines Erachtens das Pflanzenmaterial in der Entwicklung der europäischen Gärten eine weit größere Rolle gespielt als der Gestaltungsstil.

Um die Mitte des 19. Jahrhunderts hatte der Eklektizismus jede Stilentwicklung unterbrochen, und das »Museumszeitalter« nahm seinen Anfang. In rascher Folge lebten vergangene Stilepochen wieder auf. Jedes Land bot verschwenderische Nachbildungen: Renaissance, Louis XV, Tudor. Architekten und Zeichner, zeitlich und gedanklich von den Schöpfern der Originalgärten weit entfernt, schwelgten in einem Meer von Oberflächlichkeiten, und die innere Schwäche ihrer Auffassung wurde durch wahllose Anpflanzung noch betont. Man hielt es für äußerst eindrucksvoll, formelle Anlagen mit der ganzen Pracht exotischer Blumen zu überladen, während seinerzeit derartige Anlagen wohl einen Reichtum der Formen, jedoch nur eine streng begrenzte Auswahl von Pflanzen aufwiesen. Da wir Reste und Zerrbilder all dieser Stilarten geerbt haben, vermögen wir uns nur schwer von dieser Bürde der Assoziationen zu befreien.

Doch ist es sogar heute noch möglich, neue Gärten zu schaffen – neu im Sinne von Belebung. Die alten und zeitlosen Elemente – Licht und Schatten, Erde, Stein und Wasser, Laubwerk und Blumen – sind uns geblieben. Dazu kommen Häuser zum Wohnen, Wege für Spaziergänge, Rasen für Spiele, Terrassen und Loggien zum Sonnen und zum Schutz, Wasser zum Schwimmen, für Pflanzen oder für Springbrunnen. Damit können wir Gärten schaffen, wenn wir nur die wesentliche Eigenart des Ortes verstehen, das Prinzip einer Anlage erfassen und die Lebensbedingungen kennen, unter denen unsere Pflanzungen gedeihen.

Es gibt einen sechsten Sinn, der eine Situation »diagnostizieren«, das Problem erfassen und hieraus die Lösung »ersehen« kann. Mit etwas Übung kann dieser »Gedankenblitz« länger festgehalten werden. Sein Verlauf läßt sich sofort beobachten und verstehen und dann zu einem späteren Zeitpunkt wieder in die Erinnerung zurückrufen. Diese Fähigkeit ist natürlich nicht nur Gärtnern oder Künstlern vorbehalten, und wenn ich Anführungszeichen benutze, um sie zu beschreiben, dann nur deshalb, weil sie vielleicht nicht genügend in Betracht gezogen wird.

Ich weiß, daß unter den von mir gestalteten Gärten diejenigen am ehesten den Eindruck von Einheit und Notwendigkeit vermitteln, bei denen ich mir weder Nebengedanken noch ablenkende, das Grundthema verwischende Einzelheiten erlaubt habe. Im eigenen Garten braucht man schließlich nur sich selbst zufriedenzustellen. Ständig mußte ich bedenken, daß ich Gärten für andere Leute schuf und daß es ihr Garten sein sollte. Ihre Wünsche, Hoffnungen und Forderungen sind ebenso wichtige Faktoren wie ein Tonboden, ein Eichenwald oder Wassermangel. Wo ich gut gearbeitet habe, strahlt der Garten eine eigene Zufriedenheit aus und ist niemals auffällig abgestempelt.

Um einen Schritt weiterzugehen: Wo beginnt der Stil? Für den Gartengestalter bedeutet Stil, alle physikalischen Elemente eines Gartenbildes zu sammeln, sie in ein zusammenhängendes Ganzes zu verschmelzen und dieses Ganze mit aller Intensität – oder vielleicht sollte ich sagen »Intelligenz« –, die man aufbieten kann, zu durchtränken, so daß es eine eigene Qualität bekommt. Ein solcher Stil muß zeitgemäß sein, denn eine stilvolle Komposition muß die Absicht ihres Schöpfers widerspiegeln, und dieser ist immer ein Kind seiner Zeit, auch wenn er seinem Garten eine Eigenart gibt, die von einem anderen Ort oder einem anderen Jahrhundert herrührt. Hier möchte ich unterscheiden zwischen wirklichem Stil und der unschöpferischen Anwendung eines Stils, den man einer anderen Epoche oder einem anderen Ort entlehnt hat. Es ist eine bewußte Künstelei, wenn man die Form des Entwurfs, die Art der Bepflan-

zung und das Material jener Zeit oder jenes Ortes unverändert übernimmt.

Le Nôtre, der große Gartenkünstler des 17. Jahrhunderts, plante,
zeichnete und bepflanzte seine zahlreichen Gärten im Rahmen des
Frankreichs zur Zeit Ludwigs XIV. Die Architektur, die Innenausstattung, die Auswahl an Pflanzenmaterial, die Einstellung zu Religion, Philosophie und sozialen Problemen, all diese Gesichtspunkte
beeinflußten Le Nôtre, und seine Gärten haben deshalb Stil, weil er
seine Schöpfungen innerhalb der Bedingungen und Gegebenheiten
seiner Zeit entwarf.

In der zweiten Hälfte des 19. Jahrhunderts versuchten gewisse
französische Industrielle und andere, die ungeheuer reich geworden
waren, Häuser und Gärten mit der ganzen Pracht des späten 17. und
frühen 18. Jahrhunderts wiedererstehen zu lassen. Entweder restau-
rierten sie Schlösser, oder sie bauten neue, die sie für genaue Nachbildungen hielten. Um diese Schlösser legten sie riesige symmetrische Gärten neu an oder stellten sie wieder her. Sie richteten sich
nach den Originalentwürfen, soweit sie noch bestanden, oder schufen neue, die auf frühere Modelle zurückgingen, und achteten skla-
visch auf jede Einzelheit. Viele dieser Gärten existierten bis zum
letzten Krieg, und einige sind noch heute vorhanden. Jedesmal wetteifert ihr bewußt übernommener Stil mit dem Stil der zweiten Hälfte
des 19. Jahrhunderts. Die Grobheit einer Form, die Genauigkeit,
mit der jede Windung einer sorgfältig angefertigten und überdetail-
lierten Werkzeichnung bis in die kleinste Einzelheit nachgeahmt
wird, die Verwendung von Schmiedeeisen, das dank technischer
Perfektion wie Gußeisen wirkt, all diesen Dingen fehlt jene Freiheit
und Belebung, die ihnen ein Steinmetz oder Schmied des 18. Jahrhunderts gegeben hätte. So machen zeitgenössischer Stil und zeitgenössische Technik jederzeit und überall aus einem aus einer anderen
Epoche geborgten Stil einen bloßen Mischmasch. Solche Anleihen
sind mehr eine Mode denn ein Stil und werden wie jede Mode früher
oder später überholt und unmodern.

Zwischen den beiden Kriegen wurde der Park des Châteaus von
Sceaux bei Paris wiederhergestellt und der Öffentlichkeit zugänglich
gemacht. Auch hier ist eine Anlage aus der Zeit Ludwigs XIV.
restauriert worden, doch diesmal auf ganz andere Art. Während die

Hauptkomposition unverändert bleibt, hat man Einzelheiten großzügig im modernen Stil der Beaux Arts der zwanziger Jahre ausgearbeitet. Aber selbst wenn man versucht hätte, Le Nôtres Details genauer zu kopieren, hätte sich der Stil der Beaux Arts unvermeidlich eingeschlichen und die gesamte Rekonstruktion beeinflußt.

Der »Landschaftsstil«, im frühen 18. Jahrhundert in England entwickelt, ist seitdem überall dort dominierend gewesen, wo es einen europäischen Einfluß in Häusern und Gärten gibt. Dieser Stil hat eine wesentlich weitere Verbreitung gefunden als die Symmetrien des großen französischen Stils. Von Anfang an bedeutete er Bewegung und Lebhaftigkeit. Die Pflanzungen betonten Hügel oder Mulden, Straßen oder Wege schlängelten sich vom Haus weg und luden zum Spaziergang ein. Dort, wo Terrassen zum großen englischen Landhaus gehörten, waren sie ganz architektonisch gedacht und bildeten die Grundlage für einen monumentalen Baustil.

Will man den Garten als Ruheplatz ansehen, so muß man in fernen Ländern Ausschau halten, wo die Moslembevölkerung eine alte Tradition fortgesetzt und Gärten angelegt hat, um im Schatten oder in der Sonne zu sitzen, dem Gesang der Vögel und dem Plätschern des Wassers zu lauschen und die Düfte von Jasmin, Rosen und Orangen zu genießen. Das ist eine passive Haltung gegenüber dem Garten; jedoch fand in den letzten dreißig Jahren die Idee des Gartens als Ruheplatz immer größeren Anklang. Die Spannungen des modernen Lebens und eine grundlegende Änderung unserer Vorstellungen von Entfernung und Geschwindigkeit haben körperliche Ruhe zu einem Luxus gemacht. Erholung ist eine Seltenheit geworden; wir fangen an, die Attribute des Ausruhens wie Briefmarken oder Kunstwerke zu sammeln und zu ordnen. Die Vorstellung von Ruhe scheint man in zunehmendem Maße im Niemandsland zwischen Haus und Garten zu finden. Immer mehr dringt der Garten bis ins Haus, oder das Hausdach breitet sich aus, um den Garten einzubeziehen. Es ist in den Vereinigten Staaten durchaus üblich, ein Bassin oder ein Blumenbeet bis in das Haus fortzusetzen oder die gepflasterte Terrasse bis in das Wohnzimmer eindringen zu lassen. Eine ganze Küche im Freien drängt sich um einen offenen Grill, während im Gegensatz hierzu das Haus vielleicht den Umtopfschuppen aufnimmt. In diesen neuen Beziehungen müssen Pflanzen eine neue Rolle spielen: Blätter ersetzen Vorhänge, Zweige übernehmen eine Aufgabe der Innendekoration. In tropischen und subtropischen Ländern ist dieses Problem leicht zu lösen, in klimatisch kälteren Gegenden ist das schon schwieriger. Kaltes Wetter muß für einen Teil des Jahres Haus und Garten voneinander trennen, und so wird in der neuen Ausdrucksform das Wohnzimmer zu einem mit Klimaanlage versehenen Gewächshaus, in dem exotische Pflanzen vor der Kulisse kahler Äste fehl am Platz erscheinen können.

Die Japaner haben das Problem in anderer Form gelöst. Vor Jahrhunderten entwickelten sie einen Stil visueller Harmonie, der das Haus mit seiner Einrichtung, den Garten, die Bilder, Stoffe, Töpfe und Pfannen einer gedanklichen Ordnung unterstellt. In Europa haben die Gegenstände, mit denen wir uns umgeben, die Proportionen der Architektur, Tisch und Stuhl, alle Erzeugnisse der letzten tausend Jahre im allgemeinen keine Beziehung zueinander, so daß diese Art der Harmonie fehlt. In den Vereinigten Staaten war eine begrenzte und kleinstädtische europäische Kultur schon vor hundert Jahren durch das ungeheuer schnelle Wachstum eines neuen Volkes auf einem neuen Kontinent veraltet. Heute wechseln in Amerika Stilarten aus aller Welt in schneller Folge, man nimmt sie versuchsweise an, ändert sie um und legt sie dann beiseite. Augenblicklich besteht eine Tendenz, alle traditionellen europäischen Stilarten auszumerzen und Häuser und Gärten so anzulegen, daß ihre Instandhaltung kaum Zeit und Arbeit beansprucht.

In dem zeitgenössischen Pacific-Coast-Stil sind Findlingsblöcke, Kieselsteine, Sand und Teile von Baumstümpfen, die als Trittstufen benutzt werden, so etwas wie eine dauerhafte Bühneneinrichtung. Bäume, Sträucher und Stauden sind die wachsenden Zubehörteile. Sie werden verwendet, um den Parkplatz mit dem Schwimmbecken, Grenzzäune mit der Landschaft jenseits des Gartens und all dies wieder mit dem Haus zu verbinden. Solche Entwürfe entsprechen dem Verlangen nach ziemlich einfacher Instandhaltung und einem gewissen Maß von ästhetischer Befriedigung. Ob sie allerdings dauerhaft sein werden, weiß ich nicht. Vielleicht entpuppen sie sich als weiteres Beispiel aufgepfropfter Exotik in einer Kultur, die ursprünglich aus Europa stammt und diesem weiten Kontinent mehr aufgezwungen wurde, als daß sie auf seinem Boden wuchs.

Einen der verworrensten Gartenstile zeigt der englische Garten der Jahrhundertwende. Analysiert man eine Anzahl bedeutender englischer Gärten, die irgendwann zwischen 1900 und 1930 angelegt wurden, so erkennt man, daß ihre Entwürfe aus allen Epochen europäischer Gartenkunst entliehen sind. Terrassen, Treppen, Springbrunnen und Bauwerke entstammen großenteils der späten italienischen Renaissance; Höfe, grüne Flächen und kunstvoll beschnittene Pflanzen haben hauptsächlich holländische Vorbilder aus dem späten 17. Jahrhundert. Bei Parterres sowie Entwurf und Anlage von Blumenbeeten hielten sich die Gartengestalter an gotische Handschriften, an du Cerceau, an Kips Kupferstiche von Landsitzen oder an die Dekorationen von Le Nôtre. Diesen stilgerechten oder modischen Einflüssen fügten reiche und begeisterungsfähige Gartenbesitzer malerische Themen wie Wildgärten, Steingärten, Heide- und Sumpfgärten hinzu; sie benutzten all diese Elemente, um der unüberschaubarsten Menge von Pflanzenmaterial, die je in irgendeinem Land kultiviert wurde, einen Rahmen zu geben. Der Geist dieses verschwenderischen »Garten-Wolkenkuckucksheims« lebte fort und hat den größten Teil der britischen und einen Teil der kontinentalen Auffassung von Gartenplanung bis heute beeinflußt. Hier finden wir einen Stil, der sich wie jede hochgezüchtete Mode ausgebreitet hat und entartet ist, bis sein Manierismus jetzt populäre Gartenmagazine mit fertigen Lösungen für den Kleingarten versorgt: strenge Rosenbeete rings um eine Sonnenuhr, Vogelbäder, verschrobene Pflanzenmosaiken und andere Gebilde vergangener Zeiten sind der Nachhall der kostspieligen und für unseren Geschmack vielleicht etwas windigen Ausdrucksformen der Jahrhundertwende.

Gartengestalter brauchen wie alle Künstler Anregung; sie brauchen Gedankenaustausch, sie müssen Pläne und Fotos neuer Anlagen studieren und Gärten besichtigen; kurz, sie müssen sich ständig weiterbilden und sich einschlägige Fachliteratur besorgen. Das alles, Wortschatz und Kunst eines Gartengestalters, kann wertvoll oder nutzlos sein. Man kann es sich leichtmachen und oberflächlich arbeiten, Material zusammentragen, es schön ordnen und eine mehr oder weniger passende Auswahl für den gegebenen Anlaß und das jeweilige Gelände treffen – um dann einen Gartenplan mit einem

Vogelbad aus Kopenhagen, einer Treppenflucht aus Italien, einer zwanglosen Anpflanzung aus Zürich und einer Staudenrabatte von Miß Jekyll zusammenzustoppeln. Wenn man diese Elemente zu einem neuen Muster fügt, können sie gefühlsbetonte und ungebildete Vorstellungen von einem Garten zufriedenstellen. Jedoch hat ein Lumpensack voller Stilarten nichts mit echtem Stil zu tun; hier muß das Planen anders vor sich gehen. Der Künstler muß erkennen, was sich hinter dem malerischen und oberflächlichen Aussehen seines Objektes verbirgt. Ist dieses oder jenes Element dort, wo es ist, notwendig und nützlich, unterstreicht es einen Rhythmus, eine zwingende Form? Steht es im Zusammenhang mit Aufbau, Licht, Schatten, Farbe oder Struktur, oder ist es eine mehr oder weniger dekorative Grille, die von irgendwoher ohne jede Bedeutung kopiert wurde? Fachliche und halbfachliche Zeitschriften sind voller verführerischer Fotos, deren Charme abgelehnt werden muß, wenn man die zugrunde liegende Struktur und ihren Rhythmus analysiert. Das Gehirn nimmt schon die Einzelheiten, die ihm angeboten werden, auf zweierlei Weise auf. Das oberflächliche Bild wird nur auf den Teil des Gehirns einwirken, in dem flüchtige Eindrücke registriert werden; die Ergebnisse eines sorgfältigen und genauen Studiums lassen eine tiefere Spur zurück.

Es ist nicht allzu schwierig, architektonische Besonderheiten für einen Garten zu planen, der mit einem alten Haus eng verbunden ist oder eine Umgebung hat, deren Stilepoche festliegt. Man sollte vermeiden, die baulichen und schmückenden Motive komplizierter zu gestalten als die schon bestehende Architektur; auch sollte man kein anderes Material verwenden: Steine oder Ziegel sollten die gleichen wie die schon vorhandenen sein. Heute ist es einfach, Baumaterialien aus jeder Entfernung herbeizuschaffen, einfacher vielleicht, als sie am Ort selbst zu finden. Aber als das Haus gebaut wurde, war die Entfernung vielleicht ein unüberwindliches Hindernis, und wenn man diesen Faktor übersieht, läuft man Gefahr, die Ganzheitlichkeit des Bildes zu zerstören. Natürlich kann man diese Erwägungen zurückweisen, aber dann muß man es wohlüberlegt tun und seine Absichten klar erkennen lassen. Sonst soll man sich eng an das bereits verwendete Material halten; beim Ausarbeiten von Details soll man versuchen, mindestens so schlicht wie das Vorbild zu sein.

In jedem beliebigen Haus einer beliebigen Stilepoche kann man feststellen, daß sich die Gestaltung vom Mittelpunkt her nach außen vereinfacht; ob es sich um das Pförtnerhaus oder die Säulenhalle handelt, die Luxusräume eines großen Landhauses, die unaufdringliche Betonung einer Eingangstür oder eines Salons in einem kleineren Haus oder um die Qualität der Einrichtung in einem modernen Wohnbau: alle Stilelemente finden sich in vereinfachter Form in den Nebengebäuden oder Garagen wieder. In gleichem Maße, wie sich die Baukunst bis in den Garten erstreckt, wird sie gewöhnlich auch einfacher in der Form und etwas gröber in der Ausführung.

Ich möchte aber zumindest zwei Paläste erwähnen, auf die diese Behauptung nicht zutrifft: Gartentore, Pfeiler, Vasen und Schmiedeeisen in Hampton Court sind in ihrer Ausführung so vorzüglich wie jede Einzelheit innerhalb des Schlosses, doch leidet meiner Ansicht nach die Atmosphäre des Gartens unter der übertriebenen Verfeinerung dieser Anhängsel. Versailles ist eine andere große Ausnahme; aber hier war der Park als weitausgedehnte Bühne für ein hieratisches, hochentwickeltes Hofzeremoniell gedacht. Man muß den Küchengarten oder die Reste der großen Mauer und der Torwege aufsuchen, die den ganzen Park und den benachbarten Wald von Marly umgaben, will man den schönen Kalkstein aus den Clamart-Steinbrüchen ganz schlicht bearbeitet finden. Die Mauern und Pfeiler des Küchengartens zum Beispiel sind bei allen klassischen Proportionen bis zum äußersten vereinfacht, und die schmiedeeisernen Tore und Fenstergitter bestehen aus schlichtesten waagerechten und senkrechten Stangen ohne Blatt und Schnörkel.

Da wir nicht in der Epoche der Palastbauten leben, mögen die angeführten Beispiele irrelevant erscheinen. Aber ich sehe zu viele Gärten, die deshalb verdorben sind, weil Naturstein unüberlegt in eine Landschaft gebracht wurde, wo Ziegelstein das allgemeine Baumaterial ist, und umgekehrt. Ebenso können neue Materialien wie Beton, synthetischer Stein, Glas, Mosaik, Fayence und Plastik durchaus nützlich sein, aber nur dort, wo sie nicht in einem Kontext mit traditionellen oder historischen Assoziationen verwendet werden. Wenn man sich dieser neuen Materialien sorglos bedient, läuft man Gefahr, einen Garten zeitlich zu sehr festzulegen, denn ohne eine vorzügliche, aber zurückhaltende Handhabung wirken sie eher

»modisch« denn stilvoll und sind in zwanzig Jahren peinlich unmodern. Erst wenn der Garten ein halbes Jahrhundert und älter ist, können sie »Seltenheitswert« bekommen oder den zweifelhaften Reiz, den die Borkenhäuschen, Farnpflanzungen und Feldspatgrotten von vor hundert und noch mehr Jahren auf den romantisch veranlagten Betrachter bisweilen noch heute ausüben.

Statuen und Vasen belebten und bereicherten früher Gärten, die vorwiegend grün waren und deren Gestaltungsprinzip vor allen Dingen auf dem Spiel von Licht und Schatten, auf Symmetrie und Regelmäßigkeit beruhte. Wir dürfen auch ihre sinnbildliche Bedeutung nicht vergessen. Flora und Silvanus, Cupido, Niobe, Laokoon und Herkules, die klassischen Verkörperungen der menschlichen, übermenschlichen und naturhaften Eigenschaften, hatten für den Menschen der Renaissancezeit eine Bedeutung und weckten in ihm eine Fülle von Gedankenverbindungen. Heute werden sie nur noch ästhetisch nach ihrer bildhauerischen Qualität beurteilt. Ihre Verwendung ist lediglich bei der bewußten Rekonstruktion einer klassischen Komposition gerechtfertigt.

Ich finde die Nebeneinanderstellung von Blumen und darstellender Bildhauerei oft zu süßlich und überladen. Die billige Nachahmung eines Verrocchio-Knaben mit Fisch, der aus einem steingefaßten Seerosenteich unter den rosa Zweigen einer Dorothy-Perkins-Rose auftaucht, unterscheidet sich nur qualitativ von einem bemalten Betonzwerg, der in einem von roten Salvien und blauen Lobelien umgebenen Vogelbad angelt. Blüten, jener vergängliche Höhepunkt im jährlichen Ablauf eines Pflanzenlebens, bereichern das Gartenbild genügend. Fügt man weitere Ausschmückungen hinzu, so entsteht Unruhe und Verwirrung. Das heißt nun nicht, daß Torwege und Stufen, Bassins, Sommerhäuser, Schalen, Pflanzenkübel, Beleuchtungsanlagen und Sonnenuhren keinen Platz finden sollten. Sie sind rechtmäßiges Zubehör und notwendige Elemente der Gartengestaltung. Ich würde sie stets so einfach wie nur möglich entwerfen und darauf achten, daß sie sowohl im Material wie auch in der Ausführung mit jedem Gebäude in der Nähe in Einklang stehen. Nur wenn sich das Gelände selbst dazu anbieten würde, den Garten von der Stimmung der umgebenden Landschaft vollkommen zu trennen, würde ich mir eine extravagante, zum Beispiel exotische

Gartenlösung erlauben, die dann den Vorstellungen eines Eigenbrötlers durchaus absichtlich nachgeben könnte.

Wir wollen unser Problem am Beispiel eines Gärtchens, das sich an ein kleines Haus anschmiegt, betrachten. Auch im rapiden Wandel unserer Welt mit ihren geradezu überwältigenden Massenkommunikationsmitteln und dem Angebot an modernen Beförderungsarten, die eine nie geahnte Mobilität ermöglichen, bleibt im Menschen der Wunsch, ein eigenes Haus und ein eigenes Stück Land zu besitzen, immer noch lebendig. Ich befasse mich hier nicht mit Stadt- oder Siedlungsplanung. Das sind nützliche und vielleicht schöne Ausdrucksformen bürgerlichen Bewußtseins, die aber anderen Anforderungen gerecht werden. Sie erfüllen nicht die Sehnsucht des einzelnen nach eigenem Land und nach der Freude, es zu bebauen.

Ein durchschnittliches kleines Haus hat gewöhnlich einen entsprechend kleinen Garten; diese Tatsache legt den Gedanken nahe, daß wir den Garten danach anlegen und gestalten müssen, wie er vom Haus aus gesehen wird. Wie man das Haus im Rahmen seines Gartens von außen sieht, ist erst in zweiter Linie wichtig. Unsere Lebensweise ist von Land zu Land verschieden. Für einen Europäer hat der Garten eine andere Bedeutung als für einen Nordamerikaner. Einer will Blumen und Gemüse selbst ziehen, der andere will eine Pflanzensammlung anlegen oder sich in dieser oder jener Form des Gartenbaus spezialisieren. Mancher benötigt viel Raum, um Schwimmbecken, »Eßzimmer im Freien« und Kinderspielplatz anzulegen. Viele möchten eine malerische Zusammenstellung für sich ganz allein, einige möchten die Landschaft jenseits des Gartens mit einbeziehen und ihr Fleckchen Erde verwenden, um sich daraus einen Rahmen für die Welt draußen zu schaffen. Was man auch immer wählt und wünscht, solche Betrachtungen erlegen Beschränkungen auf und schaffen somit eine erste Grundlage für den Stil.

Im kleinen Garten hängt viel von der Einfachheit des Themas ab. Auch in einem großen Garten ist ein zugrunde liegendes Hauptthema notwendig, wie viele Nebenthemen man auch einfügen mag. In einem ganz kleinen Garten genügt ein Thema völlig, und man sollte es klar zum Ausdruck bringen, damit seine Details ihren richtigen Platz finden und keine Verwirrung stiften. Hat man die

Absicht, einen umschlossenen Garten anzulegen, so muß man alles Planen, Bepflanzen und Bauen zuerst der Idee der Umfriedung unterordnen; wenn man sich entschließt, den Garten an einem Punkt irgendwie zu öffnen, dann sollte diese Öffnung nur den Zweck erfüllen, die Geschlossenheit des Ganzen zu betonen. Oder aber man beabsichtigt vielleicht, den Garten als Rahmen für die Landschaft ringsum und als Übergang zu ihr anzulegen. In diesem Fall muß der Garten die »geborgte« Landschaft widerspiegeln. Gärten, in denen man Gemüse oder Blumen in Mengen ziehen möchte, sollten feste, gleichmäßige Begrenzungen erhalten – Hecke, Zaun oder Mauer –, die Schutz bieten und gleichzeitig den Garten zum Himmel offen lassen. In wie vielen großen und kleinen Gärten konnte ich dort Nachlässigkeit bemerken, wo ein Teil des Gartens an den anderen grenzt! Blumen verschmelzen mit Gemüse, Gemüse mit Strauchwerk, wuchernde Pflanzen, zur Tarnung gedacht, heben nur hervor, was versteckt werden soll, oder Farben stiften Verwirrung, wo ein schlichtes Grün vereinfachen würde.

Auch der Maßstab ist ein Teil des Stils. Es muß ein Maßstab festgelegt werden, der in direkter Verbindung mit dem beabsichtigten Zweck des Gartens steht. Will man die Landschaft in seinen Garten hineinbringen und – wie die Japaner es ausgedrückt haben – einen entfernt liegenden Hügel oder des Nachbarn Bäume »borgen«, so müssen für den Garten Elemente gefunden werden, die auf die Elemente draußen abgestimmt sind, und man sollte unter allen Umständen »interessante« Details vermeiden, die bei dieser Art der Komposition nur ablenken. In einem solchen Zusammenhang stört Blumenfarbe meist, und dort, wo man eine weite Aussicht hat, würde unbekümmert verwendete Farbe die ganze Bedeutung des Gartens zunichte machen. Bewußt oder unbewußt werden sowohl das Auge als auch die Gedanken von den Blumen zur Aussicht und wieder zurück wandern und keine Ruhe finden.

Die Probleme des Maßstabs sind in kleinen Gärten mit Blumen und Gemüse leichter zu lösen. Wege wird man hier nicht breiter als notwendig anlegen, und die Ausmaße der Beete hängen von der Pflege ab, die die angebauten Pflanzen brauchen.

Am schwierigsten ist der Miniaturgarten zu behandeln. Solch ein Garten ist ein mühseliges Unterfangen, bezaubernd in den seltenen

Fällen, da er gelingt, meist jedoch eine Katastrophe. Einige japanische Meister, die Gärten so anlegten, wie sie gefochten oder gerungen, gebetet oder Blumen angeordnet haben – das heißt zu einem anderen und höheren Zweck als bloßer Übung technischer Virtuosität –, scheinen fast Unglaubliches in dieser Form vermocht zu haben, obzwar ich nur nach Fotos urteilen konnte, die bekanntlich ein unzuverlässiger Beweis sind. Auch dürfen wir nicht vergessen, daß es fast ein Ritual war, diese japanischen Gärten zu besichtigen und zu würdigen, und das machte einen wesentlichen Teil ihrer berechneten und magischen Wirkung aus.

Auf den Britischen Inseln ist mindestens eine Form des Miniaturgartens heimisch. Das ist der künstlich angelegte Stein- oder alpine Garten in all seinen Spielarten – sei es eine mit Betonbrocken besetzte Böschung oder die getreue Reproduktion einiger Quadratmeter alpiner Geröllhalden oder Moränen, sei es eine kunstvolle Komposition aus sorgfältig angeordneten Steinbrocken, kleinen Wasserfällen und unaufdringlicher Bepflanzung. Auch ich habe jahrelang an solchen Altären gebetet; aber die Freude an dieser Gartengestaltung ist eine Sache des Glaubens. Hier muß man sich völlig von der Umgebung freimachen, den Standpunkt ändern und in die kleine, erlesene Welt der alpinen Pflanzen eindringen, wo Kieselsteine und Sandkörner die Intensität eines Kristalls besitzen, wo die Blüten von Enzian und Himmelsherold gleichsam Seen und Himmel in sich vereinen und wo zwei große Steine und ein rieselndes Wässerchen so geheimnisvoll sind wie eine Schlucht im Himalaja. Doch das ist ein Täuschungsmanöver, und wie man auch durch Planung und Bepflanzung zu dem verkleinerten Maßstab eines solchen Gartens gelangt, er bleibt eine Anomalie und ist somit ein Feind jeglichen Stils.

Natürlich haben kein Stil und keine Größenordnung allgemeine Gültigkeit. Sie sind nur Maße und Begriffe des Verstandes. Man betrachte irgendeine natürliche Landschaft – eine Lichtung zwischen turmhohen Stämmen großer Buchen, ein felsiges Flußufer oder den Grat eines wilden Berghanges: Sie haben ihren eigenen Maßstab, den des Pflanzenreiches oder den eines lang zurückliegenden geologischen Umbruches. Man braucht nur in eins dieser Bilder eine Reihe Steinplatten oder ein Strohdach auf vier Holzpfosten einzufügen, sofort wird eine dem Menschen angepaßte Landschaft daraus. Auf den Steinfliesen kann man bequem gehen, und das Strohdach schützt den Menschen vor Regen und Sonne. Die chinesischen Landschaftsmaler der Sung-Periode haben in schönster Weise die Beziehung des menschlichen Maßstabs zum Maßstab der Landschaft dargestellt. In einer wilden Gegend mit unzugänglichen, nebelverhüllten Gipfeln genügen die winzige Gestalt eines Weisen, der im Schatten eines Baumes meditiert, ein Bootsmann, der sein Fahrzeug einen reißenden Strom hinabsteuert, oder ein Wanderer, der eine schwache Holzbrücke überschreitet, um einer ganzen Landschaft menschliches Maß zu verleihen.

Ebenso können in einem kleinen Garten, der die Welt außerhalb seiner Grenzen »borgen« soll, einige sorgsam angeordnete Bäume oder Buschgruppen und eine ruhige Bodendecke aus Gras, Sand oder niedriger grüner Bepflanzung sich auf die Umgebung beziehen, während ein einfacher Sitz oder ein paar sorgfältig gelegte Steinplatten genügen, um anzudeuten, daß dies eine vom Menschen gestaltete Landschaft, eben ein Garten ist.

Wenden wir uns jenen kleinen Gärten zu, in denen das Vergnügen und das Bedürfnis, im Freien zu leben, vor dem eigentlichen Gärtnern den Vorrang hat. Doch ist das keine neue Art der Gartenverwendung. Plinius' Gärten stammten ohne Zweifel von babylonischen, persischen und ägyptischen Vorgängern ab; und die Patios der arabischen Zivilisationen waren eingeschlossene Höfe, in denen sich das tägliche Leben unter freiem Himmel abspielte.

Im Klimabereich von Kalifornien, Texas und Arizona entwickelt sich, ich deutete es bereits an, eine neue Gartenform, die sich ostwärts nach Europa und südwärts in die lateinamerikanischen Länder ausbreitet. Dabei läßt man den Parkplatz, das Schwimmbecken und seine Umgebung, den Kinderspielplatz, das Eßzimmer im Freien, Küche, Umtopfschuppen und Salatbeete getrost etwa Dreiviertel der Fläche beanspruchen. Die neue Tendenz wertet sie nicht mehr als notwendige Übel, die kostbaren Gartenraum okkupieren, sondern als neue Form der Gartengestaltung.

Hier scheint ein neuer Maßstab zu entstehen, und zwar sind verhältnismäßig große Einheiten so miteinander verbunden, daß sie eine Komposition in sich bilden. Da all diese verschiedenen Elemente ebene Flächen verlangen, erwächst ein besonderer Stil aus ineinandergreifenden horizontalen Ebenen, die ohne weiteres in verschiedene Höhen gelegt werden können. In der Praxis verlangen diese Plätze harte Oberflächen, und so tragen Stein, Ziegel, Beton oder Holz zu den Besonderheiten dieses Stils bei. Die sonst üblichen Gartenelemente – Gras, Blumen, Sträucher, Bäume und Hecken – werden plötzlich kostbar wie Inseln, so auserlesen, daß sie für sich selbst »sprechen«. Gestalt und Größe jeder Einheit sind nicht willkürlich, sondern zweckentsprechend. Kochen und Essen erfordern eine bestimmte Menge Raum, und dieser Raum muß praktisch angelegt sein, ebenso wie der Platz zum Parken und Wenden und die Fläche für Schwimmbecken und Sonnenbad usw. Hinzu kommen die Probleme von Sonne und Schatten, von Schutz und Pflege aller vorhandenen Pflanzen. Das sind neuartige Erfordernisse, die kaum in die traditionsgebundenen Formen europäischer Gartenplanung passen. Man kann diese neuen Elemente nicht in den Rahmen blumenumsäumter Rasenplätze, geometrischer Rosenbeete oder lichter Gehölze einfügen. Aus der richtigen Anwendung und der guten Beziehung aller Teile zueinander wird sich ein »abstraktes« Muster herausbilden, abstrakt in jenem Sinne, wie die moderne Malerei »ungegenständlich« genannt wird. Aber in unserem Fall wird man für die asymmetrischen Formen, die Beziehung von Winkeln, Geraden und Bogen eine Anlage finden müssen, die zugleich praktisch und der Gestalt und dem Umriß der Gartenfläche angepaßt ist.

Wenn Gärten an einem Abhang liegen, werden diese Formen stark dreidimensional: Eine hölzerne Plattform kann über eine niedriger gelegene gepflasterte Fläche hinausragen; Stufen, Stiegen und Rampen dienen als Verbindungslinien. In solcherart entwickelten Gärten können die Grundformen so stark und reich sein, daß sie schon für sich allein wirken und ihre eigene Geschichte erzählen. Pflanzungen sollte man hier einfach halten, um im Rahmen zu bleiben. Stil wird wieder aus den beabsichtigten Gegensätzen erwachsen: hier pflanzliches Leben, dort die reglose, statische Natur von Mauer, Pflaster und Zimmermannsarbeit.

Wir müssen ganz deutlich zwischen Stil und Dekoration unterscheiden. Ich könnte einen modernen Garten nie auch nur im entferntesten als Kunstwerk ansehen, wenn er nicht auch ohne jedes kleinste dekorative Beiwerk als Garten bestünde. Ein Gartengestalter wird Dekoration nur anwenden, um den Stil zu betonen, das heißt den Leitgedanken, der seiner Anlage zugrunde liegt. Wenn er dekoratives Zubehör und nebensächliche Einzelheiten, so malerisch sie auch sein mögen, hinzuzieht, die nicht unmittelbar mit dem Thema in Verbindung stehen, läuft er Gefahr, die angestrebte schöpferische Leistung zu verringern.

Diese Auffassung von Gartenplanung muß nicht unbedingt Härte und Strenge bedeuten. Und sie bedeutet nicht, daß das Detail außer acht gelassen werden kann, wenn nur die Grundzüge der Komposition stimmen. Vielmehr muß eine Aufeinanderfolge von Wechselbeziehungen vom Großen zum Kleinen hin sorgfältig ausgearbeitet werden. Alle Formen, von den Hauptlinien der Komposition bis zur letzten kleinen Pflanze oder Knolle, müssen bewußt aufeinander bezogen sein, und jedes schmückende Beiwerk muß kostbar sein durch seine Seltenheit und die Sorgfalt, mit der es ausgewählt und plaziert wurde. Die Mode hat sich in der Tat von der realistischen klassischen Skulptur, von Geländern und Sonnenuhren, von kunstvoll gearbeiteten schmiedeeisernen Toren und dem kostspieligen Zubehör der Vergnügungsparks der letzten drei Jahrhunderte entfernt. Aber die unverständige Verwendung schmückender Gartenelemente hält an, obwohl sich die Mode gewandelt hat. Es ist sicher sehr verführerisch, schöne und auserlesene Steine auf einer sandigen Kiesfläche zu gruppieren und so einen Londoner Hinterhof in einen japanischen Garten zu verwandeln oder eine abstrakte Skulptur mit den Ranken von *Rosa filipes* zu umwinden oder das Bild dadurch zu beleben, daß man aus einer geschickt zusammengestellten Bambusgruppe Wasser rieseln läßt. Solche Kunstgriffe sind harmlos und für sich allein ganz reizvoll, aber ein Gartenkünstler tut gut daran zu überlegen, bevor er einem solchen Einfall nachgibt.

Ich habe mir selbst ein oder zwei einfache Regeln auferlegt. Zuallererst versuche ich, mich in die Lage meiner Auftraggeber zu versetzen und mir vorzustellen, daß ich den Rest meines Lebens mit dem Garten, den ich anlegen will, verbringen muß; mit anderen Worten, daß ich so entwerfe und pflanze, als täte ich es für mich. Das befreit sofort von allen Verschrobenheiten und Launen. Wenn ich ihnen nachgäbe, wären sie entweder ein steter Vorwurf oder würden als Beweis meiner Unzulänglichkeit weggeräumt.

Dann überlege ich, wie der Garten genutzt werden soll. Ist es ein Stadtgarten, der für neun oder zehn Monate des Jahres im Blickfeld der Fenster liegt, und wenn ja, wie schnell würde man zum Beispiel eines Springbrunnens müde, der die ganzen Wintermonate hindurch plätschert? Sollte ich Anpflanzungen, die es mit sich bringen, daß für Wochen hintereinander nur kahle Flächen nackter Erde zu sehen sind, besser vermeiden? Handelt es sich um einen Garten an einem Wochenendhaus, dessen man sich selten länger als drei Tage auf einmal erfreut, wird meine Bereitschaft zu reiner Dekoration größer sein; ich könnte dann versuchen, so zu planen und zu pflanzen, daß eine Reihe kleiner Überraschungen aufeinanderfolgen und in Abständen im Laufe des Jahres mehr oder weniger deutlich in Erscheinung treten.

So wird die Zeit ein wichtiger Bestandteil der Gartengestaltung in anderem Sinne noch denn als der Lauf der Jahreszeiten, die dem Garten mit Wachsen, Reife, Absterben und neuem Leben ihr Gepräge verleihen. In der Zeit, als die Menschen ihr Leben auf eigenem Grund und Boden leben konnten, bebauten und veränderten sie ihre Gärten mit einem anderen Rhythmus im Gefolge von Wahrnehmungen und Eindrücken, die sie allmählich sammelten und in sich aufnahmen. Die Gewohnheiten und Muster unserer Zivilisation drängen uns zu einem abgehackteren und oberflächlicheren Erfassen. Man scheint nur Zeit zu haben, hinzuschauen, etwas zu bemerken und wieder weiterzusehen. Äußere Einflüsse lenken ab, Geistes- und Gefühlsnahrung werden immer magerer. Dem Gärtner ist es eine Freude, ebenso wie es das Vorrecht eines Gartengestalters sein könnte, diesen verrückten Rhythmus zu unterbrechen, dem Jagen und Hetzen etwas entgegenzusetzen, aus dem Garten eine Insel der Ruhe zu machen, darin der Augenblick eine neue Bedeutung gewinnt.

Jeder Gartengestalter muß neue Gedanken ausprobieren, aber er muß das Betätigungsfeld für den Reichtum seiner Einfälle mit Bedacht wählen. In unserer modernen Zivilisation können ihm Ausstellungen diese Chance geben. Hier arbeitet er für einen Betrachter, der kommt, flüchtig oder auch länger hinschaut und dann weitergeht. Auf einer Blumenschau oder Gartenausstellung ist das vielleicht ein Experte, dessen Aufmerksamkeit durch eine unerwartete Farbkombination, eine neue Methode der Darbietung geweckt wird. Bei einer internationalen Ausstellung wird der Besucher durch die Vielfalt und Menge der visuellen Eindrücke so schnell betäubt, daß er subtile und zurückhaltende Entwürfe des Gartengestalters einfach übersieht; lediglich das Unerwartete wird den Besucher zum Verweilen bewegen, er wird immer wieder hinschauen und davon erfrischt werden.

Es gibt Gesichtspunkte der Landschafts- und Gartenplanung, nach denen Bewegung und Zeit auf andere Weise in Betracht gezogen werden müssen. Genau wie einen großen Garten wird der Künstler einen öffentlichen Park als eine Reihe von Bildern so planen und bepflanzen, daß sie für die Menschen, die auf den Wegen spazierengehen, miteinander verschmelzen. Soll er einen Naturpark, der viele Quadratkilometer bedeckt, eine Allee oder eine Hauptverkehrsader landschaftlich gestalten, so muß er sich darüber im klaren sein, daß das Bild in einer Geschwindigkeit von vielleicht sechzig oder mehr Stundenkilometern vorbeifliegt, und deshalb seine Anpflanzungen und Durchblicke in Form von Metern je Sekunde durchdenken. Eine zu kleine Baumgruppe wird als ein schnell verwischter Punkt erscheinen. Wünscht der Landschaftsgestalter zum Beispiel, die charakteristische Eigenart und Wachstumsform Italienischer Pappeln zur Geltung zu bringen, wird er ein bis zwei Kilometer einer geraden Strecke mit diesen Bäumen bepflanzen müssen, damit ein Kraftfahrer ihre grünen Reihen bewußt aufnehmen und sich an ihnen freuen kann. Hingegen wird auf einer kurvenreichen Straße oder an einer scharfen Biegung die Geschwindigkeit genügend herabgemindert, so daß sich der Autofahrer hier auch an einer kleineren Buchen- oder Ahorngruppe begeistern kann. In einer hügeligen Landschaft, wo das Auge auf ein Flußtal oder eine Flußmündung am Meer hinabschaut oder wo der Blick weit fort zu Bergen oder Anhöhen schweift, wird der Gestalter freie Sicht in entsprechender Ausdehnung schaffen. Wie oft wird man beim Fahren auf Straßen, wo ein Anhalten so gut wie unmöglich ist, durch einen schönen Anblick abgelenkt, der sich nur für Sekunden bietet, statt daß man ein oder zwei Minuten Zeit hat, den Eindruck richtig in sich aufzunehmen. Strenge Kritiker können einwenden, daß man unseren modernen Gewohnheiten und unserer Trägheit nicht solche Konzessionen machen sollte. Aber so ist nun einmal unsere Lebensweise, und warum sollen wir nicht, wenn wir es können, die Landschaft entsprechend abändern oder planen?

Straßengestaltung ist ein besonderes Problem, und wenn wir uns mit alten Straßen zu befassen haben oder neue bauen, müssen wir uns an gegebene Daten halten; dazu gehört auch die Verkehrsgeschwindigkeit. Nur wenige Straßen sind der Landschaft so erfolgreich angepaßt wie jene, die durch die hügeligen Waldgebiete von Westchester County und Connecticut nördlich New Yorks führen, wo man die natürliche Landschaft durch gut ausgedachte Pflanzungen im größten Maßstab geschickt akzentuiert hat. Im Gegensatz dazu wird die große technische Leistung und die glänzende Führung der breiten Schnellstraßen, die heute Long Island in vier Teile aufteilen, dadurch beeinträchtigt, daß eine vorstädtische Unordnung meilenweit ohne Unterbrechung diese Straßen säumt.

Jeder Stadt liegt ein Stil zugrunde, der in einem Durcheinander gut und schlecht gestalteter Bauten zum Ausdruck kommt. Der Felsen der Akropolis war für die Athener das Zentrum, in dem sie mit den höheren Mächten in Verbindung traten. In Venedig umspielt das Meer, das der Stadt den Reichtum brachte, Dogenpalast, Markuskirche und Markusplatz. In Florenz symbolisieren Plastik und Architektur, Bronze und Marmor in einem Durcheinander von Meisterwerken den gierigen Stadtstaat. Brügge, London, New York enthüllen menschliche Landschaften, wobei jede Stadt auf ihre Weise Leben und Sehnsucht ihrer Bürger widerspiegelt.

Zur Zeit scheint eine neue von Menschen geprägte Landschaft zu entstehen, die in der ganzen Welt gleiche Züge trägt. Der Flugplatz ist der erste sichtbare Ausdruck dessen, daß die ganze Welt unsere Heimat ist. Im Hin und Her der Machtpolitik, in der über uns schwebenden Bedrohung durch Krieg und Vernichtung lebt das Bewußtsein der neuen physischen Größenverhältnisse und Formen, die unser Leben prägen. Idlewild, Orly, Cointrin, Schiphol, Kairo und Basra sind die neuen Zentren.

Diese Plätze, die zwischen schneebedeckten Gebirgen, an den Rändern der großen Städte, an der See oder in der Wüste liegen, haben neue Maßstäbe. Die flachen Betonlandebahnen ziehen sich meilenweit hin und flimmern in der Hitze, glänzen regennaß oder sind von Lichterketten gesäumt. In der Ferne starten die Flugzeuge wie Insekten oder kommen heulend auf die Landebahn herab; metallische Gebilde erheben sich hoch über die zusammenge- schrumpften horizontalen Perspektiven der Landschaft. Die Flug- hafengebäude zeigen immer häufiger eine Bauweise, die das alte Problem der Überdachung und der Verteilung von Druck und Gewicht durch eine Konstruktion löst, die so kühn, rationell und leicht wirkt wie die Flugzeuge selbst. Parkplätze, Förderbänder, Verbindungswege bilden eine neue Anlage, die für Menschen in Bewegung bestimmt ist, wobei die Lautsprecher fortwährend dazu auffordern, von einer Stelle zur anderen zu gehen. Reisende kom- men an wie mittelalterliche Pilger, mit einem Minimum an Gepäck und losgelöst von ihrem Besitz; die neuen Läden verkaufen nur Dinge, die man in der Tasche unterbringen kann. Wie ehedem tref- fen sich auch heute noch die Menschen in Samara, aber sie wählen einen anderen Weg dahin.

Das scheint weder mit Landschaftsgärtnern noch mit Gartenar- chitekten und ihrem Beruf etwas zu tun zu haben. Aber wenn sie Künstler sind, und das müssen sie sein, ist es ihre Aufgabe, Leben und Leute zu beobachten. Ein Gartenkünstler muß versuchen, sie zu verstehen, und seine Erfahrungen zunächst in Entwürfe und dann in die Wirklichkeit umsetzen.

2. KAPITEL

Bemerkungen zu Komposition und Entwurf

Die Kunst, einen Garten zu gestalten, ist zunächst eine Frage der Auswahl und dann der Betonung. Wenn ich irgendwo eine Gartenanlage entwerfe, ganz gleich, ob sie groß oder klein ist, so stelle ich alle Merkmale des Geländes zusammen und ordne sie in meiner Vorstellung so, wie ich glaube, daß sie ihrer Wichtigkeit nach geordnet werden müssen. Ich bemühe mich zu sehen, was die Landschaft selbst in sich birgt: Ist sie im wesentlichen flach und horizontal mit hintereinander zurücktretenden Ebenen, die parallel zu sein scheinen, oder gibt es sanft geschwungene Abhänge? Bilden Bäume und Hügel runde und weiche Formen, oder ist es eine zerklüftete Landschaft mit kräftigen senkrechten Akzenten? Habe ich mich mit einem kleinen, deutlich umgrenzten Grundstück zu beschäftigen, oder ist es ein schmaler Streifen, dicht mit Bäumen besetzt und ohne klar erkennbare Grenzen?

Ebenso wie das Vegetationsbild sagen auch Struktur und Zusammensetzung des Bodens sowie die Oberflächengestalt des Grundstücks etwas über einen Ort aus. Die Oberflächengestalt bietet mir den ersten Schlüssel für eine geeignete Komposition. Kristallisiert sich mir zum Beispiel aus einer mir vor Augen liegenden Landschaft die Vorstellung des Ebenen heraus, so kann ich das Ebene zur Grundlage des Gartenplans machen und meine Überlegungen auf ebene Flächen richten. Das braucht freilich nicht zu bedeuten, daß der Garten in eine flache Eintönigkeit gezwungen wird. Ich kann den Gedanken der Ebene sehr abwechslungsreich gestalten, indem ich niedrige Mauern, Dämme und breite, flache Stufen verwende. Dadurch werden die verschiedenen Flächen genau umrissen, und jede so entstehende horizontale Linie unterstreicht mein Grundthema. Während ich verschiedene grobe Entwürfe auf dem Papier durchspiele, liegt die Idee des Ebenen all meinem Gekritzel zugrunde. Ich muß ständig drei Dimensionen im Kopf haben und außerdem noch die vierte Dimension des Gärtners – das Wachstum in der Zeit.

Horizontale Flächen spielen bei allen Gartenentwürfen eine große Rolle, und sei es nur, um ein Haus fest auf einen Platz zu setzen und das Gefühl von Stabilität und Ruhe hervorzurufen. Wie wichtig das ist, merkt man erst dort, wo Ruhe für überspannte und »malerische« Zwecke geopfert wurde. Bauwerke oder ganze Gruppen von Bauten wurden immer auf ebenen Flächen errichtet, bis die Baumeister der romantischen Zeit die klassischen Vorbilder verwarfen. Linderhof und Hohenschwangau in Bayern, Bussaco und Montserrat in Portugal und Hunderte von anderen Schlössern, Villen und Palästen des mittleren und späten 19. Jahrhunderts erwachsen in gequältem Durcheinander auf den Gipfeln zerklüfteter Berghöhen oder sind in einem Labyrinth exotischer Nadelhölzer verborgen. Man staunt über diese seltsamen Bauwerke. Sie sind so kompliziert und verworren, daß sie an ihrem Standort zu zittern scheinen, als ob sie das Gleichgewicht verlieren und jeden Augenblick umfallen könnten. Doch diese Ausgeburten etablierten den Stil einer ganzen Vergnügungsarchitektur; und etwas bescheidenere gotische, italienisierte und arabeske Schlößchen und Villen des 19. Jahrhunderts thronen zu Tausenden auf hohen Grashügeln oder auf Lorbeerhängen, die auf steilen Kiesserpentinen zu erreichen sind.

Zuzeiten habe ich wohl den größten Teil meiner praktischen Arbeit darauf verwandt, den Rahmen von Landhäusern zu vereinfachen, indem ich sie mit einer ebenen Fläche umgab, anstelle von hinderlichen und häßlichen Grashängen ummauerte Terrassen baute und Häuser durch horizontale Heckenlinien in ihrer Umgebung verankerte. Ich erinnere mich an viele Häuser, denen wir auf diese Weise einen Ausdruck der Stetigkeit verliehen. Zum Beispiel auch, als ich mit Jellicoe an dem stuckierten Regencyhaus von Decimus Burton im Regent's Park arbeitete, wo gewundene Wege, Grasböschungen und Lorbeergruppen durch eine breite gepflasterte Terrasse und einen strengen Rosengarten nach der Art von Repton ersetzt wurden. Le Nôtre soll immer auf einer großen Fläche dicht am Haus bestanden haben, deren Breite genau der Höhe des Gebäudes vom Erdboden bis zum Gesims entsprach. Ich fand das oft übertrieben: Als leere, weite Kiesfläche angelegt (was oft geschah und noch geschieht), trägt so viel kahler Raum leicht dazu bei, ein Bauwerk von seiner Umgebung zu isolieren.

Ebene Flächen spielen in der Komposition eine große Rolle, und gewöhnlich verlangen sie eine eher behutsame denn dramatische Behandlung. Im großen und ganzen passe ich meinen Plan lieber den allgemeinen Gegebenheiten der Landschaft an, als umwälzende und künstliche Erdarbeiten in Szene zu setzen. Verändert man die natürliche Oberflächengestalt des Grundstücks zu gewaltsam, so läuft man Gefahr, eine Harmonie zu zerstören, die nur schwer wiederzugewinnen ist. Da ich Freude an Pflanzen habe, arbeite ich auch gern an Gärten, die vom Haus aus ansteigen. Eine solche Lage läßt einen mehr von den Pflanzungen sehen, und das Spiel von Licht und Schatten wirkt lebhafter und interessanter, wenn man zu den Pflanzen hinauf und durch sie hindurch statt auf sie hinab oder über sie hinweg blickt.

Steigt das Gelände eines Gartens an oder fällt es ab ohne allzu steile Böschungen, so wird man geschlängelte Wege anlegen und die Pflanzungen unterbrechen, wenn man eine zwanglose Komposition wünscht. Demgegenüber werden gerade Wege, Stützmauern und Stufen den Entwurf festlegen und akzentuieren. Hohe, kurze Stufen ergeben einen Stakkatorhythmus, breite und flache hingegen laden zu einem gemächlichen Spaziergang ein. Sind die Mauern niedrig und die Treppen kurz, so kann man sich für breite oder schmale Stufenreihen entscheiden, wie es einem lieber ist, und man kann sie entweder in die Mauern einfügen oder kühn hervorragen lassen. Wo Stützmauern höher als 1,50 m sind, können Treppen, im rechten Winkel dazu angelegt, sehr leicht anmaßend aussehen, es sei denn, daß ein Garten im großen Stil angelegt ist und sich sehr weit erstreckt. Schmale Treppenfluchten parallel zu einer Mauer sehen weniger pompös aus, sie sind leichter zu ersteigen, und es gibt viele Möglichkeiten, sie anzuordnen. Lange Treppenfluchten sollten von

Treppenabsätzen unterbrochen werden, denn mehr als zehn Stufen ohne Unterbrechung wirken anstrengend, obgleich eine lange Treppenflucht um der Wirkung willen dort zulässig ist, wo sie nicht ständig benutzt wird.

Kleine Höhenvariationen sind sehr hilfreich, wenn man die Proportionen in Einklang bringen will, und eine noch so niedrige Stützmauer vermittelt auf einfache Weise den Eindruck von Struktur und innerer Kraft. Damit Treppen die Gartenarbeit nicht erschweren, kann man in der Mitte eine schräge Stein- oder Ziegelrampe anlegen, so daß sich ein Schubkarren leicht von einem Niveau zum anderen fahren läßt.

Bei abfallendem oder ansteigendem Gelände ist eine ebene Fläche von gewisser Breite nahe am Haus sehr wichtig. Ohne sie scheint ein Garten stets vom Haus fort oder zu ihm hin zu purzeln. Ob der Boden ansteigt oder abfällt, ich liebe Terrassen in verschiedener Breite. Wenn der Verlauf des Geländes mehrere Terrassen von gleicher Höhe und Breite erfordert, dann durchbreche ich diese Wiederholung gern, indem ich die Ebenen verschieden behandle. Eine kann zum Beispiel ganz mit Gras bewachsen sein, eine andere eine oder zwei Reihen blühender Bäume oder eine Einfassung von Sträuchern aufweisen, um sie schmaler erscheinen zu lassen.

Gärten auf vom Haus aus abfallenden Terrassen werden nicht oft aufgesucht. Eine einzige zusätzliche Ebene unterhalb derjenigen, auf der das Haus steht, genügt gewöhnlich bei steil abfallendem Boden. Wo es jedoch eine Reihe durch Treppen verbundener Terrassen gibt, würde ich immer noch einen anderen Weg anlegen, auf dem man zum Haus zurückkehren kann.

Am Zeichentisch arbeite ich meine Komposition in Form ebener Flächen aus. Ich spiele die Proportionen jeder Fläche oder jedes Abschnitts im Verhältnis zu den folgenden durch und entscheide dann, wie ich sie am besten voneinander trennen kann, ob durch eine Mauer, durch Stufen, Hecken oder auf andere Weise. Ich muß auch überlegen, welche senkrechten Elemente mein Thema am passendsten unterstreichen werden: Vertikalität muß vorhanden sein, jedoch nicht so viel, daß meine Hauptabsicht verwischt wird.

Ich erinnere mich, daß ich mich vor vielen Jahren in Norfolk im Hause von Mrs. Villiers-Stuart aufhielt, einer glänzenden Amateurin in Gartenplanung, deren Studien den Mogul- und spanisch-maurischen Gärten galten. Beachamwell Hall war ein einfaches Landhaus ohne architektonischen Anspruch. Es stand zwischen ebenso einfachen Gärten in einer flachen, ruhigen Landschaft, halb Park-, halb Weideland. Mrs. Villiers-Stuart gab diesem alltäglichen Bild durch die einfachsten Einfälle das Gepräge und die Intensität einer Gartenanlage im großen Stil. Dort, wo ein Rasenplatz an einen blumenumsäumten Küchengarten grenzte, stellte sie zwei einfache, aber gut entworfene, bemalte Holztore auf; von hier führte ein gerader Weg bis zum hintersten Ende des Küchengartens, wo sich die gleichen Tore wiederholten, um in eine Koppel zu führen. Jenseits der Koppel lag ein kleines Wäldchen, durch das ein schmaler Weg führte, als verlängerte Achse des geraden Küchengartenwegs. Hier brachte sie zwei weitere Torpaare an, eines am Anfang, das andere am Ende des Wäldchens. Diese vier Holztorpaare genügten, einer recht eintönigen Gegend einen bestimmten Wesenszug zu verleihen. Es war ein schöner, bescheidener Versuch im großen Stil, der diesem Ort genau entsprach. Dieser Entwurf ist in meinem Gedächtnis haftengeblieben, denn ihm wohnt die seltenste und meiner Ansicht nach erstrebenswerteste Eigenschaft eines Gartenentwurfes inne: eine »Skizze« zu sein.

Es ist für einen kompetenten Gartenplaner verhältnismäßig einfach, eine Komposition festzulegen, einen Entwurf zu machen und alle Einzelheiten bis ins kleinste durchzuarbeiten. Europa ist voll von wohldurchdachten formellen Gärten aller Epochen vom 16. Jahrhundert an – in allen Stilarten, die einem in den Sinn kommen. Ich muß gestehen, viele von ihnen finde ich langweilig. Ausnahmen bilden jene, in denen eine ungewöhnliche Windung des Bodens eine Improvisation oder Erfindung bedeutete und die daher Originalität aufweisen; oder jene, bei denen ein einfallsreicher Geist oder ein eigenartiges Temperament am Werk gewesen ist, wie Robillon in Queluz bei Lissabon, Cuvilliers in Nymphenburg bei München oder der Schöpfer der Wassergärten in Hellbrunn bei Salzburg im frühen 17. Jahrhundert. Aber geradeso, wie mir die Landschaftszeichnungen von Claude Lorrain, Fragonard und Hubert Robert viel lieber sind als die kunstvollen Gemälde, die daraus hervorgingen, so liebe ich Gartenkompositionen, insbesondere jene, die die große Tradition der formellen Gartenanlagen verkörpern, wenn sie mehr angedeutet als akzentuiert, im wesentlichen geformt, jedoch nicht gründlich durchgefeilt sind. Ich finde den *abreuvoir* bei Marly – es muß eine der letzten Arbeiten Le Nôtres gewesen sein – besonders poetisch, weil seine Skulpturen heute fehlen. In dem jetzigen halbzerstörten Zustand sind seine Idee und seine Beziehung zur Umgebung rein und deutlich. Die Anlage bezeugt auf ergreifende Weise Le Nôtres Gefühl für Form und Proportionen.

Wo mir ein Gelände nach einer langen geraden Achse zu rufen scheint, versuche ich, diese so schmal wie möglich zu gestalten, im richtigen Verhältnis zu der Fläche, mit der ich es zu tun habe. Vielleicht ist es ein schmaler Weg, der eben verläuft oder mit dem Gelände steigt und fällt. Sollte der Boden ansteigen und dann außer Sichtweite vom Hauptblickpunkt abfallen, so kann der höchste Punkt für einen Richtungswechsel dienen – zur neuen Ausrichtung der Achse. Abgesehen von dieser Art der Komposition sollte die Hauptachse meist so weit wie möglich fortgeführt werden. Solche geraden Linien ziehen die Aufmerksamkeit an und geben einem Gartenentwurf die Richtung – man kann sie auf hundert verschiedene Weisen darstellen.

Harold Peto schuf eine solche achsenbetonte Komposition im Park von Buscot bei Faringdon. Hier erstreckt sich ein Wald bis in die Nähe eines großen Zierteichs in einem für das 18. Jahrhundert typischen Park. In einiger Entfernung schaut man vom Wald aus auf eine lange, schmale, von Eibenhecken gesäumte Fläche mit geschwungenen und rechtwinkligen Einbuchtungen. Sie wiederholen die Linien eines schmalen Kanals, der durch Rasen führt und mit einfachsten Steinrändern eingefaßt ist. Dieser Kanal spiegelt den Himmel und zieht den schimmernden Wasserspiegel des Teichs bis an den Wald. Steht man an dem Teich und schaut zurück, so brechen die Linien des Wassers, des geschnittenen Grases und der Hecken, die in den Wald führen, eine langweilige Wand aus Laubwerk auf und laden zu Erkundungsgängen ein.

Wenn ich Formen und Themen aussuche und sie dann auf dem Papier skizziere, mache ich mir wenig Gedanken darüber, wie ich sie im einzelnen ausführen werde. Erst wenn ich diese in großen Zügen entworfenen Formen in einen endgültigen Plan übersetze, pflege ich zu entscheiden, ob ich einen langen Durchblick in Gestalt eines Weges oder durch einen schmalen, ruhigen Teich schaffe, ob ich Stufen anwende oder vielleicht einen kleinen Wasserfall. Ich kann die Verschiedenartigkeit der einzelnen Gartenabschnitte, durch die ein Weg führt, durch Tore oder Pfeiler, durch gestutzte oder am Spalier gezogene Bäume betonen. Das sind sekundäre Probleme der Betonung und des Entwurfs, und sie ergeben sich aus der allgemeinen Komposition. Doch das Hauptthema muß leicht zu erkennen sein, und ich muß bei der Übertragung einer rohen Kompositionsskizze in einen fertigen Entwurf stets darauf achten, daß jede hinzugefügte Einzelheit ihren korrekten Platz und ihre Bedeutung erhält, daß sie ein Beitrag und keine Ablenkung ist.

Ich betrachte alle Gartenpläne als Variationen und Modulationen einiger weniger Grundthemen. Daß sie so unendlich verschiedene Erscheinungsformen annehmen können, liegt an der Art ihrer Einkleidung. Letzten Endes werden Gärten aus Erde und Wasser, Gestein und Pflanzen gemacht. Die Unterschiedlichkeit der Gärten entsteht dadurch, daß diese Materialien auf verschiedene Weise miteinander vereinigt werden. Alle anderen Unterschiede in der Erscheinungsform sind Ausdruck des Standorts, der Epoche und des Stils; sie sind in diesem Stadium sekundärer Natur.

Ein Grundentwurf ist der Garten, der sich von einem Mittelpunkt nach außen verbreitet – das Abbild der vier Flüsse im Paradies, die von der im Mittelpunkt liegenden Quelle des Lebens in die vier Himmelsrichtungen fließen. Diesen Entwurf, der für die Bewässerung von Gärten in einem öden Lande wie Persien wesentlich ist, sieht man in den Kanälen und von Platanen beschatteten Wegen der Mogulgärten wiederholt, wie sie sich von einem zentralen Pavillon aus – dem Ruhepunkt und Ehrenplatz eines Monarchen – ausbreiten.

In den Plänen des 16. und 17. Jahrhunderts wurde ein großes europäisches Haus zum Brennpunkt einer vierseitigen Komposition – Eingangshof auf der einen Seite, Vergnügungsgärten mit Spielrasen auf der zweiten, Obst- und Küchengarten auf der dritten Seite und schließlich auf der vierten Stallungen, Dienstbotenhof, Wäscherei und Nebengebäude. Im frühen 18. Jahrhundert wurde diese Vorstellung vom Haus als Brennpunkt manchmal bis zum Äußersten getrieben, so daß man sogar kleinere Häuser findet, die auf einer Anhöhe stehen und nach allen vier Seiten dekorative Parterres und Alleen ineinander verflochtener Bäume aufweisen. Damit wird eine Komposition gesteigert, deren Grundlage offensichtlich bloße Zurschaustellung ist.

Die chinesische Praxis hat den Gedanken vom Haus als Mittelpunkt ganz anders interpretiert. Überdachte Pavillons und eingezäunte Gärten sind in labyrinthischen Mustern miteinander verschlungen, und jedes eingeschlossene Gartenrechteck beeinflußt die Gebäude ringsum, die auch ihrerseits einen Einfluß ausüben. Chinesische Gartenkunst hat sich vorwiegend zwischen Mauern entfaltet. Das führte in einer in Europa nie gekannten Weise zur Erfindung und Gestaltung phantastischer künstlicher Landschaftsbilder innerhalb strenger Einzäunungen. Chinesische Gärtner errichteten kleine Gebirge aus durchlöcherten Steinen, die man vom Grund einer Bucht heraufgeholt hatte. Sie bearbeiteten jeden Riß und jede Höhlung und meißelten so noch wildere Formen heraus; sie setzten sie in merkwürdig geformte Teiche, die von runden blaugrünen Lotosblättern überdeckt wurden. Diese Blätter schützten Schwärme von Goldfischen mit hervortretenden Augen und wehenden seidigen Flossen in silber- und orangefarbenen, goldenen und schwarzen Farbtönen. Wenn das auch stilistische Übertreibungen sind, so entstammen sie doch einer unverfälschten Gestaltungsidee, die das Haus als Mittelpunkt eines sich nach außen hin ausbreitenden Gartens sieht. Die dem Mittelpunkt am nächsten liegenden Teile des Gartens sind am intensivsten gestaltet und betont, und in dem Maße, wie sich der Garten erweitert, verliert er die Intensität des Mittelpunktes und nimmt mehr und mehr den Charakter der Außenwelt an, bis er vielleicht ganz mit ihr verschmilzt.

Man kann diese Art der Komposition in den mannigfachsten Größenordnungen finden. Sie spiegelt sich zum Beispiel in dem natürlichen Wachstum einer Stadt wider, wo sich von einem oder mehreren Stadtkernen aus die zusätzlichen Elemente, Wohnhäuser, Parkanlagen und Fabriken, nach allen Seiten hin ausbreiten. Dieses Prinzip weist einen Weg, mit den Problemen großräumiger Landschaftsgestaltung dort fertig zu werden, wo auf einer weiten Fläche auch das größte Kernstück nur ein kleiner Anhaltspunkt ist. Die Größe des

Arc de Triomphe und die Achse der Champs-Elysées scheinen Paris zu beherrschen; aber gemessen an der Linienführung der Seine, die in gewaltigen Mäandern von den bebauten Ebenen des Südens und Ostens bis zu den Wäldern des Bois de Boulogne und St. Germains im Westen fließt, ist die lange Strecke von der Place de la Défense bis zum Louvre wie ein Streichholz auf dem Teppich der Stadt und ihrer Umgebung. Plant man zentripetal oder, wenn man will, zentrifugal von einem Mittelpunkt aus, hat man die besten Möglichkeiten, irgendein besonderes Merkmal einer Gegend zu betonen. An einem Ort, der keinen besonderen Reiz oder Charakter hat, kann man einen künstlichen zentralen Kern schaffen. Gewöhnlich ist ein Haus der Mittelpunkt eines Privatgartens; aber selbst bei einem kleinen Garten kann man sich entschließen, das Haus auf einer Seite zu belassen und einen schönen Baum, einen Teich, eine Bodensenke oder eine jähe Erhebung als Zentrum zu betrachten, das man als Ausgangspunkt der Komposition verwendet.

Stourhead in Wiltshire kommt mir als erwähnenswertes Beispiel einer solchen Komposition in den Sinn. Hier ist der Mittelpunkt weit vom Haus entfernt. Er liegt in einem Tal, in dem ein Fluß künstlich zu einem See aufgestaut wurde. Und dieser See ist der Bezugspunkt der auf steilen Hängen gelegenen Buchenwälder und einer Reihe von Pavillons, Grotten und Tempeln, die den langen schattigen Weg um die Wasserfläche unterbrechen.

In einem großen hügeligen Garten in den Bergen unweit Turins (s. S. 302 ff.) fand ich keine Möglichkeit, dem Garten, der sich ziellos nach allen Seiten ausdehnte, Rhythmus und Richtung zu geben. Die Villa aus dem 18. Jahrhundert war so gelegen, daß ich weder sie noch ihre unmittelbare Umgebung verwenden konnte, um eine Art Zusammenhang des Ganzen herzustellen, wie ich es gern getan hätte. Aber von einer Stelle führte zwischen steilen bewaldeten Hängen ein Hohlweg herab, um sich mit einem breiteren Tal zu vereinen. Quer über diesen Hohlweg hatte man einen Holzsteg gebaut, gerade da, wo sich die Schlucht zu dem Tal hin öffnete; er verband die Höhen auf beiden Seiten. Diese Brücke war eine dumme Angelegenheit: aus Brettern hergestellt, mit einem groben Geländer aus gedrehten Ästen, die geschält und dann braun angestrichen worden waren. Ich wollte diesen ganzen Teil des Gartens ausbauen, und in dem breiten

Tal unterhalb der Brücke hatte ich bereits mit dem Anlegen einiger Teiche begonnen. Diese Arbeit wäre jedoch ohne einen Dreh- und Angelpunkt nichts Rechtes gewesen. Ich entschloß mich am Ende, die Brücke als solchen zu verwenden, da sie sowohl die Schlucht wie auch das Tal beherrschte. Ich brauchte sie lediglich stärker zu betonen – als Stelle, wo man stehenblieb und um sich schaute –, statt sie als bloßen Übergang, fast unsichtbar im Schatten einer Buchengruppe, anzusehen. Um dieses Ziel zu erreichen, baute ich die Brücke neu; und um eine Beziehung zu der chinesischen Rokokodekoration des Hauses herzustellen, entwarf ich ein beidseitiges hölzernes Geländer mit chinesischem Lochmuster, das ich dunkelelfenbeinweiß bemalte, wodurch ein Kontrast zu den schattigen Bäumen entstand.

In einem anderen Falle sollte ich einen Grasgarten mit hohen Eibenhecken erweitern; ich hatte ihn einige Jahre zuvor in einem ziemlich öden Eichenwald in der sandigen Gegend der Sologne südlich von Orléans angelegt. Hier lautete der Auftrag, einen kleinen umfriedeten Raum hinzuzufügen, der leicht in Ordnung zu halten war und mit blühenden Büschen, vornehmlich aus Sträuchern mit Herbstfärbung, bepflanzt werden sollte. Da das Haus meistens im Herbst bewohnt wird, schien das ein kluger Vorschlag. Jedoch konnte ein kleiner Garten voller unzusammenhängender Gebüschmengen vor dem Hintergrund eines unbestimmten Eichenwaldes ziemlich formlos und lasch aussehen. Da der Gartenteil für die neue Anpflanzung auf der einen Seite des Hauptgartens lag, mußte ich einen eigenen Schwerpunkt für ihn schaffen. Hecken, gestutzte Eiben, steinumrandete Teiche, Sitzgelegenheiten und alles andere, was einer festen Struktur dienlich ist, hatte ich bereits für den übrigen Garten verwandt. Für dieses neue Fleckchen Erde mußte ich nun einen anderen Kernpunkt finden, der nicht zu anmaßend und künstlich aussehen durfte. Das Grundstück hatte ungefähr die Form eines Rechtecks. Eine lange und eine kurze Seite waren durch eine zweieinhalb Meter hohe Eibenhecke scharf begrenzt, und die restlichen beiden Seiten wurden durch den nahen Eichenwald abgeschirmt. Ich beschloß, ein betont vertikales Element als Schwerpunkt zu verwenden und diese Vertikale auf ein Rasenoval zu setzen, das sich von den lockeren Anpflanzungen des übrigen Gartens abheben sollte. Ich wählte eine junge, drei Meter hohe Flußzeder *(Calocedrus decurrens)* wegen ihres flammenähnlichen Wuchses und ihres lebhaft grünen Blattwerks. Die Flußzeder wächst sich mit der Zeit zu einer spiralförmig gewundenen Säule aus, charakteristisch genug, um den Garten zu beherrschen. Heute, nach drei Jahren, hebt sie sich bereits hervor; von der Mitte reichlich entfernt, betont sie die ovale Form des Rasens, und vor allem im Spätherbst steht sie wie ein grüner Obelisk vor den lohfarbenen Eichen, dem Purpurrot der Berberitzen und des Sumachs und den scharlachrot flammenden Blättern des rosa Dogwood oder Blumenhartriegels, *Cornus florida* ›Rubra‹.

Gewisse Spannungen spielen in der Komposition eine große, unge-ahnte Rolle. So wie es in der Malerei zwischen Farbflecken Bezie-hungen gibt, sind sie auch zwischen den festen Gegenständen in einem Garten vorhanden. Spannungen oder Schwingungen umge-ben sie und werden durch die Luft von einem Element zum anderen übertragen. Das trifft, so scheint mir, allerdings nicht auf Skulptu-ren zu, die sehr oft in sich ruhen; aber der Raum zwischen den Ästen, Zweigen und Blättern eines Baumes, die Luft, in der sie alle leben, scheint unmittelbar beteiligt und wird von einem zarten Kräf-tespiel durchströmt. So springt selbst in einer Vase Lebenskraft von einer Blume zur anderen, und die Monotonie eines Straußes gleich-artiger Schnittblumen entsteht nicht nur durch die Gleichheit in Farbe und Form, sondern durch abwechslungslose Wiederholung der Vibrationen zwischen den Blumen. Was wir als Zwischenräume bezeichnen, sind nur Körper einer anderen Art. Die in Japan geübte Kunst der Blumenzusammenstellung hängt nach meiner Meinung in der Gesamtwirkung ebenso von den Räumen zwischen den Gestal-tungselementen einer solchen Komposition ab wie von ihrer tradi-tionsgebundenen Symbolik oder dem Spiel mit den verwendeten Formen und Strukturen.

Kürzlich ging ich durch einen Garten in dem Bemühen, ihm jenen Lebensfunken zu geben, der ein scharfes Auge und eine ständige liebevolle Aufmerksamkeit für das Detail zur Voraussetzung hat. Ich bemerkte, daß ein fast vier Meter hoher Magnolienbaum, *Magnolia* × *soulangiana*, den ich vor Jahren in einen gepflasterten

Winkel neben dem Haus gepflanzt hatte, über seine Grenzen hinausgewachsen war, mit seinem dichten Laubwerk jede Aussicht versperrte und alles in allem zu massiv aussah. So fing ich an, ihn zu schneiden, wobei ich vorsichtig hier und da einen Zweig entfernte. Bei der Arbeit stellte ich fest, daß ich mit Raumbegriffen arbeitete, indem ich die Luft als Körper betrachtete, die in den Winkeln sich kreuzender Zweige und in den belaubten Ästen festgehalten wurden; hier im Kronenraum eines kleinen Baumes wurde das Wesen der ganzen Beziehung zwischen Kunst und Natur offenbar.

Solcherart Probleme beschäftigten die chinesischen Maler, die Jahre mit Nachdenken und mit der Betrachtung der Natur zubrachten, um dann in einem einzigen Augenblick mit einem spitzen Tuschpinsel einen Bambuszweig, einen Vogel im Fluge oder die zuckende Bewegung eines Fisches im Wasser zu malen, wobei sie das weiße Papier verwendeten, um die Vorstellung von unbegrenztem Raum durch die Plazierung einiger Pinselstriche auszudrücken.

Wir haben uns über die Beziehungen der Teile eines Baumes und über eine flüchtige Partnerschaft zwischen Natur und Kunst Gedanken gemacht. Bei der Gartengestaltung kann man solche Beziehungen und Spannungen durch Art und Anordnung verschiedener Elemente in Gang bringen. Wer eine glückliche, praktische Hand hat, wird wie ein Koch, der einen Kuchen rührt, mit Fingerspitzengefühl arbeiten, er wird hier einen steil aufrecht wachsenden Baum hinstellen und dort ein mehr waagerecht wachsendes Gehölz pflanzen. Man wird graues Blattwerk mit rotem kontrastieren, mattes mit lebhaftem und so weiter. Oder man arbeitet einen Bepflanzungsplan auf dem Papier aus, wobei man Pflanzenbeschreibungen ebenso wie das Erinnerungsvermögen zu Hilfe zieht. Eine ernsthafte Komposition kann nicht allein von Intuition oder intellektueller Überlegung abhängen. Alle Elemente, die man unterbringen will, verlangen sorgfältiges Studium. Handelt es sich um eine Pflanze, so muß man ihre Größe, Struktur, Farbe, Wuchsform und ihre Ansprüche ebenso kennen wie ihre Herkunft, ihre Geschichte und die herkömmliche wie die ungewöhnliche Art ihrer Verwendung. Tatsächlich muß man sämtliche Gesichtspunkte jeder einzelnen Pflanze oder jedes Elements für sich berücksichtigen. Bei der Plazierung wird der Vorgang komplizierter, denn nun kommt die Beziehung zwischen den einzelnen Elementen ins Spiel, und gängige Kombinationen werden in Gärten schnell langweilig und enden in Fadheit. Wenn ich zum Beispiel eine einzelne Flußzeder auf einen Rasen pflanze, so setze ich sie so, daß ihre wirkliche Natur zum Ausdruck kommt – ihre aufragende Form, die gedrehten Fächer ihres Blattwerks, das sich vom dunklen Grün nahe der rotbraunen Rinde bis zu dem fast gelblichen Grün an der Spitze aufhellt.

Es war vielleicht das flammenartige Aussehen dieses Baumes, das Sir George Holford dazu bewegte, ihn in Westonbirt zusammen mit rotblättrigem Japanischem Ahorn zu pflanzen, der im Herbst wie glimmende Kohle an seinem Fuße brennt. Das ist, auch farblich gesehen, die richtige Verbindung. Das eher klassische Motiv von Zypressen in Verbindung mit blühenden Bäumen ist schwierig anzuwenden, wenn man mit Flußzedern arbeitet. Das Rosa eines Pfirsichbaums oder das Hellviolett eines Judasbaums verträgt sich nicht mit dem goldgelben Unterton der Konifere. Möchte ich auf einen blühenden Baum nicht verzichten und läßt das Klima es zu, so pflanze ich das glänzendblättrige, orangerote chilenische Embothrium, das einen vollkommenen Hintergrund abgibt, oder (etwas einfacher für die meisten Gärten) die Kanadische Felsenbirne, *Amelanchier confusa*, die im Frühling weiß blüht und im Herbst leuchtend rote Blätter hat. In einem solchen Fall erfordert die räumliche Beziehung zwischen beiden Pflanzen sorgfältige Überlegung. Amelanchier oder Embothrium bilden schon kleine runde Bäume, während die Flußzeder noch jung ist. Da die Flußzeder im Laufe der Zeit jedoch sechs- bis achtmal größer als Amelanchier und Embothrium wird, kann man durch einen größeren oder kleineren Abstand das harmonische Verhältnis zwischen den Bäumen entsprechend regulieren. Doch es gibt noch eine andere Beziehung zwischen diesen Gehölzen. Die Konifere hat eine harte und bestimmte Form, während die beiden anderen Bäume rundlich und weich sind, so daß sie sich gegenseitig mit einem je besonderen Akzent versehen. Wenn man zwei Flußzedern pflanzt, wird Ruhe und Ausgeglichenheit herrschen. Setzt man neben die Flußzeder ein kleineres und kompakteres Objekt, wie etwa eine Steinvase, einen geschnittenen Buchsbaum oder eine gestutzte Eibe, so wird dieses Objekt eher zum Brennpunkt werden als sein weit größerer Nachbar. Das kleinere und massivere der beiden Objekte zeigt sein Gewicht auf konzentriertere Weise. Sollten wir eine Rittersporngruppe am Fuß der Flußzeder pflanzen, so wäre das eine schlechte Zusammenstellung, weil die aufstrebende Form der blühenden Rittersporne das Bild lächerlich machen würde. Jedoch könnte man den Fuß des Baumes mit einer Gruppe schneeweißer Azaleen umgeben, denn die Zartheit ihrer Blüten und ihre lockeren, leichten Formen würden den unteren Teil des Baumes verhüllen und mildern, und seine Kraft würde sich um so stärker zeigen, je höher das Auge wandert. André Malraux erzählte mir einmal von klassischen chinesischen Büchern über Landschaftsgestaltung und auch davon, wie die chinesischen Landschaftskünstler vor allem bemüht waren, in den Gärten nicht nur den Wechsel der Jahreszeiten, sondern auch den Verlauf eines jeden einzelnen Tages widerzuspiegeln und zu symbolisieren. Er hätte gern gewußt, ob es in China nicht sogar möglich wäre, die Morgen- und Abendnebel zum Verweilen über den flachen Lotosteichen und den seltsam geformten Felsen zu bringen.

Entwerfen ist für mich jener schwierige Vorgang, der einer Komposition, die nur in meiner Vorstellung besteht, zu einer dreidimensionalen Wirklichkeit verhilft. Jede Gestaltungsidee muß ich überdenken, die dunklen Linien einer Hecke, die abgerundete Silhouette einer Baumgruppe, einen Schleier schimmernder Blumenfarbe über dem Boden, die Krümmungen eines Wasserlaufs; und dann beginne ich mit Dimensionen zu arbeiten, plane jeden genauen Standort und ziehe mit Sorgfalt alle durch die Praxis bestimmten Richtmaße für ihre Verwirklichung in Betracht. Ich weiß, wie hoch und wie breit meine Hecke wachsen soll, aber ich muß auch bedenken, wie weit ihre Wurzeln sich ausbreiten werden und wie weit der Schatten fallen wird. Die Wirkung einer Baumgruppe hängt davon ab, daß ihre Stämme sowohl voneinander als auch von den Dingen in unmittelbarer Nähe den richtigen Abstand haben. Sie hängt ebenso von den verschiedenen Standpunkten ab, von denen aus man die Bäume sehen wird, und von ihrer Lage im Gesamtplan. So ist es auch mit den Blumen: Wünsche ich lebhafte Kontraste, große oder kleine Gruppen, klare Farbbilder oder unzusammenhängende, unstete Mengen? Wieviel Pflanzen einer Art muß ich zusammenstellen, um die beste Wirkung zu erzielen? Hier muß ich in Form von Quadratmetern oder kleineren Einheiten planen. Kenne ich die Größe eines Beetes oder mehrerer Beete, so muß ich an die Höhe der Pflanzen denken, um die Breite der dazwischenliegenden Wege und die Beziehung eines Beetes zum anderen festzulegen. Manche Farben wirken auf weitere Sicht als andere, und dieser Faktor kann sich im Laufe eines Tages oder Jahres ändern. Vielleicht ist schon ein Wasserlauf vorhanden, der aber eine Veränderung erfordert: Der Wasserspiegel muß gesenkt oder gehoben, das Ufer steiler oder flacher gestaltet werden, oder ich muß den Verlauf des Wassers durch den Garten noch einmal neu entwerfen, eine Biegung betonen, das Bett verengen oder erweitern. Solche Gesichtspunkte habe ich zu bedenken, wenn ich mich mit dem Entwerfen eines Gartenplans beschäftige.

Ein Entwurf ist eine praktische Angelegenheit und muß als Ganzes und in den Einzelheiten stimmen. Zum Beispiel wird die Breite eines Weges nur durch seine Verwendung gerechtfertigt. Nichts schaut närrischer aus als ein 120 cm breiter Weg, der offensichtlich – nach der abgenutzten Trittspur zu schließen – nur 75 bis 90 cm messen dürfte. Ein schlechter Gartenarchitekt wird eine schmale Graseinfassung entwerfen, ohne an die Mühen zu denken, die endloses Schneiden jahraus, jahrein machen wird, bis allzu schnell alles wieder von neuem beginnt. Es ist leicht, einen Garten zu entwerfen, wenn man im Rahmen einer bestehenden Tradition arbeitet und historische Vorbilder hat, nach denen man sich richten kann; aber auch dann muß man Entwurf und Vorbild bis ins einzelne durchdenken. Vielleicht gibt es Wege, kostspielige und unnötige Details zu vereinfachen und auszusondern und dennoch den Charakter des Ganzen zu wahren.

Arbeite ich ohne Vorbild, so muß ich sichergehen, daß jede Anlage, jede einzelne Form und jede Dimension sowohl praktisch wie auch künstlerisch gerechtfertigt ist. Ich muß die Größe der Blumenbeete und eigentlich aller bepflanzten Flächen auch in bezug auf ihre Zugänglichkeit berechnen. Beete für Sträucher müssen ausgedehnt sein, weil sie für große Pflanzen gedacht sind. Da sie aller Voraussicht nach nur ein- oder zweimal im Jahr der Pflege bedürfen, stört ihre Größe nicht. Blumenbeeten gebe ich stets eine kleinere Fläche; sie müssen öfter gejätet und gepflegt werden, und es ist leichter, sie von den Seiten aus zu bearbeiten. Wo ein- oder mehrmals im Jahr die Pflanzen gewechselt werden, wie bei formellen Beeten für Tulpen und einjährige Pflanzen, da genügen 120 cm Breite völlig; Beete für Schnittblumen sollten so schmal sein, daß keine Pflanze weiter als auf Armeslänge entfernt ist.

In all den Jahren haben meine Schuhe genug Schmutz hin und her getragen, daß ich mich beim Entwerfen ständig bemühe, unnötige Arbeit und Unordnung auf ein Mindestmaß zu beschränken. Man kann Gärten geometrisch gestalten, und Parterres dürfen so groß und kompliziert sein, wie man nur will, solange man sie als Wiederholung von einfachen, kleinen, vorzugsweise rechteckigen Einheiten anlegt. Geschwungene Formen können sehr kostspielig werden, vor allem, wenn man Mauerwerk mit einbezieht; sie können teuflisch sein, wenn man dort Mistbeetpflanzen setzt oder Knollen legt. Auch muß man vorsichtig sein bei Entwürfen für geometrische Gärten, in denen Farbzusammenstellungen eine große Rolle spielen. Ein allzu kompliziertes Muster oder eines mit sehr unterschiedlicher Größe der einzelnen Teile kann sich als ungeeignet erweisen, will man farbliche Einheiten herausstellen. Spitze Winkel verursachen ebenfalls Kummer; immer schwächen sie das Bild, weil die Blumenfülle unweigerlich in einer einzelnen Eckensteherpflanze ausläuft.

Selbst nach langjähriger Praxis ist es schwierig, Größe und Ausmaße zu berechnen. Im allgemeinen entwerfe ich zunächst eine Skizze im Verhältnis 1 : 100; dann entsprechen 3 cm auf dem Papier 3 m in der Wirklichkeit. Bei diesem sehr kleinen Maßstab neigt man dazu, die Dimensionen zu übertreiben, besonders die der Wege und der Blumenbeete. Im nächsten Stadium verdopple ich den Maßstab, denn wenn man Blumenbeete und Rabatten und Wege detailliert, ist ein Verhältnis von 1 : 50 nicht zu groß. In einem Garten (und überhaupt) ist ein guter Entwurf ein einfacher Entwurf, ob es sich nun um einen Gesamtplan oder um Einzelheiten handelt. Es ist besser, ein Element zu betonen und es nur einmal anzuwenden. Solch ein Element kann zum Beispiel ganz einfach »Gras« oder »Rasen« sein: Dann muß man sich entscheiden, wieviel Rasen man haben will, sein Verhältnis zum ganzen Garten muß festgelegt werden und auch seine Form. Im übrigen Garten vermeide man einzelne unnötige Graswinkel oder Grasflecke, weil sie nur die Arbeit vermehren und von dem großen Rasenplatz ablenken. Genauso ist es mit Blumenbeeten. Hat man sich für bestimmte Blumenarten entschieden, so muß man festlegen, wohin man sie pflanzen möchte und wieviel Platz sie benötigen, und dann sollte man sie, welcher Art sie auch sind, nur dort und nirgends sonst pflanzen. Nichts ist so unbefriedigend wie der Gang durch einen Garten, in dem die gleichen Pflanzen oder Pflanzenkombinationen bei jeder Biegung in kleinen Gruppen wiederkehren. Am liebsten würde ich sie sofort ausgraben, an einer Stelle alle wieder einpflanzen und sie hier in ihrer ganzen Fülle in Erscheinung treten lassen. Das ist selbstverständlich nur eine Faustregel, von der es auch gelungene Ausnahmen gibt. Ich kenne viele Gärten, in denen eine oder zwei Pflanzen in allen Teilen des Gartens auftauchen und dabei ausgezeichnet wirken, weil sie durch geschickte Anordnung immer wieder anders aussehen; ihre Zusammenstellung ist unterschiedlich abgestimmt, außerdem entsteht Abwechslung durch mannigfaltige Kombinationen mit anderen Pflanzen.

Wenn wir zu den baulichen Elementen und zur Gartenarchitektur kommen, so erlaubt der Entwurf keine Irrtümer. Ich mag Gärten mit einer deutlichen, kräftigen Struktur; ich mag gut gearbeitete und gut erkennbare Wege, gut gebaute Mauern, genau abgestimmte Höhenunterschiede. Ich mag Teiche und Kanäle, gepflasterte Plätze zum Sitzen und ein solides Gartenhaus, in dem man picknicken und ein Schläfchen halten kann. Ich mag Ziegelwerk und Quadermauern und Trockenmauern, eine gut gezimmerte Brücke, gut entworfene hölzerne Tore, einfache schmiedeeiserne Geländer oder ein Holzgatter, durch das man spähen kann. Ich mag Streifen aus runden Pflastersteinen, die eine Kiesfläche in vier Teile gliedern, einen Hof aus Granitsteinen, bemalte Fensterläden, gut gearbeitete Holztüren, Spalierarbeit in geschickten Proportionen und, was am allerseltensten ist, gute Gartenmöbel, Stühle und Bänke aus Holz und Metall, Stein- oder Schiefertische, einfache Laternen und brauchbare Fußabstreifer.

Nichts von alledem ist von vornherein vorhanden, es sei denn, man arbeitet in einem alten – und guten – Garten. An solchen Orten würde ich alle architektonischen Elemente möglichst erhalten und sehr wahrscheinlich jedes neue Element nach den alten Vorbildern formen.

Auf die Strapazierung des abgenutzten und tendenziösen Themas »Alt gegen Neu«, »Tradition gegen Modernes« würde ich verzichten. Ich sehe hier gar keine Streitfrage und finde die Gegenüberstellung der zwei Begriffe nicht sinnvoll. In einer traditionsgebundenen Umgebung würde ich in dieser Tradition auch meine Arbeiten entwerfen und ausführen, wenn ich dadurch die angestrebte Wirkung und Atmosphäre erzielen kann. Wenn nicht, würde ich in irgendeinem Stil arbeiten und mit dem Material, das am besten zu der jeweiligen Arbeit paßt. Herrschaftliche Schwimmbecken inmitten altmodischen Pflasters und mit Fachwerk versehene Umkleideräume sind ein gedankenloses Zugeständnis an einen ungeschulten Geschmack für das Malerische, wie jene Schwäche für verrückte Pflaster, die selbst kultivierte Amateure dazu treibt, gute Steinfliesen zu zerschmettern und die Teile – wie Hänsel und Gretel im Märchen – im Garten zu verstreuen. Doch sehe ich wenig Sinn darin, zu puristisch zu sein. Beim Planen der architektonischen Elemente eines Gartens kann ein zu sklavisches Anklammern selbst an die besten Vorbilder den Garten zu ausgearbeitet und lehrhaft aussehen lassen. Gartenarchitektur muß vor allem zurückhaltend sein. Architektonisch veranlagte Gartengestalter können oft Pläne entwerfen, die als Konstruktion durchaus befriedigend und vollkommen sind; aber manchmal scheinen sie zu vergessen, daß ein Garten wachsende Dinge beherbergt und daß ein vollkommener Bepflanzungsplan, über ein architektonisch gut ausgedachtes System ausgebreitet, ein unverdauliches Ganzes ergeben kann. Architektonische Elemente eines Gartens sollten in Masse und Gewicht geradeheraus und bekräftigend sein, aber in ihren Details bis zum äußersten vereinfacht. In einem durchschnittlichen Garten dienen Bauelemente wie Stufen, Mauern, Sommerhäuser und Brücken als Hintergrund für die Pflanzenwelt. Blätter und Blüten, Zweige, Ranken, Knospen und Beeren fügen ihre organische Dekoration hinzu. Als Gegenargument ließen sich die architektonisch vollendeten Gärten der italienischen Renaissance, die Skulpturen von Würzburg, Sir William Chambers' Casino bei Dublin oder die Tempel und Lusthäuschen von Stowe oder Castle Howard anführen. Aber hier handelt es sich um Dekorationselemente solcher Gärten, in denen Blumen eine geringfügige Rolle spielten; um versteinerte Verzierungen, die einfache Kompositionen aus Gras und Bäumen, Hecken und Wasser beleben sollten.

Und wieder kommen wir auf den Gedanken zurück, den Garten als eine Skizze zu sehen, eine Untertreibung, bei der die architektonischen Elemente auf ein Thema lediglich anspielen. Die Neigung eines Daches, die gebrochene Schattenlinie unter dem Vorsprung einer Stufe können schon genügen, um die Stimmung einer Gartenkomposition und ihren historischen oder stilistischen Zusammenhang anzudeuten.

Wenn ich mit dem Entwurf irgendeines architektonischen Elements beginne, so ist es nicht Faulheit, die mich fragen läßt: »Wie kann ich diesen Höhenunterschied möglichst einfach gestalten« oder »Wird eine Mauer besser als ein Erdwall sein?« Entscheide ich mich für eine Mauer, so muß ich erkennen, welche Art am besten paßt, denn die Mauer muß zu anderen Mauern in der Nähe in Beziehung stehen und darf keine Phantasiemauer sein. Soll ich eine Treppenflucht entwerfen, bemühe ich mich, die einfachste und leichteste Art herauszufinden, wie man von einer Ebene zur anderen gelangt – wo beginnt man am besten, und an welchem Punkt kommt man an? Ist das entschieden, so müssen die Stufen so einfach gebaut werden, wie es das gewählte Material erlaubt. Wenn ein Geländer nötig ist, würde ich eines mit schlichten senkrechten, schmiedeeisernen Stäben entwerfen. Glyzinienzweige oder die Blätter und Sternblüten der Clematis geben eine lebhaftere Zierde ab als Schnörkel und Blattwerk aus gehämmertem Metall.

Ein scharfes Auge bedarf nur einer Andeutung, und Zurückhaltung läßt der Vorstellungskraft freien Lauf zu eigener Gestaltung. Die Ausschmückungen eines Gartens sollten knapp, klar und passend sein. Bei genauer Reproduktion von Elementen, die anderswo bewundert werden, mißlingt gewöhnlich die beabsichtigte Wirkung. Ein krasses Beispiel fällt mir ein: Vor einem Flügel des meisterlichen kleinen Rokokopalastes von Robillon in Queluz bei Lissabon gibt es eine Terrasse, von der etwa fünf Stufen zu einem durch gestutzte Buchsbaumhecken in Muster aufgeteilten Garten führen. Diese fünf Stufen sind eine fließende Reihe von Winkeln und Bogen, den Arabesken eines Schriftkünstlers gleich; abwechselnd schwingen sie aus und weichen zurück, entlang der ganzen Breite des Rokokobaus. Als ich eines Tages einen modernen Garten in Italien besichtigte, entdeckte ich, daß ein kurzer Abschnitt dieser Stufen originalgetreu kopiert worden war, um ohne Sinn und Verstand von irgendwoher zu einem häßlich geformten Teich voller Lotosblumen zu führen. Ein besseres Beispiel sorgfältiger und liebevoller Arbeit, ausgeführt auf der Grundlage totalen Mißverständnisses, ließe sich schwerlich finden.

Modernes Material und moderne Bauweise bedeuten für die Gartengestaltung neue Möglichkeiten wie auch gewisse Gefahren. Das Wort »Garten« drückt den Gedanken eines festen Platzes aus, wo Pflanzen Wurzeln schlagen und wachsen – Ruhe und Beständigkeit gehören zu seinem Wesen. Alle die luftigen Möglichkeiten der Spannbetonkonstruktion – die großen Spannweiten, die dünnen und geschmeidigen Strukturen, Gewicht, das auf kleinen und weit auseinanderliegenden Punkten ruht – bieten eine neue und fließende Gartenarchitektur an. Stufen und Rampen scheinen von einer Ebene zur anderen dahinzugleiten und sich spiralförmig zu bewegen; ein Teehaus ist freitragend über den Raum gespannt, Stützmauern aus Eisenbeton können Bogen und Winkel bilden, die bei alten und weniger elastischen Konstruktionsformen unmöglich wären. Diese fließende Bauweise wird trotz aller Leichtigkeit den Garten beherrschen, so wie die Giambologna-Skulptur in der Villa Lante oder der zyklopische Herkules in Vaux-le-Vicomte, und stets eher einen Gegensatz zur Vegetation des Gartens darstellen als eine Harmonie mit ihr bilden. Die Praxis lehrte mich, daß ich meine Pflanzungen in fließende, fast bewegliche Formen umsetzen muß, wenn sie in Beziehung zu solcher Bauweise stehen. Weiße Mauern und Terrassen werden zu Segeln und Decks zwischen Baumstämmen, die wie Masten wirken, und ich ertappe mich dabei, wie ich große Ebenen mit einfachem Grün bepflanze. Weite Flächen waagerecht wachsender immergrüner Pflanzen wirken wie Wogen, die gegen ein Gebäude schwappen, und wenn der Wind in das Blattwerk einer breit angelegten niedrigen Pflanzung bläst, bewegt es sich und fängt das Licht ein wie kleine Wellen auf dem Wasser. In einem solchen Rahmen wirken Blumen besser, wenn sie dem Boden entnommen und in bewegliche Behälter gepflanzt werden: in Kübel, Töpfe und

Kästen. Diese neue Architektur bedeutet eine neue Aufgabe für die Gartengestaltung und wird dazu führen, daß die Bepflanzung nur noch eine sekundäre, unterstützende Rolle spielt.

In der ungegenständlichen Malerei oder Plastik, der sogenannten abstrakten Kunst, spürt ein bisher ungeübter Teil unseres Bewußtseins – sogar noch mehr als in der modernen Architektur – gültige Kunstformen. Der Gartengestalter kann sich diesen neuen Strömungen gegenüber nicht verschließen. Die Gartenkunst wird einmal in irgendeiner Form die Intentionen der modernen Malerei und Bildhauerei widerspiegeln.

Der in Brasilien lebende Burle Marx hat bereits sehr schön die Möglichkeiten pflanzlicher Abstraktionen durch eine Art Malerei gezeigt, welche die schwere Struktur tropischer Sukkulenten benutzt, und wir haben seine Nachfolger in Europa gesehen, die notwendigerweise eine dünnere Palette verwenden oder Abstraktionen aus Sand, Stein und Kieseln gestalten.

Die Glätte neuer Materialien, die Oberflächen von eloxiertem Aluminium oder Plastik, Glas und stark glänzenden Konglomeraten fördern die Ruhelosigkeit, denn sie reflektieren das Licht mehr, als daß sie es absorbieren. Auch können sie niemals verwittern, Patina annehmen oder Nährboden für das unmerkliche Wachsen von Moos oder Flechten werden, um auf diese Weise wie die Erde das Wachstum zu fördern und im Laufe der Zeit mit dem Garten zu verschmelzen. Ein Gestalter sollte auch diese Gesichtspunkte in Betracht ziehen, wenn er von den neuen technischen Werkstoffen Gebrauch machen will. Ich würde sie vielleicht für Gartenteile vorsehen, wo sich der Mensch häufig beschäftigt, für das Schwimmbecken und seine unmittelbare Umgebung, für das Sommerhaus oder einen Unterschlupf, für den Grillplatz und natürlich für den Arbeitsbereich des Gartens.

Wenn man bei einem Gartenentwurf ausschließlich vom Ästhetischen ausgeht, vergißt man leicht den Gartenteil, wo gearbeitet wird: Hier sind geschickte Planung und kluge Anwendung moderner Technik und Materialien unumgänglich. Wie ein Haus von seiner Küche abhängt, so der Garten von Umtopfschuppen und Frühbeeten, Gewächshaus, Komposthaufen und Anzuchtbeeten. Hier rechnet der Gärtner mit exakten Maßen: Die Größe des Gewächshauses oder des kalten Frühbeets bestimmt die Menge der Pflanzen, die gezogen werden können. Die Berechnung des Arbeitsbereiches, der Temperatur und Feuchtigkeit, der erforderlichen Menge an Humus, Sand und Torf sowie die Unterbringung der Geräte ergeben interessante Aufgaben in der praktischen Planung. Von einer fachmännischen Lösung hängt das künftige Wohlergehen des Gartens und des Gärtners ab.

Oft ist ein Garten schon mehr oder weniger gestaltet und wächst heran, wenn sich herausstellt, daß auf die Notwendigkeit praktischer Gartenarbeit zuwenig Rücksicht genommen worden ist. Schuppen und dergleichen werden dann stückweise hinzugefügt und bilden einen unschönen, schäbigen Gartenslum. Hier ist die beste Gelegenheit für gute, handfeste Entwürfe und für die kluge Verwendung moderner Materialien, Betonböden innen und außen, die leicht mit dem Schlauch abgespritzt werden können, Plastikfertigteile für Regale und Topfgestelle, Verglasung, die leicht und mühelos in die Aluminiumstruktur eines Treibhauses oder eines Frühbeetkastens eingefügt werden kann, so daß sich Anstrich und Fensterkitt erübrigen. Nur genaue Überlegung gibt die Gewähr für richtige Unterbringung der Erdvorräte; sie sorgt auch dafür, daß zwischen Umtopfschuppen, Gewächshaus, Frühbeeten und Anzuchtbeeten nicht zuviel Schritte nötig sind.

Doch wird ein Planer seinen Sinn für das Praktische nicht nur in diesen Teilen des Gartens brauchen. Er wird den gesunden Menschenverstand in Gestalt von Klarheit und Einfachheit ebenso im Entwurf des Gartens und seiner Teile wie in der Konstruktion sprechen lassen. Er wird gerade Wege anlegen, die direkt von einer Stelle zur anderen führen, oder geschlängelte Wege, die aber ein bestimmtes Ziel haben müssen. Er wird darauf achten, daß ein Sommerhaus groß genug für seinen Verwendungszweck ist, bevor er an den äußeren Anblick denkt. Will er eine Sitzgelegenheit schaffen, so wird er keine dekorative, kalte Steinbank wählen, sondern einen Holzsitz mit Lehne, deren Winkel bequem ist. Wünscht er einen Teich mit spiegelnder Wasserfläche, so wird er ihn nur so tief bauen, wie es dieser Zweck erfordert. Allen Reizen eines Gartens muß ein logisch durchdachtes und festes Gerüst zugrunde liegen und bezeugen, daß hier gutes Einfühlungsvermögen und klares Denken am Werk gewesen sind. Gute Gestaltung heißt gute Zusammenfügung. Nur allzu leicht wird die Wirkung eines guten Grundentwurfs dadurch zerstört, daß man das Detail nicht konsequent ausarbeitet.

Wenn man die Grundstruktur eines Gartens herausarbeitet und sie in ihre Komponenten zerlegt, so sollte man jedes dieser Einzelteile in den gleichen Formen, im gleichen Stil und in der richtigen Beziehung zum Ganzen behandeln. Auch hier muß man natürlich den gesunden Menschenverstand walten lassen. Nehmen wir an, ein Architekt hat einem Haus eine einfache polygonale Form zugrunde gelegt. Auf Einheitlichkeit bedacht, verwendet er polygonale Formen bei der Ausstattung des Hauses. Die Form wird aber unpraktisch und lächerlich wirken, wenn sie maßstäblich verkleinert auf die Möbel übertragen wird. Und das Ergebnis wäre konsequent, aber völlig absurd, wenn man das polygonale Prinzip sogar auf Wandverzierungen, Gardinen, Teppiche, Bezugsstoffe und so weiter übertrüge. Beim Durcharbeiten eines Themas mit rechteckigen Grundrissen zum Beispiel würde ich nicht zögern, Diagonalen oder Kurven hinzuzufügen, wenn sie durch Zweckmäßigkeit gerechtfertigt wären oder wenn sie durch Kontrastwirkung den Grundgedanken verstärkten. Im Gegensatz dazu verlangt eine Komposition mit lauter Krümmungen und unregelmäßigen Formen eine gewisse Starrheit und Winkligkeit im einzelnen oder einige gerade Linien, weil sie nötig sind, um die lockeren und abgerundeten Formen des Ganzen zu betonen. Ich glaube, daß solche »Unterbrechungen« oder bewußte Inkonsequenzen das Gartenbild beleben; doch würde ich sie immer klar und deutlich herausstellen, da sie sonst unbestimmt aussehen und nur Verwirrung stiften. In der Architektur und der Innendekoration kann man die Wirkung genau vorherberechnen; bei Gartenentwürfen muß man jedoch, wie schon gesagt, dem Wachstum der Pflanzen Spielraum lassen, weil es die ursprüngliche Planung und Struktur oft verschleiert und stets mildert.

Gepflogenheiten, Tradition und der »gute Geschmack« in bezug auf den Garten sind heimtückische Fesseln. Sie engen die Vorstellungskraft ein und führen zu Planungen, die in ihrer Korrektheit fad sind. Manchmal muß ich ein Garten- und Landschaftsproblem lösen, das auf den ersten Blick überhaupt nicht problematisch wirkt. Was getan werden muß, scheint klar und offensichtlich zu sein. Ich beginne mit der Zeichnung, jedes Element ordnet sich leicht und mühelos ein, bald habe ich einen überzeugenden und gefälligen Plan entworfen, der gar nicht mißlingen kann. Aber irgendwie ist er doch zu einfach, durch eine logische Folge von Gedankenverbindungen zustande gekommen. Ich weiß genau: Wenn ich diesen Entwurf ausführe, werde ich mir Vorwürfe machen, und alle, die ihn sehen, werden von seiner Banalität gelangweilt sein. Es kann natürlich viele Gründe geben, weshalb ich es dabei bewenden lasse: Vielleicht ist es gerade das, was meinem Auftraggeber gefällt, vielleicht brauche ich das Honorar, vielleicht bin ich gerade mit anderem beschäftigt, was mich mehr interessiert; aber trotz alledem gibt es ein winziges Etwas in mir, das nagt und mir keine Ruhe läßt. In einem solchen Falle muß ich den Entwurf zerreißen, von vorn anfangen und einen neuen Ausgangspunkt suchen, wenn ich nicht meine gewissenhafte Einstellung zu dem erwählten Beruf gefährden will. Es ist jedoch schwierig, sich etwas anderes auszudenken, und ich versuche in einem solchen Fall, meinen langweiligen Entwurf auf eine andere Ebene zu heben. Wie ich das anfange, kann ich vielleicht am besten erklären, indem ich andere Gärten beschreibe, wo ich die von mir erstrebten Qualitäten gefunden habe.

Ich erinnere mich, daß ich einmal im Petworth House in Sussex durch eine Flucht von Empfangsräumen schritt. Sie waren von Licht durchflutet, das durch große, bis zum Boden reichende Fenster hereinströmte. Als ich an eines dieser Fenster an der langen Westfront des Hauses trat, erwartete ich die fast großartige Intimität eines Parks im Stil des 18. Jahrhunderts zu sehen – mit runden Baumgruppen, Rasenflächen, die in der Ferne in Weideland übergehen, und vielleicht auch einem See. Aber nein, es gab nur einen weiten, kurzgeschorenen, leeren Rasen. Er zog sich an einem langen, sanft geschwungenen Hang weit hinauf bis zu der kahlen Horizontlinie, die sich scharf gegen den hellen Himmel abhob. Die ganze Wirkung beruhte auf der äußersten Einfachheit dieses breiten Hinunterschwingens bis zu der steinernen Grundlinie des Hauses.

Dieses großzügige Beispiel erhellt unser Problem nur dann, wenn wir das zugrundeliegende Prinzip entdecken können. Wir wollen einen Blick auf einen kleinen Garten werfen und wandern durch die

Reihe kleiner, eingezäunter Gärten, die die Hauptallee in Hidcote in Gloucestershire flankieren. An einer Stelle gelangen wir durch einen Eibenbogen in einen viereckigen, mit Hecken eingefaßten kleinen Garten, der durch einen runden Teich derart ausgefüllt ist, daß nur knapp Platz für einen schmalen Weg zwischen Teich und Hecke bleibt. Dieser erhöhte Teich, etwa sechs Meter im Durchmesser, wirkt riesengroß, weil er so eingeengt ist, und die ungewöhnliche Proportion des Ganzen besiegt für einen Augenblick das übliche Kritisieren und Verurteilen. Man ist gern bereit, dieses kleine Bild als wirklich echt zu empfinden; der Teich wird zu einem See, der den Himmel und ein schwebendes Blatt widerspiegelt. Eine vorüberfliegende Hummel und jede in den Fugen der Steineinfassung zufällig gewachsene Pflanze scheinen besonders hell zu leuchten – Zeit und Raum ändern ihren Maßstab.

Solche Erlebnisse sind Höhepunkte für einen Gartenliebhaber. Wie ich es sehe, haben diese Anblicke zwei Dinge gemeinsam. Eines ist das beabsichtigte Mißverhältnis: Ein Gedanke, eine Absicht oder ein Gefühl scheint plötzlich über sich hinausgewachsen zu sein und ist zum Bild selbst geworden. Ich weiß nicht, woher diese Erleuchtung kommt, die die Existenz und Natur einer Alltäglichkeit wie einer Grasfläche oder eines schlichten Teiches ebenso wie unser Erkennen auf eine höhere Ebene hebt.

In beiden Fällen werden die Proportionen übertrieben, der Maßstab wächst über die Grenzen dessen hinaus, was unserer Auffassungskraft angemessen scheint. Dann gibt es ein zweites gemeinsames Element: Einheit oder, genauer ausgedrückt, ein Symbol oder eine Andeutung von Einheit; eine einfache Darstellung von Gras, Wasser, Stein oder Himmel, eine Definition von Form und Richtung und Raum; eine Aussage, die in beiden Fällen so sparsam und so vollkommen wie möglich ist. Schließlich scheint es bei all diesen so ernsthaften wie schönen Momenten der Gartengestaltung der leere Raum zu sein – von dem kahlsten und schlichtesten Rahmen eingefangen und gehalten –, darin das Geheimnis verborgen liegt.

3. KAPITEL

Gelände und Themen

Wenn ich einen Platz für meinen eigenen Garten wählen sollte, so würde ich eine Landsenke einem Hügel vorziehen. Ein Landschaftspanorama lenkt vom Garten ab und umgekehrt, das Interesse ist zwischen der Gartenanlage mit ihren Formen und Farben im Vordergrund und dem Reiz der fernen Aussicht geteilt. Alles ist zugleich da, und man hat keine Lust zu wandern – Entdeckungen zu machen. Ausblick heißt gewöhnlich auch Wind, und ein windiger Garten ist undankbar.

Merkwürdigerweise ist es im allgemeinen besser, die Weite eines Ausblicks durch Bepflanzung so zu vermindern, daß man vom Haus aus nur eine beschränkte Aussicht hat. Am besten geschieht das, wenn möglich, durch eine einfache Baumpflanzung, wobei man nur eine oder zwei Arten verwendet; ein paar einzelne Bäume und Hekken, wohlüberlegt ganz in der Nähe des Hauses gepflanzt, genügen als Rahmen und Vordergrund. Man vermeide vor allem jede »Gestaltung« des Gartens und jegliche Blumenfarbe, die von dem Hauptthema, das in diesem Falle die Aussicht sein muß, ablenken könnten. Der Boden nahe dem Haus ist ebenfalls ein Teil des Rahmens. Er kann mit Rasen bedeckt oder eine bloße Sand- oder Kiesfläche sein. Der Schatten der Bäume oder der vorüberziehenden Wolken wird ihm genügend Anziehungskraft verleihen. Wenn Blumen unbedingt vorhanden sein müssen, so sollten sie dicht am Haus oder unten an einer Terrassenmauer stehen und nur sichtbar sein, wenn man der Aussicht den Rücken kehrt. Den Teil des Gartens, der Blumen und Sträucher enthält, würde ich seitlich anbringen oder so weit unten, daß er nicht gleichzeitig mit der Aussicht gesehen werden kann.

Bei solch einem Gelände versuche ich immer, die Einfachheit des Vordergrundes zu betonen, indem ich eine ebene Fläche so nahe wie möglich auf gleicher Höhe mit dem Haus anlege. Eine starke horizontale Linie ist wesentlich, um Vorder- und Hintergrund richtig gegeneinander abzugrenzen und die senkrechten Linien von Baumstämmen oder Hecken zu betonen.

Von dem Charakter des Hauses und der Eigenart der Landschaft hängt es ab, in welcher Form das geschehen sollte. Für ein Schweizerhaus oder ein Landhaus in gebirgiger Gegend können einige Tannen oder Kiefern und die ganz einfache Pflanzung eines horizontalen Nadelgehölzes wie Chinesischer Wacholder, *Juniperus chinensis* ›Pfitzeriana‹, genügen. In England würden eine Buchsbaumhecke und vielleicht ein paar Apfelbäume oder eine breite Rasenfläche mit Buchen für den gleichen Zweck Verwendung finden wie Zypressen und Myrten an der Mittelmeerküste oder eine Reihe ineinander verflochtener Linden und eine Steinbalustrade im Bereich der Ile de France.

Liegt das Grundstück auf einer Höhe, versuche ich die horizontalen Hauptlinien einer Komposition seitlich vom Haus anzulegen. Wege oder Baumreihen, die den Hügel hinabstürzen, sehen oft ausdruckslos aus; allerdings kannte ich einen Garten, in dem alle diese Regeln triumphierend ignoriert wurden. Das war Port Lympne hoch oben auf dem Bergabhang bei Hythe mit der Blickrichtung nach Süden über die weiten Ebenen der Romneymarsch bis hin zum Ärmelkanal. Hier schuf Sir Philip Sassoon einen Katarakt von Gärten. Von hohen Zypressenhecken *(Cupressus macrocarpa)* eingerahmt, gab es formelle Parterres, ein Schwimmbassin, leuchtende Staudenrabatten und von gotischen Mauern umschlossene Gärten, die über und über mit seltenen Lilien bepflanzt waren. Aber das Cape-Dutch-Haus und seine Inneneinrichtung waren gleichermaßen exotisch wie auch die Vielfalt der Gäste und die üppigen Mahlzeiten, die oft draußen unter Zelten aus weißem und goldenem Brokat serviert wurden. Es schien eine Harmonie aus Mißverhältnissen geschaffen zu sein, und das Ganze war von goldenem Sommerlicht überflutet. Diese Pracht war hier am Platze, denn sie war auf ihre merkwürdige Weise Ausdruck des Besitzers, eines Künstlers, der gierig nach Farbe und Leben war und jener Generation angehörte, deren visueller Geschmack durch Bakst, Poiret und Sert bestimmt wurde.

Für mich ist Gartengestaltung etwas sehr Intimes, und der Garten sollte eine Atmosphäre von Frieden und Ruhe ausstrahlen. Die Landschaft ist sein Hintergrund. Eine Aussicht kann eine Überraschung, sollte jedoch kein Schock sein.

Die Freuden einer Tour de force, das heißt eines Gartens, den man ungeachtet seiner Lage anlegt, sind meist vergänglich. Nicht weit von der Seine und nahe am Bois de Boulogne gibt es einen japanischen Garten, der vor etwa fünfzig Jahren entworfen und ausgeführt wurde. Ein Bummel durch diesen Garten ruft eine gewisse oberflächliche Illusion hervor, aber der Himmel, der Boden, sogar die Art, wie die Pflanzen wachsen, bestätigen den Fehler: Dieser Garten gehört nicht hierher.

Der heutige Geschmack hat sich scharf von solchen Exotismen abgewandt, die seit dem 18. Jahrhundert in europäischen Gärten dominierten. Damals führte Sir William Chambers chinesische Elemente in englische Landschaftsgärten ein und schuf damit einen Präzedenzfall für eine Reihe exotischer Stilarten, die bis in unser Jahrhundert reichten. Diese Moden waren so lange annehmbar und von einer gewissen Gültigkeit, wie Arbeitskräfte zur Verfügung standen, die auch billig genug waren, um eine totale Illusion makellos aufrechtzuerhalten.

Aber jenseits vergänglicher, oberflächlicher Moden hat sich die große Linie der Gartengestaltung im wesentlichen kraftvoll und unverfälscht erhalten, dank den Generationen von Gartenfreunden, die Blumen lieben – dem Landpfarrer, der seine Rosenbüsche okulierte, oder der Pionierfrau, die vor hundert Jahren ihre Begonientöpfe im Planwagen von New Hampshire nach Oregon brachte. Von diesem Schlag war Gertrude Jekyll, die als Botanikerin und Künstlerin Pflanzen zog und mit ihnen experimentierte. Sie schrieb ein Buch nach dem anderen – klassische Bücher, weil sie ganz einfach das schrieb, was sie wußte und beobachtet hatte. Ich erinnere mich an sie, als sie etwa achtzig Jahre alt war, eine untersetzte

Gestalt mit schwerer Gärtnerschürze. Zwei Brillen und ein verbeulter gelber Strohhut verdeckten halb ihr Gesicht, aus dem eine große Lebenskraft strahlte. Gertrude Jekyll sah die Prinzipien, die hinter ihren langjährigen Farb- und Formversuchen lagen, sie kannte sich mit der Natur des Bodens, des Wassers und des Wachstums aus. Daher konnte sie so über Gärten schreiben, daß die von ihr gefundenen Prinzipien heute, fünfzig Jahre später, noch Gültigkeit haben, obwohl viel von ihrer praktischen Arbeit nur lokale Bedeutung hatte. Wie es Pionieren immer und auf jedem Gebiet ergeht, so ist die Bedeutung ihres Einflusses unterschiedlich beurteilt worden. Ich kenne jedoch nur wenige während der letzten fünfzig Jahre entstandene englische Gärten, die nicht den Stempel ihres Lehrens tragen, ob es sich nun um die Anordnung einer Blumenrabatte, die fast gewohnheitsmäßige Zusammenstellung bestimmter Pflanzen oder die Behandlung jenes schwierigen Übergangs vom Garten zur ungestalteten Natur handelt.

In England hat sich unter den jüngeren Gartenarchitekten eine gewisse Ungeduld gegenüber der Anhäufung platter Gartengewohnheiten aller Jahrhunderte herausgebildet, und wo sich die Gelegenheit ergibt, suchen sie Einfachheit. Das Festival of Britain 1951 bot ihnen einen bescheidenen Raum, ihre Vorstellung von moderner Gartenkunst in drei Dimensionen zu manifestieren. Ein wesentlicher Zug dieses neuen Konzepts ist die Auseinandersetzung mit Problemen der Struktur und der Farbe, und es zeigt sich eine auffallende Zurückhaltung gegenüber oberflächlichen Effekten. Das Gefühl für sparsamen Materialgebrauch und die sorgfältige Behandlung kleinster Flächen waren vielversprechende Ansätze. Dennoch wird es viele Jahre dauern, ehe eine derart gezügelte Gestaltung mit der typisch englischen Liebe zu Farbe und gut gezüchteten Blumen so verschmilzt, daß sich ein neuer Gartenstil entwickelt.

Gartenstil und Landschaft sind miteinander verbunden; doch beim heutigen Stand der Zivilisation, der es uns ermöglicht, fast jeden Stil jeder Epoche einfach zu übernehmen, muß der Stil eines Gartens den des Hauses widerspiegeln, als dessen Erweiterung wir ihn betrachten.

Die Diskussion zwischen den Anhängern der formellen und denen der zwanglosen Gartengestaltung ist noch nicht abgeschlossen. Sie schien mir immer ein unfruchtbarer Streit, der nur wenig zu gegenseitigem Verständnis beiträgt. Den »Zwanglosen« möchte ich sagen: Ein Garten ist letzten Endes ein der Natur entnommener Bereich des Menschen und dazu ausersehen, Bequemlichkeit und Freude zu geben. Er braucht wie alle Dinge, die der Mensch geschaffen hat, ein System, seine Teile verlangen eine geordnete Verbindung. Die Flächen für Terrassen, Wege, Rasen, Gemüse und andere Arten der Bepflanzung müssen sich aufeinander beziehen, und es muß eine Reihenfolge geben. Ob diese Ordnung, diese Reihenfolge der Flächen in ihren Einzelheiten »formell« gestaltet wird oder nicht, ist von sekundärer Bedeutung.

Ein Verfechter der zwanglosen Gestaltung könnte vielleicht meinen, daß eine regelmäßige Anlage der Bepflanzung Grenzen auferlegt, daß Pflanzen wachsen sollten wie in der freien Natur und so weiter; doch ist er dann nicht ein halber Künstler, der nur in dem individuellen Gedeihen der Pflanze eine Harmonie erkennt und an jedem anderen Aspekt uninteressiert ist?

In Europa ist für mich die äußerste Grenze langweiliger Gartenplanung in der dekadenten Gleichmäßigkeit der von Le Nôtres späteren Nachfolgern geschaffenen Gärten erreicht; ein Blick von der Mitte des Hauptweges auf ihre traurigen Kompositionen genügt vollkommen. Nichts reizt zu einem langen, eintönigen Spaziergang ohne Unterbrechung, ohne Überraschung und ohne irgend etwas von gärtnerischem Interesse.

Der zwanglose »Gärtnergarten« ist in seiner üblichen Form ein genauer Gegensatz. Seine Formlosigkeit und der Eindruck allgemeiner Wirrnis hinterlassen ein Gefühl der Unruhe, das auch durch gut bepflanzte Gartenteile nicht vertrieben werden kann. Selbst die größten und schönsten sind oft schlecht gegliedert. Der Garten der Royal Horticultural Society in Wisley erscheint mir als Aneinanderreihung reizender Einzelanlagen, die gärtnerisch schön bearbeitet, aber unzusammenhängend sind und keine Beziehung zum Gelände haben.

Meines Erachtens sollte die Lage den Entwurf eines Gartens beeinflussen, so wie sie sich auch wegen der klimatischen Verhältnisse unvermeidlich auf die Bepflanzung auswirkt. Wir haben gesehen, wie der Garten mit weiter Aussicht seine eigenen Grenzen hat.

Ein ebener Garten in einem engen Tal oder vom Haus aus ansteigend ist von Natur aus mehr eingeschlossen; vielleicht ist Ruhe die dominierende Eigenschaft aller ummauerten oder von Hecken umgebenen Gärten. Unsere Vorstellung verbindet solche Einfriedungen mit europäischen Gärten des 16. und frühen 17. Jahrhunderts; hier besteht wieder die Gefahr, daß die geschichtliche Assoziation oder eine oberflächliche Analyse unser Verständnis mit einem Vorurteil belastet. Man kann sich einen umschlossenen Garten auch als Raum im Freien vorstellen, der in dieser oder jener Farbe gehalten und auf die eine oder andere Art ausgestattet ist. Die Einzelheiten der Planung und Bepflanzung sind diese Hilfselemente: Entweder steigern oder zerstören sie die Idee des Friedens und der Einheit, die – so sehe ich es – das Hauptziel eines jeden Gartens sein müssen, wenn er als Kunstwerk betrachtet werden soll.

Wie freizügig der Künstler dieses Thema behandeln kann, wird in Kioto anschaulich gezeigt, wo zwischen den niedrigen Holzpavillons von Tempel und Kloster kleine umschlossene rechteckige Räume – manchmal nicht größer als ein kleines Zimmer – sehr oft in unsymmetrische Miniaturlandschaften umgewandelt wurden und weiten Raum für Meditationen lassen. Eine zusätzliche Dimension öffnet sich hier; doch das Hineingelangen bedarf ebenso der inneren Disziplin und Konzentration des Betrachters wie der wahren Freiheit, die die Schöpfer dieser besonderen Gärten erlangt haben; obwohl sie die Vorstellung unendlichen Raums erwecken, bleiben diese Gärten doch durchaus innerhalb der Grenzen ihrer Lage.

Die englische Landschaft ist kleinräumig, und die unmittelbare Umgebung ist oft ein Anhaltspunkt, ein Schlüssel sowohl für die Form wie für die Bepflanzung des Gartens. Die Art des Bodens, der die einheimische Vegetation bestimmt, gibt einen Hinweis für die Grundbepflanzung, und selbst der Himmel wirkt bei der Auswahl der Farbe und dem Abwägen von Licht und Schatten mit. Es ist natürlich verhältnismäßig einfach, örtliche Bedingungen zu ignorieren, und in technischer Hinsicht ist es durchaus möglich, jede beliebige Art Garten fast überall, wo man möchte, anzulegen. Solche Gärten waren vor dreißig Jahren häufig. Mauer- und Wassergärten, Rosengärten, japanische Gärten, »wilde« Gärten, altenglische Gärten, italienische Gärten – alle wurden einzeln oder zusammen als

Attribute des Wohlstands ihrer Eigentümer angelegt. Heutzutage scheinen solche Extravaganzen überheblich und langweilig. Moderner Geschmack und ökonomisches Denken fordern ein Aufgreifen der an dem Platz vorhandenen Möglichkeiten: Hochzeit mit der Umgebung ist besser als eine Scheidung von ihr.

Aus der Luft betrachtet, erscheinen Gärten im weiten, heckenlosen Kulturland Nordeuropas wie Rechtecke, die Obst- und Küchengarten umschließen sowie einen Garten, der der Erholung dient; sie sind entweder die Überbleibsel einer formstrengen Anlage des 18. Jahrhunderts oder häufiger eine »malerische«, romantische Komposition mit einem unsymmetrischen, von einigen hohen Bäumen überschatteten Rasen in der Mitte, mit gewundenen Pfaden und langweiligen Strauchpflanzungen. Von oben her erscheint der Garten nur wie eine konventionelle Erweiterung des Hauses, wobei in hügeligem Gelände mitunter auch eine Anlage von Terrassen und Stufen Garten und Umgebung enger miteinander verbindet.

Das englische Ideal will jede sichtbare Begrenzung vermeiden. Selbst die Grenzlinie zwischen drinnen und draußen wird so weit als möglich verwischt, indem man Pflanzen an der Hausmauer zieht und davorpflanzt. Tatsächlich ist der typische englische Garten, ob klein oder groß, seit Jahrhunderten so angelegt, daß sein Besitzer vermeint, alles, was sein Auge erfaßt, gehöre zu seinem Garten. Der Engländer betrachtet das Leben innerhalb des Hauses beinahe nur als eine unumgängliche Begleiterscheinung des Lebens außer Haus, wo man – wie der Neapolitaner auf der Straße – am liebsten und möglichst lange verweilt. Daher ist der englische Garten ein Vorraum zu der weiteren Welt von Wald und Feld, Strom, Bauernhof und Hügel. Da der Sinn für Privatbesitz noch stark ist, gibt es Grenzen, aber fast immer durch Anpflanzungen getarnt, die sorgsam jede starre Grenzlinie verbergen. Hier spielt wieder die Lage eine Rolle. Die Kleinräumigkeit der Landschaft, die Vielfalt der Vegetation und die unterschiedliche Behandlung kleiner Felder, Wälder und Gehölze spiegeln sich in der Gartengestaltung in einem Zug zum Formlosen und Geheimnisvollen wider.

Das Problem ist für einen Gartengestalter immer das gleiche. Stets versuche ich, das wesentliche Merkmal einer Lage herauszufinden, und darauf baue ich dann mein Gartenthema auf. Für jedes Thema ist eine Grundidee wichtig. Sie bestimmt den Rhythmus der Komposition bis ins kleinste Detail. Der Faktor, der das Thema anregt, kann sehr wohl irgendein vorherrschendes Element sein, das bereits an Ort und Stelle vorhanden ist: eine ebene Grasfläche, eine Gruppe Silberbirken, ein Apfelgarten oder ein Olivenhain, eine Fläche mit sandigem Kies und Heidekraut, ein Buchenwald, eine wuchernde Hagedornhecke oder ein Kreidefelsen. Jedes dieser Elemente kann ein Thema liefern, und der ganze Plan und die Bepflanzung sollten das Grundmotiv wiederholen und verstärken. Der Rhythmus von leerem Raum und bebauter Fläche, das Gewicht der Pflanzungen, die Verwendung von Licht und Schatten sowie Harmonie oder Kontrast der Struktur müssen in gleicher Weise vom Grundmotiv ausgehen. Eine falsche Gewichtung zerstört schon die Harmonie. Es mag technisch möglich sein, ein Beet voll Teerosenhybriden mit Heidekraut zu umrahmen oder Himalajarhododendren in einer kalkhaltigen und feuchten Wiese zum Blühen zu bringen, aber man wird dadurch einen so starken Mißklang schaffen, daß kein Gefühl der Harmonie aufkommen kann. Es verlangt viel Übung, sich bei der Vielfalt des Materials Beschränkung aufzuerlegen; jede Gärtnerei und jeder Katalog ist voller Versuchungen. Doch habe ich herausgefunden, daß ich Veränderungen und Besonderheiten später im einzelnen hinzufügen kann, ohne die Harmonie zu stören, wenn ich erst einmal allen Versuchungen widerstanden und das Thema ein für allemal so durchgeführt habe, wie es durch die Lage des Grundstücks gegeben ist, sowohl in bezug auf den Plan wie auf die Bepflanzung.

Vor einigen Jahren bekam ich den Auftrag, ein vernachlässigtes Besitztum auf einem Hügel an der Moyenne Corniche hoch über dem Cap Ferrat bei Nizza zu gestalten. Das Haus war einfach und schön und ruhte auf prächtigen Terrassen. Eine hundert Meter lange Allee mit hohen Zypressen flankierte eine monumentale Treppenanlage, die vom Haus steil abwärts führte. Ein Teil des Hügelabhanges hatte baufällige, durch Steinmauern gestützte Terrassen, und auf dem größten Teil des achtzehn Morgen großen Grundstücks standen schöne alte Olivenbäume, die mit *Spiraea cantoniensis,* einem großen Busch der hübschen Rose ›General Shablikine‹, der Rose

›Safrano‹, Laurustinus *(Viburnum tinus)*, Pittosporum, Lorbeer und anderen Sträuchern unterpflanzt waren.

Die Lage ist einzigartig, der Garten war wirr, und es fehlte ihm Charakter und Entschiedenheit. Da der Blick vom Haus das wesentliche Merkmal ist, mußte man die architektonisch befriedigenden, doch zu überladenen und blendenden Terrassen einladender gestalten, zumal da die Hauptterrasse der Brennpunkt des Hauses werden sollte. So entfernte ich alle die mittelmäßigen Skulpturen, und um die Terrasse vor der grellen Sonne zu schützen, verwendete ich blaue Markisen, außerdem wurden Orangenbäume und weißer Oleander in graugrünen Kübeln und sehr großen Blumentöpfen aus Terrakotta auf die Terrasse gesetzt. Im Sommer stehen jetzt Hunderte von Töpfen mit weißen Geranien und weißen Petunien aufgereiht an den bis zum Fußboden reichenden Flügelfenstern, an den Türen und auf den verschiedenen Treppen. Als vorherrschende Farben wurden ein gedämpftes Grün, Weiß und Blau verwendet; sie bilden eine Harmonie mit dem dominierenden Blau der See und des Himmels.

Da ich den Eindruck hatte, daß das zweite Hauptthema des Geländes die Olivenbäume waren, entfernte ich alle unterpflanzten Sträucher, damit die Schönheit der knorrigen Stämme und des graugrünen Blattwerks überall bestimmend in Erscheinung treten konnten. Diese Bäume stehen heute auf einem Rasen, der im Frühling mit Blüten von *Iris unguicularis* und der gemeinen, süßduftenden gelben Freesie übersät ist; dazwischen findet man einzelne Trupps von *Iris wattii* und großblättrigen Bergenien. Die Shablikine-Rosen sind auf einer Terrasse mit Agapanthus unterpflanzt worden. Die Rosen mit ihrem kupfrigen Laubwerk tragen alle zwei Monate eine Fülle orange-rosafarbener gefüllter Blüten, während der Agapanthus mit seinem ohnehin ansehnlichen Blattwerk im Juli und August durch das Hyazinthenblau seiner kugelförmigen Blütenköpfe besonders prächtig wirkt.

Ein offenes Gelände ohne besondere Merkmale und ohne besondere Form ist immer außerordentlich schwierig zu behandeln, und man findet oft nur mit Mühe einen Ausgangspunkt. So muß man sein Augenmerk anderen Dingen zuwenden. Da die Instandhaltung heute im allgemeinen ein Problem darstellt, werden einfache Formen und Pflanzungen vorgezogen, die ohne große Mühe bearbeitet und gepflegt werden können. Der Stil eines Hauses, seine Proportionen und die Art, wie die Haupträume einander zugeordnet sind, legen fast immer eine gewisse Atmosphäre des angrenzenden Gartenteils nahe. Gewöhnlich sammle ich gern weitere Anhaltspunkte durch Spaziergänge in der Nachbarschaft, um zu sehen, welche Pflanzenarten in anderen Gärten gedeihen, welche wilden Blumen wachsen und welche Bäume, wie eine alte Mauer gebaut wurde oder das Dach einer Scheune. Habe ich eine Reihe solcher Beobachtungen gemacht, so werden sie mir helfen, bestimmte Gestaltungsfragen zu lösen. Dieser Vorgang erfordert etwas Geduld. Es führt zu nichts, wenn man sich ängstlich nach allem umschaut und sich dabei fragt, wozu wohl diese oder jene Einzelheit nützen könnte. Man muß so viel wie möglich passiv aufnehmen und es dann wieder vergessen. Versucht man dann etwas später, sein Thema und seine Komposition zu finden, so stellt sich wahrscheinlich das, was möglich und was nicht möglich ist, viel klarer heraus.

André Le Nôtre, der große Gestalter strenger Gärten, war ungemein feinfühlig in bezug auf örtliche Gegebenheiten und deren Möglichkeiten. Überblickt man die prächtigen symmetrischen, nüchternen Anlagen von Versailles, so ist man beeindruckt, ohne sich jedoch sehr angesprochen zu fühlen: Die ziemlich eintönige Gegend hat kein Meisterstück entstehen lassen, ausgenommen Mansarts Orangerie und die Treppen zu beiden Seiten. Aber andere Entwürfe von Le Nôtre, die noch als Gärten bestehen, zeigen seine meisterliche Beherrschung schwieriger und asymmetrischer Gelände. Seine Arbeit in Chantilly ist ein Beispiel dafür. Hier beließ er das gotische Schloß auf der einen Seite, wobei er es durch eine Wasserfläche isolierte, und baute große Rampen, die zu der Statue des Grand Condé hinaufführen; diese bildet die Spitze wie auch den Ausgangspunkt der langen T-förmigen Wasserfläche, die das Thema dieses Planes ist. Auch in Sceaux hat das Schloß, heute ein häßliches Bauwerk des späten 19. Jahrhunderts, eine eigene Achse, und den großen Kanal, der tiefer und im rechten Winkel zur Achse des Hauses liegt, entdeckt man nur in einiger Entfernung vom Haus. Die Anhöhe, von der man herabblickt, setzt sich als steiler Hang fort, der eine Seite des Kanals flankiert; in einer Unterbrechung dieses Hanges sieht man eine achteckige Wasserfläche, die mit dem Hauptkanal und andererseits durch eine ganze Kette gleichmäßiger Kaskaden mit dem Haus hoch oben verbunden ist. Man kann hier sehr gut erkennen, wie Le Nôtre von einem schwierigen Gelände Besitz ergriff, sich seinen Gesetzen anpaßte und es in einen seiner größten Triumphe verwandelte.

Die großartige Manier ist jedoch nicht nur bei ausgedehnten Flächen anwendbar. Ein kleiner Garten erfordert genau die gleiche Methode. Man lehrte uns in der Kunstschule: »Du mußt wissen, was du willst; versuche dann, es so einfach auszudrücken, wie du kannst« – das trifft auch auf den Garten zu: Wenn man einen Rasen haben möchte, so muß man auch alles dafür tun. Mit sämtlichen anderen Elementen muß man die »Rasenheit« des Rasens unterstützen. Jede Anpflanzung, die zur Steigerung des Eindrucks beiträgt, ist gut. Alles, was ablenkt und Unruhe stiftet, ist schlecht. Möchte man erreichen, daß im Garten das Blau vorherrscht, so sollte man alles darauf abstimmen und nichts dulden, was den beabsichtigten Eindruck stört, wie verführerisch eine Einzelheit auch sein mag. Diese Geradheit und Einfachheit verlangen Mut und Disziplin. Alle guten Gärten, die ich je gesehen habe, alle Garteneindrücke, die mich befriedigt haben, waren das Ergebnis solcher Beherrschung: ein einfacher Grundgedanke, so weit wie nur möglich entwickelt.

Vor ein oder zwei Generationen gab es in Frankreich einen Landschaftsarchitekten mit Namen André Duchêne, berühmt wegen seiner Fähigkeit, riesige formelle Anlagen des 17. und früheri 18. Jahrhunderts wiederherzustellen. Die glänzenden Symmetrien von Champs und Voisins waren zwei seiner großen Leistungen, und er war es auch, der gegen Ende der zwanziger Jahre die neuen formellen Terrassen und Parterres d'eau in Blenheim schuf. Diese und andere seiner Gärten scheinen mir immer außerordentlich gekonnte Übungen in einem nicht mehr gültigen Stil und darum nicht besonders interessant zu sein. Was für ein Künstler ihr Schöpfer sein konnte, wurde ich erst gewahr, als ich wegen einer Einzelheit der Bepflanzung im Garten eines Privathauses im Faubourg Saint-Germain in Paris um Rat gefragt wurde. Vor dem Gesellschaftszimmer waren der übliche Grasfleck, Kieswege und mit Buchsbaum eingefaßte Begonienbeete zu finden; jedoch war eine leere Parzelle zwischen hohen Gebäuden auf etwas tiefer gelegener Ebene dem Garten hinzugefügt und von Duchêne angelegt worden. Eine enge Trep-penflucht hinab stieg ich in eine andere Welt, in ein dunkles, schatti-ges Gehölz, völlig ruhig und ohne störende Elemente, auch ohne die geringste Andeutung, daß man an jeder Stelle nur wenige Meter von der lebhaften Straße entfernt war. Diese Leistung war bemerkens-wert, und die Mittel der Durchführung waren ganz alltäglich. Einige alte Bäume hatte Duchêne mit Eiben unterpflanzt, die sich hier völlig frei entfalten konnten. Efeu bedeckte die hohen Mauern um das Grundstück und bildete auf dem Boden einen Teppich. Ein Kiespfad verlief sich in der grünen Wirrnis, und das war alles. In diesem besonderen Falle nahm Duchêne nicht nur die sehr begrenz-ten Möglichkeiten wahr, sondern schuf sogar einen bemerkenswer-ten Garten. Da der Garten schattig sein mußte, machte er ihn sehr schattig, und weil Grün in der Stadt eine Kostbarkeit ist, machte er ihn sehr grün und nur grün.

Die recht öde, hügelige Weidelandschaft von Leicestershire bildet keinen idealen Rahmen für einen Garten. Aber ich denke an einen Garten auf einer zugigen Berghöhe in der Gegend von Quorndon, der mir als durch und durch zufriedenstellende Lösung eines schwierigen Problems in Erinnerung geblieben ist. Das Haus wurde hauptsächlich im Winter als Jagdhütte benutzt. Der Besitzer ver-wendete den welligen Grasboden als Basis und fand sich mit dem Mangel an Schutz ab, der einen schablonenhaften Garten unmöglich gemacht hätte. Er pflanzte einfach Gruppen niedriger Sträucher auf alle höher gelegenen Teile und beließ die Bodensenken als grüne Flächen. Große Mengen glanzloser immergrüner Pflanzen, wie Heidekraut, kriechender Wacholder und Ginster, waren gepflanzt worden; alles wurde niedrig gehalten, und es gab nichts Senkrechtes und auch keine heftigen Kontraste der Farben und der Struktur. Hier sah ich zum erstenmal die Rose ›Mermaid‹ als Bodendecke verwendet, zusammen mit den häufiger üblichen Zistrosen, Laven-del und Rosmarin. Verschiedene kleine Knollen- und Alpenpflan-zen in Mulden zwischen den Sträuchern belebten den Garten und kennzeichneten die wechselnden Jahreszeiten. Dieser Garten war bei aller Einschränkung interessant; er blieb ein Garten und nahm doch seinen Platz in der weiten Sicht der grünen Felder, der schwar-zen Winterhecken und des bewölkten Himmels ganz natürlich ein.

Hier war wieder eine Gartenidee, den Gegebenheiten der Landschaft angemessen, bis ins Detail konsequent durchgeführt worden. Nichts war erlaubt, was die sehr einfache Grundidee abschwächen oder von ihr ablenken konnte.

Die Lage übt auch auf die kleinsten Gärten ihren Einfluß aus, selbst wenn sie von Gebäuden umgeben sind oder andere Häuser und Gärten in der Nähe haben. In diesen Fällen wägt man Vorteile und Schwierigkeiten genau gegeneinander ab. Wieviel Licht ist da und wieviel Schatten? Wo und zu welcher Zeit fällt das Sonnenlicht ein? Was kann vom Garten aus gesehen werden, lenkt ab und wäre also besser versteckt? Vielleicht gibt es Bäume jenseits der Abgrenzung, deren Masse man als einen Teil des Gartenbildes mit einbeziehen kann; die Form und Silhouette des nahen oder weiter entfernten Horizontes wird ein Element sein, das die Komposition beeinflußt; jeder Ausblick in die Ferne muß beachtet werden, denn auch dieses Moment kann dienlich sein. Wo der Einfluß der Lage sekundär ist, muß der Grundgedanke des Gartens stark genug sein, um die Umgebung als solche an ihrem Platz zu belassen. Jede Schwäche des Entwurfs oder der Pflanzung wird, weil der Vordergrund matt und kraftlos ist, den Hintergrund stärker hervorheben.

Eine liebliche oder eindrucksvolle Gegend bringt einen Gartengestalter leicht in die Versuchung, besonders üppige Pläne auszuarbeiten, um der Umgebung nicht nachzustehen. In einem solchen Falle sollte er sich lieber vor allem Verschwenderischen hüten und die Gegend ihre Geschichte selbst erzählen lassen; er sollte sich mit bescheidenen Abwandlungen zufriedengeben, die nur steigern und unterstreichen, was bereits vorhanden ist. Auf eintönigem Gelände ist das Problem umgekehrt, denn hier muß ein ganzes Thema erst geschaffen und so vollständig entwickelt werden, daß der Garten ein in sich geschlossenes Ganzes wird. Manchmal sind auf flachem Gelände Gras oder andere bodendeckende Pflanzen völlig ungeeignet. Aber es gibt noch zwei andere Möglichkeiten: Sand und Wasser. Sand oder Kies kann die Grundlage für ein entzückendes Gartenbild abgeben. Eine Fläche aus Sand oder feinem Kies darf nicht zu groß sein, da sie sonst leblos und monoton wirkt. Man kann sie aber unendlich groß erscheinen lassen, wenn man sie, wie es die Japaner oft tun, durch Akzente dunklen immergrünen Blattwerks oder ein paar Steinblöcke unterbricht. In sehr kleinen Gärten habe ich in den Sand unregelmäßige Inseln aus Buchsbaum gesetzt, die, flach gestutzt, etwa zehn Zentimeter hoch gehalten wurden, und ab und zu habe ich dazwischen verschieden große Buchsbaumkugeln gepflanzt. In dem berühmten Garten in Kioto sind fünfzehn Steine auf einer rechteckigen geharkten Sandfläche, nicht größer als ein Tennisplatz, verteilt. Dieser Garten ist von einer niedrigen Mauer umgeben und hat keinerlei Bepflanzung. Er ist ein Ausdruck des Glaubens und des Raumes und der Zeit und doch ein Garten im wahrsten Sinne des Wortes. Auf andere Weise wird der große sandige Hof vor der Zeremonienhalle im kaiserlichen Palast in Tokio durch zwei große Büsche zum Garten. Der eine Busch hat die Form einer Kuppel, während der andere nach oben und außen sich verbreitert, und jeder ist von einem viereckigen Gitter umgeben; sie stehen zu beiden Seiten der Holzstufen, die zur Haupthalle führen. Ein Sandgarten ist in heißem Klima nicht angebracht, es sei denn, daß seine helle Oberfläche, die gewöhnlich zuviel Licht und Hitze reflektiert, den größten Teil des Tages beschattet wird.

Sand- und Kiesflächen sind eine vollkommene Lösung für einen schattigen Garten, wie auch für einen Garten in der Stadt, wo Bäume und hohe Gebäude eine Rasenfläche ausschließen. Hier entsteht durch eine einfache Kiesfläche, mit dichter grüner Bepflanzung eingefaßt, ein Wohnzimmer im Freien, in dem Gartenmöbel und Topfpflanzen für die notwendige Farbe sorgen.

Es gibt Grundstücke, wo Häuser statt auf eine Rasen- oder Kiesfläche auf eine Wasserfläche ausgerichtet werden können. Aber ich denke, das ist nur für ein sonniges Klima und nicht für Gegenden mit langen Wintern eine Lösung. Die Sammelbecken, die in Persien und Nordafrika, in Spanien, Italien und Portugal für die Bewässerung wichtig sind, bilden oft in schönster Weise den Mittelpunkt für einen umschlossenen Garten. Hier findet man zum Aufenthalt an Sommertagen vielleicht einen kleinen Pavillon, am Rande des Wassers gelegen, welches den Himmel so nahe herbeiholt, daß man mit einer leichten Berührung die Wolkenbilder zerstören kann. Später werden wir sehen, wie dieses Thema des Wassers heute seinen Ausdruck in Schwimmbecken und deren Unterbringung im Garten findet.

Denke ich mir eine Komposition für ein ebenes oder ein umschlossenes Grundstück aus, so erwäge ich die Möglichkeit, den Mittelteil niedrig zu halten und von dort aus in irgendeiner Weise so aufzubauen, als wollte ich den Himmel einrahmen, seine wechselnde Schönheit stehlen und im Garten verankern. Ich lernte diese Lektion von dem unbekannten, wahrscheinlich christlich-syrischen Architekten, der im 13. Jahrhundert die Moschee des Sultans Hassan in Kairo baute, ein wunderbares, kühnes Gebet in Stein, das darin gipfelt, den Himmel in einem Viereck einzufangen und zwischen den turmhohen Mauern des Innenhofs festzuhalten.

Ich sehe keinen Grund, weshalb der Mittelpunkt eines Gartens nicht eine vollendet entworfene, symmetrische Anlage sein sollte, wenn man das wünscht. Daß zum Beispiel in den großen symmetrischen Gärten des 17. Jahrhunderts in Frankreich so viele komplizierte Formen angenehm wirken, liegt daran, daß diese Gärten ausnahmslos von geschnittenen Hainbuchenhecken mit einer noch höheren Wand von Bäumen dahinter umschlossen sind; es sind aus dem Wald herausgehauene Mulden. Wenn man derartige Gärten in offener Landschaft anlegt, wie es in späteren Jahren des öfteren geschah, können sie ausdruckslos, verwirrend und häßlich werden. Gewöhnlich versuche ich, die Mitte meines Gartens niedrig und verhältnismäßig leer zu halten; obwohl es sicher auch Situationen gibt, die einen eher labyrinthischen Garten verlangen, wo man sofort in ein Pflanzendickicht eintaucht.

In einem kleinen Garten ist diese leere mittlere Fläche nahezu unerläßlich. Das Klima entscheidet darüber, wie man sie bedeckt, ob mit Sand, Gras, anderen bodendeckenden Pflanzen oder mit Wasser. In Europa wählt man gern Rasen, der meistens durch den Akzent eines Baumes oder einer Strauchgruppe unterbrochen und von geschnittenen Hecken oder freundlichen Blumenrabatten umgeben wird; er kann auch in einen weniger förmlichen Rahmen aus Pflanzen übergehen, wo das wechselhafte Spiel von Licht und Schatten Unergründlichkeit und Geheimnis hervorbringt.

Wo es schwierig ist, Grasflächen instand zu halten, sorgen niedrige immergrüne Pflanzen für die notwendige Ruhe. Im gemäßigten Klima kann man auf Flächen, die für Gras zu schattig sind, Efeu, Immergrün, Hartheu, Pachysandra, Haselwurz oder andere Pflanzen verwenden, deren einziger Nachteil darin besteht, daß man nicht darauf gehen kann. Sie werden durch Heidekraut ersetzt, wo der Boden sauer und trocken ist und in voller Sonne liegt. Für heißes, trockenes Klima gibt es alle Arten von Sukkulenten, wie Aloe, Mesembryanthemum, Echeveria und Sedum, mit denen man den Erdboden wie mit einem schillernden Teppich bedecken kann.

Eine ganz andere Gartenart ist jene, bei der man unmittelbar in ein Labyrinth aus Bäumen und Blumen taucht. Es ist das Thema der frühesten Gärten, von denen wir Aufzeichnungen aus dem alten Ägypten und später dann aus Persien haben. Kein Platz bleibt ungenutzt; Bäume, die Blüten, Früchte und Schatten spenden; Rosenbüsche, Flieder, Levkojen, Mohn und Nelken, gemischt mit Gemüse und Nußbäumen – sie alle werden zum Nutzen und zur Freude gepflanzt und ergeben einen verschwenderischen Wohlgeruch. Verwandt muten die englischen Bauerngärten an, wo nahe am Haus eine ähnliche Pflanzenmischung wächst, die von der Küchentür und der Regentonne aus leicht erreicht werden kann.

Diese Bauerngärten sind die Vorläufer der Staudengärten. Die vielen widerstandsfähigen Staudenarten, die im 18. und 19. Jahrhundert eingeführt wurden, inspirierten Robinson, Gertrude Jekyll und Ellen Willmott, die »Staudenrabatte« zu erfinden, und damit eine neue Mode und einen neuen Stil in der europäischen Gartengestaltung.

Diese Entwicklung hatte unter anderem zur Folge, daß entweder der Gartenstil formlos wurde und sich in einen Wirrwarr von Blumen auflöste oder daß man dieses neue, noch unverdaute und überreiche Element an einen bereits vorhandenen, gut ausgearbeiteten Entwurf anhängte. Sir Edwin Lutyens, Harold Peto und andere Gartenplaner versuchten zu Beginn des 20. Jahrhunderts, eine regelmäßige Anlage und eine große Vielfalt an Pflanzenmaterial zu vereinen, und schufen eine ganze Kette üppiger Gärten.

Zwischen den zwei Weltkriegen begann sich in der Schweiz, in Skandinavien und Deutschland ein neuer, kleinerer, besser durchdachter und strengerer Gartentyp zu entwickeln. Er entstammt ursprünglich den Art-nouveau-Versuchen aus den ersten Jahren dieses Jahrhunderts. Der Einfluß der Wiener Werkstätte spiegelte sich in einer ausgesuchten Feinheit der Entwürfe und in kostbaren Ausführungen von Springbrunnen oder Skulpturen. Später verbreitete sich der Einfluß des Bauhauses und die Vorstellung vom Haus als »Wohnmaschine«; die Gartenentwürfe wurden funktional und beinahe asketisch; und wenn sie auch an einer gewissen Anämie zu leiden scheinen und etwas von der Neutralität und Zurückhaltung der irgendwie steifen Häuser übernommen haben, mit denen sie verbunden sind, so spricht aus ihnen doch ein ernsthafter Gedanke. Häufig findet sich innerhalb der engen Grenzen dieser Gärten ein großer Ideenreichtum, eine Komposition, die einfach und frei ist, und ein Gefühl für Beständigkeit, das die Anlagen für zwölf Monate im Jahr als Gärten wirksam macht.

Ein neuer Einfluß auf die europäische Gartengestaltung kommt jetzt aus dem Westen und Südwesten der USA. Hier scheinen Häuser und Gärten weniger durch die europäische Tradition belastet zu sein, die in den Ost- und Südstaaten Wurzeln geschlagen hat. Offenheit und Weite des nordamerikanischen Kontinents werden freimütig und fröhlich aufgegriffen. Und wenn die Instandhaltungskosten größere Gärten ausschließen, so scheinen doch auch die kleinen Flächen geschmackvoll und großzügig behandelt zu werden.

Diese gegenwärtigen westamerikanischen Themen sowohl bezüglich der praktischen Verwendung wie der Ausstattung des Gartens scheinen in auffälliger Weise aus Japan übernommen worden zu sein. Wenn diese Art auch ganz anderen Überlegungen und Faktoren entspringt, so kann doch die Vereinfachung innerer und äußerer Räume und die Anwendung scharfer Akzente zur Schaffung einer Atmosphäre nirgendwo sonst herkommen.

Geschichtlich betrachtet, war die Gartengestaltung immer abhängig von der Beziehung des Menschen zur Natur, unterschiedlich zu verschiedenen Zeiten an verschiedenen Orten. In heute vergessenen Kulturen müssen die Naturkenntnisse so weit entwickelt gewesen sein, daß man die wahre Natur der Pflanzen allgemein verstand. Bis zu einem gewissen Grade ist das bei einigen Nutzpflanzen noch der Fall. Weizen, Roggen, Rizinusöl, Kakao, Chinin, Gummi usw. und Namen, mit denen man heute noch in abgelegenen Gegenden Pflanzen benennt, deuten darauf hin, daß die Eigenschaften aller Arten von Kräutern und ihr unterschiedlicher Verwendungszweck einst sehr wohl bekannt waren. Daß der Ölzweig zum Beispiel Frieden bedeutet, ist gewiß nicht das zufällige Überbleibsel einer poetischen Vorstellung, sondern eine bestimmte, wenn auch heute vergessene Anspielung auf eine wirksame Eigenschaft der Pflanze selbst. Einige Reste dieses Wissens sind noch in der Kochkunst und der Medizin vorhanden, aber das instinktive Verständnis für Pflanzen haben wir fast gänzlich verloren; jenen Instinkt zum Beispiel, der eine kranke Katze hinaustreibt, um Quecken zu suchen. Eine Pflanze auf diese Weise sehen und erfühlen zu können und preisgekrönte Dahlien oder seltenen Rhododendren zu beurteilen – das sind vollkommen gegensätzliche Einstellungen.

In den letzten Jahrhunderten haben sich meines Erachtens in der westlichen Welt die Akzente verschoben. Der Mensch hat mit der Suche nach dem tiefen Geheimnis aufgehört, und die Erscheinungen werden nicht mehr in ihrer Beziehung zur Gottheit gesehen. Vom 15. Jahrhundert bis vor kurzem hat eine ausgedehnte und oberfläch- liche Erforschung unseres Planeten den menschlichen Geist beschäf- tigt. Was und wie vieles gab es auf dieser Erde, wie sah es aus, und wozu war es zu gebrauchen? Jetzt scheinen sich diese Werte wieder zu wandeln, und auf einen Menschen, dessen Geist mit den neuesten Forschungen beschäftigt ist, einen Physiker zum Beispiel, kommen Tausende, die angesichts der Gefahr völliger Vernichtung eine neue Geisteshaltung suchen. Eine Wiederentdeckung der seelischen Welt des Menschen hat, wenn auch nur zögernd, vor etwa achtzig Jahren begonnen – sie schloß Spiritismus, Okkultismus, Astrologie, Alche- mie, Psychoanalyse und das Studium außersinnlicher Wahrneh- mung ein, für unsere Kultur eine neue Art des Erkennens –, und ganz langsam entwickelt sich eine neue Einstellung zum Menschen, zur Natur und zu Gott.

Wir leben auch in einem Museumszeitalter. Wir sammeln und klassifizieren künstliche und natürliche Produkte jedes bekannten Landes und jeder Kultur. Das alles sowie unser Pflanzenmaterial bietet dem Gartengestalter eine ungeheuer große und verwirrende Fundgrube. Der Reichtum an Informationen über Geschichte und Stile und die weitgehende Benutzung historischer Dokumente kön- nen ihn dazu bringen, sich einer Mischung von Manierismen hinzu- geben, die kein Stil ist, sondern lediglich Anspielung, weil sie aus rein mechanischen Prozessen der Gedankenverbindung kommt.

Die kubistische und später die »abstrakte« Kunstrichtung in der Malerei – die Auflösung der Formen – hatte lange Zeit wenig Einfluß auf die Gartengestaltung, abgesehen von einigen Experimenten in Frankreich und Deutschland. Doch heute ist vor allem in kleineren Gärten bei vielen Gartengestaltern der Wunsch offensichtlich, sich von klassischen Mustern loszureißen und deutlich ausgeprägte »freie« Formen zu finden. Wie in der Malerei schwanken die Ergebnisse zwischen interessant und abscheulich. Diese Richtung kann nur dann Bedeutung haben, wenn sie sich einer Idee unterwirft. Soll diese Tendenz nicht nur eine weitere »Manier« werden, so muß man sie als Vehikel nehmen, um eine Intention auszudrücken.

Das Wort »Intention« bei einem Garten anzuwenden mag fürs erste seltsam anmuten. Vielleicht gehen wir zunächst einmal von dem Nutzen und den Freuden, die ein Garten normalerweise gewährt, aus und werfen dann die Frage auf, ob ein Garten eine weitere Veredlung und Verfeinerung des Gefühls, des Denkens und der Empfindung erwecken kann. Theoretisch gibt es nichts, was dagegen spricht. Ein Künstler, dessen Empfindungsvermögen und Konzentration stark genug sind, könnte die Elemente eines Gartens ebenso zusammenstellen, wie ein Mann einstmals in der Lage war, Stein und Raum in das Merveille von Mont Saint-Michel zu verwandeln. Henry Adams opferte Jahre angestrengten Nachdenkens, um die ungeheure Wirkung zu analysieren, die für ihn vom Mont Saint-Michel und von Chartres ausging, Bauten, vor siebenhundert Jahren von Männern errichtet, die gewisse Aspekte jener Gesetze zum Ausdruck bringen und demnach übermitteln konnten, welche den Menschen und die Natur beherrschen.

Ein Gartengestalter könnte zum Beispiel damit beginnen, die Farbe Rot auszudrücken; alles in seinem Garten wird wohlüberlegt geplant werden, um den Eindruck von »Rot« zu verstärken. Oder es kann ein Rhythmus von Gold und Silber sein. Oder er hat den Wunsch, wie Monet in seinen Seerosenstudien, alle Möglichkeiten des vom Wasser reflektierten Lichtes zu nutzen, oder er möchte den Begriff »oval« so gut wie möglich verwirklichen.

Das sind Beispiele für die gärtnerische Umsetzung von Begriffen und Ideen; jedoch sind damit die Grenzen noch nicht erreicht. So war in den romantischen Gärten des 18. Jahrhunderts die Idee, eine

Stimmung auszudrücken, durchaus vorhanden, allerdings wurde sie oft zu buchstäblich dargestellt; Ruinen sollten »Feierlichkeit« bedeuten, Grotten »Trübsinn« und so weiter.

Um den Ausdruck einer gesteigerten Abstraktion zu finden, muß ich mich erneut nach Japan wenden. Man liest von Felsen oder Pflastersteinen, die mit einer poetischen Formel benannt werden oder eine Schlucht, einen über Bäume aufragenden Gipfel oder den Ausschnitt einer wohlbekannten Landschaft symbolisieren. Bäume zum Beispiel werden sorgfältig am Spalier gezogen und geformt, nur um einen bestimmten Eindruck zu vermitteln, wenn sie mit Schnee bedeckt sind. Vieles hiervon klingt merkwürdig und phantastisch, als wäre es ein gut erdachter Code, der beim Zuschauer bestimmte Gedankenverbindungen hervorrufen soll, jedoch gehen manche Gartenpläne weit über dieses Stadium hinaus. Den flachen Garten des Ryoangin-Tempels in Kioto hat man in der verschiedensten Weise interpretiert, doch sogar durch Fotos wird klar, daß es sich hier nicht um ein minderes Kunstwerk handelt, sondern um eine Schöpfung, die noch nach vier Jahrhunderten eine mit den gewöhnlichen Maßstäben unseres Denkens und Fühlens nicht meßbare Erfahrung wiedergibt.

Mit Gedankenverbindungen kann man leicht Fehler machen; wie schnell werden sie zu Plattheiten – eine alte Idee, von der man irgendwo gelesen, die man nach einem Foto kopiert oder in einem anderen Garten gesehen hat. Es muß nicht in jedem Fall falsch oder bedenklich sein, eine »augenfällige« Lösung zu verwenden: Sie kann ohne weiteres die beste Antwort sein. Eine Ideenverbindung, welchen Ursprung sie auch haben mag, ist die richtige Triebfeder zum Handeln, wenn sie zu möglichst vielen Seiten des vorliegenden Problems eine Beziehung hat. Wie schon gesagt: Man muß »sehen«, was man wahrnimmt, und zwar so, als geschähe es zum ersten Male, und in diesem Augenblick muß man erst einmal alle gedanklichen Assoziationen aufgeben, denn sie können die Klarheit des Blicks trüben. Ist das Bild dann klar, kann der assoziative Prozeß wieder einsetzen. Aber immer, wenn eine »Idee« entsteht, muß man prüfen, ob sie sich in die Wirklichkeit umsetzen läßt, um sie dann entweder zu verwerfen oder aber beizubehalten, weiter auszuführen und schließlich als Gartenbild zu realisieren.

Viele zeitgenössische Gartenentwürfe und viele der heute üblichen Anpflanzungen sind das Resultat zufälliger Eingebungen. Merkwürdige Experimente wurden gemacht: Als Augentäuschung hat man große Spiegel angebracht, um einen kleinen Stadtgarten in einen großen Park zu verwandeln; ein Pariser Dachgarten hatte lebende Hecken, die vor- und zurückgeschoben werden konnten; und vor einigen Jahren rief ein Marmorkamin aus der Zeit Ludwigs XV., auf einen Rasen gestellt, eine kleine Sensation hervor.

Doch genügen solcherart Überraschungsmomente nicht, auch wenn man sie mit Eleganz darbietet. Es sind Phantastereien für den Augenblick – wie die Drachen und Ungeheuer aus gestutztem Buchsbaum, die einen Sommertag lang aus dem Wasser der Seine ragten, als der damalige König und die Königin von England auf dem Wasserweg vom Quai d'Orsay zum Hôtel de Ville gelangten.

Betrachtet man ein Gelände als zukünftigen Garten, so wird man sogleich in die Probleme der Komposition und des Entwurfs verwickelt. Menschen und Geschichte, Stilarten, Vorbilder, Farben und Formen, alle möglichen Ideen und Vorstellungen stürzen über einen herein und hemmen oder bereichern das Wahrnehmungsvermögen. Wenn die Anlage, die man gestalten will – ob Landschaft oder Garten, groß oder klein –, weder akademisch noch sentimental aussehen soll, so muß man all diese Faktoren beiseite lassen, denn keinesfalls dürfen sie die erste wichtige Überlegung störend beeinflussen, nämlich die Frage, was das Gelände von sich aus als Grundthema anbietet.

Bei einer offenen Landschaft kann man als Ausgangspunkt den Umriß eines Hügels wählen, die Biegung eines Flusses, die Masse eines Waldes oder die Silhouette entfernter Gebäude. Man baut seinen Plan dann so auf, daß gerade dieses Element betont wird und weiterhin dominiert, wie kompliziert und kunstvoll der Entwurf auch werden mag. Das gleiche gilt für kleine und große Gärten. Die Form eines Baumes oder einer Baumgruppe, ein Höhenunterschied, ein Boden mit besonderen Merkmalen – jeder dieser Aspekte kann als Ausgangspunkt dienen. Bei jedem Maßstab sollte man sich auf dieses eine Element beziehen, dessen Wirkung man unterstreichen und erhöhen möchte, wenn man seine Komposition festlegt, den Entwurf ausarbeitet und die voraussichtliche Bepflanzung plant.

Es gibt nur wenig Grundstücke, die so gar nichts Besonderes an sich haben. Sehe ich mich aber doch einmal einem solchen gegenüber, so gibt mir ein kurzer Spaziergang in der Nachbarschaft manchen Aufschluß. Nur dann, wenn die Natur nichts anbietet, suche ich anderswo nach einem Thema. Man kann es hundertfach finden: der Geschmack des Auftraggebers, eine Facette der Gartengestaltung, die ich schon lang einmal ausprobieren wollte, eine besondere Art der Anpflanzung, ein Spiel mit runden oder senkrechten Formen oder eine Umwandlung von Malerei, Architektur oder Musik in gärtnerische Formen und Farben. Die Quellen für einen »erfundenen« Garten sind zahlreich, und ich hätte keine Angst zu experimentieren, wenn ich gezwungen wäre, einen Garten in einer Gegend anzulegen, die mir keine Hilfe böte. Allerdings möchte ich gleich sagen, daß ich in vierzigjähriger Tätigkeit als Gartenarchitekt noch keine Landschaft angetroffen habe, die so uncharakteristisch war, daß sie mich zu solchen Experimenten getrieben hätte.

Es geschieht häufig, daß die offensichtlichen Mängel eines Geländes zum Vorteil eines Gartens verwandelt werden können. Ist der Boden zum Beispiel zu sandig oder tonig, zu sauer oder zu kalkhaltig, so zwingt er zu einer einheitlichen und vereinfachten Anpflanzung. Pflanzt man Bäume, um ein häßliches Bauwerk zu verdecken, so können sie zum schönsten Bestandteil des Gartens werden. Eine Bodenerhebung an falscher Stelle, die abzutragen zu kostspielig ist, oder eine Bodensenke, die man nicht ausfüllen kann, lassen sich als reizvolle Überraschungen gestalten, die ein strenges oder symmetrisches Schema eher betonen als stören. Oder aber man nimmt einen solchen Mangel zum Ausgangspunkt selbst, baut seine Komposition von hier aus auf und verwandelt ihn dadurch in einen Vorteil.

Ist das Gelände sehr schattig, so fügt man sich am besten darein und akzeptiert diese Tatsache mit all den Möglichkeiten, die darin stecken, selbst wenn es leichter wäre, den Schatten loszuwerden und den Garten zwar sonnig, aber charakterlos zu machen.

Es ist schon der Mühe wert, alle Möglichkeiten zur positiven Auswertung eines offensichtlichen Mangels in einem Gelände zu überdenken, bevor man darangeht, ihn auszumerzen. Wind ist vielleicht der ärgste Feind des Gärtners, und einer windigen Gegend ist schwer beizukommen. In einem solchen Falle wird Schutz zum vordringlichen Ziel. Ich würde auf jedem Gelände großzügig sein und allen Raum hergeben, der notwendig ist, um einen Schutzgürtel zu pflanzen. Oft verderben solche Schutzgürtel das Aussehen eines Gartens. Bäume, die sich im Wind emporstrecken, können mit ihren windzerzausten und verkrümmten Silhouetten so dominieren, daß sich Farbe innerhalb des Gartens als falsch erweist. Auf die Gefahr hin, die Größe des Gartens zu vermindern, würde ich einen genügend breiten Streifen auf der Windseite bepflanzen. Innerhalb dieses rein utilitären Schutzwalls aus Bäumen, die nur als Windbrecher dienen, finden dann solche Bäume Platz, deren Natur und Gestalt sich auf den eigentlichen Garten beziehen.

Eine Gegend mit unfruchtbarem, dürrem Boden hat ihre eigenen Probleme; hier muß ein Garten dem verfügbaren Wasser entsprechend angelegt werden. Noch schwieriger ist ein Boden, der im Winter, wenn die Pflanzen ruhen, zu naß und im Frühling und Sommer, wenn sie zu ihrem Wachstum Wasser brauchen, zu trocken ist. In solchen Fällen darf der Gartenteil, der Pflege braucht, nur so groß sein, daß man die Arbeit gut bewältigt. Der Rest des Geländes verlangt Pflanzen, die selbst unter diesen schwierigen Bedingungen allein zurechtkommen; das gilt es in Betracht zu ziehen, wenn man den Plan entwirft.

Bei der Beschäftigung mit einem Gartengrundstück und seinen Problemen können solche Schwierigkeiten manchmal unüberwindlich scheinen. Jeder Garten ist eine eigene kleine Welt. Jeder ist anders, jeder hat seine eigene Natur. Doch jeder ist Teil der Natur und Teil einer größeren Welt. Man muß nur versuchen, von den sich aufdrängenden Problemen Abstand zu gewinnen und sie in einem etwas größeren Zusammenhang zu sehen, und sei es nur, daß man einen Blick in den Nachbargarten wirft. Die eigenen Schwierigkeiten waren auch die anderer Leute, und deren Lösungen geben gewiß Hinweise, die man für den Beginn einer Planung braucht.

4. KAPITEL

Nahe beim Haus

Wenn ich beginne, einen Gartenentwurf im einzelnen zu überdenken, so gilt mein Interesse zuerst dem Haus. Der Teil des Gartens, der in seiner unmittelbaren Nähe liegt, muß ebenso umsichtig geplant sein wie das Haus selbst. Ich arbeite gern mit einem genauen Plan des Erdgeschosses wegen der Türen und Fenster, und selbst die Proportionen der verschiedenen Zimmer haben einen direkten Einfluß auf den Entwurf des dicht am Hause befindlichen Gartens. Diese Teile des Gartens sind Glieder, bei deren Anordnung ich sozusagen zwei Bezugspunkte zu berücksichtigen suche – einmal die Proportionen und die Ordnung der Räume innerhalb des Hauses, zum anderen die weiteren Räume und Flächen des restlichen Gartens. Hier zumindest muß der Plan, ob er nun streng und regelmäßig ist oder nicht, von einem Ordnungssinn durchdrungen sein.

In der heutigen Zeit, da alle Stilarten aller Perioden verfügbar sind, da man beauftragt werden kann, einen Garten für ein Chalet im Gebirge, ein provenzalisches Bauernhaus, ein Herrenhaus der Tudorzeit oder für ein Schloß des 18. Jahrhunderts zu entwerfen, lassen sich kaum feste und strenge Regeln für einen Gartenentwurf aufstellen. Man muß sich mit der Rolle als zeitgenössisches Opfer von Museen und Kunstgalerien, zuviel Schrifttum und fast zweitausend Jahre umspannenden Dokumenten über Stilarten, Moden und Formen des Wohnens abfinden. In diesem weiten Spielraum muß sich der Gartengestalter bewegen können, und er muß in der Lage sein, die Atmosphäre eines Hauses zu deuten, es mit der Außenwelt in Verbindung zu bringen und irgendwie eine Harmonie zwischen beiden herzustellen. Das erfordert oft beträchtliche ästhetische Gymnastik. »Moderne« Häuser bieten vielleicht die geringste Schwierigkeit. Ob sie nun kühn oder langweilig sind, sie lassen dem Gartenarchitekten wenigstens genügend Freiheit, ein Thema zu wählen, und geben ihm die Möglichkeit, so kühn er nur will zu planen und Volumen, Strukturen und Farben ohne den Druck historischer Assoziationen einzusetzen.

Ein Haus in historischem Stil, wie vereinfacht oder verfälscht er auch sei, ist mit Assoziationen befrachtet, und sie zu ignorieren hat gewöhnlich katastrophale Folgen. In einem solchen Falle wird keine noch so große Pracht Mißverhältnisse oder Unstimmigkeiten aufheben können. Britische Gärten, die manchmal von malerischen Zufälligkeiten so überladen sind, scheinen diesem Mißklang nicht so leicht zu unterliegen, denn die Briten haben im großen und ganzen kein starkes Gefühl für Planung und ziehen die Andeutung der Genauigkeit vor. Allerdings muß zugegeben werden, daß viele große Gärten des 19. Jahrhunderts, im französischen Stil geplant, mit italienisierten Springbrunnen, Skulpturen und Balustraden überladen und schließlich mit typisch britischer verschwenderischer Blumenfülle bepflanzt, von so monumentaler Scheußlichkeit sind, wie man es sich nur denken kann.

Manchmal bringt unsere Vorliebe für verschleierte und gedämpfte Wirkungen etwas so Rührendes und Schönes wie in Hampton Court zustande, wo die einstmals kegelförmig geschnittenen Eiben in der fächerförmigen Anlage zu großen Kirchhofeiben heranwachsen konnten und etwas ins Romantische umwandelten, was ursprünglich ein schwacher Versuch im Stil Le Nôtres war.

Beginnen wir mit der Eingangstür als dem beherrschenden Element. Ob der Zugang ein Fußweg ist oder eine Straße, er sollte ohne gärtnerische Ablenkung direkt zum Ziel führen. Der Eingang ist ein Brennpunkt oder Magnet, der eine Anziehungskraft hat, und jede komplizierte Behandlung des hier liegenden Gartenteils würde stören. In einem Auto bewegt man sich mit einer Geschwindigkeit, die die langsamere Freude an Gartengestaltung ausschließt, und man hat nur Zeit, einfachste Eindrücke zu erfassen. Der zu einem Privathaus gehörende Garten sollte meines Erachtens einen intimen Charakter haben, ganz gleich, ob er eingezäunt ist oder in eine weite Land-schaft übergeht. Man sollte ihn eigentlich nur auf dem Weg durch das Haus erreichen können.

Die Schlichtheit des Zugangs kann durch die notwendigerweise einfachen Linien einer Auffahrt oder eines Fahrdamms und durch die Größe des Park- und Wendeplatzes gesichert sein. Auf einem kleinen Grundstück kann man diesen Teil mit einer Mauer oder einem Zaun umgeben, und der Gartenarchitekt wird sich darauf beschränken, eine bestehende Baumgruppe zu erhalten oder einige Bäume neu anzupflanzen sowie die Einfriedung – Zaun, Mauer oder Hecke – unauffällig zu gestalten. Der Maßstab spielt auch hier eine wichtige Rolle, und er wird nicht so sehr durch die Menschen, son-dern durch die Größe und Geschwindigkeit eines Autos bestimmt sein. Wenn also diese Fläche so durchgestaltet ist, daß sie ihrem Zweck genügt, sollte sie den Verstand und somit das Auge befriedi-gen. Eine solche Eingangssituation verlangt nach meinem Ge-schmack eine sehr zurückhaltende Bepflanzung, wobei Volumen und Strukturen so gewählt werden müssen, daß sie zu der ebenen Fläche einen Kontrast bilden oder sie unterstreichen; die Farbe sollte auf grünes Blattwerk, vielleicht mit etwas Weiß und Blaßblau, beschränkt werden. Eingänge liegen gewöhnlich an der Nord- oder Schattenseite eines Hauses, und meines Erachtens betonen weiße Blüten das Wechselspiel von Licht und Schatten am besten und helfen die Note der Zurückhaltung zu unterstreichen, welche allein die von mir erstrebte Eleganz verleiht.

In diesem Zusammenhang sollten wir auch an die Hintertür oder den zweiten Eingang denken und hier einen mit Zaun, Mauer oder Hecke von mindestens zwei Metern Höhe umgebenen Gartenhof vorsehen. Er sollte nur so groß sein, daß er leicht gekehrt oder abgespritzt werden kann. Aus diesem Grund sollte er auch, wenn möglich, teilweise oder ganz gepflastert werden. Ist er zu groß, wird er leicht vernachlässigt und unordentlich.

Bei jeder Gartenanlage versuche ich zuerst, möglichst viele prakti-sche Gesichtspunkte des Problems zu bedenken. Wie werden die Besitzer von Haus und Garten leben, und wie groß kann der Garten sein, den sie bearbeiten möchten? Wird mehr als ein Gärtner da sein oder gar keiner? Wollen sie Gemüse und Obst anbauen, und wenn ja

– wieviel Münder sind zu füttern und wie viele Monate im Jahr? Liebt der Eigentümer Rosen? Hat er Hunde und welche Rasse? Wird er sich damit begnügen, den Garten nur anzuschauen, wird er praktische Anweisungen geben wollen, wird er selbst im Garten arbeiten? Wieviel Stunden stehen für das Rasenmähen zur Verfügung, und können Hecken maschinell geschnitten werden? Wie steht es mit der Wasserversorgung? Auf diese und hundert andere prosaische Fragen muß ich Antwort suchen, wenn der Garten richtig und wohlausgewogen sein soll. So oft finde ich Gärten, die mit der Lebensführung ihrer Eigentümer nicht in Einklang stehen; ein Garten muß mehr sein als eine künstlerische oder gärtnerische Tour de force, wenn er volle Zufriedenheit spenden soll.

So muß ich nun diese und viele andere Faktoren abwägen und sie in Begriffe von Masse und Fläche umsetzen – ungefähr so viel Platz für Gemüse, so viel für Obst, so viel für einen sehr gepflegten Gartenteil und den Rasen, so viel eventuell für eine Fläche in etwas verwildertem Zustand. Auch darf ich Treibhaus, Mistbeete, Schuppen zum Umtopfen, Komposthaufen nicht vergessen; sie sollten nah beim Haus sein, wenn der Eigentümer den Garten selbst bearbeitet, und weiter entfernt, wenn er mehr an den Ergebnissen als am Werdegang interessiert ist und letzteren einem Gärtner überläßt.

Zuerst sollten die praktischen Überlegungen kommen, denn wenn ich mich vorschnell mit gestalterischen Fragen und der Anpflanzung befasse, so muß ich später doch zu diesen Berechnungen zurückkehren, und dann bin ich vielleicht gezwungen, Änderungen vorzunehmen und Zugeständnisse zu machen, die die Klarheit und Einfachheit meiner Grundidee abschwächen.

Das klingt kompliziert und scheint nur Probleme größerer Gärten zu zeigen; doch tauchen solche Fragen gleichermaßen bei den Besitzungen eines Millionärs auf wie bei einem Wochenendhaus.

Schon meine ersten Skizzen treibe ich ziemlich weit voran, indem ich so viele Einzelheiten wie nur möglich in Kurzschrift andeute. Auf diese Weise kann mein Bleistift mit meinem Denken Schritt halten, das in diesem Stadium zwar noch bildhaft ist, jedoch schon darauf ausgerichtet sein muß, wie die Pflanzen wachsen werden.

Gewöhnlich arbeite ich mit einem Farbstift: In groben Strichen umreiße ich Formen und Proportionen der verschiedenen Gartenteile und lasse schwaches Gestrichel dort dunkel und scharf werden, wo Auge und Geist bereits eine genauere Vorstellung haben. Bei langer Übung lernt man es, einen Entwurf freihändig und trotzdem beinahe maßstabgerecht zu zeichnen. Jedem angehenden Gartenarchitekten möchte ich raten, so viel wie nur möglich zu zeichnen. Zeichnet Pflanzen, Blumen, Muscheln, Bäume, Menschen – lernt, die Oberfläche und das Volumen aller Formen des organischen Lebens zu erforschen. Zeichnet Gebäude, Fenster und Türen. Skizziert Gesimse und Stufen, schmiedeeiserne Formen und gemeißelte Steine. Es ist gut, immer ein Bandmaß bei sich zu haben oder die Maße der Gärten abzuschreiten und unaufhörlich Skizzen und Notizen anzufertigen. Nichts von alledem ist vergeudet. Schaut zu, wie ein Haus entsteht, wie Zimmerleute, Stukkateure, Maler, Klempner arbeiten, beobachtet die technischen Vorgänge der Gartenarbeit. Das ist kostbares Material, und später wird man daraus Nutzen ziehen. Man kann die gewünschten Ergebnisse nur erzielen, wenn man die Entwicklung kennt, die dahin führt. Die Hand des Gärtners muß für Linie und Volumen, Struktur, Form und Temperatur sensibel sein. Mit den Fingerspitzen und der Handfläche kann man eine ganze Welt in sich aufnehmen, und diese sorgfältig entwickelte manuelle Empfindsamkeit führt zu einem meisterlichen Umgang mit Bleistiften wie auch Pflanzen, was dazu befähigt, Pläne graphisch klar auszudrücken oder einen Sämling zum Wachsen zu bringen.

Bevor ich mit der Ausarbeitung meiner Komposition beginne, lege ich gern die Verbindungswege zwischen Haus und Garten und im Garten selbst fest. Wege sind überaus wichtig. Sie sollten die kürzeste Verbindung von einer Stelle zur anderen sein; wo sie nicht nötig sind, sollten sie auch nicht angelegt werden. Dieses Prinzip bringt natürlich gewisse Schwierigkeiten mit sich, wenn man einen formellen oder symmetrischen Garten plant, doch wüßte ich nichts, was einem Garten ein trostloseres Aussehen verleiht als ein unbenutzter Weg.

Ich ziehe es immer vor, durch das Haus in den Garten zu gelangen. Einer der Vorzüge des eigenen Gartens liegt gerade in der Tatsache, daß er eben privat ist, und wenn möglich, trenne ich die Zufahrt oder den Eingang zum Haus vom Garten. Ein Weg, der direkt um das Haus herumführt, in den Plänen des 19. Jahrhunderts eine Alltäglichkeit, läßt das Gebäude auf dem toten Gleis und zerstört jede Beziehung zwischen Haus und Garten.

Obwohl die Hauptverbindungslinie zum Garten durch das Haus führen sollte, wird ein Weg, der den Eingangshof mit dem Garten direkt verbindet, wahrscheinlich unumgänglich sein. Läßt man ihn sich zwischen Gebüsch oder Hecken hindurchschlängeln oder führt man ihn durch ein Tor in einer Mauer, so würde ich immer dafür sorgen, daß kein Durchblick möglich ist.

Der Hauptrundgang durch den Garten wird an der Terrasse oder einem gepflasterten Platz beginnen und enden, denn hier ist der Treffpunkt von Haus und Garten. In einer regelmäßigen Anlage stellen Wege kein besonderes Problem dar. Richtung, Breite und Material werden Bestandteil des Planes sein, wobei ich alle Wege, die nicht aus Gras sind, so schmal wie möglich halten würde.

Viel schwieriger ist es, Wege für asymmetrische oder zwanglos gestaltete Gärten anzulegen, und hier kann ein anderer Gesichtspunkt der Gartenplanung eine Hilfe sein. Die meisten Häuser müssen in ihrer Umgebung verankert werden, und bei traditionsgebundenen Häusern geschieht das am besten durch Verlängerung der geraden Linien und Wiederholung der rechtwinkligen Form des Gebäudes. Die Formen und selbst die Volumina des Hausinneren sollten ein Echo im größeren Maßstab draußen finden. Gekrümmte oder gerade Hecken und Mauern, eine Reihe gestutzter Bäume, ein mehr oder weniger geometrisches Blumenmuster, ein Höhenunterschied mit einer Böschung oder Stützmauern – all das sind brauchbare Mittel für diesen Zweck, ob sie nun parallel oder im rechten Winkel zum Haus angeordnet sind oder in sanftem Bogen von ihm wegführen. Es ist logisch und zugleich befriedigend, wenn ein Weg diese Hauptlinien unserer Komposition des hausnahen Gartenteils unterstreicht und ihnen folgt. Hat ein Weg nur diesen einzigen Zweck, so sollte man ihn an einem bestimmten Punkt enden lassen – bei einem Sitz, einem Sommerhäuschen oder einem Aussichtspunkt. Ein Weg muß immer irgendwohin führen. Schwieriger sind gewundene Wege. Bei ebenem Boden ist es gewöhnlich besser, wenn man nur eine Biegung auf einmal sieht. Wege verdeutlichen die Struktur eines Gartenplans, und je stärker und einfacher sie in ihrer Linienführung sind, desto besser. Sie helfen, die organische Gliederung eines Gartens zu bestimmen; eine unschlüssige Anordnung von Wegen macht den Garten formlos und schwach, und solcher grundlegende Fehler kann auch durch die geschickteste Anpflanzung nicht wiedergutgemacht werden.

Oft wird ein Weg, der nach der Theorie willkürlich oder ungeschickt angelegt zu sein scheint, durch seine Nützlichkeit gerechtfertigt. Das wurde mir in Fontainebleau klar, wo in der Nähe des Schlosses ein vollendet schönes kleines Haus steht, das Hôtel de Pompadour, im Stil des 18. Jahrhunderts gebaut. Diese »Folie« erreicht man durch eine große formelle Einfahrt mit Pförtnerhäuschen, hinter der ein sehr weiträumiger, mit Kies bedeckter Hof liegt. Auf der einen Seite wird der Hof von Stallungen und auf der anderen von einem hohen schmiedeeisernen Gitter (claire-voie) flankiert. Das Ganze ist eine sehr strenge, vornehme Anlage, die durch eine reizende und ganz und gar nützliche Kleinigkeit vor Prunkhaftigkeit bewahrt wird – durch einen schmalen Weg aus zwei Pflastersteinreihen, der schräg über den Hof vom Pförtnerhaus zum Dienstboteneingang führt.

Es war wohl Geoffrey Jellicoe, der in seiner Beschreibung von Versailles zum Ausdruck brachte, daß die ungeheure Breite der Spazierplätze und -wege dort durch die Anwesenheit großer Menschenmengen gerechtfertigt ist; tatsächlich wirken sie, wenn sie leer sind, unverhältnismäßig breit. Als in Longleat beschlossen wurde, Haus und Park der Öffentlichkeit zugänglich zu machen und die Gärten bis zu einem gewissen Grade im Stil des 17. Jahrhunderts wiederherzustellen, vergrößerten wir absichtlich die rechteckigen Flächen der eingezäunten Gärten um das Haus herum und verbanden sie durch Wege, die wesentlich breiter waren, als es einer stilgerechten Rekonstruktion entsprochen hätte. In der Tat ist der ganze äußere Rahmen für einen größeren Publikumsverkehr vorgesehen. Sogar die Anpflanzungen und die Blumenbeete wurden absichtlich vergrößert, damit der Zuschauer, der seinem Rundgang vielleicht nur zwanzig Minuten widmet, einen deutlichen Eindruck erhält. Das Problem der Besucherströme ist interessant und sehr wichtig in großen öffentlichen Anlagen, wo die Führung von Alleen und Wegen Rhythmus und Bewegungsrichtung der Menschenmenge lenkt.

Ein Weg sollte sich dadurch auszeichnen, daß man in nassem Wetter trockene Schuhe behält und daß der Boden fest bleibt. Wege aus Kies, Sand, Holz oder Steinsplitt brauchen ein festes Fundament, das überschüssiges Wasser schnellstens abfließen läßt. Alle diese Materialien verlangen ständige Pflege, doch kann Kies, der auf eine geteerte Schotterschicht gebracht und dann sorgfältig eingewalzt wird, jahrelang sein Aussehen bewahren und erfordert keine Instandhaltung. Bei großen Gemüsegärten, in denen Arbeitsersparnis eine große Rolle spielt, ist diese Methode die vollkommene Lösung, obwohl die anfänglichen Ausgaben hoch sind. Ziegel, Stein und selbst Zementplatten bieten tausend Kombinationsmöglichkeiten in Struktur, Muster und Farbe. Stücke von Baumstämmen ergeben hübsche Trittsteine, allerdings sind sie bei Nässe etwas glitschig. Die einzigen Wege, die ich immer häßlich finde, sind die aus in situ gegossenem Zement – sie werden stets rissig –, die aus Ziegelstaub, deren Farbe in einem Gartenbild gewöhnlich schrecklich aussieht, und schließlich die Wege aus »Mosaikpflaster«, wie sie leider sehr oft zu finden sind. Dagegen zeigt das Opus incertum der Römer, bei dem unregelmäßige Stein- und Lavaplatten liebevoll so eng als möglich zusammengesetzt sind, eine vollendete Schönheit. Solange dieses Mosaik besteht, wird man das sichere Gefühl für den Stein und seine Behandlung und die Geschicklichkeit des Handwerkers bewundern, der es zusammenfügte. Läßt man aber Massen kleiner Steine fallen, setzt sie dort ein, wo der Zufall sie hinwirft, und füllt man dann die Zwischenräume mit Gras oder Alpenpflanzen aus, so entsteht ein unruhiges Bild, und man hat sehr viel Arbeit. Gras ist natürlich eines der kostspieligsten und extravagantesten Materialien für einen breiten Weg und nur unter bestimmten klimatischen Verhältnissen möglich. Man muß es dauernd mähen, jäten und bewässern. Ein Gartenweg aus Gras ist eine weitgehend vervollkommnete Erfindung aus dem wohlhabenden England des 19. Jahrhunderts. Der ideale Grasweg sollte wie ein Rasenplatz zum Bowling angelegt werden: Zuerst bringt man eine dreißig Zentimeter hohe Schicht feiner Asche auf einen gut umgegrabenen und angereicherten Boden und legt dann dünne Rasensoden feinen Grases auf die Asche. In wenigen Wochen haben die Graswurzeln die Asche durchdrungen und finden ihre Nahrung in dem darunterliegenden Boden.

Nicht immer ist es leicht, eine glückliche Verbindung zwischen Haus und Garten zu finden. Die mediterrane Lösung einer bedeckten Loggia oder Galerie als Teil der Architektur des Hauses ist die beste für ein heißes Klima, wo das direkte Sonnenlicht zu stark werden kann und sogar etwas Zug willkommen ist. Doch außerhalb des Klimas, in dem Oliven- und Orangenbäume blühen, ist ein bedeckter Raum im Freien nur an verhältnismäßig wenigen Tagen im Jahr nicht kühl und ungemütlich. Diese Schwierigkeit läßt sich überwinden, indem man eine Loggia oder ein Sommerhaus wie eine Orangerie gestaltet, in der die Öffnungen durch Glastüren oder Fenster geschlossen werden können und in die man Pflanzen stellt, am besten in Kübeln, Töpfen oder Holzbehältern.

Ich kannte in Sandgate bei Folkestone ein exotisches weißes Haus zwischen Kiefern und weiten, mit Gras, Rosmarin und Schwertlilien bedeckten Hängen. Dieses Haus gehörte Leuten, die jahrelang in Ägypten gelebt hatten. Jeder Raum führte auf einen bedeckten Balkon oder eine gewölbte Galerie. Wir verbrachten viele Stunden in einer angenehmen Loggia, die sich nach einem kleinen Garten mit blauen Blumen vor gekalkten Wänden öffnete. Der besondere Reiz dieses Winkels, wo wir bei schönem und schlechtem Wetter zu Mittag und zu Abend aßen, Tee und Frühstück einnahmen, plauderten, lasen und arbeiteten, entstand durch einen großen offenen Kamin, der in eine Mauer eingebaut worden war. Mit dem großen Holzfeuer war es ein ganz herrlicher Platz, wie geschaffen, um an kühlen Herbstabenden dort zu verweilen. Der Feuerschein warf die tanzenden Schatten von feinblättrigem Bambus gegen die getünchte Wand, und die einzigen Blumen, die hier ihren Platz haben durften, waren Lilien, weil sie so herrlich duften: die Madonnenlilie, *Lilium candidum*, die Königslilie, *Lilium regale,* und die Goldbandlilie, *Lilium auratum.* Das alles zeugte von großem und sehr luxuriösem Stil. Für mich ist Luxus jedoch eine Frage der Eleganz, und Eleganz ist immer verhalten. In diesem Falle entstand Eleganz durch wenige Dinge, die so zusammengestellt waren, daß Gewicht, Farbe, Struktur und Wesen in richtigem Verhältnis zueinander standen.

Die übliche Terrasse oder ein Rechteck, gepflastert oder mit Kies bedeckt, sollte sich nicht ohne jeglichen Schutz vor dem Haus erstrecken – eine solche Anlage ist nicht sehr einladend. Wind ist der große Feind; jeder Sitzplatz muß geschützt werden, und zwei rechtwinklig gegeneinandergestellte Mauern zur Begrenzung eines Sitzplatzes sind besser als nur eine. Selbst die dichteste Hecke bietet nicht den gleichen Schutz und speichert die Wärme der Sonne nicht so wie eine Mauer; je sonniger die Lage, um so größer die Auswahl an Kletterpflanzen, die man hier anbringen kann.

Der Boden sollte nach Möglichkeit irgendwie gepflastert sein. Ziegel, Schiefer, Marmor, Stein, als Splitt oder in Platten – alles sind zufriedenstellende Materialien, ob allein oder kombiniert verwendet. Die Einzelheiten des Entwurfs für das Pflaster müssen zu Stil und Bauart des Hauses passen. Kies und Sand sind billiger, doch erfordern beide fortwährend Instandhaltung, außerdem werden sie leicht mit den Schuhen ins Haus getragen. Gut verlegtes Pflaster kann gekehrt oder, wenn nötig, einfach abgespritzt werden. Ich halte es für verfehlt, irgend etwas zwischen das Pflaster zu pflanzen. Man muß Möbel umhertragen können, ohne sich in einem Grasnelkenhügel oder einem buschig wachsenden Helianthemum zu verfangen; und ein liebevoll gepflegter Thymianteppich wird die beständige Zielscheibe für Zigarettenasche sein.

Pflaster im Garten ist eine lohnende Verschwendung. Die dichte, feste Struktur von Ziegeln oder Steinen, die in der Sonne warm werden oder nach einem Regen feucht glänzen, bildet einen ruhigen Kontrast zu der Lebensenergie der Pflanzen. Die Oberfläche harter Bodenbeläge eignet sich für unendlich viele Variationen, und man kann alle erdenklichen Muster herausarbeiten, entweder kräftig betont durch Verwendung verschiedener Materialien und Strukturen oder etwas zurückhaltender, indem man ein und dasselbe Material nur zusammensetzt. Ich hatte immer Freude an Steinen. Wie es bei Kindern so üblich ist, sammelte auch ich Kieselsteine, und in den langen Monaten meines Exils in einer Schule an der Küste in Kent brachte ich Stunden damit zu, nach den geheimnisvollen Karneolen zu suchen, die in dem kiesigen Strand zu finden sein sollten. Im Wasser schien es Karneole und Achate die Fülle zu geben, aber sie entpuppten sich als gewöhnliche Kiesel, wenn sie trocken waren.

Runde Pflastersteine wurden gewöhnlich für die Gartenwege der Cottages verwendet, und in Rutland waren es kleine Stücke des dortigen Kalksteins, die, hochkant gestellt in parallelen Reihen, für

Höfe und Wege benutzt wurden. Ihre Struktur und Oberfläche war wunderhübsch. Schön gebaute Trockenmauern grenzten Felder, Waldstücke und Parkanlagen überall in kalksteinreichen Gegenden ab. Für den Garten kann man in England aus alten York-Pflastersteinen einen schlichten Plattenbelag in größerem Umfang herstellen. Der gleiche Stein ist auch hervorragend, wenn er direkt aus den Steinbrüchen kommt, vor allem, wenn er halb als Splitt, halb in Platten verlegt wird, was eine schöne Abwechslung in der Textur ergibt. Ich habe auch Steine aus Hornton mit ihren lohfarbenen und schieferblauen Musterungen verwendet, ebenso geriffelten Sandstein, der sich mit einem sehr frei angelegten Garten gut verträgt.

Der letzte große englische Architekt, der schöne Häuser baute, Sir Edwin Lutyens, hatte einen besonderen Sinn für Pflastermaterialien, und es muß ihm Freude gemacht haben, mit ungewohnten Strukturen zu arbeiten. Für eine Terrasse des Mothecombe House im südlichen Devon legte er durch Steinstreifen getrennte Felder mit hochkant in Zement gesetztem Schiefer an. So entstand eine geriefte Oberfläche, die wie schöner dunkelgrauer Tweed aussah.

Frankreich und Italien sind reich an schönem Gestein und schönem Pflaster. Im Tuileriengarten und in Versailles benutzte Le Nôtre einen weißlichen Kalkstein voller winziger Fossilien aus den Steinbrüchen in Clamart. Aus Burgund kommt ein sehr schöner rötlicher Stein, den man für einen Innenraum marmorglatt poliert und daran anschließend für eine Terrasse gesägt, aber nicht poliert verwendet. In der Gegend von Aix-en-Provence gibt es einen rauhen, gelblichen, leicht zu behauenden Stein, der sich besonders gut für Gartenskulpturen eignet; dichte Polster aus Moos und Frauenhaarfarn wachsen schnell auf der schattigen Seite einer Steinvase oder eines Springbrunnenbeckens. In Nordfrankreich und Flandern pflegten Textilfabrikanten ihre Fabriken in Lille und Roubaix mit dem dunkelgrauen Stein aus Tournai zu pflastern. Da in den Fabriken Zementestrich allmählich den Stein ersetzt, kann man diese Steinplatten noch manchmal bekommen und damit Terrassen und Wege befestigen, obwohl ja Flandern in erster Linie das Land der schönen Ziegelsteine ist.

Italien ist eine Fundgrube für den Liebhaber von Pflaster. Seit mehr als 2000 Jahren hat man hier viele verschiedene Stein- und

Marmorsorten in schönster Weise für Kirchen und Paläste, Häuser, Straßen und Plätze verwendet. Eine sehr schöne italienische Tradition ist die Verwendung eines Steinbandes, um eine gepflasterte Fläche zu umreißen oder sie zu untergliedern. Diese Felder sind dann mit dem gleichen Stein, aber in anderer Größe oder Form, gepflastert oder, wenn etwas mehr Aufwand verlangt wird, mit einem anderen Stein oder in anderer Farbe. Sogar ein ganz kleiner gepflasterter Platz in einem Garten kann auf diese Weise behandelt werden. Ein Steinband bildet einen Rahmen, Kreuz- oder Diagonalbänder geben Richtung und Größe, und die so angelegten Felder werden mit Ziegeln oder dem gleichen Stein im Fischgräten- oder Flechtmuster oder auch mit feinem Kies oder Sand ausgefüllt.

Guter Ziegelstein ergibt ein schönes Pflaster. In Nordfrankreich habe ich damit oft einen zartroten Teppich zwischen ein weiß getünchtes Ziegelgebäude und eine schlichte Rasenfläche gelegt. Dort, wo die Winter lang, grau und naß sind, sehen die warme Farbe des Ziegelpflasters und ein grüner Rasen viel fröhlicher aus als graues Gestein, blattlose Büsche und kahle Blumenbeete. Es ist am schönsten, wenn man Ziegelsteinmuster ganz einfach hält; gerade Linien, die waagerecht, diagonal oder senkrecht zur Blickrichtung laufen, wirken besser als verwickelte Muster. Ziegelsteine sollten immer hochkant gestellt werden, wenn auch nur deshalb, weil die breite Seite eines normalen Ziegelsteins eine recht häßliche Proportion hat.

Granit- und Sandsteinpflasterung oder Pavés, wie man sie bei Straßen anwendet, ergeben auch ein gutes Gartenpflaster, vorausgesetzt, man läßt recht breite Fugen zwischen den Steinen. Zu eng gesetzt, sehen diese kleinen Würfel sehr leicht kleinlich aus. Oft bleibe ich stehen und beobachte die Pariser Steinsetzer, wie sie mit großer Schnelligkeit und Genauigkeit diese Steine schwingen und setzen. Früher wurden Straßen und Höfe in einem Fischschuppenmuster belegt, das fast wie ineinander verschlungene Muschelschalen aussah; und gelegentlich findet man Launiges in Granit wie jenes Abbild eines Herzens, das – man weiß nicht warum – von einem längst verstorbenen Arbeiter in das Pflaster vor dem Institut de France am linken Seineufer eingesetzt wurde.

In alter Zeit wurden alle Straßen um Paris mit Zwanzigzentimeterwürfeln aus hartem Sandstein gepflastert. Das ist der Stein, aus dem die umgestürzten Felsen im Wald von Fontainebleau bestehen, die alle so malerische Namen haben. Die frisch gebrochenen Steine ließen sich leicht in Blöcke hauen, die an der Luft allmählich erhärteten. Welch glücklicher Tag für den Herzog von Windsor, der Steine ebenso wie Flüsse liebt, als er in seinem Garten bei Paris die Reste eines alten Steinbruchs mit genügend Steinen fand, um alle Gartenwege zu pflastern. Wir verwendeten sie in dem ummauerten Teil des Gartens mit ziemlich breiten Zwischenräumen, die wir mit Mörtel füllten. Im wilderen Teil des Gartens außerhalb der Mauer setzten wir die Steine mit noch größeren, diesmal mit Gras bewachsenen Zwischenräumen.

Ich erwähne Zement zuletzt, vielleicht weil er das jüngste Pflastermaterial ist oder auch, weil ich ihn am wenigsten mag. Gegossene Zementplatten mit steinartiger Oberfläche können farblich ganz hübsch sein und passen zum Beispiel sehr gut zu den bemalten Stuckbauten, die man in London findet. In dieser Verbindung können die glatte Oberfläche und das recht künstliche Aussehen des Zements gut wirken, solange kein echter Stein in der Nähe ist. Ein Becken aus gegossenem Kunststein, das ich in einer Anwandlung von falscher Sparsamkeit einst für ein rundes Springbrunnenbassin in der Schweiz verwendete, sieht neben einer Mauer und einer doppelten Treppenflucht aus Naturstein ärmlich und unglücklich aus. Zum Teil liegt das daran, daß künstlicher Stein niemals so verwittert wie Naturstein.

Beton, der für eine große Fläche verwendet wird, springt sehr leicht, wenn man nicht für Dehnungsfugen Raum läßt. Viele der gegossenen farbigen Betonplatten bekommt man in einem widerwärtigen Grün oder Violettrosa. Diese Farben beißen sich mit jeder Anpflanzung. Creme oder ein zartes, warmes Grau sind weit angenehmer. Der beste und brauchbarste Bodenbelag aus Beton sind im allgemeinen gegossene Platten, in denen Zement mit Kies gemischt ist. Diese Blöcke werden mit einer Drahtbürste gebürstet und abgewaschen, bevor der Zement hart wird, so daß die Oberfläche zum Schluß aus kleinen, dicht aneinandersitzenden Kieselsteinen besteht.

In frostfreiem Klima, wie in Südfrankreich, verwende ich oft handgearbeitete Terrakottaplatten mit matter Oberfläche, dreißig bis siebenunddreißig Zentimeter im Quadrat. Ihre sanften Farb-schwankungen und die leicht unregelmäßige Oberfläche passen gut zu der roten Erde und dem rosaschimmernden Gestein dieser Gegend.

Man kann eine Gartenterrasse auf viele verschiedene Arten mit Möbeln ausstatten, doch muß der Stil, den man wählt, mit dem des Hauses übereinstimmen. Die gegenwärtige Tendenz geht von einer starren Anordnung schwerer Bänke und Tische ab. Ziemlich leichte Korbmöbel mit Sitzkissen sind nicht mehr unpraktisch wie ehedem, denn man kann für die Nacht oder wenn es regnet, schnell eine leichte Plastikdecke über das Ganze werfen. Bei Terrassenmöbeln ist die Größe sehr wichtig. Der Maßstab einer Innenausstattung kann nicht im Freien angewendet werden – solche Möbel sähen spindeldürr und schwach aus. Andererseits sehen zu massive Möbel grob, schwer und unbeweglich aus und sollten vermieden werden, wenn eine Terrasse nicht wie ein Sitzplatz für Riesen wirken soll. Aus dem gleichen Grund lehne ich Sitze und Bänke aus Stein ab.

Nach den Problemen des Windschutzes, eines guten Bodenbelags und des passenden Mobiliars folgt die Frage des Schattens. Die beste Lösung ist eine breite Markise, die man nach Wunsch hinaufziehen oder herablassen kann. Eine sehr elegante und kultivierte Stadt- oder Strandumgebung verlangt meist gestreiftes Material: Schwarz, Blau oder Grün mit Weiß. Hier sollten die Streifen recht breit sein. Im Garten ist gewöhnlich eine einfarbige Markise am besten, doch bedenke man, daß Farbe immer abblaßt und daß Blau und Grün sehr schnell verschießen. Zimtbraun oder die ockerfarbige Tönung von Segeltuch werden auch zu einer etwas milderen Abstufung der Originalfarbe verblassen. Wenn das Gestell richtig konstruiert ist, kann man eine drei bis fünf Meter breite Markise anbringen, die trotz ihrer Größe leicht aufzuziehen und herunterzulassen ist. Ihre Lebensdauer wird verlängert, wenn sie in aufgerolltem Zustand durch einen Holz- oder Metallvorsprung geschützt wird, der in der Mauer unmittelbar darüber befestigt ist.

Bäume bilden einen weniger eleganten, weniger vollkommenen, aber vielleicht doch lebendigeren Sonnenschutz. In ihr flimmerndes Grün zu schauen ist so beruhigend, wie in ein flackerndes Holzfeuer zu sehen. Ein einzelner Baum – vielleicht ein Apfel- oder Birnbaum oder, wenn man geduldig ist, ein Magnolienbaum – kann das Bild eines gepflasterten Platzes mit zu strengem, nüchternem Aussehen auflockern. Manchmal ordnet man Bäume formell an: Wenn man sie in Reihen pflanzt, schneidet und am Spalier zieht, wird ein Blätterdach entstehen. In Europa werden Platanen und Linden am Spalier gezogen, um jeden beliebigen Rahmen auszufüllen. Ineinander verschlungene Platanen sieht man auch oft in Südfrankreich und in der Schweiz. Die Bäume werden gewöhnlich in einem Abstand von drei Metern gepflanzt, und man läßt die Stämme bis zu drei Meter über dem Erdboden ohne Zweige. Dann stellt man in der Form, in der die Bäume wachsen sollen, einen Rahmen her, meist aus waagerecht angebrachten Holzlatten oder langen Rohren. Sobald die jungen Triebe lang genug sind, werden sie an diesen Rahmen heruntergebunden, und in zwei oder drei Jahren haben die Zweige eine waagerechte Stellung angenommen. Der stützende Rahmen kann dann entfernt und die Laube durch jährlichen Baumschnitt unbegrenzt lange in Form gehalten werden. Linden hat man lange Zeit genauso behandelt. Eine Allee, eine Baumreihe oder eine Schutzwand aus ineinander verschlungenen Linden finden in der Garten- und Stadtplanung häufig Verwendung, jedoch sind diese Bäume für Sitzplätze aller Art ungeeignet, weil sie im Spätsommer oft Honigtau ausscheiden, der alles mit klebrigen, schwarzen Flecken bedeckt.

In Lauben aus Eibe oder Lorbeer hält man sich gewöhnlich nicht gern auf. Die einzigen Lauben, die ich gern mochte, waren blütenreiche in Portugal. Dort sind im 18. Jahrhundert in vielen Gärten regelrechte Sommerhäuser gänzlich aus riesigen alten Kamelien gestaltet worden, die heute noch, nach jahrhundertelangem Schnitt, im Februar und März über und über mit scharlachroten, rosafarbenen und weißen Blüten geschmückt sind.

Dicht beim Haus rufe ich gern zumindest das Gefühl, das ein streng gestalteter Garten vermittelt, wach, wenn es auch keine übermäßig große symmetrische Anlage sein soll, die sich so weit ausdehnt, daß das Haus wie eine verlorene Figur auf dem Schachbrett wirkt. Manchmal habe ich den Eindruck, daß der formell angelegte Garten zu einer Zeit entstand, als die äußere Welt noch wild, unbekannt und unberechenbar war; eine strenge Gartenanlage wirkte beruhigend, weil sie den Machtbereich des Menschen gegenüber der unbekannten Natur erweiterte. In Europa wurde der zwanglose, romantische »Landschaftsgarten« modern, als die wissenschaftliche Erforschung der Welt Fortschritte machte und die Enzyklopädisten mit Eifer begannen, die Geographie des Planeten mit seiner Flora und Fauna zu katalogisieren. Weitflächige symmetrische Anlagen mit bunten Blumen, Rosen oder gestutzten Parterres bedürfen einer Pflege, die unter den heutigen Verhältnissen kaum noch zu leisten ist und unserem heutigen Lebensstil auch nicht mehr entspricht. In den seltenen Fällen, da es solche Extravaganzen noch gibt, erscheinen sie meist völlig unpassend. Ich greife lieber auf eine viel ältere Gartenform zurück, jenen kleinen umfriedeten Blumengarten, den Hortus conclusus des europäischen Mittelalters, nur zur Freude ersonnen in einer Zeit, da alles, was jenseits der Stadt- oder Schloßmauer lag, aus Acker- und Weideland, Heide oder Wald bestand. Diese kleinen Gehege mit vielleicht nur wenigen Quadratmetern beherbergten Heilkräuter und Blumen – Rosen, Nelken und Akelei, die nach modernen Maßstäben vielleicht nichts hermachen; doch kann man auf Hunderten von Gemälden und Wandteppichen jener Zeit erkennen, wie sie geliebt und geschätzt wurden. Wie genau und liebevoll sind die Blumen der Einhornteppiche im Musée de Cluny oder die Schwertlilien von Dürers Madonna in der Nationalgalerie in London dargestellt! Sehr oft waren diese kleinen Gartenfleckchen kultivierte und verschwenderische Kompositionen: Blumenbeete waren von bemaltem Spalier eingefaßt und umgaben in Stein gehauene und vergoldete Springbrunnen – Anklänge an jene byzantinischen Wasserkünste, die den Baum des Lebens darstellen sollten.

Eine Kopie dieses spätgotischen Vorbildes würde sich heute nur für wenige Häuser eignen, doch das Prinzip einer kleinen Fläche neben dem Haus mit Blumen in regelmäßiger Anordnung entspricht durchaus den zeitgenössischen Möglichkeiten.

Ich halte das Muster eines geometrisch angelegten Gartens gern sehr einfach und verwende Quadrate, Kreise und Rechtecke, die von schmalen gepflasterten Wegen umgeben sind. Oft säume ich sie mit Lavendel, Buchs, Rosmarin oder Santolina. Solche Gärten betrachte ich gleichsam als persischen Teppich: eine Reihe einfacher Formen, die man auf hunderterlei Weise mit Blumen ausfüllen kann.

Gärten mit dekorativen Anlagen wie Teppiche oder Paneele haben durch die ganze Geschichte der europäischen Gartengestaltung hindurch bestanden. Kunstvoll angelegte Blumengärten bildeten die verschlungenen Bandmuster nach, wie sie im späten 16. Jahrhundert häufig zur Ausschmückung verwendet wurden. Hundert Jahre später fanden reich verzierte und verschnörkelte Einlegearbeiten in Schildpatt, Silber und vergoldeter Bronze ihr pflanzliches Gegenstück in Parterres aus geschnittenem Buchsbaum, Kohlen- oder Ziegelstaub und weißem Marmorsplitt. Ganz verschwanden diese geometrischen Muster auch während der hundert Jahre anhaltenden Beliebtheit der romantischen Gärten nicht. Im frühen 19. Jahrhundert brachten nüchtern wirkende Streifen gepflegter Blumen im Empire- und Regencymuster die kühle Atmosphäre des Salons in den Garten; und bei all seiner Vorliebe für Landschaftsgärten entwarf auch Humphrey Repton komplizierte Parterres, um geometrisch angelegte Terrassen und Rasenflächen zu verschönern. Obwohl diese Art der Gartengestaltung in Teppich- und Mosaikbeete ausartete, überlebte sie das 19. Jahrhundert. Aus Mangel an Geld und Arbeitskräften und durch das Aufkommen der Staudengärten wurden diese Anlagen aus Privatgärten verdrängt, finden sich aber noch in öffentlichen Gärten und Parkanlagen.

Vor dem ersten Weltkrieg ließen Lutyens und Inigo Triggs die Vorliebe für solche Gärten wiederaufleben, und zwar in verhältnismäßig vereinfachter Form; viele Entwürfe von Lutyens sind Meisterstücke kräftiger Muster aus Quadraten und Kreisen.

In verringertem Maße findet diese Gartenart immer noch Anklang, denn ein Fleckchen mit bunten Blumen in ansprechendem Muster kann die arbeitssparenden modernen Gärten aus Gras, Bäumen und Sträuchern beleben. Ein derart gestalteter Gartenteil sollte nur gerade so viel Fläche einnehmen, wie untadelig in Ordnung gehalten werden kann, doch müssen die Elemente des Musters groß genug sein, daß das Farbliche gut zum Ausdruck kommt und ein fleckiger Eindruck vermieden wird. Auch sollte das Muster während des Winters durch sich selbst wirken können.

In Port Lympne hatte Sir Philip Sassoon zwischen den Weltkriegen einen solchen Garten unmittelbar unterhalb des Hauses. Er war sehr geschickt als Schachbrett angelegt – ein Quadratmeter schön geschnittenen Rasens wechselte mit einem Quadratmeter voll Knollenbegonien oder Tagetes ab. Doch lag die besondere Wirkung darin, daß die Blumenquadrate zwanzig Zentimeter tiefer als die Rasenquadrate lagen, so daß, wenn sie in voller Blüte standen, alles die gleiche Höhe hatte. Diese Raffinesse verlieh dem im Grunde einfachen Muster Eleganz.

Ich habe dieses Prinzip nachgeahmt und in unterschiedlicher Weise angewandt. In einem Garten wollte ich einer mit Stein ausgelegten Terrasse, die zur bequemen Unterbringung von Gartenmöbeln sehr breit angelegt war, ein interessanteres Aussehen verleihen. Die Gewohnheiten in dem Haushalt änderten sich, Menschen und Möbel wanderten woandershin, und ich mußte einen einfachen Weg finden, um diese übergroße Terrassenfläche zu beleben. Das geschah, indem ich ein rechteckiges Feld des Pflasters herausnahm und die leere Fläche durch über Kreuz laufende schmale Streifen aus dem gleichen Stein aufteilte, um ein Rautenmuster kleiner Beete zu schaffen. Diese Beete sind fünfzehn Zentimeter tiefer gelegt und mit Buchsbaum bepflanzt, der in der Höhe der Pflasterung gestutzt wird. So ergibt sich ein interessantes Muster von Grün und Stein, das den gepflasterten Platz belebt, ohne ihn zu zerstückeln.

In Piemont gibt es ein strenges, modernes Haus mit Glaswänden, die in einen Fußboden aus großen, in Flechtmuster angelegten Terrakottaziegeln eingelassen sind. Dieses Haus besteht aus einem einzigen großen Raum, der sehr sparsam durch abstrakte Bilder und Skulpturen belebt wird. Im Freien setzt sich die Ziegelpflasterung fort bis zum Rand eines Hügels, der dicht mit Zwergkiefern *(Pinus mugo* var. *mugo)* bepflanzt ist. In einer Entfernung von sechzig bis siebzig Kilometern jenseits der oft nebelverhüllten Ebene glitzert das Schneegebirge. Auch hier war die Terrasse zu kahl; sie verlangte nach einem dekorativen Element, um zu dem großen Raum und seinem Inhalt eine engere Beziehung zu bekommen. Es genügte, eine Zickzackform festzulegen, wobei ich mich an den Fugen zwischen den Ziegelsteinen orientierte, und ein durchbrochenes labyrinthisches Muster zu entwerfen, das ich aushöhlte und wiederum mit Buchsbaum bepflanzte.

Rosen, besonders Polyantha- und Floribundarosen, sind geeignete Pflanzen für kleine Gärten dieser Art, wenn man das Beetmuster sorgsam mit einer niedrigen Hecke, in diesem Fall vielleicht aus Lavendel, markiert. Die Wege, durch die das Muster gebildet wird, sollten nur etwa fünfzig Zentimeter breit sein und mit Kies bedeckt oder mit Ziegeln oder Stein ausgelegt werden. Graswege sind hier nicht am Platze, weil sie breit sein müssen, wenn sie praktisch sein sollen. Aus dem gleichen Grunde sollten die Beete klein gehalten werden, sie sind dann leichter zugänglich. Ihre größtmögliche Breite ist 1,20 bis 1,50 m.

Diese geometrischen Miniaturgärten können sehr farbenprächtig gestaltet werden, indem sie zunächst mit Frühlingsblühern, später mit einer ganzen Reihe einjähriger Sommerblumen bepflanzt werden. Man kann sie aber auch für eine botanische Sammlung, für seltene Stauden, Zwiebel- oder Knollenpflanzen verwenden, die besondere Pflege erfordern.

Auf einem kleinen Grundstück kann solch wohlgeplantes und farblich gut abgestimmtes Fleckchen Erde als Blumengarten genügen; der übrige Teil des Gartens wird schlicht und einfach bepflanzt, um einen größeren Raum zu suggerieren. Fast immer pflege ich diese Beete an der einen oder der anderen Seite des Hauses anzulegen und sie so einzuzäunen, daß sie als abgesonderter Teil der Hauptgartenanlage empfunden werden.

Am Moulin de la Tuilerie in Gif bei Paris gibt es einen solchen Garten. Er wird an drei Seiten von Gebäuden begrenzt und liegt oberhalb des Hauptgartens, von dem er durch eine Stützmauer getrennt ist. Schmale Wege mit abgenutztem Pflaster aus Sandsteinquadern gliedern den ganzen Raum in eine Reihe quadratischer Beete, die mit Rosen bepflanzt und von Lavendel eingerahmt sind. Ganz in der Nähe, doch etwas versteckt und abseits vom übrigen Garten, ist dies der passende Ort, um Teerosenhybriden zu züchten, die meines Erachtens auch nicht sichtbar sein sollen, wenn sie nicht blühen.

Ein ganz oder teilweise ummauerter Gartenraum in der Nähe des Hauses eignet sich für Schnittblumen. Sie sind oft langweilig, wenn sie im Küchengarten in Reihen wachsen, doch kann man sie sehr gut in einem Muster von Beeten unterbringen, wobei man für jedes Beet eine andere Art verwendet. Die Beete sollten so klein sein, daß man nicht darauf treten muß, wenn man Blumen schneidet. Ich finde diese Gartenart um so wirkungsvoller, wenn man hier nicht symmetrisch pflanzt; ein Muster von Quadraten und Rechtecken, über die ganze Fläche verteilt und ohne besonders hervorgehobenen Mittelpunkt, stellt einem frei, eine niedrige Gruppe blauer Kornblumen neben hohe weiße Margeriten oder Rittersporn neben Islandmohn zu pflanzen. Stockrosen sind nicht zu groß und Zwergdahlien nicht zu klein, um gute Nachbarn zu werden. Alle Unterschiede der Höhe, der Farbe und des Gewichts bringen dort ein Leuchten und eine Lebendigkeit hin, wo sonst nur eine recht alltägliche, rein nützliche Gärtnerei betrieben wird.

Wenn ich einen Garten zu entwerfen habe, um den sich nur ein Gärtner oder auch gar keiner kümmern wird, fühle ich mich mehr und mehr gezwungen zu »skizzieren«, den Garten sozusagen anzudeuten. Dabei lege ich die Proportionen sorgfältig fest, betone sie durch eine einfache Anlage von Hecken und Wegen, füge dem Ganzen Masse hinzu, indem ich Bäume und Sträucher pflanze, die man ohne allzuviel Arbeitsaufwand heranwachsen lassen kann. Komme ich dann zu der Frage der Ausschmückung, so empfinde ich das Bedürfnis, einen Brennpunkt des Interesses und der Farbe zu schaffen, so als wollte ich die Komposition zusammenknüpfen. Jede kräftige Farbbetonung, die zu weit vom Haus entfernt ist, würde ablenken, und deshalb findet mein »Glanzstück«, streng durchgeplant und farblich geordnet, seinen Platz fast immer ein wenig abseits vom Haus, doch eng mit ihm und seiner unmittelbaren Umgebung verbunden.

Dieses Prinzip ist nur bei einem verhältnismäßig einfachen und offenen Gelände anzuwenden. Oft findet man kleine Gärten, die so unregelmäßig geformt und so eingeengt sind, daß man ihnen nur räumlichen Charakter verleihen kann, indem man sie noch konsequenter einengt und die gesamte Fläche mehrfach unterteilt – sozusagen in separate Räume, so daß man den ganzen Garten nicht auf einmal überblicken kann. Die Öffnungen, die von einem Raum zum anderen führen, sind das Verbindungsglied. Ich würde sie recht klein entwerfen, so daß man zwar in jedem Raum weiß, daß draußen noch andere Räume sind, aber nicht raten kann, welche Form sie haben und was ihr Inneres birgt. Gelingt es einem, mehrere Öffnungen in eine Reihe hintereinander zu legen, so wird dadurch die räumliche Entfernung scheinbar vergrößert. Hierbei ist es wichtig, daß jeder Gartenteil durch Hecken, Mauern oder durch hohe und dichte Pflanzungen abgetrennt wird, weil sonst der etwas geheimnisvolle Charakter dieser Art der Komposition verlorengeht.

Solche Gärten sind wie die Fortsetzung des Hauses, eine weitere Zimmerflucht, wobei vielleicht alle Zimmer ganz verschieden ausgestattet sind; dabei kann man jeden dieser Gartenräume viel kunstvoller anlegen, als es bei größeren Flächen angebracht wäre, die man von überall her einsehen kann.

Engagierte Gärtner können verschiedene Pflanzpläne ausarbeiten oder ganze Gärten in einer einzigen Farbe oder mit einer einzigen Pflanzenart entwerfen, ohne daß sie das fast unüberwindliche Problem lösen müssen, diese Elemente mit der weiteren Landschaft eines offenen Gartens zu verschmelzen. Ein schmaler Pfad, der durch ein halbes Dutzend Hecken- oder Maueröffnungen führt, durchquert ebensoviel verschiedene Gärten, von denen jeder seine eigene Atmosphäre hat. Ich glaube, daß Hidcote Manor das beste Beispiel für einen solchen Garten ist; und Lawrence Johnston, der ihn schuf, entwickelte das gleiche Prinzip in völlig anderer Weise in Edith Whartons Garten bei Paris. Hier führt zunächst ein breiter Kiesweg direkt vom Mittelpunkt des Hauses durch buchsbaumgesäumte Grasflächen; alles liegt frei und sonnenbeschienen da. Dann läuft er zwischen hohen Buchsbaumhecken weiter durch schattiges Gehölz, wo er sich an einem Punkt teilt, um einen mit Stein eingefaßten Teich zu umrahmen. Am Ende des Gehölzes kennzeichnen zwei Pfeiler den Beginn einer quadratischen Grasfläche, die ich später mit hohen gestutzten Hainbuchenhecken umgab; ein Querweg führt nach der einen Seite zu einem kürzlich angelegten Theater in Grün, wo eine oval geformte Eibenhecke bei einer erhöhten Grasbühne endet, deren Seitenkulissen durch gestutzte Eibenhecken gebildet werden. Innerhalb des Heckenovals ist ein kleineres, etwas tiefer liegendes Oval mit Trockenmauern umgeben; es zeigt ein Schachbrettmuster, dessen Felder abwechselnd aus Stein und Sternmoos (Sagina) bestehen. Eine schöne byzantinische Steinvase aus dem 5. Jahrhundert bildet den Mittelpunkt, während nahe an der Hecke schmale Beete mit graublättrigen Pflanzen und Lilien liegen, unterbrochen von weißen hochstämmigen Buddlejen.

Auf der anderen Seite des großen quadratischen Rasens führt eine Öffnung in der Hainbuchenhecke in jenen Nelkengarten, den ich auf Seite 20 beschrieben habe. Jenseits der Grasfläche verläuft der Hauptweg bis zur Grenzmauer als schattige Allee aus überwölbenden gestutzten Linden. Zu beiden Seiten liegt ein grasbewachsener Obstgarten mit Kirsch- und Birnbäumen; im Frühjahr ist hier der Rasen von rosa, lila und weißen Primeln förmlich übersät. Auf diese Weise werden die Abschnitte dieses langen Gartens vom Haus aus nur als Aufeinanderfolge flüchtiger Eindrücke gesehen, während die eigentliche Form und die Behandlung jedes einzelnen Teils erst dann klar zutage tritt, wenn man sie der Reihe nach durchwandert.

Ich habe diese Art der Komposition immer wieder angewandt, vor allem in Vorstadtgärten, wo die vor fünfzig Jahren errichteten Häuser so oft auf langen, schmalen, von der Straße zurückweichenden Grundstücken stehen. Ich kenne nur wenige Möglichkeiten der Planung für diese Streifen. Wenn man ihre Länge nicht unterbricht, so sehen sie unweigerlich zu schmal aus; mit Hilfe einiger quergezogener Hecken jedoch entsteht sofort eine ganze Reihe wohlproportionierter eingeschlossener Flächen. Diese durch Mauern oder Hecken entstandenen Abteilungen und ihre Zugänge lassen sich ganz verschieden behandeln. Während in der einen bunte Farben dominieren, kann der Nachbargarten voller Grün sein, und auf einen niedrig gehaltenen Teilabschnitt können hohe Bäume und Sträucher folgen.

Aber ganz unmerklich haben wir uns vom Haus und seiner unmittelbaren Umgebung zu weit entfernt, in der Annahme, daß wir sehr viel Land zu bearbeiten haben und unsere Zeit unbegrenzt ist. Bei einem sehr kleinen Grundstück, wo die Gartenfläche vielleicht nicht größer als die des Hauses ist, habe ich immer versucht, die ganze Fläche wie einen weiteren großen Raum zu behandeln, dessen Decke der Himmel ist. Seine Wände waren grüne Hecken oder ein Wandbehang aus dichtblättrigen Kletterpflanzen oder auch ein Blütenmuster aus Kletterrosen, Clematis und Jasmin. Gepflasterte Flächen, einfacher Rasen oder Blumenmatten dienten als Teppich, auch Tische und Stühle waren da. Andere Gartenelemente spielten die gleiche Rolle wie Bilder, Vasen und sonstige Gegenstände in einem Zimmer. Jeder Strauch und jeder kleine Baum wurde sorgfältig nach

Form und Struktur gewählt, und die Blumen suchte ich so aus, daß man ihrer Farbzusammenstellung nicht zu schnell überdrüssig wurde. Manchmal hat man Glück und findet eine Lösung, eine Kombination von Farbe, Struktur und Form, die so überzeugend und richtig aussieht, daß sie »klassisch« wird. Wenn ich die Bepflanzung eines solchen Wohnzimmers im Freien auszuarbeiten habe, ist es für mich immer von größter Wichtigkeit gewesen, daß sie für ihren jeweiligen Platz genau paßt.

Am Haus des Herzogs von Windsor in Gif gibt es einen gepflasterten Hof, auf dessen einer Seite sich eine Reihe niedriger Gebäude mit Ziegeldächern, einem einfachen Rhythmus von weißen Türen und Fensterläden und einem schmalen Blumenbeet davor befindet. Die kahlen Stellen an den rauhen, cremefarbenen Steinwänden sind mit *Rosa xanthina* ›Canary Bird‹ bekleidet, die im Frühling einfache buttergelbe Blüten zeigt, mit einer Passionsblume, die schon sechs Winter überstanden hat, und mit purpurfarbenen und rosavioletten Clematis. In jedem Sommer wird das kleine Beet vor den Gebäuden dicht mit weißen und blauvioletten Petunien bepflanzt, die über die Pflastersteine quellen. Wir haben es mit Verbenen in gemischten Farben versucht, mit roten und weißen Tabakpflanzen, mit rosafarbenen Cleomen und anderen Farbzusammenstellungen – doch zum guten Schluß sind die blauen und weißen Petunien zu einer alljährlichen festen Einrichtung geworden, weil sie so gut dorthin passen und mit dem weißen Anstrich und der purpurroten Clematis prächtig harmonieren.

Das Innere eines Hauses, und sei es auch streng stilisiert, spiegelt Einflüsse aus vielen Richtungen wider. Das Muster eines Gewebes, die besondere Form eines Stuhlbeins, die Proportionen einer Fensterscheibe stammen oft aus verschiedenen Quellen und stellen Zeichen einer alten, reichen Kultur dar. Ebenso kann die Bepflanzung eines Wohnplatzes im Freien aus verschiedenen Quellen schöpfen, und hier kann man mit Erfolg Pflanzenmaterial anbringen, das in größerer Entfernung vom Haus zu exotisch aussähe. Gestalt, Struktur und Farbe dürfen außergewöhnlich sein, und Pflanzen, die ein wärmeres Klima suggerieren, werden im unbeständigen englischen Klima willkommen sein.

Die Bepflanzung einer Terrasse oder eines Sitzplatzes muß etwas anklingen lassen, das sowohl zum Haus wie auch zum Garten paßt. Aus diesem Grunde lege ich Blumenbeete nicht zu gern dicht am Wohnzimmer im Freien an. Wie lebhaft auch immer Tulpen im Frühjahr, einjährige Pflanzen und Stauden im Sommer aussehen mögen, es bleiben doch viele Monate, da die Erde kahl und öde ist. Nun sind aber schmale Beete am Fuße einer Mauer, Pflanzungen, die die Verbindung von Terrasse und Garten betonen sollen, manchmal unentbehrlich, wenn man einen zu krassen Kontrast zwischen der Härte des Mauerwerks und den sanften Formen des bepflanzten Gartens vermeiden will. Für diese Winkel gibt es in jedem Land und für jedes Klima stets eine große Auswahl an immergrünen und anderen Blattpflanzen. Man sollte sie danach auswählen, wie sie die meiste Zeit des Jahres über aussehen. Blütenfarbe ist hier von sekundärer Bedeutung, und man kann dieses Problem auf andere Weise lösen. Buchsbaum und Eibe, Euonymus, Myrte oder Pittosporum bilden immergrüne Hecken, und wo Höhe gebraucht wird, geben Buche und Hainbuche, die bei regelmäßigem Schnitt auch im Winter ihre lohfarbenen Blätter nicht abwerfen, schnell Schutz. Ob es sich nun um eine einzelne Pflanze oder eine Pflanzengruppe handelt, die Auswahl an Sträuchern und Halbsträuchern, die das ganze Jahr über schön sind, ist unendlich groß. Hat man eine Vorliebe für graublättrige Sträucher, so findet man viele, unter denen man wählen kann. Lavendel und Nelken zum Beispiel können das Thema einer ganzen Anpflanzung sein oder in wärmeren Gegenden Zinerarien *(Senecio cineraria)*, silbrige Gazanien und Hertia. Eine Menge schöner, das ganze Jahr über gut aussehender Pflanzen kommen mir in den Sinn, Pflanzen, die für viele Möglichkeiten und in mannigfacher Zusammenstellung Verwendung finden. Die Bergenien sind mit ihren kräftigen, lederartigen Blättern alle zwölf Monate des Jahres schön. Obwohl sie bei strengem Frost ziemlich mitgenommen aussehen, genügen wenige Sonnentage im Februar und März, um ihnen schwere Dolden zart rosafarbener Blüten zu entlocken, die durch das Kupferrot ihrer Blütenstengel auf eigenartige Weise mit dem Blattwerk harmonieren. Sie können ins helle Sonnenlicht oder ganz in den Schatten gepflanzt werden und scheinen von Cannes bis Kopenhagen überall zu gedeihen.

Auch *Viburnum davidii* ist eine wunderbare, niedrig wachsende immergrüne Pflanze. Sie sieht immer ordentlich aus und verträgt Sonne wie Schatten. Die gewöhnliche Mahonie läßt sich ebenfalls überall dort verwenden, wo immergrüne Pflanzen gebraucht werden. Sie ist, wie man häufig bei vernachlässigten Strauchpflanzungen beobachten kann, ein ziemlich unordentliches Gehölz von wucherndem Wuchs, was die nach Honig duftenden gelben Blüten und später die traubenblauen Beeren kaum wiedergutmachen. In jenem Hertfordshire-Garten, wo ich die Pflanze im April als leuchtende Fläche in Grün und Gelb erblickte, lernte ich, wie man sie behandeln muß. Das Geheimnis liegt darin, sie alle zwei bis drei Jahre auf 15 cm über dem Boden zurückzuschneiden, so daß sie niemals zu hochbeinig wird.

Oft möchte ich nahe beim Haus Schwertlilien anpflanzen, denn ihr graugrünes Laub ist im Frühling so schön, aber leider welken die Blätter meist ab Juli. Deshalb pflanze ich Iris gewöhnlich zusammen mit Strauchpäonien in einen Winkel, der von April bis Ende Juni aufgesucht zu werden pflegt, wenn diese Pflanzen am schönsten aussehen.

Agapanthus, die Schmucklilien, sind dort angebracht, wo wenig oder gar kein Frost herrscht. Ihr dunkelgrünes riemenartiges Blattwerk paßt überallhin; sie blühen sehr üppig, und ihre entzückenden Dolden aus hyazinthenblauen Blüten halten über einen Monat. Häufiger werden sie in Kübel gepflanzt, die während der kalten Monate in einem frostgeschützten Raum aufbewahrt werden können. In dieser Weise behandle ich auch gern die gewöhnliche Gartenhortensie. Ihre Blütenspitzen bilden sich bereits im Herbst und laufen Gefahr, durch den Frost vernichtet zu werden; auch sind sie keine besonders schönen Pflanzen, wenn sie nicht gerade in voller Blüte stehen. Daher hat es viel für sich, sie transportabel aufzuziehen.

Zur Gattung Yucca gehören mehrere Arten, die in der Nähe der Terrasse durch ihre Gewichtigkeit und Dauerhaftigkeit hervorragend wirken. *Yucca filamentosa* ist die widerstandsfähigste und überdauert sogar in einem kalten Tonboden in Ostengland. *Y. gloriosa* und *Y. flaccida* bevorzugen wärmeres Erdreich und Klima, und alle zeigen im August große Rispen cremefarbener Blüten. Der gewöhnliche Rosmarin ist unschätzbar: Heimisch geworden wie eine Katze, gehört er in einen warmen Winkel an einer Mauer, und es gibt eine prächtige Spielart, die ich als Lawrence-Johnston-Rosmarin kenne, ein locker wachsender Busch mit tiefpurpurnen Blüten. Ich glaube, daß er aus La Mortola bei Ventimiglia stammt.

Alle Lavendel sind trefflich für einen sonnigen Teil des Gartens geeignet. Sie brauchen lediglich einen gut entwässerten Boden und einen leichten Schnitt nach der Blüte. Die Sorte ›Hidcote‹ ist unter den Zwergsorten die beste. Die weißen und roten Sorten von *Lavendula spica* sind reizvoll, scheinen aber empfindlicher. Lavendel ist eine Mittelmeerpflanze, und in der Provence, wo er als Quelle des Lavendelöls, angebaut wird, bedecken *L. semidentata,* eine schwarzpurpurne Art mit grünem Blattwerk, und *L. spica* ganze Hänge.

Wenn jetzt die geschützten Ecken noch nicht besetzt sind, sollte man Zistrosen von Samen oder Stecklingen ziehen: Sie sind mit Helianthemum verwandt, und ihre einfachen Blüten in Violett, Weiß und Rosa, manchmal in einer dunkleren Tönung gefleckt, öffnen sich für einen Tag und fallen dann ab, den ganzen Sommer hindurch. Sie alle sind immergrün.

Obgleich sie ihre Blätter im Winter verlieren, sollten einige spätblühende Halbsträucher nach meinem Dafürhalten ihren Platz in der »intimeren« Pflanzenwelt nahe der Terrasse haben. Ich liebe *Ceratostigma plumbaginoides* und *C. willmottianum* wegen ihrer porzellanblauen Blüten im September, ebenso *Caryopteris × clandonensis,* die Bartblume, mit ihren graugrünen Blättern und verschwommen blauen Blüten sowie die Blauraute, *Perovskia atriplicifolia,* mit ihren fast weißen Blättern und violettblauen Blüten. Diese Pflanze muß Ende April kräftig zurückgeschnitten werden. Ich sah sie zuerst in Port Lympne, wo man sie gepflanzt hatte, um die Intensität einer scharlachorangefarbenen und karmesinroten herbstlichen Staudenrabatte zu dämpfen, und kürzlich in Wisley, wo sie aus einer Gruppe scharlachroter Verbenen nach oben drängte. Ich verwende sie gern mit einer dunkelroten Sorte von *Sedum spectabile* oder mit Japanischen Anemonen oder als Vordergrund für die blaue Form des schönen, im Herbst blühenden Roseneibischs, *Hibiscus syriacus* ›Coelestis‹.

Zwischen all diesen strauchartigen Pflanzen machen sich einige Lilienarten sehr gut, und ich wüßte keinen besseren Platz für *Lilium regale*, die Königslilie, *L. candidum*, die Madonnenlilie, die Türkenbundlilien *L. martagon*, *L. martagon* var. *album* und *L. chalcedonicum*, den Scharlachtürkenbund, oder für *L. auratum*, die schattenliebende Goldbandlilie. Zwischen den anderen Pflanzen werden sie kaum bemerkt, bevor sie prächtig und wohlriechend aufblühen.

Ich finde, daß die Bepflanzung in der Nähe des Hauses oder um die Terrasse herum einen kultivierten Eindruck machen sollte; so verbanne ich gewöhnlich Pflanzen, die eine wildere Umgebung verlangen, wie Heidekraut oder Ginster und natürlich alle Steingartenpflanzen. Aus dem gleichen Grunde sollten Sträucher und Bäume in Form, Laub und Blüte einen so ausgeprägten Charakter haben, daß sie einen Platz verdienen, wo sie das ganze Jahr über gesehen werden können. Magnolien zum Beispiel wirken immer gut. Ich kenne nicht eine Art, die nicht jederzeit elegant aussieht. *M. grandiflora* ist als Baum wie als Spalierstrauch etwas Wunderbares, ebenso *M. delavayi* und *M. wilsonii* und andere sommergrüne Arten, selbst dann, wenn sie ohne Blätter sind. Japanische Kirschen finde ich wegen ihrer hinreißenden Blütenpracht unwiderstehlich, und meine Lieblingssorte ist die einfachblühende weiße ›Tai Haku‹. *Cercis siliquastrum*, der Judasbaum, sollte nahe am Haus stehen; am schönsten wirkt er allerdings in einem Klima, das warm genug ist, um ihn vor dem Blattausbruch blühen zu lassen. Das Erlebnis, ihn zusammen mit dem weißen Hartriegel im April in Virginia blühen zu sehen, ist mir unvergeßlich. Die Japanische Wollmispel, *Eriobotrya japonica*, südlich der Loire ein immergrüner Baum, ist in England eine vortreffliche Spalierpflanze.

Ich frage mich oft, warum der gewöhnliche Quittenbaum nicht beliebter ist. In einem einfachen Garten ziert er einen wichtigen Punkt viel mehr als ein Apfelbaum. Er wächst ziemlich langsam und mag einen feuchten Platz; seine Zweige sind schön geformt, seine Blüten und Blätter voll Eigenart und Charme. Ein ebenfalls sehr reizvoller, ziemlich widerstandsfähiger, wenn auch langsam wachsender Baum ist *Davidia involucrata* var. *vilmoriniana*, der Taubenbaum, eine sehr vornehme Pflanze, die Anspruch auf einen besonderen Platz nahe am Haus hat; am besten wirkt sie, wenn sich ihre großen, weißen, hängenden Hüllblätter in einem sanften Juniwind wiegen und drehen. In jedem feuchtwarmen Klima möchte ich nahe am Haus *Embothrium longifolia* verwendet wissen. Dank seinen scharlachroten Blüten gehört dieses Gehölz in Großbritannien zu den schönsten Blütenbäumen. Es hat fast das gleiche ausgeprägte Rot wie *Delonix regia*, die in jedem Frühjahr die Straßen von Kairo und Neu-Delhi rot erglühen läßt.

Acer palmatum, der Fächerahorn, ist wie viele japanische Pflanzen von besonders eigenartiger Schönheit und sieht überall gut aus, ob in den wilderen Teilen des Gartens oder in einem architektonischen Rahmen.

Immergrüne Sträucher, so vielseitig sie sind, weil sie einer Pflanzengruppe den Eindruck von Festigkeit und Charakter verleihen, aber auch isoliert stehen können, müssen doch gewissen Anforderungen in bezug auf ihre Eigenschaften genügen. Diese Eigenschaften sind schwer zu beschreiben. Manche Pflanzen haben sie ohnehin, andere scheinen sie nur in Verbindung mit bestimmten Pflanzen zu besitzen. Mir scheint das eine Frage persönlicher Voreingenommenheit zu sein, und ich möchte hierzu sagen, daß starke Vorurteile einem Gartenentwurf nicht schaden; aber vielleicht sollte man sie von Zeit zu Zeit revidieren. So hatte ich jahrelang eine heftige Abneigung gegen goldgelben Liguster, wahrscheinlich deshalb, weil er mich an die trostlosen, staubigen Villengärten und an den Geruch von heißem Asphalt in jenem traurigen Seebad erinnerte, wo ich einst zur Schule ging. Als ich jedoch später einmal an einem der letzten Apriltage die Londoner Untergrundbahn an einer Vorortstation verließ, sah ich eine Pflanzung von *Forsythia* × *intermedia* ›Spectabilis‹ und Goldliguster, die alle Heftigkeit des Frühlings in einer grünlichgelben Flamme zu vereinigen schien. Später wurde ich an einem so unwahrscheinlichen Ort wie der aus London herausführenden Great West Road endgültig zu den Möglichkeiten des Goldligusters bekehrt, als ich pyramidenförmige Hainbuchen inmitten rund geschnittener Ligusterhügel sah. Die Harmonie von Farbe, Struktur und Gewicht und der Formkontrast lehrten mich, jede Pflanze auf ihre Verwendungsmöglichkeiten hin zu betrachten; denn durch Zusammenfügen kann manches zur Geltung kommen, was zunächst als Material nicht viel verspricht.

Aber anstatt bei Holunder, Liguster, Schneebeeren und anderen meist wenig liebenswerten Pflanzen zu verweilen, wollen wir zu unseren immergrünen Sträuchern zurückkehren. Rhododendren, die in ihrer Belaubung und ihren Blüten ungemein wirkungsvoll sein können, sind meiner Meinung nach nicht geeignet, in die Nähe einer Terrasse gepflanzt zu werden. Hier möchte man doch den Eindruck eines sonnigen Platzes betonen, und Rhododendren brauchen zumindest Halbschatten, wo das Licht durch ihre Blüten schimmert und sie leuchtend und durchscheinend macht. Der Lorbeerbaum der Antike, *Laurus nobilis,* der für die Speisenzubereitung in den Mittelmeerländern so wichtig wie das Olivenöl ist und von Cadiz bis Konstantinopel neben jeder Küchentür wächst, steht in meiner Liste obenan. In der freien Natur ist er der anmutigste unter den kleinen immergrünen Bäumen, und in frostfreien Gegenden bildet er eine prächtige dicke Hecke. Selbst eine einzige Pflanze in dem sonnigen Winkel einer Mauer genügt, um die zwei Jahrtausende einer klassischen Kultur heraufzubeschwören. *Eucryphia cordifolia* und ihre Hybride *E. nymanensis* haben die gleiche Wirkung.

Wacholderpflanzen, besonders *Juniperus chinensis* ›Pfitzeriana‹ und *Juniperus sabina* ›Tamariscifolia‹, sind mit ihren ausgebreiteten federartigen Zweigen Immergrüne, die ebenfalls eine etwas strenge architektonische Anlage auflockern oder den Übergang von einem streng zu einem zwangloser gestalteten Gartenteil erleichtern können. Diese Sträucher werden niemals eintönig oder langweilig, wieviel Platz man ihnen auch zubilligt. Für mich haben sie die gleiche Anziehungskraft wie die Wogen des Meeres oder wie Baumwipfel, auf die man an einem windigen Tag herabsieht. Ich kenne einen Garten in Frankreich, dessen Besitzer auf ein schräg abfallendes Feld einen Wald pflanzen wollte, ohne dabei die Aussicht zu beeinträchtigen. So bepflanzte er die ganze Fläche mit Atlaszedern, *Cedrus atlantica glauca,* und köpfte sie alle unbarmherzig 1,80 m über dem Boden, um ein Meer aus graugrünen Nadeln zu erhalten.

Bei der Bepflanzung von Terrassen greife ich immer wieder auf Mittelmeerpflanzen zurück: auf Myrten, die einen warmen Platz verlangen, auf den Erdbeerbaum, *Arbutus unedo,* und *Viburnum tinus,* den »Laurustinus« der viktorianischen Zeit, der gleichwohl wunderschön ist.

Die Auswahl der Blumentöpfe und -kübel bedarf der gleichen sorgsamen Beachtung wie die der Blumen selbst. Die einfachsten Blumentöpfe sind mir am liebsten. Terrakottavasen mit Frucht- und Blumengirlanden wirken reizend, wenn sie, groß genug, um mit Zitronen- und Orangenbäumen bepflanzt zu werden, im mehr oder weniger blumenlosen Rahmen eines italienischen Gartens stehen; sind sie jedoch klein und werden mit Blumen gefüllt, sehen sie fast immer überladen aus. Der gewöhnliche rote Blumentopf, so einfach in Form und Material, ist für seinen Inhalt ideal. Braucht man sehr große Töpfe, so darf diese Grundform mit einem kräftigeren Rand und einem Wulst oder einer Vertiefung ungefähr in halber Höhe versehen sein. Der obere Rand eines Blumentopfes oder Pflanzenbehälters sollte immer genausoweit wie der Boden oder weiter sein. Enghalsige Ölkrüge zum Beispiel sehen lächerlich aus, wenn man buschige Blüten- oder Blattpflanzen hineinpflanzt, denn im Verhältnis zu dem Krug wirken die Pflanzen stets zu klein.

An jedem gepflasterten Platz gruppiere ich gern Töpfe in großer Zahl. So würde ich zum Beispiel um einen großen Blumentopf mit einem rosa Oleander einen ganzen Kreis mittelgroßer Blumentöpfe mit rosa Geranien aufstellen, und wenn noch Platz wäre, eine weitere Reihe ganz kleiner Töpfe mit weißen oder rosa Petunien. Zwei oder drei Töpfe mit leuchtenden Blumen in ein oder zwei Farben zu beiden Seiten einer breiten Gartentreppe machen die Stufen freundlicher und lassen sie zu einem Teil des Gartens werden.

Im alten Kairo war diese Art der Topfgärtnerei sehr beliebt. Auf Stufen und in den sandigen Höfen der Häuser standen dort oft lange Reihen von Töpfen, manchmal zwei oder drei hintereinander; sie waren mit Alpenveilchen und Zinerarien, weißer Hundskamille (Anthemis), Nemesia und allen Arten einjähriger Pflanzen gefüllt. Auch in Italien ersetzen oft Reihen von Blumentöpfen das Blumenbeet im Garten. In La Loggia bei Turin ist der Eingang zum Hauptstockwerk als offene Treppe in die Fassade hineingebaut. Die schwarzen Steinstufen sind mit einem königsblauen Teppich ausgelegt, und im Spätherbst ist jede Stufe der langen doppelten Treppenflucht von Töpfen mit weißen und gelben Chrysanthemen besetzt – ein festlicher Empfang, wenn man nach einer Fahrt durch den Dunst und Nebel der Poebene die Säulenhalle erreicht.

Töpfe sollten stets sozusagen mit beiden Beinen auf der Erde stehen. In schmiedeeisernen Behältern an Wänden oder Wandschirmen aufgehängt, sind sie völlig fehl am Platze: ebenso unpraktisch und noch weniger reizvoll als jene altmodischen, aufgehängten Drahtkörbe, die man oft mit Farnen und Hängebegonien gefüllt sah. Glasierte Töpfe sind zum Ziehen von Pflanzen nicht sehr geeignet, doch können Kakteen und Tradeskantien darin gedeihen. Ich würde sie nie verwenden, denn ihre glänzende Oberfläche wetteifert im Freien zu sehr mit Blumen und Blattwerk, wohingegen Fayence, wenn sie allein verwendet wird, ein sehr ansprechender Gartenschmuck sein kann. Alte arabische Innenhöfe sind voll von gekachelten Wänden und Wegen in Blau, Grün und Gelb, was diesen Licht-Schatten-Gärten eine kühle Klarheit verleiht.

Die Portugiesen, die diese Tradition im 17. und 18. Jahrhundert von den Arabern übernahmen, machten sehr viel Gebrauch von Glasurtöpferei. Der Rokokogarten in Queluz hat einen von Geländern eingefaßten Kanal mit einer Brücke, einer Pyramide und einer ganzen Menge sorgfältig gearbeiteter Urnen, alles aus Fayence und mit Segelschiffen, Fischen und Arabesken in Blau, Senfgelb und Dunkelrot vollendet bemalt. Als ich vor nicht allzulanger Zeit in Lissabon war, um über ein Besitztum zu beraten, nahm man mich zu einem verwilderten Garten mit, einer vollkommenen, ziemlich großen Rokoko-Folie mit achteckigen Pavillons, Statuen, Säulen, Springbrunnen, Bänken und Mauern, die entweder ganz aus vielfarbiger Fayence gefertigt oder damit bedeckt waren.

Während solche Raritäten schwer zu finden und nicht leicht von ihrem Standort zu entfernen sind, wirken kleinere Stücke im Freien, solange ihre glasierten und gemusterten Oberflächen den Blumenschmuck ersetzen. Es gibt bei Vence ein Haus, dessen Besitzerin jahrelang Schüsseln, alte Wassertöpfe und Olivenkrüge aus oft brauner und tief moosgrüner Fayence sammelte. Sie sind sehr wirkungsvoll in einem abgeschlossenen Patio verteilt, der mit Zypressen und riesigen Magnolien *(Magnolia grandiflora)* bepflanzt ist. Die glänzenden grünen Blätter dieser Bäume haben die gleiche Textur und Farbe wie die Keramik.

Die tatkräftige Wiederbelebung der Töpferei, von Picasso in Vallauris in Gang gebracht, läßt bereits neue Möglichkeiten der Garten-

ausschmückung ahnen. Junge Töpfer fertigen abstrakte Kunstwerke, dem Maßstab des Gartens angepaßt. Es ist vielleicht verständlich, daß diese ungegenständlichen Skulpturen in jedem traditionellen Zimmer traurig fehl am Platze sind; sie können jedoch
voller Phantasie, anregend und gleichzeitig beruhigend sein, stellt
man sie im Freien in einen Rahmen aus Laub, Stein und Kies.

Holzkästen und -kübel müssen ebenso sorgfältig ausgewählt werden wie Töpfe. Außer als Fensterkästen oder auf einem Dachgarten
eignen sich Holzbehälter am besten für große Objekte wie Bäume,
Sträucher oder großblättrige Pflanzen, aber nicht für Blumen, die
besser in Töpfe passen. Die beste Art des Holzkübels ist die klassische Caisse de Versailles; Orangen- und Zitronenbäume, Oleander,
Granatäpfel und andere exotische Pflanzen können darin gezogen
werden; im Winter bringt man sie dann in einer Orangerie unter. In
Versailles stehen dreihundert Jahre alte Orangenbäume noch immer
in solchen Kästen, obwohl diese selbst mehrfach erneuert wurden,
und im Schloß von Laeken bei Brüssel gibt es einen Orangenbaum,
der noch aus der Zeit Heinrichs IV. stammt. Die echte Caisse de
Versailles ist ein quadratischer Holzkasten mit vier Eckpfosten, der
oben und unten mit flachen Eisenbändern zusammengehalten wird.
Die Eisenbänder können abgeschraubt und die Seiten einzeln herausgenommen werden, so daß man die Wurzeln der Bäume behandeln und – wenn nötig – neue Erde hinzufügen kann. Manchmal sind
diese Kästen sehr groß, bis 1,20 m hoch und ebenso breit und tief. In
dieser Größe eignen sie sich nur für den Hof oder die Terrasse sehr
großer Gebäude. Man kann sie den ganzen Sommer hindurch längs
der Gartenwege vor der mächtigen Orangerie in Versailles sehen
oder auf der Terrasse, die die Anlage um den großen Springbrunnen
im Jardin du Luxemburg in Paris umgibt. Für ein kleines Haus und
einen kleinen Garten können sie in jeder Größe hergestellt werden,
solange man die Proportionen genau beachtet. Sie müssen immer
einen exakten Würfel bilden, abgesehen von den Füßen, die den
Boden des Kastens gerade eben von der Erde abheben, und den
Knäufen der vier Eckpfosten, die gewöhnlich mit einer runden oder
ananasförmigen Verdickung enden. Die quadratischen Seiten können aus vertikal oder horizontal gestellten Brettern bestehen oder
noch besser aus einem Rahmen mit einem leicht vertieften Mittelteil.

Es ist einfacher und billiger, die Eisenbänder nicht abschraubbar zu befestigen. Sind die Kästen aus Lärche und innen gut präpariert, so halten sie lange Jahre. Ich verwende diese Behälter in Südfrankreich für Orangen- und Zitronenbäume und anderswo für gestutzten Buchsbaum oder gestutzte Eiben, für hochstämmige oder Busch-rhododendren und für unterschiedlich gestutzte Lorbeerbäume. Auf eine Terrasse oder vor ein Haus gestellt, sehen sie als architekto-nisches Element sehr gediegen aus und geben selbst einem leeren Hof einen Anflug von Wohnlichkeit. Ich streiche sie gern weiß oder silbergrau und die Eisenbänder schwarz an. Vor dem Modesalon von Christian Dior in Paris stehen Lorbeerbäume in kleinen grauen und weißen Kästen; in Longleat wurden die klassischen Proportio-nen für riesige Kästen aus grauen Schieferplatten angewandt. Diese Würfelform ist generell am besten. Allerdings gibt es da zwei ent-zückende Pflanzengefäße, die der Familie Talleyrand-Périgord gehören und nur etwa 60 cm hoch und dreieckig im Grundriß sind. Sie stammen aus dem späten 18. Jahrhundert und sind aus grauem und weißem Marmor hergestellt und mit Goldbronzeverzierungen versehen. Es sind natürlich Sammlerstücke und nicht für die Ver-wendung im Freien gedacht, doch stelle ich mir vor, daß sie mit geschnittenen hochstämmigen Myrten bepflanzt ausgezeichnet wir-ken würden.

Wo auf einer Terrasse oder in einem »Zimmer im Freien« niedrige längliche Blumenkästen aus Holz angebracht sind, sollten auch sie Eckpfosten zur Verstärkung und 5 bis 8 cm Abstand vom Boden haben. Sie brauchen keine Metallstreifen. Man kann sie weiß oder hellgrau streichen oder auch in einem sehr dunklen Grün, das man durch gemalte Bänder oder ein weißes Gittermuster unterbricht.

5. KAPITEL

Über das Pflanzen von Bäumen

In der Gartengestaltung gibt es oft eine ganz besondere Schwierigkeit: die Überbrückung jener Kluft zwischen gutem Planen und guter Bepflanzung. Ich kannte glänzende Gartengestalter, die zwar von einer großen Leidenschaft für ihre Arbeit besessen waren, deren Pflanzenkenntnisse jedoch zu wünschen übrigließen. Entweder beschränkten sie sich auf ein kleines Pflanzenrepertoire, oder sie überließen die Bepflanzung anderen. Ich habe andererseits auch bemerkenswerte Pflanzenzüchter gekannt, Männer mit großem Wissen über Pflanzen und deren Lebens- und Wachstumsbedingungen, die kaum eine Vorstellung davon hatten, wie man Pflanzen so verwendet, daß ein Gartenbild entsteht.

Der Gärtner oder Planer, der beide Fähigkeiten vereinigt, gleicht einem weißen Raben. Es sind zwei weite Wissensgebiete, und das Leben eines Menschen reicht nicht aus, um beide hinlänglich zu erforschen. Jedoch sollte ein Mensch, dessen Neigung sich der Planung zuwendet, den Pflanzen immerhin so viel Zeit und Aufmerksamkeit schenken, daß sich in ihm das entwickelt, was ich mit »Spürsinn« bezeichnen möchte. Dann wird er, auch wenn sein Wissen über Namen und Aufzucht notwendigerweise beschränkt bleibt, die Natur des pflanzlichen Lebens so weit verstehen lernen, daß er die seinem Plan gemäße Bepflanzung findet. Ein Meister – ganz gleich, in welchem Fach – wird sich, wenn er heranreift, fast immer in einer beschränkten Auswahl von Materialien ausdrücken. Aber dieses Repertoire ist dann das Ergebnis jahrelanger Versuche und Forschungen. Ein berufsmäßiger Gartengestalter fängt sich, wie jeder andere Künstler, sehr leicht in der Falle einer zu früh erstarrten Manier. Zufällig erzielt er ein gutes Ergebnis. Er ruht auf seinen Lorbeeren aus und wiederholt ständig den gleichen Plan und dieselbe Art der Anpflanzung. Es ist eine gewaltige Versuchung, eine erfolgreiche Formel zu wiederholen, aber die Methode der Massenproduktion von Gartenentwürfen kann leicht zu einem unglücklichen Ende führen. Eines Tages sieht man sich einem Gelände gegenüber, zu dem das Rezept einfach nicht paßt; und ein Problem neu zu bedenken und neu zu sehen ist schwer und manchmal unmöglich, wenn bestimmte geistige Gewohnheiten und Gedanken festgefahren sind. Es mag, vom geschäftlichen Standpunkt aus betrachtet, weniger vorteilhaft sein, ist jedoch für einen Gartengestalter weitaus interessanter, die Bepflanzung eines jeden neuen Gartens auch als neue Aufgabe zu betrachten und zu prüfen, ob die schon bewährten Gesichtspunkte auch hier brauchbar sind oder nicht; neue Lösungen für neue Probleme zu finden, anstatt – was natürlich viel leichter ist – langerprobte Rezepte anzuwenden. Es erfordert jedenfalls viel Geduld und etwas von jener wenig gängigen Ware: künstlerisches Gewissen.

Einen Bepflanzungsplan zusammenzustellen ist ähnlich leicht oder schwer. Auch wenn ich aus Erfahrung weiß, daß sich eine bestimmte Pflanze, die ich vorher oft verwendet habe, gut für meinen jetzigen Zweck eignet, zögere ich immer, mich auch diesmal für sie zu entscheiden. Vielleicht gibt es doch noch eine andere Pflanze, die aus diesem oder jenem Grunde noch besser geeignet ist. So suche ich wieder zunächst in der Abteilung meines Gedächtnisses, die einen illustrierten Pflanzenkatalog enthält, und studiere dann Pflanzenlisten und Sachbücher in der Hoffnung, eine bessere Lösung zu finden.

Planung gibt dem Gelände Form und Gestalt, bestimmt die Höhenunterschiede und entscheidet über die Anordnung und Art der Bestandteile, die man einfügen möchte. Doch schon während der Planung müssen die Ideen der Bepflanzung langsam Gestalt annehmen. Ein Maler kann sein Gemälde mit einer Einzelheit in einer Ecke beginnen, einem Brennpunkt, der ausstrahlt und den er nach und nach mit anderen Punkten verbindet – anderen Ausgangspunkten auf anderen Teilen der Leinwand –, oder er kann die gesamte Komposition in groben Umrissen skizzieren. In beiden Fällen steht gewiß eine Gesamtvorstellung vor seinem geistigen Auge, so daß Einzelheiten oder Teilmotive seines Bildes eine Beziehung zu dem gedachten Ganzen haben, wo auch immer er beginnt.

Ganz gleich, wo und wie ein Garten anzulegen ist, er wird nur dann ein Erfolg, wenn Komposition, Anlage und Bepflanzung ineinandergreifen und zur Landschaft in Beziehung stehen. In einer Gartenkomposition müssen die verschiedenen Möglichkeiten des Plans und der Perspektive, der Volumina und der leeren Räume eine Beziehung zu den Pflanzen haben, die man verwenden will. Ein Plan, der auf dem Papier tadellos aussieht, kann leicht zur Karikatur werden, wenn der Gestalter nicht in jedem Stadium die Bepflanzung vor Augen hat.

Ein Beispiel kann vielleicht zeigen, was ich meine. Während einer Besichtigung der Parkanlagen und Gärten in und um Lissabon speiste ich in einem Gartenrestaurant inmitten der neu angepflanzten Wälder von Zypressen, Wacholder und Eukalyptus in dem hügeligen Gelände oberhalb der Mündung des Tejo. Das Restaurant befindet sich in einem Garten auf einem kleinen Plateau, das die Gegend beherrscht. Es ist ein tiefliegender Garten mit einem langen, schmalen Teich in einem von Trockenmauern umgebenen Rasen; am anderen Ende sieht man eine Pergola, mit verschiedenen Kletterpflanzen bewachsen. Die Stauden, Gräser und Wasserpflanzen waren auf das sorgsamste ausgewählt worden, doch fast alle Pflanzen würden ebensogut in Nordeuropa gedeihen, und man hatte den Eindruck, an der Nord- oder Ostsee zu sein. Hier hat eine an und für sich vollkommene Komposition keinerlei Beziehung zu ihrer Umgebung und ruft daher jenes Gefühl der Unbehaglichkeit hervor, das einmal durch einen japanischen Diplomaten ausgedrückt wurde, als er einen berühmten »japanischen Garten« in Europa besichtigte. Nach einem passenden Kompliment suchend, konnte er nichts anderes sagen als »So etwas gibt es in Japan nicht.«

Die Zahl der Pflanzen, die dem Gärtner zur Verfügung steht, ist so unendlich groß geworden, daß ein Anfänger wahrscheinlich sehr leicht die Orientierung verliert. Mit der Zeit und durch Erfahrung wird er sich Kenntnisse über eine mehr oder weniger beschränkte

Auswahl von Pflanzenmaterial aneignen können. Nach und nach lernt der Gartenliebhaber, was für seinen Garten geeignet ist und was nicht, während der Gartenarchitekt sein Repertoire erweitern muß, um Tausenden von Situationen gerecht zu werden.

Es gibt immer eine große Anzahl von Möglichkeiten, und man ist stets versucht, zu viele gleichzeitig anzuwenden. Ich hatte das Glück, während der vergangenen dreißig Jahre vielerlei Gärten in den verschiedensten Ländern zu gestalten, aber ich habe noch nicht gelernt, mich jeweils unerbittlich genug auf nur wenige Pflanzenarten zu beschränken und diese dann so kühn und großzügig zu verwenden, wie die Komposition des Gartens und seine Umgebung es zulassen. Dabei weiß ich, daß die eindrucksvollste und größte Augenfreude zustande kommt, indem man ein einfaches Element wiederholt oder anhäuft. Man stelle sich nur den Parthenon vor, jede Säule aus anderem Marmor! Doch in der Gartengestaltung macht man ständig diesen Fehler. Lebende Pflanzen sind in sich so schön und ihr Aufbau und ihre Farben so gefällig, daß man schon sehr ungeschickt sein muß, wenn sie nicht irgendwie zusammenpassen. Man neigt dazu, harmonische Details zu erfinden, und vergißt das Ganze. Aber ein noch so fein ausgearbeitetes Flickwerk in der Anpflanzung wird immer ein Flickwerk bleiben, und das Wunder von Ganzheit und Einheit wird nicht wirksam werden.

Gärten brauchen ein Thema, das nicht nur von ihrem Plan abhängt. Unser Ziel oder eines unserer Ziele besteht darin, ein »Paradies« mit den in der Gegend schon vorhandenen und besonders charakteristischen Elementen zu schaffen, den Genius loci zu verstärken und zu bekräftigen und unsere Naturliebe zu beweisen, indem wir jeder Pflanze die besten Entwicklungsbedingungen geben. Hier haben wir schon eine jener Fallen, in die jeder Gartengestalter beinahe unvermeidlich gerät: Er neigt in dieser Situation dazu, über der Sorge um die Bedürfnisse einer einzelnen Pflanze andere Überlegungen zu vergessen. In einem Naturgarten wird die Komposition notwendigerweise mehrdimensional. Zum Volumen kommt die Farbe, zur Farbe die Textur. Der Wechsel von Licht und Schatten während der Tages- und Jahreszeiten, vielleicht das Geräusch des fallenden Wassers oder der Zweige im Wind und das Spiel der vorbeifliegenden Vögel und Schmetterlinge gesellen sich dazu. Die bloße Freude an all diesen Dingen genügt schon, um einen Gärtner in Begeisterung zu versetzen. Man gebe ihm die Freiheit, in allen Bereichen der Pflanzenwelt zu schwelgen, und seine Berauschung wird vollkommen sein. Ein solches Übermaß gärtnerischer Freuden läßt mich nach einer subtileren Befriedigung Ausschau halten.

Man ändere beispielsweise den Maßstab, und aus dem anmutigen Blumendurcheinander einer Alpenwiese wird eine andere Welt. Man braucht nur ein Vergrößerungsglas an eine Akelei oder wilde Orchidee, an eine kleine Primel oder an eine Blüte der Androsace zu halten, und sofort ergreifen Kraft, Streben, Struktur, Farbe und eine überwältigend sinnvolle Einfachheit Besitz von Auge und Verstand. Für mich hat jede lebende Pflanze und Blüte diese Eigenschaften, und immer möchte ich, daß ein Garten die Lebenskraft und die Vollkommenheit der einzelnen Elemente, aus denen er besteht, widerspiegelt und betont.

Man wird sich in einen solchen Garten begeben wie in das Anderssein eines unbekannten Ortes. Er wird um so bezaubernder wirken, je mehr man ihn vor Elementen bewahrt, die Alltäglichkeit und alle daraus folgenden abgedroschenen visuellen und gedanklichen Assoziationen in Erinnerung bringen. Ich entsinne mich an Helen Lindsay-Smiths Garten in Surrey, wo unterhalb des Hauses in einem kleinen Tal ein trüber Fluß den torfigen Schlamm eines Erlenrieds durchquerte. Das schwarz-sumpfige Gelände mit den glatten Stämmen der Erlen und ihren braungrünen Blättern war etwa einen halben Morgen groß, und an jenem Tage wurde der ganze dunkle Ort wunderbar erleuchtet durch Abertausende sorgfältig ausgewählter Exemplare von *Primula japonica* mit ihren mehrfachen weißen Blütenringen, hier und da von ganz zartem Rosa überhaucht.

Ganz gleich, welche Idee man hat und wie man sie ausführen will, um einen zwanglosen Garten zu gestalten: Das Wesentliche ist die Bepflanzung. Die Wege – aus welchem Material sie auch bestehen – sollen breit und bequem sein und sich nicht zu oft wenden und krümmen, sofern man unnötige Verworrenheit vermeiden will. An einem Abhang mögen Richtungsänderungen unvermeidlich sein, grundsätzlich jedoch sollte eine scharfe Biegung nur dann angelegt werden, wenn man von einem Abschnitt eines solchen Gartens in einen anderen überwechselt. Jeder Anblick sollte großzügig sein, wie begrenzt auch die zur Verfügung stehende Fläche sein mag. Diese Großzügigkeit hängt allein von der Einfachheit des Grundthemas und von der behutsamen Auswahl der ergänzenden Pflanzen und Details ab, die zu dem Hauptthema hinleiten und nicht davon ablenken sollen.

Von jeder beliebigen Pflanze oder Pflanzengattung kann man bei der Bepflanzung ausgehen. Man hat vielleicht einen Eichenwald, dessen Boden und klimatische Bedingungen sich für die Anlage eines Kameliengartens eignen. In diesem Fall könnte man fast ausschließlich Kamelien pflanzen, so daß im Frühling das schwach gebrochene Sonnenlicht durch die kahlen Äste der Eichen schimmert und das dunkelglänzende Blattwerk und das kristallklare Weiß, das Rosa oder Rot der blühenden Kamelien aufleuchten läßt. Fügte man eine einzige gelbe Forsythie oder das Blauviolett oder Blau eines frühen Rhododendrons hinzu, so wäre die Einheit des Gartens unwiederbringlich verloren. Jede andere Anpflanzung darf nur ein Ziel haben – die Wirkung der Kamelien zu erhöhen. Deshalb verwende man beispielsweise als Bodendecke Halbsträucher, Gaultheria und *Viburnum davidii* und *Cornus canadensis*, Pflanzen mit glänzenden Blättern in verschiedenen Grünschattierungen.

Selbst bei einer so gezügelten Bepflanzung würde ich in meinem Bestreben nach Vereinfachung und Einheit noch weiter gehen. Ich würde mich in der Auswahl der Kamelien auf einige wenige Sorten beschränken und diese dann in solchen Mengen anpflanzen, daß ihre Eigenheit und ihre Wesensart voll zum Ausdruck kommen.

Man könnte als Gärtner zwei Einwände gegen eine solche Anlage haben: Der erste Einwand bestünde darin, daß die Konzentration des Gartenerlebnisses auf wenige Wochen im Jahr eine Extravaganz darstellt, die sich nur wenige Leute erlauben können. Die Antwort liegt darin, daß sich für einen so behandelten Garten während des Jahres eine zweite Hoch-Zeit erreichen läßt, die dann allerdings einen ganz anderen Charakter haben muß. In diesem besonderen Falle könnten Lilien die Lösung sein – ob sie nun im Sommer oder Herbst blühen: Ihre dünnen Stengel wachsen aus der Unterpflanzung empor, und ihre leuchtenden Blüten heben sich von den nun ganz dunkelgrünen Kamelien ab.

Der zweite Einwand wäre, daß das keine neue Idee ist, und das stimmt, denn man pflanzt seit langem Zwerghybridrosen, bestimmte einjährige Pflanzen und Tulpen gern in Mengen an. Ganz mit Heide bepflanzte Gärten erfreuen sich gewisser Beliebtheit, ebenso die nur mit Schwertlilien oder nur mit irgendeiner anderen Art bepflanzten. Auch ist es üblich geworden, Waldgrundstücke ausschließlich mit Rhododendron zu bepflanzen. Ich glaube jedoch, daß die Entwicklung noch viel weiter gehen kann und daß aufgrund eines genauen Studiums von Struktur und Farbe unter verschiedenen Lichtbedingungen schönere Gärten entstehen, die eine geschlossenere Einheit aufweisen. Eine Gartenanlage, in der Kamelien oder vielleicht großblättrige Rhododendren das Thema bestimmen, wird nicht jedem gefallen, doch selbst der schlechteste Boden oder die ungünstigste Lage kann durch eine einheitliche Gartenkomposition geprägt werden, wenn die Möglichkeiten einer streng begrenzten Pflanzenauswahl voll zum Ausdruck kommen.

Im allgemeinen sollte man sich auf solche Pflanzen beschränken, die in dem jeweiligen Garten willig gedeihen. Mit seltenen oder schwierigen Pflanzen einen Erfolg zu haben ist ein anderes Vergnügen und ein anderes Thema. Ein Garten, der einer gut geführten Klinik oder einem Museum gleicht, liegt außerhalb jeder visuellen Harmonie, die doch vielleicht das erstrebenswerteste Ziel eines Gartengestalters ist.

Es wäre ein Verrat am eigenen Verstand, wollte man eine Pflanze als an sich häßlich bezeichnen. Immer besteht eine vollkommene Harmonie zwischen Wurzel und Stengel, Blüte, Blatt und Samen. So bin ich zum Beispiel ein geschworener Feind des gemeinen Holunders, weil er so gut in den feuchten Ecken vernachlässigter Gärten gedeiht, aber ich muß gestehen, daß mich ein blühender Holunderbusch mit seinen großen Büscheln wohlriechender cremefarbener Blüten, der vielleicht zwischen Bauernhäusern über eine Mauer hängt, immer entzückt hat. Gleichermaßen bedeuten die meisten Arten der Föhren oder Tannen als alleinstehende Exemplare in einem Garten oder in einem kleinen Park für mich eine etwas törichte romantische Annäherung an die Landschaftsgärtnerei, wie sie im späten 18. und mittleren 19. Jahrhundert Mode war, obgleich nichts schöner sein kann als eine große Gruppe dieser Bäume in einer

Gebirgsgegend. Solche persönlichen Vorurteile sind fast notwendig, wenn der Gärtner an die Pflanzen herangeht, und sicherlich wird er seine Gartenpflanzenwelt nach seinen Sympathien und Antipathien aufbauen. Wenn man ein Gefühl für Pflanzen und ihre Lebensbedingungen entwickelt hat, weiß man, daß nur eine standortgemäße Plazierung ein harmonisches Ergebnis hervorbringt. Ich betone das, weil ich so häufig zum Beispiel Lavendel zwischen die üppigen Gräser einer feuchten Wiese gepflanzt finde und Schwertlilien in Verbindung mit Azaleen im Schatten und auf saurem Boden. Und wie oft habe ich Rhododendren, Kletterrosen und Geranien alle zusammen auf einem sonnigen Beet gesehen, obwohl Rhododendren Torf und Schatten, Kletterrosen einen guten, kräftigen Lehm und Geranien einen mageren, trockenen Boden verlangen.

Pflanzen, die entsprechend ihren Pflegebedürfnissen gruppiert sind, werden immer gewisse Grundthemen für die Komposition eines Gartens oder eines Gartenteils vorgeben, während andererseits die bestehenden Bodenverhältnisse in starkem Maße die Arten, Formen und Texturen einer Pflanzung bestimmen sollten. Das führt nicht zu Eintönigkeit, sondern zu einer echten Einheit, und unendlich viele Variationen können aus dem einfachsten Grundthema entwickelt werden.

Ich habe oft im Mittelmeerraum Gärten angelegt, in denen alte Olivenbäume mit ihren knorrigen und gekrümmten Stämmen und silbergrünen, sonnengesprenkelten Blättern das Bild bestimmten. Es sind geduldige Bäume, die auch auf steinigstem Boden zweitausend Jahre alt werden können. Am Rande solcher Gärten läßt sich *Iris unguicularis* unter den Ölbäumen ansiedeln, ebenso wie Freesien und wilde rote und blaue Anemonen, kleine weiße Römische Hyazinthen *(Bellevalia romana)* und weiße Jonquillen-Narzissen wegen ihres Duftes.

Nahe am Haus würde ich vielleicht unter den Oliven einen Rasen anlegen und die violette Wistarie pflanzen oder die blaue Kennedya, gelbe und weiße Lady-Bank's-Rosen wie auch *Rosa anemonoides,* ebenso die reichblühende und schnellwachsende Rose ›La Follette‹, die alle wild zwischen den Zweigen ranken und schwingende Girlanden aus Duft und Farbe bilden. Wollte ich dagegen das eigenartig silbrige Aussehen der Ölbäume als Gartenthema nehmen, würde ich graublättrige Sträucher wild wachsen und ein Dickicht bilden lassen: Rosmarin, Zistrose, das graublättrige Teucrium, das in Südfrankreich so geschätzt wird, Strauchmelde *(Atriplex halimus)* und Lavendel. Im Garten selbst würde ich mit Lavendel, Schwertlilien aller Art, Federnelken, Santolina, Diplopappus, *Felicia amelloides, Aster pappei,* Brandkraut *(Phlomis fruticosa),* verschiedenen Salbeiarten und *Leonotis leonurus* einen blühenden Untergrund für die Olivenbäume schaffen. Verlangt es mich nach einem herzhafteren und grüneren Anblick, so würde ich Lorbeerbäume, *Choisya ternata,* die reizende spätblühende *Lagerstroemia indica,* Agapanthus und Strauchpäonien verwenden, die ein ganz anderes Bild ergeben, obwohl auch hier die Olivenbäume das grundlegende Thema sind.

Weiter nördlich könnte ein Kiefernwald das Thema bestimmen. Unter Kiefern findet man oft einen sandigen und leicht sauren Boden. Ist die Luft feucht und reichlich Schatten vorhanden, so können hier vielerlei Rhododendren wachsen, sowohl Arten wie Hybriden, die entweder um ihrer Blütenfarbe willen oder wegen der Form und Struktur ihrer Blätter Verwendung finden. Arten wie *Rhododendron falconeri, R. sinogrande, R. macabeanum* und fünfzig andere aus dem Himalaja, aus Jünnan und Oberbirma bilden mit ihren steifen, lederartigen, von silbernen und zimtfarbenen Härchen bedeckten Blättern ein Teppichmuster aus verschiedenstem Grün. Die unübersehbare Menge von Rhododendronhybriden ergibt im lichten Schatten der Kiefern von März bis Juli Farbtupfen in Weiß, Creme, Hellrosa, Rosa, Scharlachrot, Karminrot und jeder Schattierung von Violett bis Blaßlila und Dunkelpurpur. Als zweites Thema können verschiedene Lilienarten die Anziehungskraft einer solchen Pflanzung bis gut in den Herbst hinein verlängern.

Vor demselben Hintergrund könnte man in einer noch anspruchsvolleren Anlage vielleicht Azaleen verwenden, die heute unter der Gattung Rhododendron geführt werden. Allerdings mische ich Gandavense-Sorten (Genter Hybriden), *Rhododendron japonicum (Azalea mollis)* oder andere sommergrüne Azaleen nie mit »echtem« Rhododendron. Ihre Farbenpracht in Gelb, Orange, Flammendrot und Orangescharlach, das Grün ihres jungen Laubs und das dünne Gewebe ihrer Blüten passen schlecht zu der größeren Massivität und der ganz anderen Blütenfarbe der »echten« Rhododendren.

Aber auch wenn man nur Azaleen pflanzt, muß man in der Auswahl der Farbe vorsichtig sein. Die cremefarbenen, gelben und orangefarbenen Azaleen hält man am besten von den leuchtend rosafarbenen fern, und das dunkelste Rot braucht Weiß zur Aufhellung.

Vielleicht der einzige Ort in Europa, wo Indische Azaleen den Winter überstehen, sind die Ufer des Comer Sees und des Lago Maggiore. Mit Gardenien und Kamelien gemischt, bieten sie dort einen wunderbaren Anblick. In kälteren Gegenden würde ich Kurume-Sorten in Weiß, Rosa, Scharlach- und Magentarot pflanzen. Die Japaner verwenden diese niedrigwachsenden, dichten, immergrünen Azaleen seit Jahrhunderten in den Gärten, während man sie in Europa nur in einigen wenigen Exemplaren in Liebhabergärten finden konnte. Erst in den letzten zwanzig Jahren haben sie sich von da aus bei uns verbreitet, und heute nimmt man diese Sorten gern für großflächige Pflanzungen.

Ist der Boden unseres Kiefernwaldes sandig oder kiesig, so liefert die große Familie der Heidekräuter genügend Material für ein anderes Thema. Es gibt unter ihnen Pflanzen, die sich für Massen- oder Gruppenpflanzungen besonders gut eignen, und zwar von wenigen Zentimetern bis zu zwei Meter Höhe. Sie bilden das ganze Jahr über Matten und kleine Hügel in den verschiedensten Schattierungen von Grün und Rotbraun, Silber und Gold. Auch ist es nicht schwierig, zwölf Monate lang Farbe im Garten zu haben. Wenn im März oder April das Heidekraut am wenigsten Farbe zeigt, läßt man kleinere Zwiebelgewächse, die mit den gleichen Bedingungen zufrieden sind, die sandigen Zwischenräume mit leuchtenden Farbflecken übersäen: zum Beispiel Krokusarten und Scilla, Chionodoxa, Zwergnarzissen und mancherlei Arten niedriger Wildtulpen.

Mit den gleichen Kiefern als Ausgangspunkt können wir eine Pflanzidee nach der anderen finden. Am Meer, wo die Luft feucht ist und es nur selten Frost gibt, der die bereits entwickelten Blütenknospen des nächsten Jahres schädigt, ließe sich ein ganzes Gartenbild nur mit Hortensien gestalten, indem man wiederum sowohl Arten als auch Hybriden verwendet. Oder in einem warmen, aber trockeneren Klima könnte die Familie der Zistrosen einem Garten einen bestimmten Charakter verleihen. Der Duft der Zistrosen würde sich reizvoll mit dem Harzgeruch der Kiefern mischen. Den ganzen Sommer über würden jeden Morgen von neuem kurzlebige einfache Blüten in Gelb, Weiß, Violett und Rosa, manchmal karminrot oder schokoladenbraun gesprenkelt, die Büsche übersäen, um am Abend abzufallen. Ich würde den Boden einer solchen Pflanzung mit Matten von Helianthemum bedecken, besonders mit den einfach rosa, weiß und gelb blühenden silberblättrigen Spielarten. Als Gegensatz dazu würde ich ganze Tuffs von Camassia mit ihren Ähren voll graublauer Blüten pflanzen.

Ein Olivenhain oder ein Kiefernwald, eine Gruppe Weißbirken, eine Trauerweide an einem schlammigen Ententeich, eine sumpfige Wiese voller Mädesüß und Schwertlilien, ein Haselnußdickicht oder ein Eichenwald, ein felsiger Hang – sie alle sind ein natürlich gegebener Rahmen für einen Garten. Was kann geschehen? Wir haben eine Idee und wollen sie auch verwirklichen – dann taucht eine unwiderstehliche Pflanze auf, die wir gern unterbringen wollen, oder wir kommen in Versuchung, eine temporäre Lücke zu bepflanzen, und die Beschränkung, die wir uns auferlegt haben, ist vergessen. Es ist oft schwer, streng gegen sich selbst zu sein und ein für die Durchführung unserer Aufgabe notwendiges Opfer zu bringen.

Ein unberührtes Gartengrundstück, dessen natürliche Merkmale schon die Art der Bepflanzung bestimmen können, ist wahrscheinlich ziemlich selten. Der Gartengestalter sieht sich vielmehr häufig schwierigeren und nicht so leicht umreißbaren Problemen des Geländes gegenüber. Die Abänderung und die Bepflanzung eines bereits bestehenden Gartens ist ein Beispiel dafür. Wenn der Garten alt ist – wenn also schon ausgewachsene Bäume und Sträucher vorhanden sind –, muß man seinen Plan auf diesen und anderen charakteristischen Elementen wie Wasser, Mauern und Hecken aufbauen. In jedem Garten, der in den letzten hundert Jahren entstanden ist, findet man mit Sicherheit eine sehr gemischte Pflanzenwelt. Laubbäume der verschiedensten Arten sind durchsetzt mit Nadelbäumen. Ein Durcheinander blühender Sträucher und immergrüner Hecken aus Lorbeer, Eibe und Liguster steht im Wettstreit mit Blumenbeeten, überflüssigen Wegen und dem Kunterbunt von Gartenmoden dreier Generationen. Wie immer müssen Planung und Bepflanzung zusammen durchdacht werden. In solch einer Lage versuche ich zunächst, das Durcheinander zu entwirren und Ruhe zu schaffen. Als erstes entferne ich allen offensichtlichen Plunder, mißwüchsige dürre Bäume und Sträucher, die im Kampf um Licht, Luft und Nahrung verloren haben, ebenso Holunder, Schneebeeren und überhaupt jedes unansehnliche verwilderte Gewächs.

Ist das einmal geschehen, so bleiben jene Pflanzen übrig, die gut gewachsen sind, weil ihnen der Standort zusagt, wobei es freilich wohl immer noch zu viele verschiedene Arten in unbequemer Nachbarschaft gibt. Doch darunter findet sich vielleicht eine Pflanze oder eine Pflanzengruppe, die durch ihre Beschaffenheit, Form, Silhouette, ihre Farbe oder Textur Anregungen gibt oder zu einem neuen Ausgangspunkt wird. Ihr Standort oder ihre Beziehung zum Haus oder zur Landschaft spielt für die Neugestaltung ebenso eine wichtige Rolle. Hat man dann alles Unwesentliche entfernt, so bleibt zum Beispiel eine Thuja- oder Zypressengruppe zurück. Ihre grünen, blaugrünen und goldgrünen Spitzen legen vielleicht einen Garten nahe, dessen Grundbepflanzung hauptsächlich vertikal ist, oder aber man entschließt sich, ihre Höhe und Gestalt zu betonen, indem man als Kontrast nur in die Breite wachsende Sträucher und Bäume verwendet. Auf die gleiche Weise mag eine Gruppe Italienischer Pappeln (*Populus nigra* ›Italica‹) das Verlangen nach spiegelndem Wasser hervorrufen, und das Wasser wiederum verlangt Teichrosen und Schwertlilien, um die allgemeine Stimmung zu verstärken.

Wenn ich mit dem Bepflanzungsplan für ein vollkommen freies Gelände beginne, finde ich es leichter, zunächst einen allgemeinen Rahmen zu entwerfen. Die größeren Bestandteile, wie Bäume, Hekken und Sträucher, brauchen Zeit zum Wachsen. Sind sie einmal an ihrem Platz, so kann man ihr zunächst dürftiges Aussehen vergessen, indem man sich auf die Anpflanzung kleinerer Gewächse konzentriert.

Viele Leute haben Angst davor, einen ausgewachsenen Baum zu fällen, vor allem wohl deshalb, weil sie sich von der sich ergebenden Veränderung der Silhouette und der Lichtverhältnisse nur schwer eine Vorstellung machen können. Viele Leute scheuen auch davor zurück, Bäume und Hecken zu pflanzen, weil sie fürchten, für den Rest ihres Lebens nur jünglingshafte Gewächse vor Augen zu

haben. Daher pflanzen sie schnellwachsende Bäume und Heckenge-
hölze – Pappeln, Weiden und Liguster –, wobei sie vergessen, daß
die meisten schnellwachsenden Pflanzen kurzlebig sind und ein
schrecklich verzweigtes Wurzelsystem haben. Ich würde immer
gerade die Bäume anpflanzen, deren Wesensart ich für die gegebene
Lage brauche, ohne Rücksicht auf die Wachstumsgeschwindigkeit.
Man vergißt bald ihre spindeldürren ersten Jahre über der Freude,
die fortschreitende Entwicklung zu beobachten. Blätter und Zweige
werden ja fast in geometrischer Progression größer.

Man braucht auch Mut zu der Entscheidung, welche Bäume auf
ein leeres Gelände gepflanzt werden sollen. Wenn ich die Baumarten
ausgesucht habe, die mir am besten geeignet erscheinen, muß ich fast
immer der Versuchung widerstehen, meine Lieblingsbäume unter
diesen auszuwählen und gemischt zu pflanzen: hier einen Tulpenbaum, dort einen Amberbaum, eine Sumpfzypresse vielleicht oder
eine sommergrüne Magnolie. In diesem Punkt muß ich fest bleiben
und daran denken, daß die wichtigste Aufgabe bei dieser Grünbe-
pflanzung mit Bäumen darin besteht, visuelle Einheit zu schaffen.
Ist diese nachdrücklich festgelegt, kann man mit Variationen im
Detail experimentieren, ohne daß dabei die angestrebte Harmonie
verlorengeht.

Auf einem sehr kleinen Gelände ist die Anpflanzung von Bäumen,
die zu mächtig werden oder zu anspruchsvoll sind, unbedingt zu
vermeiden. Pappeln haben bei all ihrem schnellen Wachstum weit-
reichende Wurzeln, welche die Fundamente untergraben und es in
meterweitem Abstand um sie herum fast unmöglich machen, irgend
etwas anderes zu pflanzen. Kastanien werfen einen tiefen Schatten,
der bei einem großen Grundstück allerdings einen ansehnlichen
Schutz gegen Sonnenhitze darstellt. Die meisten Eichen wären gute
Gartenbäume, da man unter ihnen erfolgreich pflanzen kann, wären
sie nur nicht so langsam im Wachsen. Obwohl Sykomoren als alte
Heckenbäume wunderbar sind, pflanze ich sie nie im Garten, weil
die Blätter im August gewöhnlich unter Schwarzfleckigkeit leiden
und weil sich zu dieser Zeit das schön gefärbte Frühlingskleid
mancher Sorten in schmutziges Grün verwandelt hat. Viele Ahornbäume sind für den Garten gut geeignet, und ihre Herbstfarbe ist so
leuchtend wie die der Scharlacheiche, dieses auf feuchtem und sau-

rem Boden prächtigen Baums. Ich liebe besonders den kleinblättrigen Feldahorn, *Acer campestre*, der sich in Verbindung mit dem Amberbaum, *Liquidambar styraciflua*, gut ausnimmt, ebenso wie *Acer saccharinum*, den Silberahorn, und den Spitzahorn, *Acer platanoides*. Alle diese Bäume, die im Herbst gelb oder rot werden, sind besonders wirkungsvoll vor einem Hintergrund von *Pinus griffithii*, deren lange seidige Nadeln schon bei jungen Bäumen genau die richtige blaugrüne Tönung haben, um einen herrlichen Kontrast zu den herbstlich flammenden Ahornbäumen zu bilden.

Aus der Gattung der Linden eignet sich *Tilia × europaea*, die Holländische Linde, mit ihren roten Zweigen am besten für ein kleines Grundstück. Sie kann geschnitten, am Spalier gezogen oder dem freien Wachstum überlassen werden, und das Orangerot des jungen Gehölzes macht eine Winterlandschaft wärmer, genauso wie die Stämme der Gemeinen Kiefer, *Pinus sylvestris*, obwohl diese, solange sie jung sind, ziemlich langweilig wirken. Die Österreichische Kiefer, *Pinus nigra* var. *austriaca*, ist zwar ein wunderbarer Windbrecher, aber zu grob für einen kleinen Garten und sieht als junger Baum schwerfällig aus.

In einem kleinen Garten oder dort, wo ich einen Anklang an waldiges Gelände schaffen möchte, pflanze ich gern *Betula pendula*, Weißbirken. Sie wachsen schnell, sind auch als kleine Bäume anmutig und passen ebensogut in einen zwanglosen wie in einen eleganteren Garten. Sie scheinen fast in jedem Boden zu gedeihen und vertragen sich gut mit anderen Pflanzen. Ich pflanze sie gern recht verschwenderisch, denn die übliche abgedroschene Dreiergruppe sieht immer dünn aus, und wenn ich einen einzelnen weißen Stamm betonen will, so verwende ich lieber *Betula pendula* ›Youngii‹, die am besten aussieht, wenn sie allein steht.

Blühende Bäume mittlerer Größe verleihen einem kleinen Garten Charakter, vor allem, wenn man der Versuchung widersteht, zu viele verschiedene Gattungen zu verwenden. Ein alter Apfel- oder Birnbaumgarten verdankt sein besonderes Aussehen der Tatsache, daß er hauptsächlich mit einer Baumgattung bepflanzt ist. Ein Gemisch von Malus- und Prunus-Sorten, die in einem Obstgarten zusammen angepflanzt sind, hat niemals den gleichen Zauber. Sollen blühende Bäume eine Anlage beherrschen, so wähle ich ein oder zwei Arten für meine Hauptpflanzung, verwende sie reichlich und unterstütze sie, wenn nötig, durch kleine Gruppen anderer Sorten der gleichen Kategorie.

Es gibt in Longleat eine ausgedehnte, von Kaninchen abgeweidete Lichtung aus schönem Rasen, Green Drive genannt; sie liegt in einem Wald ausgewachsener Buchen und zwischen den lohfarbenen Stämmen alter Kiefern. Wir wollten die Lücke zwischen den riesigen alten, im April karmesinrot blühenden Büschen von *Rhododendron arboreum* und dem im Juni blühenden *Rhododendron* ›Loderi‹ mit der Farbe und der Helligkeit blühender Bäume ausfüllen. Zuerst waren wir versucht, Japanische Blütenkirschen in Gruppen anzupflanzen, wobei wir *Prunus × yedoensis,* ›Ukon‹, ›Mount Fuji‹, ›Shirofugen‹ und andere in Betracht zogen, um der Länge der Lichtung eine helle Farbe zu verleihen. Schließlich beschränkten wir uns, obwohl sich die Anpflanzung über drei- bis vierhundert Meter erstreckt, auf *Prunus sargentii,* weil sich einerseits ihr Wildcharakter mit dem Waldrahmen verträgt, andererseits ihre Blüten schön genug sind, um der Pracht der Rhododendren standzuhalten.

Die gemeine weißblühende wilde Kirsche und die Traubenkirsche, *Prunus padus,* ebenso ihre etwas wirkungsvollere Sorte ›Watereri‹, geben eine gute Grundbepflanzung und einen Rahmen für Gruppen oder einzelne Exemplare der eleganteren Japanischen Blütenkirschen ab. Auf die gleiche Weise lassen sich die Mehlbeere, *Sorbus aria,* mit ihren weißfilzigen Blattunterseiten und die Gemeine Eberesche, *Sorbus aucuparia,* mit einer mehr exotischen Pflanzung aus verschiedenen asiatischen Arten der Eberesche zu einer Einheit zusammenfügen.

Holzäpfel müssen besonders überlegt gepflanzt werden, da so viele der karmesinrot blühenden Arten mehr oder minder purpurnes Laubwerk haben. Wenn ich Holzapfelbäume pflanze, verwende ich einen hohen Prozentsatz so anspruchsloser Sorten wie ›John Downie‹, die grüne Form der reichblühenden *Malus floribunda* und die sehr spät und weiß blühende *Malus hupehensis.* Diese Art bewundere ich, seit ich zum erstenmal jenes prachtvolle Exemplar bei der Kirche von Chobham in Surrey gesehen habe. Die purpurblättrigen Pflaumen, wie *Prunus cerasifera* ›Atropurpurea‹, und viele andere rot- und purpurblättrige Bäume und Sträucher erfordern eine sehr sorgfältige Plazierung. Nichts zerstört die Harmonie eines Gartens mehr als der dunkle Fleck einer Blutbuche oder von *Prunus cerasifera* ›Atropurpurea‹, die man zwischen grünen Laubbäumen entdeckt. Meines Erachtens kann die Blutbuche gut aussehen, wenn sie als ein großes Exemplar neben einem Gebäude aus rötlichen Ziegeln steht oder wenn eine ansehnliche Gruppe dieser Bäume von riesigen Zedern, Tannen oder Kiefern umrahmt wird. Mein einziger größerer Versuch mit Blutbuchen bestand darin, sie auf einer Länge von ungefähr zwei Kilometern zu beiden Seiten einer sich windenden Landstraße bei einem Dorf in Wiltshire anzupflanzen; wenn die Wipfel sich über der Straße treffen, wird ein eindrucksvoller Baldachin entstehen.

In der gleichen Weise sollte nach meiner Meinung *Prunus cerasifera* ›Atropurpurea‹ nur mit anderen purpurblättrigen Sträuchern und Bäumen zusammengestellt werden. In einer gemischten Anpflanzung aus dem purpurblättrigen Haselstrauch *Corylus maxima* ›Purpurea‹, *Cotinus coggygria* ›Rubrifolius‹, der roten Form von *Berberis thunbergii* und anderen Pflanzen des gleichen dunkelfarbenen Bereichs ist *Prunus cerasifera* ›Atropurpurea‹ sehr befriedigend. Weil ich Gelegenheit habe, viele Gärten zu gestalten, experimentiere ich gern mit solchen Farbkombinationen, während ich in einem eigenen kleinen Garten das purpurne Laubwerk wahrscheinlich weglassen würde.

In einem sehr geschützten Garten, wo Magnolien gedeihen, gibt es viele Möglichkeiten, ihre Eleganz zu zeigen. Da sie am besten gegen einen dunkelgrünen Hintergrund zur Geltung kommen, würde ich ihnen ausnahmsweise einen immergrünen Rahmen von Thuja oder sogar Tannen geben, der durch die hohen Spitzen von Flußzedern (Calocedrus) und durch niedrige breite Flächen von wucherndem Wacholder noch betont werden könnte. Ich sage »ausnahmsweise« bezüglich der Thuja, weil ich finde, daß viele widerstandsfähige Zypressengewächse im Garten außerordentlich schwer unterzubringen sind. Ich weiß, daß sie unschätzbaren Wert als Windbrecher haben und einen brauchbaren Hintergrund abgeben; ihre Spitzen jedoch bilden gegen den Horizont so unbeholfene Silhouetten, daß sie mir nur erträglich erscheinen, wenn sie zwischen anderen Bäumen wachsen, die mindestens ebenso hoch werden. Wie

Fichte und Tanne mögen sie in ihren heimatlichen Wäldern, wo sie in Massen wachsen, sehr wirkungsvoll sein, doch kann ich mich kaum an einen Garten erinnern, der durch sie verschönert wurde. Ich kann jemandes Vorliebe für Thuja und Tanne jedoch respektieren, ohne sie zu verstehen, und ich hoffe, daß ich diese Bäume eines Tages geglückt verwendet finde.

Südlich von Lyon hat die Zypresse *Cupressus sempervirens* ›Stricta‹ einen kompakten, säulenförmigen Wuchs und gibt einen vollkommenen Hintergrund für blühende Bäume ab. Es wird damit ein Motiv wiederholt, das man seit Jahrhunderten in der islamischen Kunst von Persien bis Spanien verwendet. Diese Zypressen, die entweder als Hecke oder Wand oder einzeln angepflanzt werden, verleihen einer hügeligen Landschaft Festigkeit, einer flachen Landschaft Höhe und jedem Garten ein besonderes Gepräge. Es ist in Südfrankreich Mode geworden, sie nadelspitz pyramidenförmig zu schneiden, und da man sie noch umpflanzen kann, bis sie eine Höhe von zwölf Metern erreicht haben, genügt die Arbeit weniger Tage, um einen neu angelegten Garten sehr schnell »erwachsen« aussehen zu lassen. In Mittelmeergärten sind Zypressen wie Trümpfe im Bridge: Selbst in schwierigen Situationen ermöglichen sie Lösungen.

Pflanzungen kleiner Bäume lassen kleine Gartengrundstücke groß erscheinen. Große Bäume sind in anderer Hinsicht nützlich. Sie mildern die Steifheit einer formell angelegten Fläche, bilden einen Vordergrund und eine Schattenwand, wo dahinter eine freie Aussicht vorhanden ist, unterbrechen eine Dachlinie oder eine Überdachung und verwandeln einen umschlossenen Hof in einen Garten. An all diesen Plätzen kann man Bäume mit üppigem Laubwerk oder mit schönen Blüten oder mit einer charakteristischen Wuchsform verwenden. Ein solcher Baum ist der Trompetenbaum, *Catalpa bignonioides,* mit seinen riesigen, herzförmigen Blättern, den Rispen gefleckter weißer Blüten und mit der malerischen Architektur der Zweige bei ausgewachsenen Exemplaren. Obwohl er erst sehr spät im Frühling ausschlägt, paßt er wunderbar neben Gebäude oder auf den Platz einer Stadt oder in die Mitte eines Hofs.

Auch *Sophora japonica* nimmt sich zwischen oder neben Gebäuden gut aus, zum Beispiel in einem großen Garten als Vordergrund. Wo nur wenig Raum zur Verfügung steht, ist sie auch als Einzelbaum wirkungsvoll. Wenn der Baum ausgewachsen ist, heben sich sein dunkler Stamm und das schöne Flechtwerk seiner Zweige und Äste herrlich gegen den Winterhimmel ab. Sein tiefgrünes, fein gefiedertes Laubwerk ist im August von Rispen weißer Blüten durchsetzt.

Platanen, Linden und Kastanien sind etwas für eine Gartenanlage größten Stils und spielen für kleine Gärten nur eine untergeordnete Rolle. Man kann sie in geraden Reihen anpflanzen und in strenger Form schneiden oder sie auch als Einzelbäume mit waagerecht gezogenen Ästen verwenden, wie es in der Schweiz oft mit Platanen gemacht wird, um Schatten zu erzeugen. Ich würde die kleinblättrige Ulme, *Ulmus pumila,* noch dazusetzen; sie scheint der Ulmenkrankheit gegenüber widerstandsfähig zu sein, trotzt extremer Hitze und Kälte und kann ebenso leicht am Spalier gezogen und geschnitten werden wie die Hainbuche. Man findet solche geschnittenen Ulmen zum Beispiel vor dem Mailänder Hauptbahnhof.

Es gibt viele Arten von Bäumen, die einen Formschnitt gut vertragen. Der Vicomte de Noailles verwendete den Judasbaum, *Cercis siliquastrum,* um in seinem Garten in Grasse die terrassenförmig angelegten Wege zu überdachen, und ich erinnere mich an eine Pergola in Bodnant, die abwechselnd mit geschnittenem und am Spalier gezogenem Goldregen und Wisteria bewachsen war, so daß ein bunter tunnelartiger Gang entstand, über dem unzählige goldgelbe und violette Quasten hingen. Kürzlich erhielt ich den Auftrag, etwas aus dem geradezu hoffnungslosen Dachgarten eines achtstöckigen Hauses zu machen: aus einem schmalen Gang rings um den Erfrischungsraum eines großen Pariser Pelzgeschäftes. Um die enge Einförmigkeit zu unterbrechen, stellte ich auf beiden Seiten tiefe Holzkästen auf und überspannte sie paarweise mit hohen Eisenbügeln. An diese band ich junge Pflanzen der Trauerweide *Salix alba* var. *tristis.* Schon im ersten Jahr ergaben sie eine Reihe gelblichgrüner, mit raschelndem Blattwerk besetzter Bogen. Es wären ziemlich schnell lästige Vorhänge entstanden, hätte ich die lichte Höhe meiner Bogen nicht wenigstens 1,20 m höher als sonst gehalten.

Von allen großen Laubbäumen kenne ich keinen edleren als den Tulpenbaum, *Liriodendron tulipifera.* Als ich vor vielen Jahren in einer verlassenen Baumschule in Lincolnshire eine Gruppe mir unbekannter junger Bäume fand, grub ich einen aus, weil mir seine Wuchsform und seine recht merkwürdigen Blätter gefielen; ich verpflanzte ihn in meinen in der Nähe liegenden Garten, und es war ein Tulpenbaum. Ein prächtiges Exemplar entdeckte ich auf einer Gartenwiese von Little Paddocks in der Nähe von Windsor Park, wo ich mehrere Jahre hintereinander arbeitete. In jedem Herbst verfärbte es sich auf wunderbare Weise zuerst gelb, dann orange. Die schönsten Tulpenbäume, die ich in England kenne, gibt es in den Wäldern bei Stourhead in Wiltshire, die im achtzehnten Jahrhundert angelegt wurden. *L. tulipifera* ist im Osten der USA heimisch, und Thomas Jefferson, der palladianischen Bauwerken Maiskolben und Tabakblätter als dekorative Elemente hinzufügte, pflanzte Tulpenbäume auf dem Gelände der Universität von Virginia in Charlottesville.

Die Sumpfzypresse, *Taxodium distichum,* die aus dem Süden der USA kommt, ist ein weiterer großer Baum von solcher Formschönheit und Anziehungskraft, daß er eine bevorzugte Stellung verdient. Wenn er am Rand eines Gewässers wächst, entwickelt er nach und nach eine Reihe knorriger und malerischer Knoten knapp über dem Boden. Er wächst nicht sehr schnell, aber es lohnt sich trotzdem, ihn anzupflanzen, weil schon beim jungen Baum des gelbliche Grün der Blätter im Herbst in ein klares Rostrot übergeht. *Metasequoia glyptostroboides,* die jährlich ihre Nadeln abwirft und deren Entdeckung in China vor einigen Jahren solch eine Aufregung verursachte, ist ziemlich ähnlich, scheint jedoch sehr viel schneller zu wachsen. Auch sie liebt anscheinend feuchten Boden.

Es bereitet große Schwierigkeiten, die richtigen Bäume auszuwählen und sie an den richtigen Ort zu pflanzen. Man muß im voraus Überlegungen anstellen, muß entscheiden, wie die Silhouette sein soll, welche Dichte und Farbe man sich von dem Laubwerk erhofft, wie weit der Schatten fallen darf und wohin er fallen wird. Kann man warten, bis so ein schlaksiger junger Baum zu der Höhe und Gestalt heranwächst, die die Komposition verlangt? Pflanzt man eine Baumgruppe, so wird man die Einzelbäume fast immer zu nahe aneinandersetzen, denn hält man sich an die Regeln, dann scheinen sie einem viel zu weiträumig gepflanzt oder viel zu klein zu sein. Wenn man doppelt dicht pflanzt mit dem Vorsatz, die Hälfte der Bäume nach zwanzig Jahren herauszunehmen, vergehen die zwanzig Jahre allzu schnell, und es kann geschehen, daß dann weder man selbst noch irgendein Nachfolger die notwendige Unbarmherzigkeit aufbringt, den Vorsatz auszuführen.

Wenn man im großen Maßstab arbeitet, muß man sich entscheiden, ob man Bäume ohne Rücksicht auf das schon bestehende Landschaftsbild wählt – im Wissen, daß die Pflanzung allmählich zu einer eigenen Landschaft wird – oder aber ob man Arten aussucht, die zu den vorhandenen gut passen. Selbst beim kleinsten Maßstab gibt es die gleichen Probleme. Man wird sich überlegen, ob man Exemplare verwendet, die in ihrer Umgebung so exotisch wirken, daß dadurch eine reine Gartenatmospäre geschaffen wird, oder ob man durch eine einfachere Wahl die Stimmung der umliegenden Wälder und der in der Nähe stehenden Bäume in den Garten hineinbringt. Dann heißt es entsprechende Betrachtungen über die Farbe des Laubwerks anstellen. Vielleicht hat man den Mut, die Mittel und den Platz, die Spitzen goldener Zypressen mit den gerundeten Massen von purpurnen Buchen oder Prunus zu kombinieren, blaugrünen fiedrigen Wacholder mit goldschimmernden Ulmen oder gelblichgrünen Trompetenbäumen oder das flammende Embothrium mit einem Heidekrauthang. Viele solcher ungezügelter Landschaftsbilder entstanden in den Jahren vor 1914, doch haben sie nur in einigen öffentlichen Parkanlagen und Gärten eine zweifelhafte Nachkommenschaft zurückgelassen.

Jahrelang hatte ich eine Abneigung gegen den buntblättrigen Eschenahorn, *Acer negundo,* weil ich gewohnt war, ihn mit einem Goldregenstrauch und einem Rotdorn zusammen gepflanzt zu sehen – die einst übliche gärtnerische Lösung für einen vorstädtischen Vorgarten. Ich war überrascht und leicht entsetzt, als mir eines Tages der Herzog von Windsor sagte, ihm gefalle dieser Ahorn, und fragte, wo wir wohl einige davon pflanzen könnten. Wir fanden zwei Stellen, die eine jenseits eines Rasens bei seinem Pariser Haus im Bois de Boulogne im Schatten einiger großer Linden und gegen den Hintergrund gemischter grüner Sträucher – Lorbeer, Aukuben und Liguster –, die die meisten Gärten in den Vororten von Paris umgeben. Hier pflanzten wir eine Gruppe von fünfzehn halbhohen Eschenahornbäumen, die sich innerhalb von zwei Jahren so entwickelten, daß sie sogar bei grauem Wetter in mir die Vorstellung erweckten, ein wenig Sonnenschein sei eingefangen und in jener schattigen Ecke festgehalten worden. Wir verwandten Eschenahorn auch bei der Mühle des Herzogs in einem Winkel zwischen hohen Mauern in einer zugigen Nordecke. Zuerst bepflanzten wir die Mauern mit dem reizenden silberbunten Efeu, den die Franzosen »Marengo« nennen; dann setzten wir einen oder zwei Ahornbäume und davor Ölweiden, *Elaeagnus pungens* ›Maculata‹, und silberne und grüne immergrüne Euonymus. Als Bodendecke dienten *Elymus avenarius, Miscanthus sinensis* ›Zebrinus‹, buntblättrige Funkien, die bunte Form von *Iris pallida dalmatica,* und wo es noch Lücken gibt und wir Glück mit Samen haben, füllen wir sie mit der einjährigen silber- und weißblättrigen Wolfsmilch *Euphorbia elegantissima*. Heute finde ich die ganze Ecke, die lange ein ungelöstes Problem war, so reizvoll wie alles andere in diesem Garten; und da man ja niemals etwas ganz neu erfindet, kramte ich in meinem Lumpensack von Erinnerungen und Assoziationen und kam darauf, daß ich schon lange einen Gedanken aus E. A. Bowles' Büchern und die Beschreibung eines goldenen Gartens von Miß Jekyll mit mir herumgetragen hatte, ohne sie bis dahin je verwendet zu haben.

Auf dem Kontinent habe ich sehr oft Gärten für mittelgroße Häuser entwerfen müssen, die in der Nähe von Industriestädten gebaut wurden und werden, Häuser für die jüngere Generation von Industriellen, die mit ihren großen Familien in ländlicher Atmosphäre leben und doch in der Nähe ihrer Arbeitsstelle sein wollen. Der Charakter dieser Häuser ist unterschiedlich, doch baut man sie oft in traditionellem Stil zwischen Bauernhaus und Gutshaus, manchmal aus Stein, manchmal aus Ziegeln. Hat man Glück, so stehen die Häuser auf einem Grundstück von einem oder zwei Morgen, das von einem großen Landbesitz abgetrennt wurde und einige schöne Bäume aufweist. Aber häufiger geschieht es doch, daß das Haus auf einem ganz kahlen Grundstück steht, und man muß überlegen, was für Bäume man anpflanzt. Bei einem modernen Haus kann man das Problem einfach als eine Frage von Form und Farbe lösen und frei aus einem großen Repertoire wählen. Ein Haus jedoch, dessen Architektur traditionellen und historischen Beiklang hat, verlangt einen anderen Zugang. Ich fühle mich verpflichtet, die Stimmung und Atmosphäre, die der Architekt angestrebt hat, zu respektieren und sogar noch hervorzuheben, und ich versuche, sie durch Anpflanzung solcher Baumarten zu betonen, die ich mir in der Nähe alter Häuser ähnlichen Typs vorstellen kann. Optimistisch pflanze ich vielleicht eine Libanonzeder oder einen Tulpenbaum, die erst hundert Jahre später voll zur Geltung kommen, doch bis dahin brauche ich etwas schneller Wachsendes. In solchen Fällen sind Obstbäume, Äpfel oder Birnen, hervorragend geeignet. Sie wachsen ziemlich schnell und unterstreichen den Charakter des Hauses. Exotische Nadelhölzer oder Strauchgruppen sind allesamt zu anmaßend für den Zugang zum Hause. Sie lassen eine imposante Architektur und einen dekorativen Garten vermuten. Während der Garten so ausgestaltet werden kann, wie Geschmack und Geldbeutel des Besitzers es nur erlauben, ist es gewöhnlich befriedigender, wenn man den Eingang und den allgemeinen Rahmen möglichst bescheiden anlegt. Obstbäume, zu beiden Seiten einer Auffahrt oder symmetrisch als ziemlich regelmäßiger Obstgarten gepflanzt, bieten einen angenehmen Anblick; sie sehen sehr freundlich aus, wenn sie blühen, und versprechen außerdem Früchte. Wenn man diesen Ton richtig trifft, so kann man in diesem Rahmen frei hantieren – mit blühenden Holzäpfeln und Kirschen, mit Magnolienbäumen, gestutzten Linden oder Eiben, um so die Grundlage für jede Art Garten zu schaffen, die man zu entwickeln wünscht. Gelingt es einem andererseits nicht, die bestimmte Atmosphäre für das ganze Grundstück zu finden, so kann die gesamte Anpflanzung sehr leicht gezwungen wirken und fehl am Platze sein. Dieses Prinzip gilt erst recht in kleinen Gärten, wo vielleicht schon ein großer Baum zuviel ist. Ein halbes Dutzend kleiner Bäume – alle von einer Gattung oder, noch besser, alle von einer Art, ob blühende Kirschen, Holzäpfel, Birken oder Ebereschen – schaffen eine Grundstimmung und geben Gepräge und Einheit, einen Rahmen, innerhalb dessen man im Detail pflanzen kann, was man möchte, ohne jemals die Harmonie des Ganzen zu gefährden.

Ehrlich gesagt, finde ich es jedesmal, wenn ich mit einem Gartenentwurf beginne, sehr schwer, auf diesem Grundsatz zu beharren. Es gibt so viele Möglichkeiten, und die Auswahl an Bäumen ist so groß, daß ich immer versucht bin, zu viele verschiedene Arten zu verwenden. Angesichts dieser Mannigfaltigkeit trage ich auf meinem ersten Pflanzplan gewöhnlich eine ganze Menge verschiedener Bäume ein, die mir geeignet erscheinen; dann lege ich den Plan beiseite und, wie man so sagt, »vergesse« ihn. Tatsächlich geht danach eine Art geistiger Prozeß vor sich, und wenn ich erneut an das Problem herantrete, vereinfache ich und merze alles aus bis auf jene ein oder zwei Baumarten, die mir die Stimmung, die ich an jenem bestimmten Platz einfangen und festhalten möchte, am besten auszudrücken scheinen.

In Flandern scheinen insbesondere Obstbäume zu den roten Dachziegeln und dem oft weiß getünchten Mauerwerk, jener typisch örtlichen Bauweise, zu passen. Rund um Lille zum Beispiel gedeihen Birnen gut, insbesondere ›Doyenné du Comice‹ (Vereins-dechantsbirnen), und in vielen Gärten habe ich Birnbäume in verschiedener Weise verwendet: entweder als Obstbäume, an Wegen im Küchen- oder Blumengarten am Spalier gezogen, oder zu Pyramiden geschnitten in eher formellen Anlagen. Etwas weiter nördlich in Courtrai, wo Äpfel gut gedeihen, bin ich mit Apfelbäumen in gleicher Weise verfahren, indem ich den Garten vor dem Haus in einen regelrechten Obstgarten mit hochstämmigen Apfelbäumen verwandelte, deren Stämme in jedem Frühjahr frisch gekalkt werden; Küchengartenwege bepflanzte ich mit horizontalen Kordons und den eigentlichen Garten mit Zierapfelbäumen, *Malus flori-bunda, M. ›Eleyi‹* und *M. hupehensis,* als Schattenspender für Rhododendren, Azaleen und Hortensien.

Ich komme hier noch einmal darauf, daß ich Waldbäume, Kastanien, Linden, Buchen oder Platanen als einzelne Bäume in einem kleinen Garten problematisch finde. Sind sie bereits dort oder möchte man aus irgendeinem Grunde solche Bäume pflanzen, so muß man sie als übergeordnetes Thema des Gartens herausstreichen und dann um sie herum planen und pflanzen. Man muß *mit* ihnen arbeiten und niemals *gegen* sie. Es ist sinnlos, einen Kampf zu beginnen, den man nur verlieren kann, indem man etwa versucht, Rosen oder Rittersporn oder irgendwelche einjährigen Pflanzen im Schatten eines großen Baumes zu ziehen. Man sollte lieber mit Gras oder Wasser, mit Hecken oder ruhiger grüner Bepflanzung versuchen, den Baum in jeder Hinsicht wirken zu lassen. Man bringe die Form von Stamm und Zweigen, Struktur und Farbe seines Laubs, das

Licht, das hindurchschimmert, und den Schatten, den er wirft, voll zur Geltung, so daß das Gartenbild einzig und allein auf diesen Baum hinweist. (Mag man diese Art Garten nicht, dann ist es besser, keinen unmöglichen Kompromiß zu versuchen, sondern auf anderer Grundlage neu zu beginnen.) Einer der vielen kleinen Triumphe im Garten von Hidcote mit seinen Teppichen aus bunten Blumen und dichtem Blattwerk ist der Grasplatz mit der dunklen Eibenhecke als Umrahmung, den Major Johnston als Bühne für ein halbes Dutzend hundertjähriger Buchen entwarf.

Mit einem neuen Garten kann der Planer leicht in Verlegenheit geraten, wenn er so schnell wie möglich den Eindruck von Fülle erreichen und vielleicht den häßlichen Winkel eines Gebäudes verdecken oder eine unerwünschte Ecke bepflanzen möchte. Für solche Zwecke ist die Trauerweide ein sehr brauchbarer Baum. Es gibt wohl verschiedene Trauerweiden, von denen ich immer die mit den gelben Zweigen wähle: *Salix alba* var. *tristis*. Das ist ein schöner Baum, ob einzeln oder in Gruppen gepflanzt, und er blüht zwischen Häusern eingeschlossen ebenso gut wie am Rande eines Flusses oder Sees. Er ist ein Baum der Ebene. Pflanzt man ihn an steile Hänge, auf felsigen Grund in einer Gebirgslandschaft oder irgendwo in die Nähe eines Nadelbaums (ausgenommen die Sumpfzypresse, *Taxodium distichum*), sieht er fehl am Platze aus und ist es auch. Die Trauerweide ist für sich allein so ansprechend, daß sie die Gesellschaft anderer Bäume entbehren kann. Einige wenige Bäume überdecken schon bald eine große Fläche, und zwar so dicht, daß das Aufkommen von Unkraut verhindert wird. Richtig gezogen und geschnitten, behält die Trauerweide die gewünschte Höhe, ohne dabei ihre charakteristische Form zu verlieren.

Ein besonderes Problem in der Gartengestaltung unserer Tage entsteht durch die rücksichtslose Hast, die wir uns selbst auferlegt haben. Es bleibt eben nur noch Zeit für das Fertige. Nicht alle Pflanzen eines Gartens wachsen aber in wenigen Wochen heran. Leider neigen heute viele Menschen dazu, nur zu pflanzen, was schnellen Erfolg bringt. Ich selbst empfinde das Geschehen im Garten als Entwicklungsprozeß, und ein Garten ist in jedem Stadium und an jedem Tag des Jahres eine ganze Welt voller interessanter Dinge.

Nur der Maßstab und eine noch dringendere Notwendigkeit von Simplizität unterscheidet die Bepflanzung einer weiten Landschaft von der eines Gartens. In England stellten Brown, Kent und Bridgeman im frühen 18. Jahrhundert mit der begeisterten Hilfe einer Gruppe wohlhabender Gartenliebhaber eine seither unübertroffene Norm für Plazierung und Auswahl von Bäumen für Parkanlagen der gemäßigten Zone auf. Man braucht sich nur das Werk ihrer Nachfolger in der Mitte des 19. Jahrhunderts anzusehen, die eine größere und exotischere Auswahl von Bäumen verwendeten, und man wird sehen, um wieviel reizvoller die früheren Parkanlagen waren. Ich glaube, dies verdankt sich einem ausgeprägten Gefühl für das Passende, das exotische Pflanzen nur als Einzelgänger in der Nähe des Hauses oder aber weit fort, versteckt in einem etwas künstlichen, doch aufgelockert angelegten »amerikanischen« Garten, zuließ. Die Hauptwirkungen erzielten die Meister des 18. Jahrhunderts nur mit einheimischen Bäumen – Ulmen, Kastanien, Linden und Buchen – für strenge Alleen und Baumgruppen, für Schutzgürtel, für Wälder auf Abhängen und als »Vorhänge« zwischen den einzelnen Anlagen. Sie benutzten dieses einfache Material, das so gut und vollständig mit der umliegenden Landschaft verschmolz, um die Form des Bodens und die Konturen der jeweils gestalteten Fläche zu betonen. Sie entwickelten ein systematisches Landschaftsidiom, das strikt auf von Malern wie Poussin, Claude Lorrain und Salvator Rosa entlehnten Kompositionsregeln basierte. Die Analyse einer beliebigen Parkanlage aus dem 18. Jahrhundert zeigt, wie gut ihre Planer sich auf den Gebrauch der Form verstanden. Eine Gruppe aus drei oder fünf oder einer größeren, aber immer ungeraden Zahl von Bäumen ist nie kreisförmig. Man pflanzte Bäume in Reihen, Dreiecksgruppen oder keilförmig, damit die größte Wirkung durch die runden Massen des Laubwerks erreicht wurde, wenn die Bäume voll herangewachsen waren. Die Gruppenpflanzungen des 19. Jahrhunderts kann man sofort erkennen: Sie bestehen häufig aus einem greulichen Mischmasch von Bäumen.

Wenn ich eine großflächige Baumpflanzung anlegen muß und nicht die bewußt theatralische Art des 18. Jahrhunderts anwenden möchte, so bemühe ich mich immer um Zusammenhang und Gleichklang, indem ich nur eine oder höchstens zwei Baumarten als

Rückgrat meiner Pflanzung auswähle. Dadurch erreiche ich Einfachheit in Ton und Silhouette. Nehme ich noch zusätzlich irgendwelche anderen Arten, so geschieht es, um Form oder Textur wohlüberlegt zu variieren.

Es ist ziemlich leicht, diese Zurückhaltung zu üben. Ist man sich einmal über die Kompositionen im klaren – wo und warum man offene Räume, wo man dichtes Laubwerk haben möchte und wo die Wirkung von Sonne und Schatten bei voll ausgewachsenen Bäumen zum Ausdruck kommen soll –, muß man in die vollen gehen und, wie ein Aquarellist sagen würde, kühn die großen Flächen anlegen. Es bleibt noch Zeit genug, schmückende Akzente in Form gegensätzlicher oder harmonierender Arten hinzuzufügen, obwohl es sehr oft am besten sein wird, es bei der ursprünglichen Auswahl zu belassen. In unseren Tagen sind die Möglichkeiten für private Anpflanzungen in diesen Dimensionen selten geworden. Zum mindesten auf den Britischen Inseln dient die Waldpflanzung hauptsächlich der Aufforstung, und die Bemühungen eines Landschaftsgestalters, die Veränderung, die die typisch englische Landschaft mit ihren Ulmen, Eichen und Buchen durch die Bepflanzung weiter Flächen mit Weichholz erfahren hat, wieder zu mildern, werden selten glücklich enden. Man wird diese künstlichen Wälder wieder fällen, lange bevor sie ihre Schönheit und Reife erlangt haben. Weit vorausschauende Behörden oder Privatbesitzer, die zugunsten von vielleicht erst in hundert Jahren voll ausgewachsenen Hartholzpflanzungen auf schnelle Profite zu verzichten bereit sind, sind eine Ausnahme.

Doch zwischen der Forstwirtschaft in großem Maßstab und der Anpflanzung einzelner Bäume in einem kleinen Garten liegen noch andere Probleme. Die Straßenbepflanzung gehört dazu. Die Regeln, die ich mir dafür aufgestellt habe, sind einfach. Außerhalb der Städte auf dem Lande pflanze ich nur Bäume, die in der Gegend heimisch sind oder heimisch wurden; gelegentlich auch Bäume aus der gleichen Gattung. Ich würde zum Beispiel in einer Gegend, wo Pyramiden-, Grau- oder Weißpappeln weit verbreitet sind, nicht anstehen, *Populus balsamifera* var. *subcordata* oder *P. lasiocarpa* zu verwenden. Alleen sollten immer nur aus einer Art bestehen, und gewöhnlich sehen sie nur auf ebener Fläche und auf mehr oder weniger geraden Straßenstrecken gut aus. Das Geheimnis guter Straßenbepflanzung liegt darin, niemals originell sein zu wollen.

In der Stadt erlegen uns Smog, Rauch und Abgase eine unnatürliche Begrenzung auf; ansonsten hat man hier eine größere Auswahl an Bäumen – lediglich Nadelhölzer gedeihen in Städten nicht gut. Ein anderes Problem ist das der Höhe und Breite. Es ist sinnlos, Bäume zu pflanzen, die später geschnitten und ihrer Form zuwider gestutzt werden müssen und damit ihre natürliche Schönheit verlieren. Es ist in solchen Fällen besser, Bäume zu verwenden, die man von Anfang an zu schneiden beabsichtigt. In französischen und deutschen Städten und Dörfern nimmt man für gradlinige Alleen und geometrisch angelegte Plätze die rotzweigige Linde. Wenn diese Bäume am vorteilhaftesten aussehen sollen, muß das Laubwerk der Kronen zusammenfließen. Man kann die Bäume in Abständen von drei Metern pflanzen. Das Laubwerk der Roßkastanie ist zu mächtig und die Schnelligkeit des Wachstums zu groß, um aus ihnen schön geschnittene und gekappte Bäume zu machen, doch kann man sie en rivière schneiden: Man schneidet sie senkrecht – gut einen Meter vom Stamm entfernt – zwischen drei und sechs Meter über dem Boden, dann läßt man sie frei wachsen. Das schönste Beispiel für diese Form der Pflanzung ist die Avenue de l'Observatoire in Paris, wo zwei hohe grüne Kastanienwände vom Jardin du Luxembourg südwärts bis zum Observatorium führen. Es gibt auch noch andere Beispiele für diese Schnittform, zum Beispiel in Versailles und in dem Park von St. Cloud. Lindenbäume wie die Krimlinde, *Tilia* × *euchlora,* lassen sich auf dieselbe Weise behandeln. In Italien wird die immergrüne Steineiche, *Quercus ilex,* viereckig geschnitten, um in den Straßen und den großen Renaissancegärten Schatten zu spenden; in Kairo dient eine kleinblättrige immergrüne Feige, *Ficus retusa,* dem gleichen Zweck.

In England schwankt der Geschmack im Laufe der Jahre von einer Spielart zur anderen. In meiner Jugend war die pyramidenförmige Cornwall-Ulme in jedem Vorort und jedem Badeort anscheinend nicht zu umgehen. Die Alternative bestand in der gräßlich anzusehenden Mischung von Rotdorn *(Crataegus oxyacantha* ›Paulii‹) mit Eschenahorn *(Acer negundo),* Goldregen und *Prunus cerasifera* ›Atropurpurea‹. Zwischen den Kriegen wurde die Japanische Kirsche ›Hisakura‹ der modischste Straßenbaum, vor allem in den Vororten, und zwar in solch einem Ausmaß, daß viele Leute diesen sehr reizvollen Baum nicht mehr in ihren Gärten haben wollen. Birken und Ebereschen sind weitere Favoriten; für mich haben sie jedoch den Beigeschmack einer wilden und öden Landschaft, und wenn sie da so nüchtern aufgereiht auf Bürgersteigen stehen, finde ich sie fehl am Platze.

Sollte man das gemeinsame Merkmal aller provenzalischen Städte und Dörfer nennen, so würde man sich wohl für die riesigen Platanen entscheiden, die den Brunnen auf jedem Dorfplatz überschirmen und frei wachsen oder alljährlich zu knorrigen und merkwürdigen Gebilden geschnitten werden. Wenn städtische Behörden sie auch nicht mögen, weil die abfallenden Blätter die Fahrbahn schlüpfrig machen, ergeben Platanen doch prachtvolle Alleen, haben sie nur genügend Platz, um frei wachsen zu können. Ein ganz wunderbares Beispiel hierfür ist der Quai de Bercy in Paris, der sich etwa drei Kilometer lang zwischen der Seine und der Halle aux Vins hinzieht.

Eine besondere Schwäche habe ich für rosa Kastanien, weil die Straße darunter alljährlich eine Woche lang einem tiefrosafarbenen Teppich gleicht. Ich mag auch den Japanischen Schnurbaum, *Sophora japonica*, als Straßenbaum sehr gern, denn seine gefiederten Blätter werfen einen lebhaften Schatten, und die weißen Blüten erscheinen noch Mitte Juli. In Italien werfen die schirmförmigen Pinien, *Pinus pinea*, ihre anmutigen Schatten gleichermaßen auf die Straßen von Stadt und Land. Zwar sind sie in den meisten Teilen der Britischen Inseln nicht sehr widerstandsfähig, aber ich bin doch immer wieder erstaunt, wie selten die fast ebenso schöne *Pinus radiata (P. insignis)* im Südwesten angepflanzt wird, wo sie gut gedeiht.

Vor sechzig oder mehr Jahren muß die Pariser Stadtverwaltung einen erstklassigen Direktor für ihre Parkanlagen und Gärten beschäftigt haben. Die Haussmannschen Boulevards und vieles andere aus der Entwicklung der Stadt im späten 19. Jahrhundert zeigen noch heute Spuren eines sicheren Gefühls und guten Geschmacks in bezug auf die Anpflanzung von Bäumen. In ein oder zwei Straßen gibt es Alleen mit ausgewachsenen Paulownien, die leider nur für die Menschen blühen, die in den umliegenden Häusern hoch oben wohnen. Obwohl ich hundertmal im Jahr unter diesen Bäumen entlanggehe, habe ich noch nie einen kleinen Schimmer ihrer blauviolett blühenden Doldentrauben erhascht.

Man kann traurig werden, wenn man sieht, wie sich die konservative Einstellung und Fremdenfeindlichkeit französischer Baumzüchter, der Mangel an ausreichenden Krediten und der Drang nach schnellem Erfolg auf die Art der Bepflanzung neuer Wohnviertel in Frankreich auswirken. Sie kennt anscheinend nur Pyramiden- und Kanadische Pappeln, struwwelige Akazien, Liguster und Aukuben.

Die technischen Einzelheiten der Straßenbepflanzung sind leicht zu erlernen; die Begrenzung in der Höhe und Breite und die Art des Bodens weisen auf die in Frage kommenden Baumarten hin, aus denen man dann auswählen muß. Was den ästhetischen Gesichtspunkt betrifft, würde ich stets sagen: Wage etwas und bleibe dabei einfach. Einen schüchternen Versuch werden spätere Generationen übersehen oder sogar entfernen, einer schönen, einfachen Anlage wie dem kürzlich neu bepflanzten Long Walk in den Kensington Gardens oder den wunderbar einheitlichen Kastanienalleen im Bushey Park werden sie Lob spenden und sich vielleicht sogar an den Gestalter erinnern.

Ich merke aber, daß ich von dem Thema abschweife, das mir in der ganzen Gartengestaltung eines der schwierigsten zu sein scheint, nämlich Entwurf und Bepflanzung eines öffentlichen Gartens oder Parks. Meine Unsicherheit erklärt sich vielleicht daraus, daß ich nie mit einem solchen Auftrag bedacht wurde, abgesehen von den sehr speziellen Projekten für die Stadt Abadan am Persischen Golf. Ich habe jedoch sehr viele Parkanlagen gesehen und daraus gewisse Schlüsse gezogen.

Ein Stadtpark, dessen wesentlicher Zweck vielleicht darin liegt, die Menschen mit zusätzlichem Sauerstoff zu versorgen, sollte doch wohl auch eine Zuflucht für ihr Gemüt und ein Ort der Erholung für ihre von Straßen und Gebäuden ermüdeten Augen sein. In alten Städten sind die Parkanlagen häufig umgemodelte Überbleibsel privater Parks und Gärten, die als öffentliche Plätze erhalten wurden, als die Städte allmählich über ihre ursprünglichen Grenzen hinaus-

wuchsen. Sie sind durch Zufall zu öffentlichen Parkanlagen geworden und haben das ihrem ursprünglichen Zweck dienende Gepräge
mehr oder weniger beibehalten. Hyde Park, St. James's Park und
Kensington Garden sind Landschaftsparks des 18. Jahrhunderts, die
mit den königlichen Palästen verbunden waren. Der Tuileriengarten
und der Jardin du Luxembourg waren ebenfalls private Gärten, die
zu Schlössern gehörten. Der Bois de Boulogne war ehemals ein
königlicher Forst, der als Wildgehege diente. Im 19. Jahrhundert hat
man ihm ein System gewundener Fahr- und Reitwege aufgezwungen. Die Wälder wurden 1870 übermäßig durchforstet und gelichtet
und gewinnen erst jetzt wieder ihr volles Gepräge zurück. Der Central Park in New York wurde im 19. Jahrhundert von Olmsted als
Nachahmung eines Landschaftparks im Stile des 18. Jahrhunderts
entworfen. In Washington hat der gleiche Stil mit seinen flachen
Lagunen und blühenden Kirschhainen einen leicht japanischen Beigeschmack. Die Borghesegärten in Rom sowie die Boboligärten in
Florenz haben wenig von ihrem Charakter als Privatgärten der
Renaissancezeit eingebüßt.

Fast all diesen Parkanlagen ist gemeinsam, daß sie Inseln gleichen,
in sich ruhenden grünen Einheiten, die mehr oder weniger von den
Straßen und Gebäuden der Stadt umschlossen sind, und so verstanden erfüllen Parks in zwanglosem Landschaftsstil ihren möglichen
Zweck besser. Die Freuden einer streng geometrischen Anlage verblassen schneller. Wenn man zum Beispiel in den Tuilerien einmal
stehengeblieben ist, um den langen Durchblick vom Carrousel über
die Place de la Concorde bis zum Arc de Triomphe zu bewundern,
wird man sich sofort der strengen Baumreihen, der ausgewogenen
Parterres und der Gartengrenzen bewußt. Die Phantasie hat keinen
Spielraum, es gibt nichts, was man erahnen könnte; alles ist methodisch, logisch und erklärt sich von selbst. An solchen Orten erfreut
man sich an Zufälligem, wie zum Beispiel an der ungleichmäßigen
Silhouette von Baumspitzen vor Gebäuden oder am Schimmer eines
Teiches oder Springbrunnens zwischen den Baumstämmen. Diese
Zufallsfreuden sind sozusagen gegenläufig zu Absicht und Anlage
des Gartens. Ich würde natürlich einen nach strengen Gesetzen
angelegten botanischen Garten nicht unter diesem Gesichtspunkt
betrachten, denn er ja ist für eine systematische und methodische

Darbietung vieler Pflanzenarten gedacht. Doch ein öffentlicher Garten oder Park, ob klein oder groß, sollte, so finde ich, geheimnisvoll sein und die Außenwelt so weit als nur möglich vergessen machen.

Nur ein sehr ausgedehntes Areal kann man in einen Landschaftsgarten großen Stils verwandeln, denn um größere Gehölze, einzelne Baumgruppen in wogendem Gras und breite Wasserflächen wirkungsvoll zu entwickeln, ist viel Raum notwendig. Nichts geht so kläglich daneben wie der Versuch, einen Landschaftsgarten auf einer kleinen Fläche anzulegen. Die Provinzstädte Europas sind voll von solchen mitleiderregenden »englischen Gärten«, in denen ein sich kräuselnder Weiher mit einem einzigen Schwan und einer auf Zementsäulen ruhenden Holzbrücke inmitten einer wogenden Wiese liegt, auf der drei oder vier Bäume viel zu groß erscheinen. Landschaftsgärten haben ihre eigenen Gesetze, die man nicht übertreten darf. Ich kenne nur einen kleinen Stadtpark, der die Bedeutung und Größe eines Landschaftsparks anklingen läßt – Berkeley Square in London mit seiner Gruppe großer Platanen auf einer ebenen Grasfläche. Das Geheimnis seiner Wirkung beruht auf den Proportionen und der Bauart des kleinen Gebäudes in der Mitte, obwohl dessen ursprünglich ruhiger cremefarbener Anstrich kürzlich einer vulgäreren Farbe Platz machen mußte.

Ich würde einen Stadtpark jeder Größe mit einem Gürtel großer Bäume umgeben, so daß sich, von innen gesehen, eine hohe Blätterwand von den dahinterliegenden Gebäuden abhebt und das Gefühl der Trennung zwischen Stadt und Park betont wird. Nie würde ich die ganze Fläche dicht an der Außengrenze mit einem Gürtel niedriger Bäume oder Sträucher versehen, und zwar aus zwei Gründen: Zunächst, weil sie so nahe am vorüberflutenden Verkehr gewöhnlich schlecht wachsen, und zweitens, weil sie verhindern, daß der Vorbeigehende sich in den Park hineingezogen fühlt. Dichte niedrige Anpflanzungen müßten darum mindestens fünfzehn Meter von der Grenzlinie zurückliegen und durch gelegentliche Öffnungen Einblick in das Innere des Parks gewähren.

Es wäre absurd, wollte man, wenn auch nur theoretisch, den Plan eines Parks in einem Abschnitt zu umreißen versuchen. Natürlich hängt eine Parkanlage von hundert örtlichen Faktoren ab – Gegend,

Klima, Boden, örtliche Gebräuche und die mitzubedenkenden Annehmlichkeiten. Doch ich finde, ein Park sollte auf jeden Fall eine oder mehrere langgestreckte, offene Flächen haben, die mit Hilfe sorgfältiger Bepflanzung und geschickt hergestellter Perspektiven ein Gefühl von Größe und Entfernung geben. Alle zusätzlichen Elemente sollten an den Seiten dieser Hauptflächen liegen, wie die Glieder einer Kette miteinander verbunden und als eine Reihe mehr oder weniger eingefaßter Räume entworfen, von denen jeder seinem besonderen Zweck dient.

Das Pflanzen von Bäumen in einem öffentlichen Park will sorgfältig überlegt sein. Die Zurückhaltung, die ich mir fast für jede andere Gartenform auferlege, scheint mir in diesem Fall nicht das Richtige zu sein. Mein Ziel wäre es, eine Illusion zu schaffen. Ich würde also jede nur mögliche Variation in Form und Farbe sowie der Beschaffenheit des Laubs anwenden, um das angestrebte Gefühl der Entrücktheit oder, wenn man will, der Verzauberung hervorzurufen. Unter jenem Zauber verstehe ich aber nicht ein verwirrendes Durcheinander verschiedener Pflanzen oder ein Wald-Disneyland. Man kann jede Landschaft verzaubern, wenn man sich über das Bild, das man schaffen möchte, im klaren ist, und selbst eine Gegend, die gar nichts verspricht, birgt ihre eigenen Möglichkeiten in sich. Man muß immer wieder schauen und die verschiedenen Elemente, die man einbeziehen will, aufschreiben, um sie dann zunächst einmal beiseite zu legen. Bei fortschreitender Arbeit werden sie wieder auftauchen und den Gedanken und der Komposition ein bestimmtes Gepräge geben. In der Zwischenzeit muß man sich weiter umschauen und das Problem nicht nur mit dem Verstand, sondern auch mit dem Gefühl durchdringen. Man soll immer daran denken, daß es eines der wichtigsten Ziele ist, die Besucher, wenn auch nur für einen Augenblick, dem Alltag zu entreißen. Schon ein Schimmer von Schönheit wird in ihnen eine heilende Beziehung zu ihrer inneren Welt wachsen lassen. Man darf diesen Gedanken nicht als Gefühlsduselei abtun. Er ist ein außerordentlich wichtiges Motiv für Gärten und Gärtner.

In einem solchen Park könnte ich mir eine lichte Pflanzung mit silbrigem Blattwerk vorstellen: Silberpappeln, Zitterpappeln und *Salix alba* ›Calva‹, die bei jedem Windhauch silbern aufleuchten, darunter die anmutige *Pyrus salicifolia* und eine Menge Sanddorn

Hippophäe rhamnoides, Buddleja alternifolia und Weißklee *Cytisus battandieri.* Für die Bodenbepflanzung schließlich hätte ich die Wahl zwischen einem halben Hundert graublättriger Zwergsträucher – Lavendel, Caryopteris, Santolina, Büschel aus silbrigweißem Pampasgras und selbst die gewöhnlichen blauen Gräser, wie Leymus (Elymus) und Schwingel, *Festuca cinerea.*

Die Trauerweide *Salix alba* var. *tristis* ist ein sehr vertrauter Baum, vielleicht zu oft als Einzelexemplar verwendet, begleitet von ihrem klassischen Gefährten, einer Pyramidenpappel. In meinem Park stelle ich mir einen ovalen oder runden Platz, vielleicht einen Kinderspielplatz vor, der ganz und gar mit einem Kranz von etwa fünfzig Trauerweiden umgeben ist, die einen wogenden gelbgrünen Schleier bilden. In einem anderen, eher gärtnerisch behandelten Teil meines imaginären Parks hätte ich gern einen Obstgarten mit nur kleinen blühenden Bäumen wie Kirschen und Holzäpfel. Jeder Baum würde in einem runden Beet stehen, und auf diesen Beeten würde ich im Frühling hundert verschiedene Tulpenarten oder -sorten zeigen, denen dann niedrigwachsende einjährige Pflanzen folgen müßten, so daß den ganzen Sommer hindurch hundert Blütenringe in allen Farben leuchten würden.

Bäume pflanzen heißt, seinen Träumen von einer besseren Welt Gestalt und Leben verleihen. Hier gibt es zahllose Möglichkeiten, und ich will gar nicht erst versuchen, einen Katalog oder ein Rezeptbuch zu verfassen. Die Möglichkeiten liegen eher darin, daß man mit der richtigen Einstellung an das Problem herangeht. Wie der Lehm für den Töpfer, der Marmor für den Steinmetzen, die Farben für den Maler, so sind die Bäume die Rohmaterialien, mit denen man eine Landschaft oder einen Garten gestaltet. Will man lernen, mit ihnen umzugehen, so muß man sie von allen nur möglichen Seiten her kennenlernen. Man beobachte sie als Sämlinge und als junge Pflanzen und in allen Stadien ihres Wachstums zu den verschiedenen Jahreszeiten. Ein besonders lohnender Weg, sie zu begreifen, besteht darin, sie zu zeichnen. Da ist ein Blatt, ein Zweig, ein Ast oder ein ganzer Baum. Wenn man mit dem Bleistift, wie ungeübt man auch sein mag, Form und Struktur eines Blattes wiederzugeben versucht oder die Silhouette eines Baumes oder die Stelle, wo ein Stamm sich teilt und verzweigt, so wird man mit Sicherheit die

Kräfte erkennen, die den Baum wachsen lassen. Man wird seine Wesensart fühlen und jeden Ast spüren, als wäre er der eigene Arm. Es ist ganz gleichgültig, wie die Zeichnung aussieht: Das Ziel ist ja nicht, ein schönes Bild zu malen, sondern das Verständnis zu fördern. Auf diese Weise wird man sich schnell eine Art Baumliebe aneignen, wenn, wie ich meine, Liebe jene Art der Erkenntnis ist, die tiefer geht als das oberflächliche Wissen, das allein durch das alltägliche Funktionieren des Gehirns zustande kommt.

6. KAPITEL

Über das Pflanzen von Sträuchern

Wenn es um das Pflanzen von Sträuchern geht, sollte der Gartenge-
stalter seine Kataloge und alphabetischen Listen vergessen und, um
Auge und Verstand klar zu bekommen, seine eigene, andersartige
Einteilung suchen. So viel ist über Sträucher, ihre Eigenart, Pflege
und so weiter geschrieben worden, daß man von dem Übermaß an
Information ganz benommen werden kann.

Ich möchte versuchen, die Sträucher nach den Stellen des Gartens
einzuteilen, wohin sie ihrer Natur und ihrem Aussehen nach am
besten passen. Es gibt zum Beispiel, wie auch immer das Klima und
die Gegend sein mögen, eine Reihe von Sträuchern, die an die Ränder des Gartens gehören, Arten, deren Form und Habitus dergestalt
sind, daß sie sich gut mit der natürlichen Flora der Landschaft »ver-
mengen« und nicht schockieren, wo der Garten in Wald oder eine
Wiese übergeht. Sie können natürlich noch anderwärts verwendet
werden, und viele passen auch in die zivilisierteren Teile des Gartens. Das gilt zum Beispiel für den Perückenstrauch, *Cotinus coggygria*. Er stammt von den felsigen Hängen der Alpen und Südosteuro-
pas und eignet sich wie viele Berberitzenarten für die Ränder von
Naturgärten in manchen Gegenden, ist aber in Wachstumsart, Laub
und Blüten auch interessant genug, um an einer gewichtigen Stelle in
dem kultivierteren Teil des Gartens zu glänzen. Es gibt viele verschiedene Straucharten, die man wie einheimische Pflanzen verwenden kann, wenn man sicher ist, daß sie in der jeweiligen Umgebung
in keiner Hinsicht exotisch wirken; einige ganz bestimmte Sträucher

sind nur für den Randbereich verwendbar. Gelb- und rotzweigige Weiden, die in jedem Frühjahr gekappt und in Massen angepflanzt werden, beleben im Winter mit ihrem grünlichen Gelb und rauchigen Rot eine flache feuchte Gegend, ebenso wie der Hartriegel *Cornus alba* ›Sibirica‹ und andere Sorten. Jedoch sind das Pflanzen, die nur aus der Ferne wirken; aus der Nähe und einzeln betrachtet, fehlt es ihnen an Anziehungskraft. Sie sind insgesamt zu langweilig, um innerhalb der Gartenbegrenzung nach etwas anderem als nach Wildgehölz auszusehen. Man kann eine kurze Liste solcher Pflanzen aufstellen, die geeignet sind, an den Außenrändern des Gartens mit der einheimischen Pflanzenwelt zu verschmelzen.

Dagegen gibt es eine andere Gruppe von Sträuchern, die meiner Meinung nach oft am falschen Ort stehen, da ihr eigentlicher Platz der Garten selbst ist. Hierzu gehören der Pfeifenstrauch (Philadelphus), Weigelien, Deutzien und die Fliederkreuzungen. Diese Pflanzen sind höchst ungeeignete Nachbarn für Erikazeen, wie Rhododendren und Azaleen, obwohl ich sie beständig so verwendet sehe, ja sogar mit Ginster, Heidekraut und Japanischem Ahorn gemischt! Meiner Ansicht nach gehören sie irgendwohin zwischen Blumen-, Obst- und Küchengarten, wo sie mit solch altmodischen Blumen wie Pfingstrosen, Lilien und Stiefmütterchen zusammengebracht werden können. Sie sehen vielleicht ein wenig langweilig aus, wenn sie nicht blühen, und brauchen deshalb die Unterstützung blühender Stauden. Doch wenn sie in Blüte stehen, haben sie etwas Kultiviertes, was sie ins Garteninnere gehören läßt. Flieder wirkt am besten und ist leichter zu schneiden und in Form zu halten, wenn man ihn halbhoch zieht. In den ersten zwei oder drei Jahren enttäuscht er zwar, doch dann bildet er große runde, mit Blüten bedeckte Formen. Weigelien muß man gruppenweise in verschiedenen Farben wie Weiß, Rosa und Karmesinrot pflanzen, doch werden sie bald unansehnlich, wenn man die alten Triebe nach der Blüte nicht unbarmherzig herausschneidet. Auch die Pfeifenstrauchkreuzungen neigen dazu, in widerspenstiges Dickicht auszuwachsen, wenn man nicht in jedem Juli so viel altes Holz wie nur möglich herausschneidet. Weigelien, Pfeifenstrauch und Deutzien brauchen einen günstigen Standort in der Sonne oder im Halbschatten, wo ihre Wirkung durch Gruppen alter Pfingstrosen in Weiß, kräftigem

Rosa und Dunkelkarmesinrot und vielleicht eine Randbepflanzung aus Glockenblumen gesteigert werden kann. Bei den Fliederarten, die sich ebenso wie die Preston-Hybriden für die wilderen Teile des Gartens eignen, würde ich diese Einschränkungen nicht machen. Der entzückende niedrige Pfeifenstrauch *Philadelphus microphyllus* kann fast überall verwendet werden.

Rosenarten gehören vor allem in den Naturgarten, obwohl einige unter ihnen eine so besondere Form oder Farbe haben, daß ich sie auch anderweitig verwende. Ich habe *Rosa rugosa* als schützendes Gebüsch für Fasanen in den Tälern von Yorkshire wachsen sehen, wo ihre einfachen violettrosa Blüten und roten Hagebutten vollkommen mit Brombeerdickicht verschmolzen. Ihre zahlreichen Sorten sind jedoch eher Gartenpflanzen. ›Blanc Double de Coubert‹, ›Roseraie de l'Hay‹ und ›Conrad Ferdinand Meyer‹ sind drei prächtige gefüllte Sorten, die man zusammen mit Stauden oder in einem Strauchrosengarten verwendet.

Ich habe oft davon geträumt, auf einer ebenen Grasfläche in vollem Sonnenschein mit Strauchrosen arbeiten zu können, und zwar mit Arten, die man nicht mit dem Typus des eher regelmäßigen, umfriedeten Gartens verbindet. Milchiggrüne Dickichte von *Rosa-alba*-Sorten würden vielleicht das Hauptthema abgeben oder moosgrüne Hügel aus den vielen Sorten der *Rosa rugosa*. Im ersten Fall würde ich nur weite Flächen von *Rosa rubrifolia* hinzufügen wegen der blauen Tönung ihres purpurroten Laubs und einige Exemplare der purpurblättrigen Form des Perückenstrauchs, *Cotinus coggygria* ›Rubrifolius‹, aus dem gleichen Grunde und weil sie erst später im Sommer ihre volle Wirkung erreichen. Um die Blütezeit schon im Frühjahr beginnen zu lassen, würde ich große Gruppen von Chinesischen und anderen Staudenpäonien in rosigweißen und cremefarbenen Tönen zu der weißblühenden *Rosa alba* setzen und durch Päonien in Hellrosa und Rot die tieferen Farben von *Rosa rugosa* ankündigen. Für eine noch frühere Blüte kämen für mich nur zwei Tulpenfarben in Frage, nämlich Weiß und Blaßrosa, und diese Tulpen würde ich so verschwenderisch anpflanzen, daß sie wie natürlich gewachsen aussähen. Das alles ergäbe eine Komposition, in der Farbe und Form das zugrundeliegende Thema von Mai bis August in eine Blütenpracht verwandeln würden.

Wenn man Sträucher nach ihrer Verwendungsmöglichkeit in den verschiedenen Gartenteilen klassifiziert, so werden Auswahl und Anordnung auch durch Boden und Klima bestimmt. In einem warmen, sandigen Garten kann man Zistrosen zum Beispiel sehr gut großflächig in etwas ungebändigter Art wachsen lassen, aber in kälteren Gärten muß man sich mit ein oder zwei Pflanzen zufriedengeben, die an einer sonnigen Wand stehend den Hauch des Mittelmeers bis zur Türschwelle bringen.

Andere Strauchgattungen sind anpassungsfähiger, und man kann ihre verschiedenen Arten und Sorten auf vielerlei Weise und an vielerlei Orten verwenden. Auf saurem Boden und in mildem Klima sind wenige Pflanzen so gut brauchbar wie Hortensien. Das Aquamarin- und Saphirblau von *Hydrangea macrophylla* in Verbindung mit dem Indigoblau nasser Schieferdächer und dem dunklen Grün von *Cupressus macrocarpa* und *Pinus radiata* ist eine wunderschöne Zusammenstellung, die in Cornwall und in der Bretagne häufig vorkommt. Gern sehe ich diese Hortensien auch in großen Mengen in feuchten und schattigen Wäldern, wo sie nicht exotischer aussehen als Pontische Rhododendren, *Rhododendron ponticum*. Die weinroten, karmesinroten, rosafarbenen und weißen Formen der Hortensie nehmen sich vielleicht besser innerhalb des Gartens aus; dann aber sollte man sie in großen Mengen und nur in Verbindung mit immergrünen Pflanzen in einen Rahmen von Gras und Bäumen setzen. Mir scheint die Fülle ihrer Blütenfarbe so überwältigend, daß ich andere blühende Sträucher oder Pflanzen in der Nähe nicht dulden würde. In kälteren Gärten oder auf kalkhaltigem Boden sollte man *Hydrangea macrophylla* in großen Töpfen oder auch in Holzbehältern in der Nähe des Hauses aufstellen und im Winter hereinnehmen. Viele Arten sind etwas widerstandsfähiger, alle aber verlangen einen neutralen oder sauren Boden. Die spätblühende *Hydrangea paniculata* ›Grandiflora‹ ist ein Strauch für Massenpflanzung und gedeiht am besten in der Sonne oder im lichten Schatten. Man kann sie aber auch in kleinen Gruppen zur Verstärkung einer Staudenpflanzung verwenden. *Hydrangea aspera* ssp. *strigosa, H. aspera* ssp. *sargentiana, H. villosa* und *H. quercifolia* sind alles vortreffliche Gewächse mit kräftigem Blattwerk und ausgezeichnetem Wuchs. Sie nehmen sich als Gruppe an einer sich selbst überlassenen

Stelle des Gartens ebenso gut aus wie einzeln oder in kleinen Gruppen an wichtigen Punkten im Garten, vorausgesetzt, daß man ihnen einen tiefen und feuchten Boden geben kann. An dieser Stelle möchte ich auch die Kletterhortensie *H. anomala* ssp. *petiolaris* erwähnen, eine sehr wertvolle sommergrüne Kletterpflanze mit Haftwurzeln. Sie hat glänzend braunes Holz, herzförmige Blätter und charakteristische weiße Blüten. Ihre beste Eigenschaft besteht darin, daß sie im tiefen Schatten einer Nordwand oder unter Bäumen gedeiht und mit der Zeit eine Bodendecke wie Efeu bildet.

In den vergangenen zwanzig Jahren ist viel über Gehölze geschrieben worden, die im Winter oder im zeitigen Frühjahr zur Blüte kommen. Viele davon sind zwar als Pflanzen sehr interessant, doch für Schmuckwirkung wenig geeignet, selbst dann nicht, wenn genügend Raum für eine akzentuierte Pflanzung dieser Gehölze vorhanden ist. Zwei von ihnen, Corylopsis, die Scheinhasel, und Sycopsis, beides Verwandte der Zaubernuß, werden selten angepflanzt und verdienen doch ihren Platz im Garten, zusammen mit dem Schneeball *Viburnum fragrans,* der Zierkirsche *Prunus subhirtella* ›Autumnalis‹, Chimonanthus, der Winterblüte, und Hamamelis, der Zaubernuß.

In Lincolnshire, wo ich meine Jugendzeit verlebte, fand ich fast in jedem Bauerngarten eine Cydonia oder Japanische Quitte, die als geschnittener Busch vor der Hauswand gezogen wurde, gewöhnlich zusammen mit einer Masse der schönen Doldenprimeln *Primula elatior* und vielleicht in einem Teppich aus purpurroten Blaukissen (Aubrieta) und gelbem Steinkraut (Alyssum), dessen Duft mir noch in Erinnerung ist. Cydonia ist inzwischen umbenannt worden und heißt heute Chaenomeles, Zierquitte. Unverändert geblieben ist ihre vielseitige Verwendbarkeit für den Gartengestalter. *Chaenomeles japonica* und ihre vielen Sorten sind alle widerstandsfähig, stellen keine besonderen Ansprüche an den Boden und sind doch schön. Einer ihrer besonderen Vorzüge besteht darin, daß sie schon im April oder in einem milden Klima sogar noch früher blühen. Die Farbskala ihrer Blüten reicht von Weiß über Blaßrosa, Korallenrot, Rosa bis Scharlachrot und bildet einen lebhaften Kontrast zu dem blassen Gelb, dem Hellviolett und Blau so vieler Frühlingsblumen. Man kann sie in Massen, gemischt oder nach Farben getrennt, bis zu fünfzig oder hundert gruppiert, an einer sonnigen offenen Stelle pflanzen, wo ich sie gern als eine ebenso heitere wie geeignete Unterpflanzung für wertvollere Cotoneaster (Zwergmispeln), wie *C. frigidus* oder die *C.-Watereri*-Hybride ›Cornubia‹, verwende. Da Zierquitten stark ausläufertreibend sind, ist es einfach, sie in großen Mengen aus Wurzelsprößlingen zu vermehren. Sie passen vorzüglich in eine Landschaft mit grünen Feldern, Hecken und Laubbäumen, können aber ebensogut an den sandigen Rändern eines Kiefernwalds gepflanzt werden.

Im Garten wirken sie am Wasser genauso dekorativ wie am Spalier an einer Wand, entweder allein oder zusammen mit der großblütigen Klematis. Ich verwende sie oft mit *Cotoneaster salicifolius* oder mit dem Feuerdorn, Pyracantha, beides ausgezeichnete Pflanzen für das Wandspalier. Zierquitten kommen am schönsten zur Entfaltung, wenn man alle jungen Triebe auf 8 bis 10 cm zurückschneidet, weil nur dann in großer Zahl Blütenknospen gebildet werden. Einen besonders unbarmherzigen Schnitt muß man anwenden, wenn sie an Wandspalieren gezogen werden; sie würden andernfalls bald wie eine Hecke aussehen. Es gibt auch eine als *Chaenomeles cathayensis* bekannte Art, ein hoher, schwerfällig ausschauender Strauch, für den ich nie rechte Verwendung finden konnte, wenn auch seine Blüten eine freundliche rosa Schattierung haben.

Im ersten Viertel dieses Jahrhunderts schickten Pflanzenjäger aus Ostasien eine Fülle neuentdeckter Cotoneaster herüber. Meiner Meinung nach haben sie zum größten Teil für das Gartenbild nur geringen Wert. Viele unter ihnen bilden mit ihren kleinen stumpfgrünen Blättern oft so ungestalte Büsche, daß sie wie ein Haufen schwärzlichen Gestrüpps aussehen. Sie alle sind zäh genug, um auf kargem Boden und ohne besondere Pflege zu gedeihen, und ich glaube, sie gehen gerade noch an, wenn sie am anderen Ende eines Rasens in Massen wachsen und man sie nur aus der Entfernung sieht. Natürlich gibt es Ausnahmen. *Cotoneaster horizontalis* ist als schöne Bodendecke oder flach an einer niedrigen Mauer gezogen unersetzlich. In dieser Weise wird er so häufig verwendet, daß man, sieht man in der Nähe eines Hauses ein einzelnes Exemplar, sicher sein kann, daß es dort einen Kanaldeckel verbergen soll. Wenn man *C. horizontalis* als flachwachsenden Fächer ziehen möchte, muß man nur darauf achten, alle Zweige, die in die Höhe streben wollen, zurückzuschneiden.

Großflächige Anpflanzungen von Cotoneaster sind in Exbury am Beaulieu River bei Southampton zu sehen, wo der Gärtner des großen Stils, Mr. Lionel de Rothschild, weite Flächen kiesigen Bodens mit Nadelhölzern, mehreren im Herbst schön gefärbten Laubbäumen und dichtem Gebüsch aus Cotoneaster und Berberitzen bepflanzte. Einige von ihnen, die vor ungefähr dreißig Jahren gepflanzt wurden, sind verschwunden, aber es gibt noch wundervolle Gruppen seiner Cotoneasterhybriden, die, wie ich vermute, von den fast schon aristokratischen Arten wie *Cotoneaster lacteus, C. henryanus, C. frigidus* und anderen Arten mit kräftigem Wuchs und schönen Früchten abstammen. Im späten November bieten diese Pflanzen, deren beste *Cotoneaster rothschildianus* heißt, einen reizenden Anblick; dichtgedrängt stehen sie da mit roten und manchmal hellgelben Beeren, die erst nach Weihnachten abfallen.

Unter den halbhohen Zwergmispeln besitzt der stark verzweigte *Cotoneaster wardii* zwar ein ebenso stumpfes Laubwerk wie so viele andere Arten, doch er entschädigt uns durch einen Reichtum an scharlachlackroten Beeren, die im Verhältnis zur Pflanze sehr groß sind. Ein unscheinbares Exemplar dieser Art, das vor längerer Zeit dicht neben einem riesigen Sandsteinfelsen in dem französischen Garten des Herzogs von Windsor gepflanzt wurde, hat diesen Felsen nun fast bedeckt und bietet in jedem November einen herrlichen Anblick. Aus irgendeinem Grund ist der *Cotoneaster simonsii* bei Gärtnern sehr beliebt; ich weiß nicht warum, vielleicht deshalb, weil seine Stecklinge leicht Wurzeln schlagen. Es ist eine gräßlich unbeholfene Pflanze, die ich aus jedem Garten verbannen würde.

Heute legt man meines Erachtens bei Strauchpflanzungen zuviel Wert auf Blütenfarbe; immergrüne Pflanzen werden lediglich hier und da an undankbare Stellen verstreut, wo nichts Blühendes mehr gedeihen will. Im 18. und 19. Jahrhundert bestanden Strauchpflanzungen unabänderlich aus einheimischem Buchsbaum und Eibe, später kamen Kirschlorbeer *(Prunus laurocerasus),* portugiesischer Lorbeer, Aukuben und Skimmien dazu. Von nahem betrachtet, waren diese Strauchpflanzungen ziemlich langweilig, doch besaßen sie eine gewisse Gleichartigkeit und brachten in die langen Winter-monate etwas Farbe. Die dunklen Winkel von Garten und Parks wurden, wie man sagte, mit ihnen »ausgestattet«. Später kamen mit den Pontischen Rhododendren, *Rhododendron ponticum,* den soge-nannten Pontischen Azaleen, *Rhododendron luteum,* und mit den ersten Rhododendronkreuzungen mehr Blüten und Farben. Die Anhäufung neuer Pflanzen ging so weit, daß Strauchpflanzung schließlich ein Lumpensack für alles Buschige wurde.

In den zwanziger Jahren unseres Jahrhunderts begannen die Baumschulen, aus der Bepflanzung von Rabatten mit blühenden Sträuchern ein Geschäft in großem Maßstab zu machen. Als man St. Dunstan's im Regent's Park abgerissen und das heutige neogeorgia-nische Haus an seiner Stelle erbaut hatte, verwandelte man den aus-gedehnten viktorianischen Garten mit seinen Bäumen und Lorbeer-gruppen, der so gut zum Charakter des Parks paßte, in einen großen Rasenplatz. Diesen Rasen umgab man mit einem breiten Gürtel aus verschiedenen Baum- und Straucharten, die ohne Rücksicht auf Farbe, Struktur und Form gepflanzt wurden. In ähnlicher Weise säumt heute ein gräßlich herangewachsener Gehölzstreifen die Dat-chet Road in der Nähe von Windsor Castle, und solch buntschek-kige Pest verdirbt Tausende von Gärten im ganzen Land.

Als Purgiermittel sollten wir überlegen, wie wir immergrüne Büsche im Garten für eine Komposition verwenden können, die allein durch sich selbst besteht, bevor wir durch irgendwelche blü-henden Pflanzen Farbe und Abwechslung hinzufügen. In Westeu-ropa würde ich in den Garten zuerst die immergrüne, vielfältig brauchbare Gemeine Eibe, *Taxus baccata,* pflanzen. Sie läßt sich zunächst als fiedriger Busch und dann als Baum verwenden, der durch Jahrhunderte fortwächst und in jedem Stadium ansehnlich ist. Man kann sie zu einer Hecke von 0,90 bis 4,50 m Höhe schneiden oder ihr jede beliebige Form geben. Sie dient auch, in jedem Jahr leicht gestutzt, als dichtgefügter grüner Hintergrund für andere Pflanzungen, ebenso als strenge oder zwanglose Grenze zwischen zwei verschiedenen Gartenteilen. Klagen über ihr zu langsames Wachstum sollte man keinen Glauben schenken. Nach den ersten drei Jahren wird sie uns in zunehmendem Maße erfreuen, was übri-gens von den meisten Bäumen und Sträuchern gesagt werden kann.

Buchsbaum mit seinen vielen Spielarten ist diejenige unserer immergrünen Pflanzen, die am langsamsten wächst. Läßt man ihn wild wachsen, so entsteht unter winterlichen Bäumen ein warmes und angenehmes Grün, und es ist wohl überflüssig, noch ein Wort über seine Brauchbarkeit als Hecke zu sagen. Ich erinnere mich an die Arbeit in einem Garten in Northamptonshire, in dem es eine doppelte Buchsbaumhecke von etwa 4,50 m Höhe gab, unter der man spazierengehen konnte. Nächst Buchsbaum und Eibe schätze ich am meisten den Lorbeerbaum, *Laurus nobilis,* obwohl er nur im südlichen Europa so widerstandsfähig ist, daß man ihn frei wachsen lassen und dadurch einen Wald dichter machen kann oder daß er sich zu hohen duftenden Laubwänden schneiden läßt. Weiter nördlich wird er lediglich in geschützten Winkeln zu voller Entwicklung kommen. Er ist für mich stets ein Symbol mediterraner Kultur, und ein Garten ohne ihn gefällt mir nicht.

In Verbindung mit Schneebeere, Liguster und Aukube wird in französischen öffentlichen Gärten häufig *Viburnum rhytidophyllum* gepflanzt. Dieser Schneeball ist ein sehr dekoratives immergrünes Gehölz, das bis zu 2,50 m hoch wird, fast auf jedem Boden in der Sonne und im Schatten gedeiht und nur vor Wind geschützt werden muß. Die großen runzligen Blätter dieser edlen Pflanze sind von warmem, heiterem Grün, sie ist üppig und so gestaltet, daß sie für sich allein wirken oder aber als Hintergrund für kräftige Farben dienen kann. Ich bringe sie gern mit *Viburnum plicatum* ›Mariesii‹, mit Hortensien oder mit Johanniskraut, *Hypericum hookerianum* ›Rowallane‹, zusammen. Nahe dem Meer gehörte noch *Griselinia littoralis* auf meine Liste schönblättriger immergrüner Sträucher, die als Rückgrat für vielerlei Pflanzungen dienen können. Für ein wirklich warmes Klima bietet Pittosporum, der Klebsame, eine ganze Reihe brauchbarer immergrüner Gartengehölze. Viele von ihnen erfreuen im Mai oder Juni durch duftende weiße Blüten. An solchen Orten bietet *Pittosporum tenuifolium* als Hecke oder kleiner Baum einen guten Hintergrund für eine Komposition, die sich nur aus graublättrigen Gehölzen zusammensetzen dürfte, von denen zahlreiche Arten in einem ähnlichen Klima gedeihen.

Ganz bewußt schließe ich Rhododendren und Kamelien von meiner Liste aus. Die ersteren aus zwei Gründen: zunächst, weil sie neuerdings da, wo sie gedeihen, den britischen Garten für sich allein in Anspruch zu nehmen scheinen, und zweitens, weil es darüber umfangreiche Spezialliteratur gibt. Kamelien zu ziehen ist ebenfalls ein Spezialgebiet. Sie sind zwar die prachtvollsten aller immergrünen Pflanzen, gedeihen aber nur gut in frostfreiem Klima. Ich sage frostfrei nicht deshalb, weil Kamelien nicht genügend winterhart wären, sondern weil durch plötzliche Temperaturschwankungen ihre Blüte zerstört und ihr Wachstum gehemmt wird. In einem kühlen Klima scheinen sie da am besten zu gedeihen, wo sie keine Wintersonne erreicht.

Der Laurustinus, *Viburnum tinus*, scheint aus der Mode gekommen zu sein, obwohl er ein sehr brauchbares, im Winter blühendes, immergrünes Gehölz ist, das einen beträchtlichen Busch von zwei Meter Höhe bildet. Um Tours und Vouvray sieht man ihn in vielen alten Gärten wunderbar als locker geschnittene Hecke verwendet.

Obwohl sie wirklich langsam wächst und sich sehr schwer erfolgreich umpflanzen läßt, ist die Stechpalme eine prächtige immergrüne Pflanze. Ich verwende gern zwei Sorten ohne Stacheln, *Ilex* × *altaclarensis* ›Hodginsii‹ und ›Camelliaefolia‹, die ich beide zum erstenmal in dem damals bezaubernden Garten von Oberst Horlick in Little Paddocks bei Sunningdale sah. Hier bildeten sie, in Gruppen gepflanzt, einen dunkelgrünen Hintergrund für hochstämmige Japanische Kirschbäume, eine besonders schöne Pflanzenzusammenstellung, an die ich mich oft erinnert und die ich oft nachgeahmt habe.

Alle kriechenden und waagerecht wachsenden Wacholder sind wundervolle Immergrüne für Massenpflanzung an vollsonnigem Standort. Für sehr großflächige Anpflanzungen verwende ich gern *Juniperus chinensis* ›Pfitzeriana‹ und die fiedrige, schön sich ausbreitende Sorte ›Knap Hill‹.

Man kann die Aufzählung noch fortsetzen; aber man soll immer versuchen, sich die Gehölze als Teil einer Komposition vorzustellen, als Teil eines Entwurfs, den man in die Wirklichkeit umsetzen wird. Man darf auch nicht vergessen, daß Zeit und Natur dort zu arbeiten beginnen, wo man selbst aufgehört hat, so daß stets Platz für das Wachstum zu lassen ist. Außerdem muß man seine Gehölze immer dem Boden entsprechend aussuchen.

Die wenigen Pflanzen, die ich erwähnt habe, werden das Auge eines Pflanzensammlers wohl kaum leuchten lassen, doch täte auch er gut daran, seine Raritäten in einem Licht zu betrachten, das ihre Möglichkeiten als Material für ganz neue Gartenfreuden erweitern und steigern könnte.

Ich erinnere mich eines Pflanzenfanatikers und ausgezeichneten Gärtners, der einen kleinen Garten in einem Dorf in Rutland hatte. Die Küchengartenwege waren mit *Omphalodes luciliae* eingefaßt, einer hinreißenden und schwierigen Pflanze, die wie eine verfeinerte Zwergausgabe der *Mertensia virginica* wirkt. Überall wuchsen dicke Polster von üppig blühendem stengellosem Enzian, *Gentiana acaulis;* an einer Mauer entlang erstreckte sich ein langes Beet mit der enzianblauen, krokusähnlichen Tecophilaea aus Chile; und der sich anschließende alte Obstgarten war voller Nankinglilien, *Lilium × testaceum,* jener seltenen und entzückenden Mischung aus dem Scharlachtürkenbund, *Lilium chalcedonicum,* und der Madonnenlilie, *Lilium candidum.* Das waren Pflanzen, bei deren Anblick dem Liebhaber das Wasser im Munde zusammenläuft, und doch war der Garten entschieden unschön. Ich erinnere mich noch genau, daß ich schon damals dachte: Solche Pflanzen möchte ich nur dann ziehen, wenn ich ihnen eine ihrem Wert entsprechende Umrahmung geben kann.

Ein Gartengestalter kann kaum Purist sein, denn ein Garten ist schon per definitionem etwas Künstliches. Der Versuch, die Natur genau zu imitieren, führt genauso ins Absurde wie der, ihr zu trotzen. Wer Bäume und Sträucher pflanzt – und sei es noch so zwanglos –, hat immer das Ziel, die natürliche Umgebung zu steigern und ein aus der Natur selbst abgeleitetes Thema zu verdichten und zu unterstreichen.

In einem Garten in Piemont in der Nähe von Turin habe ich mehrere Jahre an der Umgestaltung und Erweiterung einer viktorianischen Anlage gearbeitet. Der Garten liegt in einem hügeligen Gelände. An einer Stelle fällt ein Abhang von einer Reihe terrassenförmiger Gärten steil ab, um in einen schräg verlaufenden Rasen überzugehen, der sich dann wieder bis zu einem bewaldeten Tal erstreckt. Hier fand ich ein Allerlei an Pflanzen: Linden und Buchen, eine große Sumpfzypresse (Taxodium), einige Nadel-

bäume, Gruppen ziemlich uninteressanter Rhododendren und Azaleen und als Einfassung eines Weges, der sich den Abhang hinab-
schlängelte, ein Dickicht von Deutzien und Philadelphus, aus denen
man regelmäßig in jedem Winter das Holz herausschnitt, das im
kommenden Jahr Blüten getragen hätte. Inmitten dieses Gemischs
stand ein großer Fächerahorn, *Acer palmatum*. Da ich mich mit
vielen anderen Dingen zu beschäftigen hatte, drückte ich mich vor
der Bearbeitung dieses Gartenteils mehrere Jahre lang, bis er schließlich doch an die Reihe kommen mußte. Als erstes wurden all die
nichtssagenden Sträucher beiseite geschafft, und nur die Bäume ließ
ich stehen. Als das getan war, stellte ich fest, daß ich wohl Raum
gewonnen hatte, der Zusammenhang aber fehlte; und ich hatte noch
immer einen reizlosen Grashang mit einigen zufällig verteilten Bäumen vor mir. Das Bodenprofil zu ändern hätte zu kostspieligen und
unnötigen Komplikationen geführt, so daß ich die Situation nur mit
einer Anpflanzung retten konnte, die in ihrer Geschlossenheit das
Gelände beherrschen müßte. Da dieser Hang nicht weit vom Haus
entfernt war, wollte ich nicht durch die Pflanzung weiterer Nadelbäume oder Rhododendren die Aussicht verhindern. Auch eine
willkürliche Lösung zu erfinden schien mir verfehlt, und so betrachtete ich wieder und wieder den Abhang in der Hoffnung, daß irgend
etwas schon Vorhandenes das Thema andeuten und mir zu einem
Anfang verhelfen könnte. Als dieses Etwas erwies sich jener Fächerahorn, der, hinter einem großen Hibalebensbaum (Thujopsis) verborgen, kaum zu sehen war. Zögernd pflanzte ich zunächst auf dem
oberen Teil des Abhanges dort, wo noch Platz war, zwölf weitere
Exemplare des rotblättrigen Fächerahorns. Die Probe genügte zu
der Feststellung, daß diese Bäume – in Mengen gepflanzt – zu einem
halb durchsichtigen Schleier aus rötlichem Laubwerk heranwachsen
und der Gegend ein besonderes Gepräge verleihen würden und daß
sie allein und aus sich heraus anziehend genug wirken könnten, um
den Blick von der ziemlich unglücklichen Lage der Dinge abzuwen-
den. So pflanzte ich am Ende drei weitere Dutzend Ahornbäume der
gleichen Sorte. Sie füllen unschöne Zwischenräume aus und bilden
eine großzügige Pflanzung, die sich nach beiden Seiten und nach
unten bis zu dem weiten offenen Rasen hin ausdehnt. Es gelang mir,
viele andere Probleme der Bepflanzung in diesem Garten auf die

gleiche Weise zu bewältigen, denn in dem Wirrwarr und dem Durcheinander der etwa hundert Jahre alten Anlage gab es einzelne Bäume und Sträucher von großer Anziehungskraft und Schönheit.

Heutzutage haben nur noch wenige Privatleute den Platz oder die Mittel, sich ein Arboretum anzulegen, eine eigene Welt von Bäumen, die um ihrer Anziehungskraft und Schönheit willen gesammelt werden, wie das Arboretum Sir George Holfords in Westonbirt in Gloucestershire, dessen Akzent auf der herbstlichen Färbung liegt. Aber ein Strauchgarten verlangt weniger Platz und erreicht seine volle Entfaltung in weit kürzerer Zeit. Ich denke dabei an einen Garten, in dem man auf landschaftliche Gegebenheiten keine Rücksicht zu nehmen braucht, einen umfriedeten und geschützten Ort, wo verschiedene Gehölze einmal willkürlich zusammengestellt werden dürfen.

Solche Gärten in kleinem Maßstab lege ich manchmal als Teil einer großen Gartenkomposition an, in der ich gern den Gegensatz zwischen gefülltem und leerem Raum herausarbeiten möchte. In dieser Art schuf ich einen Garten für ein mittelgroßes neues Haus in dem flachen Weideland bei Courtrai in Flandern. Vor dem Haus und der gepflasterten Terrasse befindet sich eine Grasfläche mit zwei oder drei schattenspendenden Bäumen. Am anderen Ende dieses Rasens legte ich einen großen rechteckigen Teich an, der den Himmel widerspiegelt und eigentlich als versenkte Grenze dient, um den Garten von den jenseits liegenden Wiesen zu trennen. Hohe Hainbuchenhecken rahmen diesen Rasen auf zwei Seiten ein; die linke verdeckt den Küchengarten, während die rechte eine Seite der Heckenumrahmung für einen nur fünfzig Meter langen und fünfzehn Meter breiten rechteckigen Sondergarten bildet. Ich beschloß, diesen Gartenteil nur dicht mit Sträuchern zu bepflanzen. Das Grundprinzip der Anlage war sehr einfach: Ich legte einen breiten Grasweg in der Mitte und schmale Graspfade an den vier Seiten entlang der Hecken an. Dadurch entstanden links und rechts vom mittleren Grasweg zwei lange, etwa fünf Meter breite Beete, die ich durch weitere schmale, diagonale Graswege in Keile einteilte. Diese regelmäßigen Beete bepflanzte ich mit Gruppen blühender Sträucher aller Art von einem halben bis zu drei Meter Höhe. Das ergab eine üppige und reizvolle Zusammenstellung, aus der man aber noch das strenge Muster, das ich diesem Gartenteil zugrunde gelegt hatte, herausfühlen konnte. Es war dem William-und-Mary-Garten nachempfunden, der neben dem Senkgarten in Hampton Court liegt und ursprünglich als formell bepflanztes Parterre entworfen war. Die Grundform besteht noch, obgleich die Beete heute von Sträuchern überwuchert sind. Innerhalb der Begrenzungen meines Musters war ich in der Auswahl der Pflanzen frei. Ich hatte lediglich die Wirkung aus der Nähe, und somit nur in bezug auf Einzelheiten von Blattwerk, Blüte und Wuchsform zu bedenken. Diese sehr intime Gartenform kann recht wirkungsvoll einen Blumengarten ersetzen, wenn der Aufwand für die Instandhaltung minimal sein muß. Ist der Boden tief gegraben und gut gedüngt und fügt man beim Pflanzen genügend Torf hinzu, so werden gelegentliches Mulchen und regelmäßiges sorgfältiges Schneiden einem solchen Garten für viele Jahre ein schönes und vollkommenes Aussehen geben.

Ich neige immer mehr dazu, Sträucher an Stelle von Stauden zu verwenden, weil sie selten an Pfähle gebunden oder geteilt werden müssen, Tätigkeiten, die viel Zeit und Geschick erfordern. Mit Sträuchern lassen sich reizvolle Variationen in Struktur und Form erzielen, obwohl man die plötzlichen und immer wiederkehrenden Kontraste und Harmonien und den raschen Wechsel der Farbe, der bei Stauden möglich ist, gewöhnlich nicht erreichen kann. Strauchpflanzungen sind für mich in erster Linie Übungen, Texturen und Formen zusammenzustellen, wobei die Laubfarbe eine sekundäre Rolle spielt und die Farbe der Blüten nur eine zusätzliche und eher kurzlebige Freude schafft. Ist kein Platz für einen abgetrennten Garten vorhanden, so könnte man auch eine Strauchrabatte entwerfen, vielleicht vor dem Hintergrund einer Hecke, jedoch so weit davon entfernt, daß deren feste Wand aus besonntem oder beschattetem Laubwerk nicht verdeckt wird. Auch an eine Mauer oder ganz einfach an die Breitseite eines Rasens paßt die Strauchrabatte. Sie wird wie ein Teppich wirken, der aus den Blättern von Pflanzen aller fünf Kontinente gewebt ist, um das Auge zu erfreuen, wenn auch in ganz anderer Weise als eine naturnahe Strauchpflanzung, in der die Pflanzen viel vorsichtiger und zurückhaltender verwendet werden müssen. Auf einer Rabatte dieser Art können Berberitzen aus Chile,

Choisyen aus Mexiko, Azaleen aus Japan und Säckelblumen (Ceanothus) aus Kalifornien so dicht nebeneinandergesetzt werden wie Rosinen im Kuchen. Ich verwende gern die Schwere langsam wachsender immergrüner Gehölze, wie *Mahonia bealii*, Pieris, Bergkiefern *(Pinus mugo* var. *mugo)*, Scheinzypressen in der Gartenform *Chamaecyparis lawsoniana* ›Wisselii‹, immergrüne Azaleen, kriechenden Wacholder, Skimmia und bestimmte Berberitzen, um nur einige zu erwähnen; denn diese sind zwölf Monate im Jahr reizvoll und beständig und mildern den Gestrüppcharakter von Gehölzen wie *Viburnum plicatum* ›Mariesii‹, Ginster, der Hortensie *Hydrangea paniculata*, dem Pfeifenstrauch *Philadelphus microphyllus*, dem Indigostrauch (Indigofera) und anderen Laubgehölzen, deren Hauptbeitrag die Farbe ihrer Blüte ist.

Ich halte es für gewagt, diese Strauchrabatten mit Pflanzen wie Fliederhybriden, Schneeball und den größeren Pfeifenstraucharten, Deutzien und Weigelien zu überladen, denn die längste Zeit des Jahres werden ihr schwerfälligeres Blattwerk und ihr durchschnittliches Aussehen die lebhaften und kräftigen Gegensätze abstumpfen, die ich so gern habe.

Im ganzen ziehe ich bei Blütenfarben weiße, blaßgelbe, hellblaue, rosa und hellviolette Töne vor. Lebhaft rote, orange und dunkelviolette Schattierungen zerstören oft deren zarten Zusammenklang; auch weiß ich bei den kräftigen Farben nicht, wie ich die Blütezeit über den Frühlingsüberschwang der Rhododendren und Azaleen hinaus verlängern soll. Das herbstliche Purpur- und Magentarot der großblumigen Buddleja oder das Scharlach- und Karmesinrot einiger Polyantha- und Floribundarosen passen meines Erachtens nur zu einer anderen Art der Gartenbepflanzung.

Hat man genügend Platz zur Verfügung, kann man von grünblättriger zu graublättriger Bepflanzung übergehen mit dem Geißklee *Cytisus battandieri, Buddleja alternifolia*, Caryopteris, Perovskia, Lavendel, dem Wacholder *Juniperus squamata* ›Meyeri‹ und *Potentilla* ›Vilmoriniana‹. An bestimmten Stellen könnten vorwiegend rotblättrige Gehölze verwendet werden. Sowohl die graublättrigen wie die rotblättrigen Gehölze verlangen einen ziemlich strengen Rahmen, das heißt, sie sollten eher in dem kultivierten Teil eines Gartens stehen oder in großen geschlossenen Gruppen. Ich habe ein heftiges Vorurteil gegen Tupfen roten Blattwerks vor einem grünen Hintergrund. Besonders schätze ich Gehölze, deren rote Blätter einen leicht bläulichen Schimmer aufweisen, wie *Cotinus coggygria* ›Rubrifolius‹ und *Rosa rubrifolia;* ich verwende sie für lange, fast verschleierte Flecke von sanfter Farbe und setze dann die mehr metallischen roten Töne von *Acer palmatum* ›Atropurpureum‹ und *Berberis thunbergii* ›Atropurpurea‹ vor diesen zarten Hintergrund. Hätte ich im größeren Landschaftsmaßstab zu arbeiten, kämen die Blutbuche und die dunkelste Form von *Prunus cerasifera* in Frage. Ich neige auch immer mehr zur Verwendung buntblättriger Sträucher, vor allem in der Nähe des Hauses oder wo ich immergrünes Blattwerk brauche, um eine dunkle Nordecke aufzuhellen.

Andere Autoren und Gärtner haben so viel und so ausführlich über Rhododendren geschrieben, daß mir nur wenig zu sagen übrigbleibt. Es ist eine verführerische Pflanzengattung. Bei genügender Torfzugabe gedeihen Rhododendren in allen Gärten außer in sehr kalkhaltigem Boden, sie können nach der Laune ihrer Eigentümer fast an jedem Tag im Jahr umgesetzt werden, und durch kluge Auswahl kann man erreichen, daß ein Rhododendrongarten von März bis Juli seine Blütenpracht zeigt. In den oberen Schichten britischer Gärtner bilden die Rhododendronanhänger eine recht große Schar. Vom Standpunkt eines Gartengestalters aus gesehen, ist man in dieser Form der Naturgartenanlage vielleicht etwas zu weit gegangen und hat damit kaum ansprechende und gelungene Resultate erzielt. Sechzig Jahre ist es her, daß die unbezähmbare Miß Jekyll gegen Mischpflanzungen aus Rhododendronhybriden, Genter Hybriden und *Rhododendron japonicum* loswetterte; doch wie oft sehen wir heute noch in Gärten, die als Musterbeispiele gedacht sind und durch die der allgemeine Geschmack sich bildet, die gräßlichsten Farbdissonanzen, weil ein Schwärmer – ob Amateur oder Berufsgärtner – die für ein Gartenbild wesentliche Zurückhaltung und Zucht nicht beachtet hat. Ich möchte ein Beispiel anführen: Stourhead, an der Grenze von Wiltshire und Somerset, ist vielleicht das vollkommenste Beispiel für den englischen Landschaftsstil des 18. Jahrhunderts, das uns erhalten geblieben ist. Die ursprünglichen Elemente waren Wasser, Buchenwälder auf steilen Abhängen und ruhiges dunkelgrünes Gebüsch, belebt durch eine Reihe architektonischer Einfälle. Wem dieser Stil zusagt, der findet hier Zusammenklang, Würde, Gleichmaß, Zauber und Ruhe. Irgendwann in den letzten siebzig Jahren muß jemand auf den Gedanken gekommen sein, daß dieser Garten gut zur Kultur von Rhododendronhybriden in all den neuen und herrlichen Farben, die damals aufkamen, geeignet wäre. Als ich den Garten zuletzt sah, war die Zufahrt zum See völlig verunstaltet und die ursprüngliche Stimmung der Komposition durch die ungeheuren Massen von rosafarbenen, karmesinroten, scharlachroten und weißen Rhododendren zerstört. Dieser Fehler wird so häufig gemacht, daß ich zur Erholung lange Strecken nur mit Rhododendronsorten wie ›Sappho‹ oder ›Fastuosum Plenum‹, mit *R. catawbiense* oder mit den einfachen duftenden Pontischen Azaleen *(Rhododendron luteum)* bepflanze. Hätte ich jemals freie Hand für die herrlichen Arten und Kreuzungen, die man in den letzten zwanzig Jahren bei uns gezüchtet oder eingeführt hat, so würde ich gern *R. griersonianum* und einige ihrer korallenroten und scharlachroten Nachkommen in die gelbgrüne Umrahmung eines Eichenwaldes im Frühling setzen. Als Kontrast würde ich lediglich Königsfarn, *Osmunda regalis,* in Massen verwenden und damit einen Übergang zum nächsten Teil des Waldes schaffen. Hier würde ich Rhododendren nur wegen ihres schönen Blattwerks ziehen und erst dann eine Pflanzung mit einer weiteren Reihe von Rhododendronhybriden anlegen, die von gleicher Abstammung sind, dabei aber alle Modulationen und Variationen einer Farbe entfalten.

Wenn ich mich von dem begrenzteren Thema der Blütengehölze als Pflanzenmaterial und leicht instandzuhaltender Ersatz für Stauden entfernt habe, so deshalb, weil sich das, was für den Entwurf einer kleinen Gartenanlage gilt, ebenso auf die Komposition eines großen Parks anwenden läßt, sei er nun streng regelmäßig oder frei gestaltet. Das Wort »natürlich« für irgendeine Form der Gartengestaltung ist eigentlich eine falsche Bezeichnung und kann eine bequeme Entschuldigung dafür sein, daß eine Gartenanlage schlecht oder überhaupt nicht geplant wurde. Legt man einen natürlichen Garten an, so müssen Klugheit und Geschmack in höchstem Maße entfaltet werden, damit die Pflanzungen den Eindruck des Am-Platze-Seins erwecken. Jede Pflanze, über die das Auge streift, muß so aussehen, als sei sie von Natur aus an ihrem Standort gewachsen.

Um das zu erreichen, müssen ökologische, geologische und klimatische Faktoren ebenso wie die ästhetischen Erfordernisse der Farb-, Form- und Strukturharmonie beachtet werden, obwohl sich letztere ganz von selbst ergibt, wenn die ersten drei Elemente sorgsam beachtet worden sind. Zur Zeit erfreuen sich in der britischen Gartenwelt Kurume-Azaleen einer steigenden Beliebtheit, und man muß fast befürchten, daß sie unsere Gärten einmal ganz überschwemmen werden. Im Osten der USA sind sie bereits zur Manie geworden; Hunderte von Sorten werden gezüchtet und in den Katalogen der Baumschulen geführt. Es sind bewundernswerte Pflanzen, und selbst die grundlegenden »Wilson's Fifty« bieten eine umfangreichere Auswahl, als auch in einem großen Garten unterzubringen wäre. Ich würde mich mit vier oder fünf Sorten begnügen und diese unter und zwischen Rhododendren als Grundbepflanzung nahe am Haus oder in Verbindung mit anderen immergrünen Gehölzen verwenden. Pflanze ich sie wegen ihrer Farbe, so komme ich immer wieder auf Korallenrosa ohne jeden Blaustich zurück, oder auf ein blaß rot gerändertes Weiß oder auf das leuchtende Weiß der Sorte ›Palestrina‹. Wie *Rhododendron obtusum* ›Amoenum‹ wirken die magenta- und karmesinroten, hellvioletten und rosafarbenen Sorten nur dann erfreulich, wenn sie unter sich bleiben und von jeder anderen Blütenfarbe isoliert sind. Obwohl sich diese Pflanzen in vollem Sonnenlicht gut behaupten, würde ich sie stets in den Halbschatten setzen. An einem solchen Standort stechen sie weniger ins Auge, und ihre Farben gewinnen an Tiefe und Schattierung. In direktem Sonnenlicht werfen sie das Licht so unmittelbar und oberflächlich zurück, daß sie fast künstlich wirken. Ich sympathisiere sehr mit der japanischen Gepflogenheit, diese Pflanzen zu niedrigen grünen Hügeln zu schneiden und gänzlich am Blühen zu hindern. Stehen viele Sorten in vollem Sonnenlicht zusammen, so erinnern sie mich ständig an ein Beet gemischter Zinerarien – eine prächtige Farbenschau, die sehr gut in einen auf Repräsentation abgestimmten Rahmen paßt, aber kaum die Art der Anpflanzung, die man sich in einem »natürlichen« Garten vorstellen könnte.

Auf einer sonnigen Rabatte oder oberhalb einer nach Süden liegenden Stützmauer ist es nicht schwer, mit graublättrigen Halbsträuchern eine dauerhafte Pflanzung anzulegen. Aber manchmal ist man gezwungen, für eine ungünstige Nordlage eine Gehölzpflanzung zu schaffen, wie ich es bei der Mühle des Herzogs von Windsor in Gif erlebte. Hier ersetzten wir eine sehr steile Grasböschung, die nach Norden lag und jäh zu dem beschatteten Mühlbach abfiel, durch eine Reihe schmaler, ungefähr einen Meter breiter Terrassen, die durch niedrige Trockenmauern gestützt wurden. In die Mauern pflanzten wir *Saxifraga umbrosa* und die Zwergglockenblume *Campanula portenschlagiana* und auf die Beete Gruppen von weißen und hellrosafarbenen Kurume-Azaleen, um dem Ganzen Gewicht und Substanz zu verleihen. Diese Azaleen wurden in freier Weise als Streifen angeordnet, die diagonal über die verschiedenen Ebenen liefen. Zur Aufheiterung des Bildes setzte ich zwischen die Azaleen Gruppen des Pfeifenstrauchs *Philadelphus microphyllus*, den fedrigen Zwergflieder, der nach den Azaleen blüht, und, um die Blütezeit noch weiter zu verlängern, Gruppen der Spiraea-Bumalda-Hybride ›Anthony Waterer‹. Diese Hybride schneidet man am besten im April ganz zurück, weil sonst im darauffolgenden Sommer das lebhafte Kirschrot der Blüten einem verschossenen Rosa weicht. In diesem besonderen Falle füllte ich alle noch verbleibenden Lücken mit Primeln – einer Züchtung von Blackmore und Langdon, die in einer hellroten Blüte ein gelbes Auge trägt; ferner nahm ich Akelei in blassen Farbtönen, deren Blütezeit mit der des Pfeifenstrauchs zusammenfällt, und Gruppen der Königslilie, *Lilium regale*, um die Zeit bis zur Spiraea-Blüte im späten Juli zu überbrücken. Wo die niedrigste dieser Mauern an eine Hausecke stößt, in einem besonders kalten und zugigen Winkel, pflanzte ich eine ziemlich große *Mahonia bealii*, für die ich nie den rechten Platz gefunden hatte. Zu meiner Überraschung scheint dieser Standort ganz richtig zu sein; sie ist schnell gewachsen, und in jedem Januar erfüllen ihre dichten Trauben hellgelber Blüten die Luft in weitem Umkreis mit ihrem Wohlgeruch.

Viele der altmodischen Rosen würde ich niemals an eine Stelle pflanzen, wo man sie das ganze Jahr über sehen kann. Sie eignen sich jedoch für eine dichte Pflanzung auf Rabatten oder Beeten, wo man ihre Massenwirkung in einem Rahmen braucht, der für zahlreiche andere blühende Sträucher zu formell wäre. Ich nehme gern nicht zu heftig wuchernde Rosen, die nicht umständlich an Pfähle gebunden werden müssen. Im Juli, nachdem sie geblüht haben, schneide ich sie gern ein wenig zurück, und im Frühling entferne ich dann einen Teil des alten Holzes. In Nymans in Sussex sah ich zum erstenmal einen Garten, der nur mit diesen altväterischen Rosen bepflanzt war: Oberst Leonard Messel hatte hier in einer Waldlichtung eine ziemlich regelmäßige Anlage von Beeten geschaffen. Obwohl mir der Rahmen nicht streng genug war, hinterließen doch die gerundeten Laubmassen, die ruhigen Farben und der außergewöhnlich schwere Duft, der über dem Garten hing, einen Eindruck, den ich niemals vergessen habe. Heute entwerfe ich gern genau solche Pflanzungen, allerdings am liebsten in einem umfriedeten oder wenigstens durch eine Hecke oder Mauer abgeschirmten Garten.

Diese Rosen zeigen in Wuchseigenschaften, Höhe, Breite und »Rückgrat« enorme Unterschiede. Für viele Sorten der *Rosa gallica* und einige der *Rosa centifolia* genügt ein kräftiger Pfahl. Ich finde nichts dabei, sie mit mehreren Sorten zu mischen, die den ganzen Sommer über blühen. Um diese Sorten – ›Caroline Testout‹, ›General MacArthur‹ und ›Ulrich Brunner‹ – zu schönster Geltung zu bringen, ziehe ich die langen Triebe an ein waagerechtes Holzlattengerüst herunter, das ich in einer Höhe von 75 cm über dem Boden befestigt habe, und erreiche damit, daß sie in der ganzen Länge Blüten treiben. Es ist umständlich, Stauden zwischen diese Rosen zu setzen, doch kann ich der Versuchung nicht widerstehen, die Wiesenraute *Thalictrum speciosissimum, Clematis heracleifolia* var. *davidiana* und *Campanula lactiflora* zu pflanzen. Keine von ihnen braucht eine Stütze, und sie alle haben den weißlichblauen Ton, der den milchigen Schimmer von Blatt und Blüte vieler altmodischer Rosen unterstreicht. Um Rosenbüsche so zusammenzustellen, daß Volumina und Texturen miteinander harmonieren, braucht man ebenso ein geübtes Auge wie bei jeder anderen Pflanzung. Jede Sorte hat ihre Eigenart, ihren besonderen Habitus, und diese müssen wie immer berücksichtigt und durch die Form der Anordnung verstärkt werden. In einem Rosengarten bildet auch der Duft ein wichtiges Gestaltungselement. Ich würde den würzigen Duft der Rosen mit dem zarten Duft einiger Pfeifensträucher mischen, vor allem mit dem Wohlgeruch von *Philadelphus coronarius,* dazu mit dem kräftigen Ananasgeruch des Geißklees *Cytisus battandieri,* dessen silbergrünes Laub sich sehr gut mit dem der Rosen verträgt. Dieser Pflanzung würde ich als aufstrebendes und immergrünes Element die Zypresse *Cupressus arizonica* hinzufügen. Ich habe diese schöne silberblaue, fedrige Konifere ganz besonders gern, doch finde ich selten einen geeigneten Standort für sie. In jeder naturalistischen Anlage sieht sie wegen ihrer Farbe zu exotisch aus, doch hier zwischen den Rosen verstärkt und vervollständigt ihre Farbe die allgemeine Harmonie, und ihre Form bildet eine etwas herbe, doch angenehme Abwechslung zu den gerundeten Massen und blütenbeladenen Zweigen der Rosen.

Je mehr ich pflanze und je mehr Pflanzungen ich plane, um so mehr neige ich dazu, mich in der Auswahl der Pflanzen zu beschränken. Eine Anlage, wie ich sie eben beschrieben habe, wäre als umfriedetes Teilstück eines großen Gartens geeignet, denn die Blütezeit wird kaum die beiden Monate Mai und Juni überdauern. In den Teilen des Gartens, die ständig im Blickfeld liegen, beschränke ich mich gern auf eine Palette von nur zwei oder drei Arten. Europäische Gartengestaltung kann nichts Befriedigenderes bieten als einen gut gepflegten Rasen, eingefaßt durch Hecken oder geschnittene Formen aus Eibe oder Buchsbaum. Das sind zwei ganz einfache Gartenelemente, die man wie gutes Brot nie satt bekommt. Ich halte immer Ausschau nach Möglichkeiten, solche einfachen Kombinationen auch mit anderen Pflanzen zu versuchen.

Nichts macht mir mehr Freude als der Anblick einer guten Pflanze, die mit Geschick und Geschmack verwendet worden ist. Vor nicht allzu langer Zeit war ich in Olivet, einem Vorort von Orléans. Dort wohnt an der langen Hauptstraße ein Gärtner neben dem anderen, und ihre Gärtnereien erstrecken sich hinter den Häusern auf dem von der Loire angeschwemmten Sand. Ich war sehr überrascht, hier einen kleinen, drei Meter breiten Vorgarten zwischen Haus und Straße zu finden, der nur mit einem Streifen der prachtvollen immergrünen *Choisya ternata* bepflanzt war. Die ostwärts gerichtete Hauswand scheint dieser Pflanze, die im Detail ebenso bezaubernd ist wie im Ganzen, ausreichend Schutz zu gewähren. Ihre grünen Zweige unterstützen die reiche Wirkung der Blätter, die, wenn sie zerrieben werden, einen köstlichen, scharfen Geruch ausströmen. Im Frühling ist sie wochenlang von weißen duftenden Blüten übersät. Solange dieser Strauch nach einer Seite hin geschützt steht, scheint er größte Hitze und Kälte zu ertragen und ist in bezug auf den Boden nicht wählerisch. Wenn ich ihm einen Platz in der Sonne geben kann, so setze ich ihn gern vor eine Wand oder eine lockere Hecke aus Eiben, Lorbeer oder sogar Aukuben, wobei immer ein Gartenbild von ausgeprägter Eigenart entsteht. Südlich der Loire oder in Südwestengland würde ich eine Reihe Agapanthus davor pflanzen, und in einem kühleren Klima würde ich ihn vielleicht dicht mit Maiglöckchen umrahmen.

Selbst die gewöhnlichsten Pflanzen erhalten eine neue Bedeutung, wenn man nicht den gängigen Assoziationen nachhängt, sondern versucht, Form, Struktur und Farbe gleichsam zum erstenmal zu sehen. In einem Garten bei Chantilly mußte ich eine ungefähr fünf Meter breite unebene Böschung bepflanzen, die sich von einer sechs Meter hohen Mauer zu einem Weg hinunter erstreckte und im Schatten der Nordseite dieser Mauer lag. Der Boden war schlecht – schwer, feucht und sehr kalkig. Das bedeutete für mich, nach zähem Pflanzenmaterial Ausschau zu halten, das diesen Bedingungen gewachsen war.

Nach einiger Überlegung pflanzte ich an die dreißig Meter lange Mauer ganz gewöhnlichen Efeu, der heute – nach drei Jahren – die gesamte Oberfläche bedeckt hat. In nächster Nähe der Mauer pflanzte ich abwechselnd Gruppen von *Viburnum rhytidophyllum* und *Aucuba japonica,* und zwar keine gefleckte, sondern die einfarbig grüne Sorte, während ich weiter unten Büsche des großblättrigen Buchsbaums *Buxus sempervirens* ›Handsworthiensis‹ setzte. Sie alle sind unterpflanzt mit einem Teppich aus Bergenien, jenem großblättrigen wintergrünen Steinbrechgewächs. Bergenien sind die gewöhnlichsten Pflanzen, und die ganze Wirkung dieser dunkelgrünen Anlage liegt darin, daß jede Pflanzenart auf ihre Weise das Licht widerspiegelt oder absorbiert. Die filzigen Blätter des Schneeballs haben matte Oberflächen und kontrastieren mit dem schwachen Schimmer, den die Glattheit der Aukuben zurückwirft. Der Buchsbaum, durch sorgfältiges Schneiden kompakt gehalten, reflektiert das Licht mit seinen verhältnismäßig winzigen Blättern nur in kleinen Punkten, während unterhalb all dieser Gehölze die komplexen, schönen Formen der Bergenien vom Licht erfaßt werden.

Jenseits des Weges, wo mehr Luft und Licht ist, werden Buchsbaum und Bergenien wiederholt, um dem Ganzen eine Einheit zu geben. Doch zwischen und hinter dem Buchsbaum steht *Mahonia japonica*, auf eine Höhe von 60 cm gestutzt, mit ihrer Art, das Licht zu reflektieren, und duftenden gelben Blüten im April. Wo diese Rabatte volles Sonnenlicht hat, wechseln Gruppen von *Stranvaesia davidiana* var. *undulata* und Zierquitten (Chaenomeles) ab, die in verschiedenen Schattierungen von Weiß, Korallenrot, Rosa und Scharlachrot blühen.

Diese einfache Anlage ist deshalb so gut gelungen, weil ich alle Möglichkeiten der wenigen Pflanzen, auf deren Gedeihen in diesem feuchten und kalten Garten ich hoffen durfte, voll ausnutzen konnte.

Nicht weit davon hatte ich mich im gleichen Garten mit einer kleinen Gehölzgruppe vernachlässigter Fichten zu befassen, die niemals ausgeputzt worden waren. Als ich sie zuerst sah, waren ihre Stämme dicht mit Efeu bewachsen und bis zu einer Höhe von neun oder zwölf Metern ohne Äste. Wir schnitten den Efeu an jedem Baum unten ab, so daß er langsam einging und es kinderleicht war, ihn zu entfernen. Dann fällten wir die schlechtesten Bäume, um etwas Licht und Luft zu schaffen. Jetzt nehmen wir jedes Jahr einige weitere Fichten heraus und ersetzen sie durch junge Kiefern: *Pinus nigra* var. *austriaca* und *Pinus sylvestris*. Auch hier mußten wir uns für eine einfache und leicht zu pflegende Unterpflanzung entscheiden. Gras kam nicht in Frage, denn Mähen zwischen den Stämmen wäre zu schwierig. An den vom eigentlichen Garten entfernten Außenrändern bepflanzten wir weite Flächen mit gewöhnlichem Wurmfarn und die Zwischenräume mit Fingerhut, der mehr oder weniger verwildert, wobei wir allerdings jedes Jahr einige junge Pflanzen der weißen Excelsior-Hybriden hinzufügen. Um Höhe in das Bild zu bringen, wurden schließlich noch größere Gruppen von *Macleaya cordata (Bocconia cordata)* gepflanzt, die trotz des schlechten Bodens gedeihen. Den restlichen Teil habe ich dann mit großen Flächen kurzgeschnittener Mahonia, der kleinen und der großen Art von Immergrün *(Vinca minor* und *V. major)* und Hartheu *(Hypericum calycinum)* ausgefüllt. An ein oder zwei Stellen neben einem Weg steht der prächtige, langsam wachsende Schneeball *Viburnum davidii,* dessen Blätter stets glänzend und gesund aussehen. Zwischen diesen immergrünen Flächen gibt es Stellen, wo Elatior-Primeln angesiedelt sind, meist in Gelb und Weiß, die sich ebenfalls auf natürliche Weise ausbreiten. Sie werden in der Blüte von Akelei abgelöst. Ich nahm langspornige verschiedenfarbige Akelei, die aus Samen gezogen waren, und pflanzte sie zu Hunderten. Sie scheinen in diesem ungünstigen Boden gut zu gedeihen und den Halbschatten zu lieben.

Ich kenne kein lebhafteres Gartenbild als dieses, wo sich tausend Akeleiblüten in Blaßgelb, Creme, Weiß, Violett, Rosa und einem ziemlich blassen Orangerot in dem flimmernden Sonnenlicht wiegen, das durch die Bäume bricht. Sie stehen über einen Monat in voller Blüte, und wenn sie dann zurückgeschnitten werden, so bilden die zierlichen Büschel ihres graugrünen Blattwerks, dem der nahende Herbst mattrote und ruhige purpurne Töne hinzufügt, eine sehr schöne Bodendecke. Einige Gruppen der weißen und violetten, altmodischen süßduftenden Nachtviole blühen vor der Akelei, und im Juli und August gibt es große Flächen von *Phlox paniculata,* in nur zwei oder drei Sorten – rosa, weiß und lavendelfarben – an den Waldrand gepflanzt, weil er zwar feuchten Boden, doch fast volles Sonnenlicht braucht. Eine gelegentliche Torfdüngung genügt, um das Laub in diesem ausgesprochen alkalischen Boden vor dem Gelbwerden zu bewahren.

Wenn man unter schlechten und schwierigen Boden- oder Klimabedingungen einen Garten anlegen muß, so gewinnt man wertvolle Erfahrungen. Man lernt, seine Palette zu vereinfachen und durch die begrenzte Wiederholung der wenigen geeigneten Pflanzen möglichst viel zu erreichen. In solchen Fällen merkte ich, daß man zuallererst überlegen muß, welche Pflanzen man verwenden kann, denn man muß bereits bei der Komposition und dann beim Entwurf jedes Gartenteils immer die eingeschränkten Anpflanzungsmöglichkeiten vor Augen haben. Ein Garten mit gutem Boden und günstigem Klima läßt sich frei gestalten, weil man weiß, daß alle Pflanzen gewählt werden können, die den gedachten Zweck erfüllen und dem Platz entsprechen, für den sie geplant sind. Wenn man aber weiß, daß man nur mit bestimmten Pflanzen Erfolg haben wird, dann muß die Landschaft oder der Garten so gestaltet werden, daß dieses Pflanzenmaterial voll zur Entfaltung kommt. Es kam zum Beispiel bei dem Garten, den ich soeben beschrieben habe, nicht in Frage, eine Vielzahl interessanter Pflanzen zu ziehen und dorthin zu setzen, wo sie am besten wirken würden. Ich mußte mich auf die vier oder sechs Arten beschränken, deren Erfolg wahrscheinlich war, und wegen dieser Einschränkung pflanzte ich weite Flächen, denn nichts wird vom Auge unangenehmer empfunden als die Wiederholung der gleichen Pflanze in kleinen Fleckchen.

In diesem besonderen Fall waren diese Flächen – ob für Fingerhut, Phlox, Akelei oder die niedrigen immergrünen Pflanzen – bis zu zwölf Meter lang und sechs Meter breit. Nur auf diese Weise konnte ich ein Gleichgewicht unter den kahlen senkrechten Stämmen der Fichten herstellen, zwischen denen ich auch Wege und Pfade absichtlich breit anlegte. Somit ergaben sich die Proportionen des Gartens direkt aus der Beschaffenheit der verwendeten Pflanzen.

Eibe und Buchsbaum, Buche und Hainbuche sind Heckenpflanzen, und wenn ich meine ersten zögernden Striche auf dem Papier ziehe, um die allgemeine Einteilung eines Gartens festzulegen, werden sowohl der ganze Garten als auch seine einzelnen Teile mit ziemlicher Sicherheit durch Hecken begrenzt.

Wie selten sieht man eine »Teppichhecke«, diese subtile Verfeinerung einer wilden Hecke! Auf dem Weg nach Longleat kommt man an einem Wiltshire-Dorfgasthaus, das von gekappten Linden – den »zwölf Aposteln« – beschirmt wird, vorbei und folgt dann einem von hohen Bäumen überschatteten gewundenen Weg. Er kündigt die Nähe des großen honigfarbenen Steinhauses, zu dem er führt, durch eine sorgfältig gestutzte Hecke zu beiden Seiten an. Die Hecke ist niedrig und gebogen und besteht aus Stechpalme, Buche, Buchsbaum und Eibe, einem Flickwerk aus braunroten und verschiedenen grünen Schattierungen. Diese Farben sind in einem so unregelmäßigen Muster miteinander verwoben wie die gold- und purpurroten Flechten an dem Steinbogen, der den Anfang der etwa anderthalb Kilometer langen, zum Haus führenden Allee markiert.

Diese einfache Erfindung reicht gerade aus, ein Gefühl der Erwartung auszulösen und auf den Übergang vom Dorf zum Herrenhaus vorzubereiten. Man braucht keine festen Regeln für die Gestaltung einer solchen Hecke, doch sollte man vermeiden, streckenweise nur eine einzige Pflanzenart zu verwenden: je mehr Mischung, um so besser. In einem Garten könnte man andere Versuche mit rot- und grünblättrigen Buchen machen oder vielleicht mit Stechpalme (Ilex) und Zierquitten (Chaenomeles): Wenn die Beeren der Stechpalme abgefallen sind, wird ihr stacheliges Laub von den weißen, lachsroten und scharlachroten Blüten der Zierquitten übersät sein.

Hecken bilden das lebendige grüne Gerippe eines Gartens, den starren Rahmen, den die Bepflanzung mit Muskeln und Fleisch versieht. Wie wichtig das sein kann, lernte ich von Geoffrey Jellicoe, als ich den Fortschritt seiner Arbeit rund um Ditchley Park, das architektonische Meisterwerk von James Gibbs, beobachtete. Hier stellte er die Verbindung zwischen Haus und Landschaft dadurch her, daß er die Hauptfront des Hauses durch lange, drei Meter hohe Buchenhecken verlängerte, die als Hintergrund für eine lange Grasterrasse dienen. Das genügte, um das Haus fest in seiner Umgebung zu verankern und einen Ausgangspunkt für eine Reihe eingezäunter Gärten zu schaffen, die zu der vornehmen Architektur paßten. Später experimentierte ich oft, indem ich meiner Komposition durch Hecken Linie und Form gab. Ich liebe hohe Hecken, die wirklich einschließen. Sehr gut eignen sich Buchen, und mit Hilfe eines groben Spaliers in der vollen Höhe, die man zu erreichen wünscht, kann man seine Hecke hochziehen. Erst wenn die Hecke ihre volle Höhe erreicht hat, läßt man sie dichter werden, und das Spalier mag dann in Verfall geraten. Ich schneide jede Hecke oberhalb einer Höhe von dreißig Zentimetern so, daß sie unten breiter und folglich dichter wird als oben. Das ist vom praktischen Gesichtspunkt aus wichtig und läßt die Hecke überdies stabil wirken.

Auf dem europäischen Festland sieht man wenig Buchenhecken. Sowohl in Frankreich als auch in der Schweiz und Italien bevorzugt man die Hainbuche, eine verwandte Gattung, allerdings manchmal nicht ganz einfach anzusiedeln.

Weiter südlich in Italien bildet der Lorbeerbaum *Laurus nobilis* trotz seiner ziemlich großen Blätter eine schöne hohe Wand, doch sieht er besser aus, wenn er mit einer Baumschere geschnitten, als wenn er mit der Heckenschere gestutzt wird. An der Riviera verwende ich gern Myrte als Ersatz für Buchsbaum, der zu Krankheiten neigt. Ich schneide die Myrte streng zurück, aber erst nachdem die herrlich duftenden Blüten verblüht sind; so entsteht eine makellose, dichte grüne Hecke.

Man gewinnt nichts, wenn man schnellwachsende Hecken pflanzt. Ich habe die Erfahrung gemacht, daß sie um so rascher eingehen, je schneller sie wachsen. Und wenn man eine Hecke mit dem Vorsatz pflanzt, sie später wieder zu entfernen, so bleibt doch eine solche Pflanzung auf Zeit zu oft stehen und wird zum Vorwurf für den Gartenarchitekten, wenn der übrige Garten seine volle Reife erreicht hat. Die Zypresse *Cupressus macrocarpa,* die in mildem Klima sehr schnell eine schöne Hecke bildet, mag zehn oder fünfzehn Jahre bestehen. Bekommt sie jedoch einen Grad Frost mehr, als sie vertragen kann, wird sie über Nacht zerstört. Auch immergrüner Liguster wirft in einem strengen Winter die Blätter ab, außerdem saugt er den Boden mindestens einen Meter breit an beiden Seiten aus. Es ist besser, ihn als hohen ausladenden Busch in einem schattigen Winkel zu ziehen und den schweren Duft seiner kleinen Rispen voll cremefarbiger fliederartiger Blüten zu genießen. *Lonicera nitida* läßt sich für eine hübsche niedrige Hecke verwenden, aber reichlichen Schneefall übersteht sie nicht.

Rosen bilden einen wunderschönen Blütenzaun für den Garten, wenn man Zeit hat, sie in Ordnung zu halten. Von den Kletterrosen verwende ich gern die Wichuraiana-Sorten ›Alberic Barbier‹ und ›François Juranville‹, die ihre glänzenden grünen Blätter in einem milden Winter sogar behalten, ebenso ›Albertine‹ ihrer Blütenfülle wegen, aber diese Kletterrosen benötigen ein Spalier. Gelegentlich nimmt man Strauchrosen, um eine lockere und blühende Hecke zu erreichen: Rugosa-Sorten wie ›Blanc Double de Coubert‹, ›Roseraie de l'Hay‹ und ›Cardinal Richelieu‹ sind durch ihr helles moosgrünes, mattglänzendes Laubwerk und auch durch ihre Blüten sehr ansprechend. Die rosafarbenen wie die roten Sorten, die unter dem Namen ›Grootendorst‹ bekannt sind, bringen lange Zeit hindurch massenhaft Blüten hervor, zerfranst wie altmodische Federnelken. Sie alle sollten meines Erachtens jedes zweite Jahr ziemlich energisch zurückgeschnitten weden, und altes Holz sollte man, wenn nötig, entfernen. Ich habe auch mit der purpurblättrigen Pflaume *Prunus cerasifera* ›Atropurpurea‹ und mit der noch besseren Form *Prunus cerasifera* ›Nigra‹ gearbeitet, um Hecken von zwei bis zweieinhalb Meter Höhe zu entwickeln. Sie verlangen in den ersten Jahren ein sehr sorgsames Schneiden, damit der untere Teil der Hecke ansehnlich bleibt. Ich pflanze gern eine einzelne Reihe etwa einen Meter hoher Pflanzen, verdichte ihre Basis mit zweijährigen Pflanzen und schneide das Ganze kräftig zurück. Die kleinen Pflanzen bilden dann viele Zweige und füllen so die Lücken der größeren Pflanzen aus. Die Hecke wird keinesfalls ärmlicher blühen, weil sie gestutzt wurde, und sie ergibt einen reizenden und ungewöhnlichen Hintergrund für eine herbstliche Schau von Rauhblattastern oder Koreanischen Chrysanthemen. Die Kirschpflaume *(Prunus cerasifera)* gibt auch eine derbe Hecke ab, wo man eine kräftige Barriere benötigt. Sie wird eineinhalb Meter breit und zweieinhalb Meter hoch, aber man muß darauf gefaßt sein, sie mindestens zweimal im Jahr zu schneiden, sonst erhält man eine Reihe unattraktiver Pflaumenbäume, die alle paar Jahre eine Unmenge winziger gelber Pflaumen hervorbringen. Manchmal habe ich versucht, Feldahorn *(Acer campestre)*, den kleinblättrigen, einheimischen Ahorn, für Hecken zu verwenden, hauptsächlich wegen des bezaubernden weichen Gelbs seiner Herbstblätter, doch wächst er sehr langsam und eignet sich vielleicht besser für eine gemischte Teppichhecke.

Im allgemeinen mache ich mir nicht viel aus ungewöhnlichen Hecken. Die Mehrzahl der Pflanzen, aus denen sie zusammengesetzt sind, kann auf andere Weise besser verwendet werden. Ich denke bei Hecken an Einzäunungen, und eben mit Hecken kann man die Knochenstruktur, sozusagen das Gerippe eines Gartens, am besten darstellen. Deshalb sollte eine Hecke normalerweise ein dichtes Gefüge haben, einfarbig und in ihrer Form scharf umrissen sein. Ich würde mich daher auf das klassische Material beschränken: Buchsbaum und Eibe, Stechpalme und Lorbeerbaum, Buche und Hainbuche, Zypresse, Pittosporum, Myrte, Lavendel und Rosmarin.

Leider werde ich allzuleicht von Pflanzenkombinationen hypnotisiert und mische gern zu viele verschiedene Arten, um die Wirkung des Nebeneinanders zu genießen. Doch freuen wir uns ja deshalb an einer Hecke, weil sie eine einfache und klare Aussage ist, eine einfache Form, meist durch nur eine Pflanzengattung einfach ausgedrückt. Wir haben die übliche Form des Rosen-, Schwertlilien-, Heide- und wohl auch des Rhododendrongartens längst akzeptiert. Sie verkörpern ein Prinzip, das man meines Erachtens fortführen könnte, ganz gleich, ob es sich um einen großen oder kleinen, alten oder neuen Garten handelt. Solche Gärten brauchen nun nicht unbedingt eine Sammlung von Arten und Formen einer Gattung zu sein, wie Spezialisten sie anlegen. Ein oder zwei sorgfältig ausgewählte Straucharten würden schon genügen, um das Rückgrat oder das Grundthema für den gesamten Garten zu bilden. Ich würde sie in großen Mengen anpflanzen und so verteilen, daß ihre charakteristischen Eigenschaften am besten zur Geltung kommen. Andere Arten würde ich nur auf kleinere Flächen setzen, und auch nur dann, wenn sie die Wirkung des Hauptthemas unterstreichen helfen. Solche freiwilligen Einschränkungen schließen originelle und effektvolle Pflanzungen nicht aus. Ich erinnere mich, wie Lawrence Johnston vor etwa dreißig Jahren mit neuen Versuchen begann, nachdem er die Hauptlinien und -themen seines Gartens in Hidcote Manor festgelegt hatte, wo eine seltene Synthese von Planung und Pflanzung erzielt worden war. Da er mit dem Gelände und seinen Möglichkeiten völlig vertraut war und die malerischen Möglichkeiten des konventionellen Herrenhausgartens erschöpft hatte, befreite sich Major Johnston von der herkömmlichen Denkart und pflanzte und komponierte auf eine kühne und ganz unerwartete Weise. Zum Beispiel lag am Rand des Gartens ein Stück welliges Grasland, das einen beschaulichen Ausblick auf die von Steinmauern umgebenen Felder und die fernen blauen Berge gewährte. Hier bepflanzte er die höher liegenden Teile mit großen Gruppen verschiedener Berberitzenarten, an denen im Herbst die durchscheinenden roten Beeren prangten und die mit ihren farbigen, dichtgefügten Blättermassen das Wellenförmige der ganzen Fläche stark betonten. Was diese Anlage jedoch auf eine höhere Stufe hob, waren büschelförmige Gruppen von Palmlilien. Diese mexikanischen Exoten, *Yucca flaccida, Y. filamentosa* und *Y. gloriosa*, trotzten mit ihren scharfen Blättern und den cremefarbenen, leuchterförmigen Blütenrispen jeder Erwartung und schufen eine neue Welt, gerade richtig für eine Schar rosafarbener Flamingos, die unglaublicherweise in dem flachen Teich, der den Mittelpunkt dieses Gartens bildete, herumwateten.

Diese Vereinigung dreier so ungleichartiger Elemente könnte eigenwillig erscheinen; das geübte Auge war jedoch imstande, deren verschiedene Beschaffenheit geschickt einander gegenüberzustellen, dieses Bild »klassisch« zu machen (ich wüßte jedenfalls keinen besseren Ausdruck hierfür) und ein solches Experiment in das zusammenhängende Ganze eines Gartenentwurfs einzuordnen.

7. KAPITEL

Über das Pflanzen von Blumen

Gartenliebhaber in aller Welt bringen englische Gärten mit blühenden Staudenrabatten in Verbindung. Sie stellen sich einen unwahrscheinlich grünen Rasen vor mit gemischten Rabatten auf jeder Seite, wo von einem Ende zum anderen alle Pflanzen gleichzeitig blühen. Tatsächlich hat die gemischte Staudenrabatte in den letzten siebzig Jahren den britischen Garten beherrscht. Es war zunächst nur ein Einfall, als Abwechslung zu der weitverbreiteten Leidenschaft für das Auspflanzen von Einjahrsblumen die Schönheit ausdauernder Stauden zu zeigen. Eine Künstlerin wie Gertrude Jekyll entwickelte Einfassungen, die in jeder Hinsicht entzückten, eben weil sie eine Künstlerin war und was immer sie auch berührte, ihren Stempel trug. Sie und andere, Liebhaber und Berufsgärtner, entwarfen Gärten, in denen Staudenrabatten das Hauptmerkmal waren, und innerhalb einer Generation hatte sich diese neue und aristokratische Gartenmode auf alle Gärten des Mittelstandes ausgedehnt. Gärtner drucken nun schon seit Jahren auf die Rückseite ihrer Kataloge Pläne für langanhaltend blühende, gemischte Rabatten, und der Staudengarten ist in England eine volkstümliche Liebhaberei geworden.

Doch schon seit den ersten Tagen der Staudenrabatten versuchten umsichtige Gärtner das abzuwandeln, was ein Gemeinplatz zu werden drohte. In dem Bemühen, Stauden auf neue Weise zu verwenden, begannen sie, diese Pflanzen aus nur einem Farbbereich – zum Beispiel Blau, vielleicht auch Gelb oder Weiß – zusammenzustellen.

Im heutigen England hat sich die Gartenmode einer anderen Art der Gartengestaltung zugewandt, aber in Frankreich, Italien und der Schweiz verlangen die Leute einen englischen Garten. Fragt man sie, wie sie sich einen englischen Garten vorstellen, so hört man immer als Antwort, daß der Rasen direkt an das Haus angrenzen und eine gemischte Rabatte vorhanden sein soll. Außer an der See oder im Gebirge oder dort, wo die Luft besonders feucht ist, hat man mit Staudenrabatten auf dem europäischen Festland wenig Erfolg. Für ihre enttäuschten Eigentümer entfalten sie auf zu kurze Zeit eine zu geringe Pracht, und die Gärtner auf dem Kontinent mögen ihre richtige Behandlung nicht lernen. Das zugegebenermaßen schwierige Problem des Stützens wird mit einem Bindfaden gelöst, den man so fest bindet, daß er die Pflanzen erdrosselt und deformiert, und aus Verzweiflung pflanzt man dann Einjahrsblumen in die so entstandenen und von Jahr zu Jahr sich vergrößernden Zwischenräume.

Ich habe wohl Tausende von Staudenrabatten gesehen und weiß, daß ich Hunderte geplant und gepflanzt habe, wenn auch nicht immer mit Freude. Oft ist eine Rabatte viel zu schmal, um sie in der erforderlichen Breite bepflanzen zu können; Stauden muß man breitflächig behandeln, da sie ja im wesentlichen Wiesenpflanzen sind, die durch ihre Anordnung an ihren heimischen Standort erinnern sollen. Sieht man aber wirklich einmal eine 4,50 m oder 6 m breite Rabatte, hat dies ausgedehnte und leuchtendblühende Heu (denn das sind viele Stauden ganz einfach) weder genügend Substanz noch Charakter, so daß eine derartige breite Pflanzung nur dünn wirkt. Aus diesen Gründen mag ich die klassischen Staudenrabatten im allgemeinen nicht, obwohl ich Ausnahmen gemacht habe und sie auch weiter machen werde. Norah Lindsay, ganz der Typ der gartenbegeisterten englischen Dame, sogar auf dem Hut Früchte und Blumen, hatte besonderes Talent, mit Staudengärten umzugehen. Zwischen den beiden Kriegen zog sie von einem Landhaus zum anderen und beschäftigte sich mit den Gärten, wobei sie alle Welt amüsierte und sich mit jedermann unterhielt. Sie eilte von Garten zu Garten und hinterließ lange, glänzende Berichte, was getan und gepflanzt werden sollte – alles mit Bleistift in großer, fließender Schrift auf zahllose Blätter aus dünnem Papier niedergeschrieben.

Bei all ihren kleinen, reizenden Überspanntheiten konnte Mrs. Lindsay durch ihre Pflanzungen doch die Freuden eines Blumengartens wachrufen. Das Wesen des Hochsommers fing sie in blauen, hellvioletten, rosa, weißen und grauen Farben ein, oder sie gab die Eigenart des Herbstes durch eine feinfühlige Zusammenstellung von Phlox und Sonnenbraut (Helenium), Montbretien und Herbstastern wieder. Sie hatte ein Talent, das schwer zu beschreiben ist. Staudenpflanzungen hob sie ins Poetische, sie wirkten bei ihr hinreißend und vollkommen natürlich. Ich glaube, sie hatte ein sicheres Vorstellungsvermögen, fügte unerwartete Arten ein, deren Form und Farbe eine Pflanzengruppe dem Alltäglichen entreißen konnte, und dann war sie schon wieder unterwegs und überließ alles weitere der Natur und dem überraschten Gärtner.

Es war keine Erfindung von Norah Lindsay, graublättrige Pflanzen als Hintergrund für hellfarbige Blumen zu wählen, aber sie trieb diesen Kunstgriff so weit, daß einige ihrer Rabatten fast opalisierend aussahen. Sie pflanzte gern Beifuß (Artemisia), Kreuzkraut (Senecio), Lavendel und Katzenminze (Nepeta), um dann vor diesem Hintergrund Farbtöne wie sanftes Rosa oder Violett vielleicht mit ein paar Tupfern Karmesinrot zur Geltung zu bringen. Ein Teil ihres Geheimnisses lag natürlich darin, daß sie verwandte Farben zusammenstellte und nur verhältnismäßig wenig Blumen vor einer Menge grauen Blattwerks sich entfalten ließ.

Seltsamerweise schien der Zauber auszubleiben, wenn sie dasselbe mit Blütensträuchern unternahm, und die Ergebnisse waren meiner Ansicht nach oft chaotisch und recht alltäglich.

Vor etwa fünfunddreißig Jahren sah ich ihren eigenen Garten in Sutton Courtenay bei Abingdon. Dort gab es ein staubiges, reizendes elisabethanisches Holzhaus mit einem großen, ummauerten Garten, der in meiner Erinnerung als wogendes Blumenmeer weiterlebt. Auf den Gartenwegen schritt man durch eine hüfthohe Brandung in Rosa und Grau. Hier sah ich zum erstenmal Salbei aus Turkestan *(Salvia sclarea* var. *turkestanica)* mit seinen derben Blättern und den perlmuttartigen Deckblättern in Beige, Violett und Graurosa. In großen Mengen angepflanzt, diente er als ruhiger Hintergrund für rosafarbene Malven und Präriemalven (Sidalcea) und für hohe alte Rosen, Büsche, deren Zweige sich schwer von silbrigen, blaßrosa Blüten nach unten bogen. Es könnten ›Zephirine Drouhin‹, die rosafarbene *Rosa centifolia* und ›Maiden's Blush‹ gewesen sein, deren etwas dunklere Ausgabe von den Franzosen ›Cuisses de Nymphe Emue‹ genannt wird. Hier begriff ich auch zum erstenmal, wieviel Substanz Rosenbüsche einer Staudenpflanzung verleihen. Seitdem habe ich meinen Staudenrabatten gewöhnlich Rosengruppen hinzugefügt. Das kräftige Rot einiger Polyantha- oder Floribundarosen, wie ›Frensham‹, ›Donald Prior‹, ›Cocorico‹, ›Moulin Rouge‹ und ›Concerto‹, ist hell genug, um diesen Rosen einen Platz neben Rittersporn zu geben, und man kann sich darauf verlassen, daß sie im Juni blühen, wenn ihr helles Karmesinrot einen schönen Gegensatz zu dem kräftigen Blau der Ochsenzungen (Anchusa) und Lupinen bildet.

Ich mache mir im allgemeinen nichts aus heftigen Farbkontrasten bei zwanglosen Blumenbeeten. Ab und zu braucht man aber eine leuchtende Kontrastfarbe, um eine gedämpfte Harmonie etwas aufzumuntern. Kräftige Primärfarben, wie zum Beispiel Rot oder Gelb oder Blau, gruppiere ich in großen Flächen in einer Hauptfarbe mit all ihren Schattierungen, entweder ein wenig heller oder dunkler, und dann füge ich den Akzent einer Kontrastfarbe hinzu, aber nur, wenn das Blau, Rot oder Gelb der Hauptpflanzung verstärkt werden muß. Dunkelrote Rosen sehen, ebenso wie andere Blumen dieser Farbe, leicht schwarz aus und bilden ein Loch in der Farbzusammenstellung, so daß ich durch ein gedämpftes Rot oder Rosa gewissermaßen eine Überleitung zu ihnen herstelle.

Vor vielen Jahren gab es in der Nähe der stillgelegten Eisensteinbrüche in der Umgebung von Lincoln ein Haus, das – wie ein schottischer Wehrturm gebaut – in Ostanglien seltsam fehl am Platze schien. Dort zog ein Freund unserer Familie ein. Dieser eifrige und ziemlich ungestüme Gärtner war entschlossen, mit Hilfe von Blumen das Beste aus diesem Haus zu machen, das wie ein viktorianisches Bühnenbild für Macbeth aussah. In den Pseudowällen hatte sich Baldrian ausgesät und bildete buschige Gruppen aus graugrünen Blättern und weißen, schwach rosafarbenen und roten Blüten. Hierunter pflanzte unser Freund große Gruppen rosafarbener und roter Polyantharosen, und diese zufällige Kombination war für mich in Sachen Farbe eine Lehre, die mir stets von Nutzen war.

Baldrian ist mit seinen drei Farben eine vortreffliche Pflanze, die sich sowohl für den wildesten Teil des Gartens wie für die Nähe des Hauses eignet und auch mit viel edleren und schwierigeren Gewächsen zusammengestellt werden kann. Er wächst an jedem Ort, der weder naß noch schattig ist, und blüht bei richtiger Behandlung monatelang ununterbrochen. Er bildet hübsche, abgerundete Büschel, die keinen Stützpfahl benötigen. Nur neben gelben oder blauen Blumen sieht Baldrian wie ein unbedeutendes Unkraut aus. Ich kombiniere ihn oft mit Lavendel, den weißen oder den fast milchig-hellvioletten Sorten der Pfirsichblättrigen Glockenblume, *Campanula persicifolia,* und für seine zweite Blüte mit der rosafarbenen und der karmesinroten Form von *Sedum spectabile* mit seinem fleischigen, graugrünen Blattwerk mit cremefarbenem Unterton.

Über die Anlage einer Staudenrabatte nachdenken heißt über die Pflanzen dafür nachdenken, und das kann einen in angenehmster Weise auf Abwege führen. In meinem Entzücken über sekundäre Einzelheiten der Bepflanzung gerate ich dauernd in Versuchung, Thema und Maßstab aus dem Auge zu verlieren. Ein Name führt durch Gedankenverbindung zum anderen, und wenn man nicht aufpaßt, verliert der Garten, den man im Hinblick auf Farbe entwerfen will, schnell sein einheitliches Aussehen und wird zu einer gemischten Sammlung von vielleicht reizenden Zufälligkeiten.

Die klassische Staudenrabatte wirkt als Element, das der Ebene eines Rasens oder der vertikalen Linie einer Hecke oder Mauer Masse und Farbe hinzufügt. Ihre Breite beträgt gewöhnlich zweieinhalb bis viereinhalb, ihre Länge etwa zehn bis sechzig Meter. Diese herkömmliche Größe und Funktion hat zwangsläufig Ausmaße und Gewichtung der Pflanzengruppen bestimmt. Jeweils nur soundso viele Exemplare von Rittersporn dürfen in der letzten Reihe stehen, weil davor der später blühende Phlox gesetzt wird, und vor den Phlox kommt noch eine andere niedrigere Pflanze, die früher oder später blüht. Diese Art, Stauden zu behandeln, ist so stereotyp geworden, daß es die Mühe lohnt, einen Augenblick von dem ganzen Problem Abstand zu gewinnen und es von einer anderen Seite her zu betrachten. Es kann doch sein, daß die gewohnten Kombinationen nicht unbedingt notwendig oder untrüglich erfolgversprechend sind. Vielleicht sollte man die leicht unkrautartig wachsende Herbstaster von der ebenso unauffällig gebauten Goldrute oder dem üppigen, kraftvollen Rittersporn wegsetzen. Hier muß meines Erachtens der Aufbau der ganzen Pflanze als Einzelwesen und das Bild, das sie allein oder in Gruppen abgibt, in Erwägung gezogen werden. Wenn man die übliche Auswahl an Stauden betrachtet – und die rasche Durchsicht eines Katalogs wird die verschiedenen Wuchsformen bald ins Gedächtnis zurückrufen –, erkennt man, daß verhältnismäßig wenige Pflanzen in ihrer Gesamtgestalt eindrucksvoll sind. Diesen Mangel vieler Pflanzen nehmen wir hin, weil sie so prachtvoll blühen. Aber die Zeit der Blüte ist begrenzt, und sie sind von den sechs Monaten ihres Wachstums zumindest vier Monate ohne Blüte. Wenn es mein Hauptziel ist, Farbenpracht zu entfalten, so kann, ja muß ich die Lücken, die durch die verblühten Pflanzen entstehen, dadurch ausfüllen, daß ich Dahlien und Canna, Gladiolen, Galtonien und einjährige Pflanzen dazwischensetze. Doch das ist ein kostspieliges und aufwendiges Verfahren, und es verlangt täglich Stunden sehr sorgfältiger Arbeit, eine Kontinuität in den erwünschten Farben zu erreichen und zu erhalten. Geht man aufs Geratewohl vor, so ist das Ergebnis ein einziges Chaos: Die Pflanzen wachsen durch- und ineinander; nur die kräftigsten behaupten ihren Platz an der Sonne, und alle sorgfältige Farbplanung wird umsonst gewesen sein.

Ich betrachte eine Staudenpflanzung zunächst so, als wäre sie einfarbig: Ich sehe nur die Formen und lasse die Farben vorläufig aus dem Spiel. Für jede gegebene Situation versuche ich zu entscheiden, wo ich Dunkles, wo Helles brauche, wo Blumen und Blätter glänzen und wo sie matt und ruhig wirken sollen.

Fast immer komme ich zu dem Ergebnis, daß ein Entwurf für eine Staudenpflanzung selbst in diesem ersten, farblosen Stadium unmöglich ist, denke ich dabei nur an die üblichen Blütenstauden. Ich brauche auch schönes Blattwerk als Teil meines Gartenbildes. Darum ergänze ich mein Repertoire durch Pflanzen, die in erster Linie durch ihre Form und Struktur wirken und erst in zweiter Linie durch ihre Blüten. Funkien (Hosta), Bergenien, *Miscanthus sinensis,* Farnkräuter und viele andere Pflanzen kommen mir sofort wegen ihres Glanzes und ihrer eigenartigen Form in den Sinn. Eine andere

Gruppe wird aus allen graublättrigen Pflanzen gebildet: Artemisien, Ziest (Stachys), Nelken, Katzenminze, Raute, einige Salbeiarten, Strandhafer *(Leymus arenarius)* und Blauschwingel *(Festuca cinerea).*

Alle diese Pflanzen tragen zur Bereicherung meiner Palette bei, und doch brauche ich noch stärkere Akzente und wirkungsvollere Massen, und so wähle ich irgendein Laubgehölz, Bäume oder Sträucher, sommergrün oder immergrün, ja sogar Nadelbäume, wenn sie die von mir gesuchte Stärke des Tons und die gewünschte Form haben.

Ich darf jedoch nie vergessen, daß mein Ziel die Gestaltung eines Blumengartens ist und bleibt und daß diese neuen Elemente die Wirkung der Stauden verstärken und nicht überdecken sollen.

Wenn man Sträucher oder auch Bäume zwischen Stauden pflanzt, so darf man nur solche Pflanzen wählen, die alles in allem wirklich hierher passen. Rosen, Flieder, Pfeifenstrauch, Hortensien, Säckelblumen (Ceanothus) und gewisse Schneeballarten gehören dazu. Die zwergförmige Scheinzypresse *Chamaecyparis obtusa* ›Nana‹, gestutzte Eibe, Zwergkiefer – sie alle ergeben einen in bestimmten Zusammenhängen notwendigen dunklen Akzent. Bartblumen (Caryopteris), Perovskia, Lavendel, das grau- und auch das grünblättrige Heiligenkraut (Santolina), die Eberraute *Artemisia abrotanum,* strauchiges Fingerkraut (Potentilla) sind einige der niedrigen Sträucher, die ich oft in Verbindung mit Stauden verwende. Die langen, dünnen, jung blühenden Schößlinge der Buddlejahybriden eignen sich dagegen schlecht für das Staudenbeet, während ich *Buddleja alternifolia* mit ihren kleinen Blättern und dem runden Wuchs sehr brauchbar finde. Andere Wildarten, die sich sowohl in anspruchsvolle Blumenrabatten wie in die zwangloseren Teile des Gartens gut einfügen lassen, sind der Binsenginster *(Spartium junceum)* und *Cytisus battandieri,* eine Geißkleeart mit seidenweichen, silbrigen Blättern und dichten Trauben ananasähnlich duftender Blüten.

Nun erst beginne ich, mir die Farbwirkung der Pflanzung vorzustellen. Geißklee (Cytisus) und Buddleja haben graue Blätter. Das gleiche gilt für *Caryopteris × clandonensis,* eine Bartblumenkreuzung, deren blaßblaue Blüten im Spätsommer, wenn hellblaue Blumen selten sind, besonders anziehend wirken. Die Ceanothus-hybride ›Gloire de Versailles‹ hat dunkelblaue Blüten, während die Blüten der Sorte ›Indigo‹ ein noch dunkleres Blau aufweisen. Ich schneide diese Sträucher im Frühling gern stark zurück, da sie am einjährigen Holz blühen. Die Fliederhybriden kommen für die meisten Staudenrabatten zu früh in Blüte und sehen für den Rest des Jahres sehr langweilig aus, doch würde ich hin und wieder hochstämmige oder halbhohe ›Maréchal Foch‹ oder ›Congo‹ pflanzen. Aber sowohl der violette wie der rosafarbene Persische Flieder sind erstklassige Pflanzen, die beinahe überallhin gut passen. Frisch gepflanzt, sind es kläglich dünne, kleine Büsche; ich pflanze daher gern fünf junge Pflanzen zusammen. In wenigen Jahren bilden sie ein großes Gebüsch, das in jedem Frühjahr von Blüten bedeckt ist. Sie machen sich besonders gut, wenn sie über eine niedrige Mauer hängen oder an einer Böschung oberhalb eines Teichs stehen und sich im Wasser spiegeln.

Bestimmte Hortensienarten eignen sich gut für das Staudenbeet. Ihr Wuchs ist vornehm, ihr Laub ausnehmend schön, und ihre violettblauen, rosa und weißen Blüten harmonieren mit den späten Herbstfarben der Stauden. Die beste von allen ist *Hydrangea pani-culata* ›Grandiflora‹. Man kann sie zu einem ansehnlichen Busch mit mittelgroßen Blüten heranwachsen lassen; wenn man sie dagegen in jedem Frühjahr schneidet, bildet sie riesige Blütenrispen, die etwa neunzig Zentimeter über dem Boden ihre cremeweiße und blaßrosa Pracht entfalten.

Ich habe eine Schwäche für die Floribundarose ›Masquerade‹, deren Farbe einem reifen gelben Pfirsich gleicht, wobei das vielleicht dem Geschmack seriöser Gärtner, die »Sonnenuntergangsfarben« nicht mögen, zuwiderläuft. Die *Rosa-rugosa*-Sorte ›Blanc Double de Coubert‹ findet sich in jedem meiner Gärten, und dort sehr häufig in der Staudenrabatte. Ihr glänzendes, moosgrünes Blattwerk wäre allein schon sehr erfreulich, aber sie blüht darüber hinaus noch ununterbrochen von Mai bis Oktober. Die Blüten sind kalkweiß, ihre Blumenblätter seidig und fast durchsichtig, und sie verströmen den köstlichen, durchdringend süßen Duft ihrer Art.

An Stellen, wo ich sehr kräftig leuchtende Farben nebeneinandersetze – Rot, Orange und ein bestimmtes violettes Karmesinrot –,

bemühe ich mich, so wenig wie möglich grünes Blattwerk zu verwenden. Hier können einige Exemplare der rotblättrigen Form von
Berberis thunbergii und ein oder zwei Büsche der dunkelroten Zierkirsche *Prunus cerasifera* ›Nigra‹, die laufend kräftig zurückzuschneiden ist, einen dunklen Hintergrund zu den glühenden Farben
der Blumen abgeben. Verschiedene Phloxarten, die violettrote
Prachtschartensorte *Liatris spicata* ›Kobold‹, einige dunkelrote
frühe Herbstastern, die roten, kupfer- und orangefarbenen Koreanischen Chrysanthemen gewinnen vor solch einem Hintergrund,
ganz gleich, ob sie getrennt oder zusammen stehen. Im Frühjahr
paßt dieser Rahmen zu Breeder- und Maitulpen, deren Platz später
von Gruppen dunkelblättriger Dahlien wie ›Bishop of Llandaff‹ und
›Olympic Fire‹ eingenommen wird.

Alle diese Vorschläge scheinen vielleicht für einen kleinen Garten
nicht geeignet zu sein, und tatsächlich beziehen sie sich auch
zunächst auf die großflächige Pflanzung, das heißt auf die konventionelle Art, Staudenrabatten anzulegen. Im Blumengarten versuche
ich – im Gegensatz zu den freier angelegten Teilen des Gartens, wo
andere Erwägungen notwendig sind – als Architekt an die Probleme
der Pflanzung heranzugehen. Mein erstes Interesse gilt der Form,
dem Volumen, der Textur und dem Bau meines Pflanzenmaterials.
Danach muß ich mich als Maler mit der Farbe befassen, sowohl um
ihrer selbst willen als auch wegen der Flächen und Tiefen, die durch
sie entstehen. Als Gärtner schließlich muß ich entscheiden, welche
Pflanzen ich verwenden und wie ich sie kombinieren kann. Das
gleiche gilt für kleine Pflanzungen in kleinen Gärten, wobei ich hier
allerdings noch größere Strenge walten lassen muß, denn je kleiner
die Pflanzung, desto mehr tritt jede Einzelheit in Erscheinung. Eine
einzige übergroße Blume oder Pflanze zum Beispiel kann die ganze
Komposition verderben. An dieser Stelle sollte ich mich und den
Leser daran erinnern, daß ich durch meinen Beruf ein Mensch
geworden bin, der sich, wenn er einen Garten zum erstenmal sieht,
immer fragt: »Wie sieht er aus?« Erst dann fange ich an zu analysieren und versuche herauszubekommen, warum er so ausschaut und
wie ich ihn »verbessern« könnte. Damit bewegen wir uns sofort auf
gefährlichem Boden – dem Triebsand des »Geschmacks« –, und
wenn in meinen Augen etwas falsch ist, so muß ich die charakteristi-

schen Züge und die Elemente des Bildes vor mir abwägen. Gibt es einen roten Faden in der Bepflanzung und der Komposition, und wenn ja, ist er klar genug erkennbar? Wenn er von unwesentlichen und ablenkenden Kleinigkeiten in Unordnung gebracht wird, so brauche ich diese vielleicht nur zu entfernen und das zugrundeliegende Thema hervorzuheben. Oder aber das Thema ist so offensichtlich und so plump betont, daß es eintönig und langweilig wirkt. In diesem Fall müßte ich für Abwechslung sorgen und etwas Geheimnisvolles und Aufregendes hinzufügen, zum Beispiel ein asymmetrisches Detail in ein zu streng geometrisches Gefüge setzen oder eine vorherrschende Farbe oder Form durch eine andere unterbrechen, um einer monotonen Pflanzung mehr Leben zu verleihen.

Wenn ich die Sträucher ausgewählt und plaziert habe, die ich in meinen Staudengarten setzen will, denke ich über die Stauden selbst nach, und auch hier ist meine erste Sorge, nach solchen Pflanzen Ausschau zu halten, die »architektonische« Vorteile besitzen. Viele Rabattenpflanzen, zum Beispiel die meisten Korbblütler, wirken nur in der Masse und durch ihre Blütenfarbe. Ich verwende Astern, Hundskamille (Anthemis), Rabattenchrysanthemen, Helenium, Sonnenblumen (Helianthus) und ähnliche Pflanzen nur, wenn ich auf breite Farbwirkungen hinarbeite, und an Stellen, wo ihr ziemlich langweiliges Aussehen während zehn Monaten des Jahres nicht zu sehr in Erscheinung tritt.

Am besten fängt man meiner Meinung nach damit an, sich für eine oder zwei Gattungen zu entscheiden, die man besonders gern mag oder von denen man annimmt, daß sie an dem jeweiligen Standort gut gedeihen. Ein Farbfoto, das ich einmal von einem Staudengarten in Bodnant in Nordwales sah, beeindruckte mich als ausgezeichnetes Beispiel für diese Art der Bepflanzung. Hier in dem feuchten Klima der Mündung des Conway River bestimmten Phlox-paniculata-Hybriden in jeder Schattierung von Rosa, Lachs, Scharlachrot und Karmesinrot das Thema, während Gruppen von Palmlilien (Yucca) mit ihren cremeweißen Blütenrispen für den notwendigen architektonischen Halt sorgten. Phlox und Yucca allein könnten nur im späten Juli und August einen Garten anziehend machen, doch ist es nicht schwer, das Blühen zu verlängern, indem man Astilben und *Galtonia candicans* für Juni und Juli und Sorten von *Lobelia cardi-*

nalis sowie *Aconitum carmichaelii* var. *wilsonii* (Eisenhut) für September dazwischensetzt. All diese Pflanzen gedeihen in kühler, feuchter Erde. Außerdem brauchen sie viel Sonne und feuchte Luft.

In einem Garten, der sich besonders für die Anpflanzung von Lupinen eignete, würde ich diese zum Hauptthema machen und sie in vielen Kombinationen von Weiß und Rosa, Blaßgelb, Aprikosenfarbe, Karmesinrot, Purpur und Pastellblau verwenden. Ihre Farbskala ist so außergewöhnlich, daß ich mich anstrengen müßte, neben sie weder hartes Blau zu setzen, wie zum Beispiel das des Rittersporns, noch leuchtendes Gelb oder Scharlachrot. Hingegen würden Schwertlilien und Flächen voll verschiedenfarbiger Akelei, aus Samen gezogen, die Schattierungen der Lupinen betonen. Bei einer solchen Pflanzung würde ich wahrscheinlich auf alles weitere im August verzichten, ausgenommen an der vorderen Rabattenseite, wo Bergastern, *Aster amellus,* zwischen der Akelei den herbstlichen Anblick von Rauhblattastern vorwegnehmen würden. Diese Herbstastern müßten in großen Flächen angepflanzt werden, um die recht häßlichen Überreste der Lupinen zu verdecken.

Rittersporn (Delphinium) ist offensichtlich besonders gut geeignet, das Thema für einen Staudengarten abzugeben. Zu seinem lebhaften Blau würde ich für den Juni das Scharlachrot der Brennenden Liebe *(Lychnis chalcedonica),* den weißen, seidigen Blütenschaum des Meerkohls *(Crambe cordifolia),* Madonnenlilien *(Lilium candidum),* Königslilien *(Lilium regale)* und irgendeine gelb blühende Königskerze (Verbascum) hinzufügen. Nebenbei würde ich noch kleinere, länger blühende Delphiniumhybriden der Belladonnagruppe in größeren Mengen pflanzen, um das Blühen zu verlängern. Die Pracht ist im allgemeinen Ende Juli vorüber; auch kann man bei der Hauptpflanzung des Rittersporns eine zweite Blüte nicht mit Sicherheit erwarten. Darum würde ich für spätsommerliche Farbe sorgen, indem ich ganz einfach Schafgarbe *(Achillea filipendulina* ›Gold Plate‹) recht verschwenderisch dazwischenpflanzte, dazu verschiedene Sonnenblumenarten (Helianthus) und Sonnenauge (Heliopsis) – dann ist auch ein dichter gelber Hintergrund vorhanden, wenn der Rittersporn doch ein zweites Mal blüht; oder aber, wenn Arbeit keine Rolle spielt, würde ich zwischen den Rittersporn Dahlien setzen, und zwar Schmuck- und Kaktusdahlien mit kleinen weißen, gelben, aprikosen- und orangefarbenen Blüten auf festen Stielen.

Das sind alles sozusagen Farbrezepte. Gartenbücher sind voll davon, doch wenn solche Arrangements für die Ausgestaltung eines Gartenentwurfs auch unschätzbar sind, so erinnern sie mich doch immer ein bißchen an jene Malbücher für Kinder, in denen die verschiedenen Teile der Zeichnung mit Zahlen versehen sind und mit entsprechend gekennzeichneten Farben ausgemalt werden müssen. Das Pflanzen kann jedoch größere Freude vermitteln. Wir wollen es unter einem anderen Gesichtspunkt angehen und uns einer Pflanze zuwenden, die wir ganz besonders gern mögen: zum Beispiel *Kirengeshoma palmata,* ein japanisches Steinbrechgewächs. Wie so viele japanische Pflanzen scheint sie mir eine besondere architektonische Harmonie in allen Teilen zu besitzen. Sie hat zartgrüne Blätter, gut gegliederte Stengel und im Frühherbst herabhängende Blüten in blassem Gelb. Ihre Farbe ist so subtil, daß ich Gefährten aussuchen muß, die meine Kirengeshomagruppe nicht durch ihre Pracht fad erscheinen lassen. Vielleicht würde ich, seiner zarten purpurblauen Blüten wegen, den Schwalbenwurzenzian bevorzugen *(Gentiana asclepiadea).* Zwischen oder vor diese Pflanzen könnte man die niedrigwachsende *Tiarella cordifolia* setzen. Ihre weißen Blüten sind zwar im Juli verwelkt, doch bekommen ihre runzligen, gelblichgrünen Blätter rote Ränder, wenn ihre größeren Nachbarn zu blühen beginnen. Um schon früher im Jahr etwas Ansprechendes zu haben, pflanze ich *Mertensia virginica,* deren milchigblaue Blüten Ende April oder Anfang Mai nur wenig blauer aussehen als ihre blaugrünen Blätter. Um diese Anordnung zu vervollkommnen, fehlen vielleicht nur noch einige Zwiebeln von Hundszahn, *Erythronium dens-canis,* für das Frühjahr und einige Waldlilien (Trillium), wenn der Boden genügend Torf enthält. Sogar jetzt könnte diese Pflanzung jedoch noch zu vergänglich erscheinen, und so füge ich, um dem Ganzen mehr Gewicht zu verleihen, eine Menge Bergenien mit großen, lederartigen Blättern hinzu *(Bergenia cordifolia, B. ligulata* oder *B. crassifolia),* die alle ebensogut im Schatten wie in der Sonne gedeihen. Hier haben wir sogleich einen anderen Maßstab, und daher könnte ich neben diese Bergenien, deren karmesinrote Blütenschäfte und rosafarbene Blüten im März oder April erscheinen, Funkien (Hosta) mit ihren ansehnlichen graublauen, grünen oder grün-weiß gestreiften Blättern und den weißen oder mattvioletten Blüten im Sommer pflanzen. Schließlich würde ich noch Zwiebeln von *Scilla hispanica* und ihren Sorten stecken, deren weiße, rosa und blauviolette Blüten im Mai manche Lücken ausfüllen können.

Wo diese Pflanzung tiefer in den Schatten der Bäume vordringt, würde ich das kleinblättrige Singrün *(Vinca minor)* oder Mahonia pflanzen, deren schwefelgelbe, nach Honig duftende Blüten so gut zu den Bergenien passen. Diese Komposition könnte sich über fünf oder auch fünfzig Quadratmeter erstrecken. Ihre Ausdehnung hängt von der Größe des Gartens ab, aber ob man nun Platz für zwanzig oder für vierhundert Pflanzen hat, man erhält die gleiche Stimmung und die gleiche ruhige Harmonie aus zarten Farben und auserlesenen Formen.

Man kann aber ebensogut mit einer gewöhnlicheren Staude beginnen, sagen wir mit einer Präriemalve (Sidalcea), die beinahe in jedem Boden und in praller Sonne gedeiht. Dieses Malvengewächs hat ährenförmige Trauben mit zartrosa Blüten und ziemlich mattgrünes Laub. Auch seine Farbe verlangt eher Harmonie als Kontrast. In die Nähe würde ich *Campanula lactiflora* mit ihren milchigblauen Glockenblüten pflanzen und zu diesen beiden *Salvia sclarea* oder deren Abart *Salvia sclarea* var. *turkestanica* wegen der großen, behaarten silbrigen Blätter und der Deckblätter und Blüten, die durch ihre bräunlichrosafarbenen, violetten und cremefarbenen Töne der ganzen Pflanze ein opalisierendes Aussehen verleihen. Alle diese Pflanzen blühen gemeinsam im Juli. Für eine spätere Blüte könnte man Japanische Anemonen in Weiß oder Mattrosa hinzufügen. Eine Schwertlilie – blaugeädert mit Weiß oder das Lavendelblau von *Iris pallida dalmatica* – würde sich als Auftakt für die Blütezeit im Mai oder Juni sehr gut eignen.

Wenn man seine Pflanzungen auf diese Weise durchdenkt, von irgendeiner Pflanze ausgeht und überlegt, wie man ihre besonderen Eigenschaften, ihre Blütenfarbe und Wuchsform, ihre Silhouette, ihre Neigungen und Abneigungen verstärken kann, so läßt sich ein Staudenteppich in jeder Größe weben: Man baut Pflanze um Pflanze auf, eine Spielart wechselt mit der anderen ab, und es entsteht ein Gefüge, das in jeder Hinsicht richtig ist, da man Form und Farbe einer jeden Pflanze in Beziehung zu ihrer Nachbarpflanze gebracht hat. Ich habe zwei Beispiele mit sanften Farben erwähnt; wenn ich indessen eine Pflanze von leuchtender Blütenfarbe als Ausgangspunkt nehmen will, so ist der Vorgang durchaus der gleiche, obwohl in diesem Fall stärkere Kontraste die Pflanzung zu einer kräftigeren Harmonie führen. Wir wollen mit den braunroten Stengeln und den leuchtendroten Blüten einer Heuchera beginnen. Ich habe sie oft in die vordere Reihe einer Anlage mit dem Ehrenpreis *Veronica spicata* gepflanzt. Die enzianblauen Blüten dieser Veronica sind fast zu stechend und lebhaft, so daß ich in ihrer unmittelbaren Nähe das klarere, lichtere Blau der Ochsenzunge *Anchusa caespitosa* verwende. Erst dann gehe ich zu dem gezahnten Blattwerk und den cremeweißen Blüten der Hundskamille *Anthemis cupaniana* über, die wiederum sehr schön mit den gelben Farbtönen anderer Hundskamillen, wie *Anthemis tinctoria* ›Grallagh Gold‹, und dem zarteren Blau von *Veronica longifolia* harmonieren. Hinter die Heuchera würde ich die rotblühende Baldrianpflanze *Centranthus ruber* mit ihrem fast silbergrünen Blattwerk pflanzen. Der gewöhnliche Lavendel, danebengesetzt, unterstreicht diesen Silberton und macht es mir möglich, die weißen plüschähnlichen Blätter des Wollziestes, *Stachys olympica*, davorzupflanzen und von hier aus eine neue Folge von Kombinationen zu beginnen.

Da ich empfohlen habe, Blütensträucher zur Verstärkung von Staudenpflanzungen zu verwenden, sollte ich vielleicht genauer schreiben, wie ich sie gern einfüge. In dem von einer Mauer umgebenen Blumengarten des Herzogs von Windsor bei Paris waren die Staudenrabatten ziemlich großflächig angelegt, und weil der Herzog immergrüne Pflanzen im allgemeinen und geschnittene Eiben und Buchsbaum im besonderen nicht leiden konnte, war es recht schwer, eine Lösung zu finden, die einer so weitläufigen Pflanzung Gewicht, Nachdruck und Substanz verleihen könnte. In den Vordergrund der Rabatten pflanzte ich Gruppen roter Floribundarosen, deren erstes Blühen im Juni, wenn der Rittersporn in voller Blüte steht, einen Ausgleich zu dem Blau des Gartens schaffen hilft. Weiter hinten wurden *Buddleja alternifolia,* Goldregenbüsche *(Laburnum vossii)* und Binsenginster *(Spartium junceum)* gepflanzt. Neben *Buddleja alternifolia* setzte ich den blühenden Meerkohl, *Crambe cordifolia,* wegen seiner großen ausgebreiteten Blütenstände voll winziger seidiger weißer Blüten. Daneben haben die auch etwas silberblättrige, aufrecht wachsende Wiesenraute *Thalictrum flavum* mit blaßgelben Blüten sowie die zartviolette Wiesenraute *T. dipterocarpum* ihren Platz. Eine Menge einfachblühender gelber Stockrosen vervollkommnet diese besondere Gruppe.

Der Goldregen *(Laburnum vossii)* und der Binsenginster im Hintergrund sind dicht nebeneinander gepflanzt, damit eine Folge von gelben Blüten entsteht. Hier ist die Farbe kräftig. Das helle Grün, die peitschenähnlichen Zweige und die leuchtendgelben Blüten des Binsenginsters erheben sich aus einer Fülle blauer Ochsenzungen der Sorte *Anchusa italica* ›Morning Glory‹. Daran schließen sich der ebenfalls blaue Belladonnarittersporn und eine große Gruppe der aufrecht stehenden scharlachroten Brennenden Liebe, *Lychnis chalcedonica,* an. Mit dem Abblühen des Binsenginsters übernimmt die Schafgarbe *Achillea filipendulina* ›Gold Plate‹ das gelbe Thema; ihre flachen Blütenstände kontrastieren mit den blauen Trauben des Eisenhutes *Aconitum carmichaelii* var. *wilsonii,* der zu den wenigen wirklich blau blühenden Stauden des Spätsommers gehört.

Drei Pflanzen der Rose ›Blanc Double de Coubert‹ wachsen neben einem schmalen Weg aus rechteckigen Sandsteinplatten. Innerhalb von zwei Jahren haben diese drei Büsche ein anderthalb Meter hohes und fast zwei Meter breites Dickicht gebildet, welches seine Form dadurch behält, daß man ab und zu das alte Holz herausschneidet. Daneben steht ein ganzer Trupp Staudenpäonien mit dunkelrosa einfachen Blüten mit gelber Mitte. Der nicht sehr hohe Rittersporn ›Pink Sensation‹, die violette Katzenminze *Nepeta* × *faassenii* und ein Teppich aus Federnelken, die aus Samen gezogen sind, vervollständigen das Bild. Diese Art, eine Staudenpflanzung aufzubauen, eignet sich für Gärten jeglicher Größe.

Wenn ich während der Sommermonate von Ort zu Ort und von Land zu Land fahre, sehe ich Hunderte von Gärten – Gärten aller Art, große und kleine, gepflegte und vernachlässigte, Gärten in den Vororten von London, Paris oder Brüssel, terrassenförmig angelegte Grundstücke an der französischen oder italienischen Riviera, reichlich vollgestopfte Miniaturparks bei Häusern des Mittelstands rund um große Industriezentren, englische Bauerngärten, öffentliche Anlagen auf Großstadtplätzen und Parkanlagen vor Rathäusern oder Bahnhöfen. Ich bin immer betroffen von dem Gegensatz zwischen der stilisierten Eintönigkeit geometrischer Anlagen, die mit Annuellen oder frostempfindlichen Blumen bepflanzt sind, und der liederlichen Zusammenhanglosigkeit der meisten Staudenpflanzungen. Ich weiß um die Ursachen dieser Gegensätzlichkeit. Das Auspflanzen von Annuellen in regelmäßigen Anlagen folgt fast immer einer Routine, die sich seit der Mitte des 19. Jahrhunderts entwickelt hat. Damals wurden die Gärten sorgfältig auf dem Papier entworfen und Blumenbeete in mehr oder weniger komplizierte Muster eingeteilt, wobei man jeden Abschnitt mit leuchtend bunten Einjahrsblumen ausfüllte. Diese Parterres sind mit der Zeit stereotyp geworden und so vereinfacht, daß sie meist nur noch eine Anhäufung von roten Salvien, roter und gelber Canna, Zinnien oder Löwenmaul sind – grelle Zeugen eines Mangels an Erfindungsgabe und sklavischer Abhängigkeit von der Gewohnheit.

Der andere Gartentyp, der vielleicht aus der Zeit der Jahrhundertwende stammt, ist auf andere Art langweilig. Der Garten wird mit Stauden angefüllt, und dann läßt man sie zu großen, schnell entartenden Massen heranwachsen. Nur in Ausnahmefällen bringt der Zufall oder auch die sorgsame Überlegung reizvolle und denkwürdige Kombinationen hervor.

Einjahrsblumen sind ein vergänglicher Schmuck, zeit- und arbeitsaufwendig und nach meiner Erfahrung am besten in den Händen eines Berufsgärtners aufgehoben. Sie wirken jedoch derartig durch ihre leuchtenden Farben, daß nur wenige Stauden mit ihnen wetteifern können; daher kommen wir auch kaum ohne sie aus. Zu ihrer Anzucht braucht man ein Treibhaus oder zumindest ein warmes Frühbeet. Werden sie im Freiland ausgesät, so wachsen sie leicht ungleichmäßig, und es ist schwer, sie dort erfolgreich auszudünnen. Nach meiner Erfahrung vertragen nur Gattungen mit einer kurzen Blütezeit diese Behandlung gut.

Aber trotz allem braucht der Gartengestalter Einjahrspflanzen für bestimmte Zwecke. In Nord- und Westeuropa läßt sich noch viel zugunsten einer geometrischen Anlage von Beeten voll leuchtender Blumen in der Nähe des Hauses sagen, denn sie schafft einen sehr schönen Ausgleich zu unserem grauen, bewölkten Himmel. Entwerfe ich solch einen kleinen Garten, so haben meine Beete gewöhnlich eine Breite von anderthalb Meter, mit der sich gut arbeiten läßt. Der Entwurf kann ganz einfach aus Quadraten und Rechtecken bestehen, symmetrisch oder asymmetrisch angeordnet, wie es dem Stil und der Architektur des Hauses entspricht. Obwohl ich gelegentlich auch dreieckige Formen anwende, vermeide ich doch jeden Winkel unter 45 Grad, denn spitze Winkel sind schwierig zu bepflanzen und sehen immer dünn aus. In einem symmetrischen Garten vermeide ich nach Möglichkeit ein vertikales Ornament oder Element in der Mitte, weil es das Muster unweigerlich zu auffällig macht. Ich setze einen Gegenstand – eine Vase, eine Bank, eine Sonnenuhr – oder vielleicht eine einzelne gestutzte Eibe oder einen Buchsbaum lieber an eine andere Stelle der Gesamtanlage, doch immer dorthin, wo er dem Ganzen am besten den Eindruck der Ausgewogenheit verleiht. Stets versuche ich im Auge zu behalten, daß ich meine Anlage mit Blumenfarbe füllen will, und vermeide darum ausgefallene, komplizierte Muster; ich könnte sonst leicht in Verlegenheit kommen, wenn ich mich mit der Bepflanzung und der Farbeinteilung befassen muß. Diese kleinen Gärten bepflanze ich gern in Farbblöcken, wobei ich in einem Beet nur eine Farbe und eine Sorte von Annuellen unterbringe. Muß ich größere Flächen in entsprechend größerem Maßstab bearbeiten, so teile ich sie oft mit Hilfe von Buchsbaum- oder Lavendeleinfassungen in kleinere Teile auf. Ist das Parterre sehr klein, so pflanzt man am besten nur eine Blumenart, entweder gemischt oder nach Farben getrennt. Gleichgewicht und Zusammenhang sind dann sichergestellt, und man vermeidet die oft schwierige Aufgabe, eines der Beete erneuern zu müssen, dessen Blumenart gerade verwelkt ist. Denn selbst unter den günstigsten Umständen hat man nicht die Gewißheit, farblich und in der Größe passende Ersatzpflanzen zu finden.

Die Frühjahrspflanzung – ich komme darauf noch später zurück – ist verhältnismäßig einfach. Tulpen, ob mit oder ohne Unterpflanzung, erlauben so unendlich viele schöne Kombinationen, daß die darauf folgende Sommerbepflanzung beinahe einen Abstieg darstellt. Fast jedes Jahr bewähren sich Petunien im Sommer; man muß nur hart genug sein, sie nach der ersten Blüte kräftig zurückzuschneiden, denn wenn sie erst einmal Samen bilden, so ist es mit dem

Blühen vorbei. Gern verwende ich die weißen und silbrigblauen Zwergsorten mit ein paar dunkelroten Pflanzen oder weiße und weißrot gestreifte mit einigen kirschrot blühenden. Weiß, Karmesinrot und Rosa kann man kaum zu einer Harmonie bringen, weil viele Rosatöne nach Anilinfarben aussehen und einen Blaustich haben, der nicht gut zu Rot und Karmesinrot paßt. Es gibt heute eine ganze Reihe Sorten von gutem kräftigem Rot, doch sollte man sie am besten erst einmal blühen sehen, bevor man sich für eine bestimmte Sorte entscheidet, denn einige dieser Rottöne blassen in der Sonne zu einem recht unangenehmen Rosa ab.

Gemischte Verbenen sind auch schön, vor allem in einem heißen Sommer, und man kann mit Hilfe einfarbig scharlachroter und lavendelblauer Exemplare die allgemeine Farbwirkung noch verstärken. *Phlox drummondii* blüht in einem regnerischen Sommer sehr dankbar, jedoch ist dies eine der seltenen Einjahrspflanzen, die sengende Hitze nicht besonders gut vertragen. Dieser Phlox kann ebenfalls gemischt verwendet werden; allerdings sondere ich, sobald er Farbe zeigt, einen blassen ockergelben Ton, der bei Mischungen leicht auftaucht, nach Möglichkeit aus. Früher konnte man Zwergzinnien in getrennten Farben züchten und in weißen, gelben und einer ganzen Reihe von rosa Tönen gut kombinieren. Heute bekommt man Liliputzinnien nur in einer recht unruhigen Mischung, die ich weniger gern mag. Hohe Zinnien sind alle miteinander zu robust für Sommerblumenbeete, es sei denn, man pflanzt sie auf große Flächen aus, wo man sie aus der Entfernung betrachten wird.

Wenn ich Pläne für Farbzusammenstellungen ausarbeite, so neige ich fast immer zu farblicher Harmonie oder zu etwas, was ich mit »sanftem Kontrast« bezeichnen möchte. Ich mache mir nichts aus dem heftigen Gegensatz von Scharlachrot und Gelb; der Kontrast ist zu stark, und beide Farben scheinen sich aufzuheben, falls ich nicht ein vermittelndes Orange hinzusetzen kann. Auf dieselbe Weise verwende ich gewöhnlich Weiß, um Gelb und Blau oder Blauviolett zusammenzubringen (oder zu trennen), wiewohl ein Orangegelb und Rosaviolett als Kontrast gut zueinander passen, vielleicht wegen der warmen Schattierung, die ihnen gemeinsam ist. Weiß und ein blasses Gelb passen bei den meisten ein- und zweijährigen Pflanzen gut zusammen. Es ist eine einfache Kombination, die stets frisch und heiter aussieht. Violettrosa blühende Pflanzen sind schwierig in der Anwendung, wenn man sie nicht geschickt mischt und ein genügend kräftiges Lachsrosa hinzufügt, damit sie nicht grau aussehen. Ich erinnere mich an einen kleinen Garten in Dorset, in dem jedes Beet mit gemischten Cottage-Nelken in Weiß, Lavendelrosa, Tiefrosa und Karmesinrot eingefaßt war. Die Mitte der Beete hatte man mit Godetien und Clarkien gefüllt, von denen ein großer Teil lachsrosa blühte. Das ergab Mitte Juli eine ganz reizende Kombination. Einen Monat später wurde allerdings wohl ein Problem daraus.

Beetanlagen auszuarbeiten ist ein mühseliges Geschäft, und ich muß gestehen, daß ich das lieber dem Gartenbesitzer oder dem Gärtner überlasse. Wer sich damit befaßt, muß im Januar die Sommerbepflanzung planen und im Juli schon wieder die Pflanzen für den kommenden Frühling auswählen, und das sind Zeitpunkte im Jahr, da man sich lieber mit ganz anderen Problemen auseinandersetzen möchte. Die Frühjahrsbepflanzung scheint weniger schwierig – Veilchen, Stiefmütterchen, Goldlack und Maßliebchen eignen sich gut als Unterpflanzung für Tulpen, und es ist eine sehr dankbare Aufgabe, sich Farbthemen mit Tulpen auszumalen. Immer und immer wieder ertappe ich mich dabei, weiße und schwarzpurpurne Tulpen auf einen Teppich aus weißen Stiefmütterchen, weißen Tausendschönchen oder gelegentlich aus dunkelblauen Vergißmeinnicht zu setzen. Die letzteren machen einem insofern Sorgen, als sie im Winter leicht von der Umfallkrankheit befallen werden und weil ihre Blüten beinahe ebenso schnell wie die der Tulpen welken, so daß für die zweite Maihälfte eine Lücke entsteht, ehe die Sommerbepflanzung beginnen kann. Stiefmütterchen und Veilchen halten einige Wochen länger aus, ebenso der Schöterich *Erysimum × allionii,* der eine schöne kadmiumorangefarbene Fläche bildet. Dieses leuchtende Orangegelb ist keine einfache Farbe für eine Zusammenstellung mit Tulpen, und gewöhnlich entscheide ich mich daher für eine hohe weiße, zitronengelbe oder vielleicht eine orangefarbene Sorte des Echten Goldlacks, *Cheiranthus cheiri.* Ich wollte es schon einmal mit Scharlachrot versuchen, aber diese Kombination finde ich doch zu auffallend. Besonders gut gefallen mir weiße, rosafarbene und weiße, rosa gefederte Tulpen zusammen mit gefüllten

Zwergtausendschönchen in Rot und Weiß. Man kann dieser Kombination ruhig eine leuchtend scharlachrote Tulpe beifügen. Rosa und scharlachrote Tulpen passen im allgemeinen gut zusammen, ebenso wie rosa und scharlachrote Dahlien in einer späteren Jahreszeit.

Es gibt eine Menge reizender Einjahrsblumen, für die ich aus mehreren Gründen keine rechte Verwendung finde. Shirleymohn (Gartensorten des Klatschmohns, *Papaver rhoeas*), Hainblumen (Nemophila), Schwarzkümmel (Nigella), verschiedene Lichtnelken (Lychnis), Nemesien und Goldmohn (Eschscholtzia) gehören dazu. Ich glaube, es kommt daher, daß einige von ihnen jeder Anpflanzung ein zerbrechliches Aussehen verleihen; andere blühen nur so kurz und zwischen zwei Jahreszeiten, daß man gezwungen ist, ihnen andere Pflanzen vorausgehen und nachfolgen zu lassen. Wahrscheinlich stehe ich mit meiner Ansicht nicht allein, denn die Samenkataloge verzeichnen jedes Jahr weniger Arten und Sorten von diesen Pflanzen, aber immer mehr von den länger blühenden Einjahrsblumen.

Ebenso wie Zinnien sind auch Löwenmaul, Sommerastern *(Callistephus chinensis), Amberboa moschata,* einjähriger Rittersporn und Kornblumen eher als Schnittblumen denn für Zierbeete geeignet. Ich weiß, daß Zwerglöwenmäulchen als wertvolle Beetpflanzen betrachtet werden, doch ich verwende sie selten, weil sie mir etwas langweilig und grau vorkommen, wenn man sie in der Masse sieht.

Einige hochwachsende Einjahrspflanzen finden immer in den Lücken der Staudenrabatten einen Platz, und unseren alten Freunden, wie dem Rittersporn und der Wohlriechenden Wicke, können wir eine verhältnismäßig neu eingeführte Pflanze, die Cleome, hinzugesellen; ihre Trauben hellrosafarbener und weißer Blüten passen sehr gut zu dem im August blühenden Phlox, wenn die meisten Rabatten langsam eine Überfülle von Gelb, Orange und Bronze zeigen.

Ausschließlich mit Annuellen bepflanzte Rabatten finde ich wenig attraktiv, weil ich noch in keinem Garten eine wirklich gelungene derartige Rabatte gesehen habe. Selbst wenn Farbfülle vorhanden ist, fehlt dem Ganzen irgendwie Substanz, und es sieht leicht künstlich aus. So etwas gehört eigentlich mehr in die flüchtige

Atmosphäre einer Ausstellung. Oft genug mußte ich Annuelle für verschiedene Ausstellungen gruppieren, und wenn die vorbereitende Arbeit hinter den Kulissen gut ausgeführt worden ist, kann ich dasselbe Vergnügen haben wie ein Kind mit einem neuen Malkasten und einem Stück weißem Papier. Doch selbst für eine Ausstellung von Topfpflanzen verwende ich gern einen festen Rahmen und gebe der Fläche, die ich ausfüllen muß, eine deutlich begrenzte Form, oft mit einer zweiundzwanzig Zentimeter breiten Holz- oder Zementeinfassung, weiß oder in einer anderen hellen kräftigen Farbe bemalt, damit sich meine Pflanzen gut abheben. Sind die Blumen hauptsächlich orange, gelb, scharlachrot und hellviolett, so würde ich für meine Einfassung Azurblau oder auch Hellgelb wählen, für den Fall, daß Blau, Weiß und Hellviolett die vorherrschenden Blütenfarben sind, ein tiefes Orange oder blasses Gelb.

Gewöhnlich besorge ich mir ein Exemplar von jeder Art, die ich verwenden werde. Wenn ich außerdem ungefähr weiß, welche Mengen davon verfügbar sind, kann ich anfangen, indem ich über mögliche Farbzusammenstellungen nachdenke. Kommen dann die Pflanzen an, so wird das Pflanzen eine Art abstrakte Malerei, denn mit einem festen Rahmen kann ich nun unregelmäßige Formen reiner Farbe bilden und zusammensetzen. Jeder Augenblick wird zu einem Abenteuer, wenn ich Farbe zu Farbe füge und mich um die rechte Gewichtung bemühe. Manchmal wirkt eine Fläche von einigen Quadratmetern tot und ausdruckslos. Ich trete dann zurück, sehe, was ich noch in Reserve habe, und entscheide, welche Farbe an welcher Stelle und in welcher Dichte noch hinzugefügt werden muß.

Das hat vielleicht mit Gartengestaltung im eigentlichen Sinne wenig zu tun, doch solche vergängliche Anlagen können auf einen Gartenarchitekten erfrischend wirken. Hier hat er ausnahmsweise einmal alles zur Hand, um ein schnelles Ergebnis zu erzielen, und das veränderte Tempo belebt und ist eine Herausforderung.

Einjährige, mehr oder weniger empfindliche Blütenpflanzen sorgen fast ausschließlich für die Blumenfarbe in französischen Gärten. Vielleicht liegt das daran, daß die Franzosen Blumen im Garten mehr um der dekorativ verwendeten Farbe willen als wegen ihrer individuellen Schönheit und Anziehungskraft lieben. Zu einer normalen französischen Gartenausstattung gehören eine ganze Reihe von Treibkästen, und französische Gärtner pflegen Unmengen von Blumen wie *Begonia gracilis, Salvia splendens,* Ageratum und verschiedene Arten und Sorten von Tagetes anzubauen. Hieraus bilden sie später scharlachrote, violette und orangefarbene Streifen und Kreise für die regelmäßigen Grasflächen einer klassischen Anlage, oder sie verwenden diese Pflanzen, um die gewundenen Kieswege eines Jardin anglais einzufassen. Ein paar Reihen Zinnien, Dahlien und Gladiolen im Küchengarten sorgen für Schnittblumen. Gewisse Petuniensorten und Verbenenarten scheinen das Farbenrepertoire eines französischen Sommergartens zu vervollständigen. Die Franzosen, die für Symmetrie und Ausgewogenheit ein äußerst feines Empfinden haben, setzen am liebsten Rot als Blumenfarbe in das im Garten vorherrschende Grün. Blau hat als Blumenfarbe keinen Reiz, und merkwürdigerweise wird das charakteristische Hellviolett des Ageratum in Samenkatalogen stets als Blau bezeichnet. Da es schwierig ist, einem alten Hund neue Kunststücke beizubringen, habe ich während meiner fünfzehnjährigen Tätigkeit in Frankreich gelernt, mich auf Einjahrspflanzen zu beschränken, die mehr oder weniger der Tradition vieler französischer Gärten und Gärtner entsprechen. Doch habe ich mich energisch gegen rote Salvien zur Wehr gesetzt, deren papierartige Deckblätter ebenso wie die der Bougainvillea durch ihren Farbton und ihre Textur die Wirkung jeder anderen Blume völlig zunichte machen.

Schweizer Gärten sind nicht so streng klassisch betont. Die Schweizer lieben Blumen um ihrer selbst willen und verwenden eine weit größere Anzahl von Arten und Sorten als die Franzosen. Gebirgsklima verleiht den Blumen einen besonderen Glanz, und wer sich für die dekorative Verwendung einjähriger Pflanzen für Fensterkästen und Balkone interessiert, wird in der Schweiz manches Reizvolle finden. In Bergdörfern findet man winzige Blumengärten oder überhaupt keine, aber von jedem Fenster, jeder Türschwelle und jedem Balkon ihrer Häuser leuchten die Farben. Eine Fahrt von Bern durch das Emmental etwa gleicht einem Anschauungsunterricht in der Anwendung kräftiger Farben. Scharlachrote Geranien, orangefarbene Tagetes und Gartenkresse drängen sich und quellen hervor, hängen von jedem Fenstersims herab, und sehr beliebt ist eine Petuniensorte, ›Balcon Bernois‹, deren prachtvolles violettes Karmesin gut mit scharlachroten Geranien harmoniert. Eine solche Zusammenstellung, wie der russische Maler Bakst sie liebte, sieht gegen die Holzverkleidung eines alten Chalets reizend aus, würde in dem grünen Rahmen eines Gartens jedoch verheerend wirken. Ebenso zügele ich meine Kritik an gewissen Annuellen, für die ich keine Verwendung finde, wenn ich einen Bauerngarten in Devonshire sehe, wo Fuchsien, Hortensien und Rosen in einem vielfarbenen Teppich aus gemischten einjährigen Pflanzen wie Schwarzkümmel (Nigella), Nemesien, Hainblumen (Nemophila) und Shirleymohn gesellig nebeneinander wachsen und dazu noch Farne, Sempervivum und zufällige Sämlinge aller Art aus jeder Fuge der alten Steinmauern, Stufen und Plattenwege hervorlugen.

8. KAPITEL

Wasser im Garten

Noch immer hat fließendes Wasser auf mich die gleiche Anziehungskraft wie in meiner Kindheit in Lincolnshire, als ich lange Sommertage an einem Bach verbrachte, der durch das Dorf plätscherte, in dem ich aufwuchs. Hier fing ich kleine Fische und sammelte sie in Marmeladentöpfen, ließ selbstgebastelte Boote schwimmen und baute mir Dämme.

Die Bedeutung des Wassers wird einem vielleicht erst in Wüstengebieten richtig klar. So kamen mir in Persien seine Lebenskraft und sein Wesen ganz deutlich zum Bewußtsein. An einem glühend heißen Apriltag wurde ich auf dem Behelfsflugplatz von Abadan in eine alte Dakota verstaut, um von dort über die gezackten Gebirgskämme des Bachtiarengebietes zu fliegen – oder besser gesagt dazwischen hindurch.

Nach einem besonders unangenehmen Schlingern des Flugzeuges änderte sich das Motorengeräusch. Ich stellte fest, daß wir nicht mehr stiegen, faßte mir ein Herz und sah hinaus. In dem unendlichen rosa, gelben und grauen Dunst von Himmel, Gebirge und Wüste erblickte ich einen dünnen Faden milchigblauen Wassers, der von gelbgrünen Pappeln gesäumt war. Der Faden wurde bald zu einem Fluß, die Baumreihe erweiterte sich zu Gehölzen und Wäldern, und bald blühte diese Oase zu den phantastisch schimmernden türkisfarbenen Kuppeln von Isfahan auf.

Hier an dem westlichen Ausläufer der asiatischen Hochebene ist das Wasser König. Jedes Haus hat einen schattigen Garten mit Platanen, Pappeln, Quitten und Haselnußbäumen, die großen Büschen einfachblühender, süß duftender gelber, orangefarbener und scharlachroter Rosen Schatten spenden. Ein winziger abgestufter Kanal läuft in der Mitte der von Platanen beschatteten Charhabagh entlang, die vielleicht die schönste Prozessionsstraße der Welt ist. Beinahe jeder Garten ist symmetrisch um einen zentralen Teich angelegt, von dem aus vier Rinnsale jedem Viertel des Gartens und dort den Wurzeln jedes Baumes und jeder anderen Pflanze Wasser zuleiten.

Zwischen den kleinen Läden, welche die gewölbten Basare säumen, führen große Tore in die Höfe von Karawansereien, die oft sehr vornehm mit gewölbten Galerien aus weißem und schwarzem Marmor gebaut sind. Die Kamelkarawanen kommen noch immer hierher wie zu Zeiten Marco Polos. In jedem Hof befindet sich ein Becken oder ein eingefaßtes Rinnsal im Schatten eines Rosenbusches oder einer Kiefer.

Die Höfe der unvergleichlichen Moscheen und der Medresen sind ebenfalls um Brunnen angelegt, auf deren breiten, erhöhten Rändern ich gern saß, um den durch Gebete und Meditationen in Jahrhunderten gewachsenen Frieden in mich aufzunehmen. Das einzige Geräusch ist das Tröpfeln des Wassers und der durchdringende Frühlingsgesang der Bülbüls.

Wasser beherrscht auch Damaskus, von dem man sagt, es sei die älteste bewohnte Stadt der Welt. Man braucht nur das Ohr an irgendeine Mauer der alten Stadt zu legen, und man hört den Laut des rinnenden Wassers. Das Wasser stammt aus den Flüssen, die am Antilibanon entspringen, und wird durch eine Reihe kleiner Kanäle herangeführt. Man leitet es in immer kleinere Rinnsale, bis es schließlich in jedes Haus gelangt, um dort in den umschlossenen Höfen Springbrunnen zu speisen, durch die Küchenausgüsse zu laufen oder in die türkischen Bäder zu fließen, die zu jedem größeren Kaufmannshaus gehören. Jenseits der Stadt liegt die Oase el Ghuta. Sie wird durch Wasser in winzige Stückchen Land aufgeteilt, auf denen alle möglichen Arten von Obstbäumen wachsen. Diese Felder sind von unglaublicher Schönheit, wenn im April die Bäume blühen und neben dem Lasurgrün der jungen Gerste das Scharlachrot der *Anemone × fulgens* leuchtet.

Das Wasser scheint auf der Oberfläche des Planeten zu strömen wie Blut durch den Körper. Als ich hoch über dem Indusdelta flog, konnte ich den Schlamm und Schmutz erkennen, der von den Gebirgen und Wüsten Belutschistans herabkommt, und das Ganze sah aus wie die Äderung eines Blattes oder die riesige Vergrößerung einer anatomischen Zeichnung. Doch vielleicht den außergewöhnlichsten Eindruck von der Natur des Wassers hatte ich, als ich zum erstenmal von Khartum nach Kairo flog. Endlos erstreckt sich die Wüste fahlbraun, rosenrot und ockerfarben, bis man den Nil erreicht, ein grauviolettes Band, wo er von Assuan nordwärts sechzehnhundert Kilometer bis Alexandria fließt, um dem schmalen Land an beiden Ufern Leben und Vegetation zu bringen. Aus der Luft sieht Ägypten wie eine Lotosblume aus, der Nil ist der Saft, der den grünen Stengel hinaufsteigt, die Oase Fajum ist das Blatt, und das Delta stellt die entfaltete Blüte dar.

Alles Wasser hat Verbindung – der kleinste alpine Wildbach ist eins mit dem Pazifischen Ozean. Der Dorfbach, in dem ich herumzuplanschen pflegte, hängt mit dem Amazonas und dem Jangtsekiang zusammen; die Woge von Hokusais Holzschnitt hat Beziehung zu den sprühenden Fontänen der Villa d'Este.

Wasser ist immer dort am rechten Platze, wo es die Harmonie eines Gartens betont oder den Garten mit seiner Umgebung verbindet. Ich habe nichts dafür übrig, eine Gartenlandschaft künstlich zu erzwingen; man unterliegt oft der Versuchung, Wasser ohne irgendeinen Zusammenhang anzuwenden. Ich erinnere mich eines wenig bekannten, heute zerstörten Gartens, den Le Nôtre für das Château Pomponne in der Nähe von Lagny östlich von Paris entworfen hat. Nichts in dieser milden und undramatischen Landschaft bereitete mich auf die Wildheit dieses Gartens vor, dessen Hauptachse an einem künstlich aufgetürmten Hügel mit rauschenden Kaskaden und zahllosen Springbrunnen endete. Wasser wurde hier auf jede nur erdenkliche Weise benutzt, um ein sehr eindrucksvolles, doch recht beunruhigendes Schauspiel zu bieten. Man spürte, daß es mit der Landschaft nichts gemein hatte und daher schlecht in seine Umgebung paßte.

In einer flachen Gegend benutze ich Wasser gern als Spiegel, der den Eindruck von Tiefe erweckt, indem er Bäume und Himmel reflektiert. Viel über die Möglichkeiten stehender Gewässer habe ich in der flachen Landschaft Ostangliens gelernt, wo ich geboren wurde, und in Flandern, wo meilenweit entfernte Bäume oder Kirchen in die umgekehrte Halbkugel des Himmels ragen. In diesen Landschaften bringen die Wassergräben rings um die alten Herrenhäuser, Schlösser und Bauerngüter den Himmel auf die Erde herab. Ein einfaches Rechteck aus Wasser stellt in einem solchen Rahmen eine gute Begrenzung für einen Garten dar. Vor meinem geistigen Auge sehe ich einen Garten im belgischen Flandern, in dem eine ebene Rasenfläche zwischen Hainbuchenhecken die ganze Länge des Gartens einnimmt. Am Ende des Rasens, wo das flache Weideland und die weidengesäumten Polder beginnen, befindet sich ein rechteckiger Teich, nur einen halben Meter tief. Er spiegelt die gekappten Weiden und den Himmel wider, wirkt als Grenze und läßt die ganze Komposition mit der Umgebung verschmelzen.

Ein anderes Beispiel für die einfache Verwendung von Wasser ist – obwohl in viel größerem Maßstab – beim Château de Mivoisin an dem Fluß Loing zu finden, etwa einhundertfünfzig Kilometer südlich von Paris. Hier gibt es ein kleines, sehr hübsches Jagdhaus aus dem 16. Jahrhundert, das einst Admiral Coligny gehörte. Es stand, als ich es zum erstenmal sah, in einer ziemlich uninteressanten Umgebung geometrisch angelegter Gärten. Der Fluß lief nahe am Haus vorbei, um eine alte Mühle zu speisen, aber nirgendwo konnte man seine Gegenwart spüren. Als ein neuer Hof mit Garagen, Ställen und einem Waffenraum gebaut werden sollte, konnte ich den Wasserlauf ändern. Jetzt fließt er in einem großen Bogen durch den Park, und ich habe einen Kanal angelegt, der an dem Jagdhaus als breites Becken endet. Ein neuer Vorhof, der die Hauptanfahrt zum Haus mit den neuen Gebäuden verbindet, ist auf diesen Kanal ausgerichtet. Breite gepflasterte Stufen führen zum Wasser hinunter und betonen seine Wichtigkeit für die Anlage. Auf beiden Seiten des Kanals stehen gestutzte Linden. Ihre symmetrisch aneinandergereihten Stämme spiegeln sich in dem steinumrandeten Wasser, und große in Stein gehauene Tiergruppen markieren den Winkel, wo sich Kanal und Fluß treffen.

Die ganze Komposition liegt auf einer Seite der Hauptachse des Hauses, von dessen Nordfront man auf eine lange, beiderseits von

Hainbuchenhecken begrenzte Grasfläche sah. Zwei Reihen von Kastanienbäumen bildeten jeweils den Hintergrund der Hecken; sie endeten in einer Wiese, durch die der Fluß – vom Haus aus nicht sichtbar – dahinzog. Der Boden ist fast eben, und die Grenzen des Grundstücks ließen wenig Raum. Doch ich fand eine Möglichkeit, den Fluß hier zu einem kleinen See zu erweitern, der nun vom Haus aus zu sehen ist. Weiden- und Pappelgruppen betonen das Wasser und unterbrechen die recht eintönige Horizontlinie. Dutzende von Schwänen beleben das Bild, Abkömmlinge zweier Paare aus der Schwanenzucht von Abbotsbury in Dorset.

Eine solche allgemeine Beschreibung vermag kaum die technischen Schwierigkeiten aufzuzeigen. Die größte und schwerste Aufgabe bestand darin, die behördliche Genehmigung dafür zu erhalten, daß der Lauf eines französischen Flusses in einer Länge von einigen hundert Metern verändert wurde. Dann gab es viele Probleme mit dem Wasserspiegel, die durch das Vorhandensein einer wasserbetriebenen Turbine in der alten Mühle kompliziert wurden; diese Turbine sorgte nämlich für die Elektrizität im Hause und brauchte etwas Gefälle. Aus diesem Grund mußte der Wasserspiegel des Kanals einen halben Meter tiefer liegen, als ich geplant hatte. Selbstverständlich machte nach Beendigung all dieser großen und ziemlich kostspieligen Arbeiten der Anschluß an das allgemeine Stromnetz die Turbine überflüssig! Vor kurzem haben wir einen neuen Kanal gebaut, der in der Mitte der Grasfläche zum See führt, und die Hainbuchenhecken zu beiden Seiten finden jetzt ihren Abschluß durch je einen kleinen Pavillon. Haus und Wasser sind auf diese Weise noch enger miteinander verbunden.

Einige Kilometer stromaufwärts liegen die großen, von Sully erbauten Schleusen und das Château in Bleneau, das in der Zeit Ludwigs XIII. aus roten Ziegelsteinen gebaut wurde. Hier hatte ich ein anderes Problem zu lösen. Das Haus ist das Überbleibsel eines befestigten Schlosses, dessen Wallgraben und Torhaus noch existieren. Innerhalb des Grabens legte ich einen breiten Rasen an und an einer Seite des Hauses einen kleinen geometrischen Garten. Die Beete dieses Gartens faßte ich mit Buchsbaum ein, teilte sie durch schmale Kieswege auf und füllte sie mit der dunkelroten Floribundarose ›Alain‹. Die Hauptempfangsräume liegen wie bei vielen Häusern dieser Epoche im ersten Stock; so mußte ich den großen Salon durch eine doppelte Treppenflucht aus Steinstufen mit dem Garten verbinden; sie führt zu dem kleinen geometrischen Garten hinab. Um diese starre Anlage etwas aufzulockern, entwarf ich den kleinen Rosengarten rund um eine Reihe steinumrandeter, einen Quadratmeter großer Wasserbecken, jedes mit einem winzigen Wasserstrahl, der sprühend in der Sonne funkelt.

Auf dem Rückweg nach Paris, stromabwärts von Chatillon-Coligny, kommen wir nach Montargis. Hier hatte das Schloß einst einen berühmten Garten, von dem keine Spur geblieben ist. Er gehörte zu den zahlreichen, jetzt wohl alle verschwundenen Gärten, die von der Familie Du Cerceau angelegt wurden. Viele Drucke und Zeichnungen sind noch vorhanden. Die Du Cerceaus arbeiteten in der zweiten Hälfte des 16. Jahrhunderts, und ihre weiträumigen Kompositionen müssen sehr heiter und freundlich gewesen sein. Obwohl sie oft große Flächen bedeckten, strahlten sie eine fast gotische Intimität aus, weit entfernt von der zwar majestätischen, jedoch bombastischen Art Le Nôtres. Die Pläne verraten großen Erfindungsreichtum, die Gärten bei aller Komplexität und Weiträumigkeit harmonisch zu gestalten, weil ihnen ganz einfache Muster zugrunde gelegt wurden. In Frankreich zeigt nur der Garten von Villandry, allerdings eine moderne Rekonstruktion, etwas von dem Geist dieser Gärten des späten 16. und frühen 17. Jahrhunderts. Ihr Verschwinden hat viele der schönsten Renaissanceschlösser öde und trostlos zurückgelassen, denn in den Parks à l'anglaise, von denen sie gewöhnlich umgeben sind, lebt nichts von der Heiterkeit ihres Stils.

Am schönsten ist der Loing im November, wenn die hohen Pappeln goldgelb dastehen und Schilfrohr und Riedgräser im schimmernden Sonnenlicht rosig, ockerbraun und lohfarben erglühen. Sisley hat diese Landschaft gemalt, und jeder Pinselstrich auf seiner Leinwand scheint seine Lauterkeit und sein Empfindungsvermögen zu atmen.

Wasser in einem Garten, ob Teich oder Fluß, Seeufer oder künstlich angelegtes Becken, bringt den Gärtner in Versuchungen, denen er nur schwer widerstehen kann. Vor dem geistigen Auge gaukeln anmutige Bilder von Schwertlilien- und Primelgruppen, von Weiden und Seerosen und einer Wunderwelt malerischer Details aus

Büchern und Katalogen und Ausstellungsgärten. Zuviel Enthusiasmus dieser Art kann eine Gartenkomposition unwiederbringlich zerstören. Meine eigene Begeisterung für Wasser im Garten hat mich so oft völlig in die Irre geleitet, daß ich gelernt habe, vorsichtig zu sein und genau zu überlegen, bevor ich mit einer Arbeit beginnen. Ich habe gelernt, meinen Enthusiasmus zu bändigen und das Gelände als ein Ganzes anzusehen. Wasser ist nur ein Bestandteil, den man ebenso unparteiisch anschauen soll wie alle anderen. Dann verschaffe ich mir Klarheit darüber, ob die Gestalt, die Richtung oder das Niveau des Wassers verändert werden muß. Die Beziehung des Wassers zu den anderen Elementen der Komposition kann so undeutlich sein, daß ich entscheiden muß, ob ich das Wasser mehr in den Vordergrund rücken oder zu einem nebensächlichen Detail machen soll. Fließendes Wasser verlangt eine lebendige Behandlung; demzufolge werden sowohl der Entwurf wie auch die Pflanzung Licht, Heiterkeit und Bewegung ausdrücken. Stehendes Wasser erfordert eine ruhigere und eher statische Behandlung. Ich frage mich stets: »Wie wenig kann ich tun?«, um ein möglichst wirkungsvolles Ergebnis zu erlangen.

Fließendes Wasser setzt Höhenunterschiede voraus, und so erweitere und verlangsame ich gern an der niedrigsten Stelle im Garten einen schnell strömenden Wasserlauf, ob er von Natur aus dort ist oder künstlich geschaffen wurde. Wasser, das schnell und ohne Unterbrechung durch einen Garten fließt, scheint dessen Fluidum abzuleiten. In so einem Fall erweitere ich den Wasserlauf gern zu einem Teich oder Becken und lasse dem Wasser Zeit zu verweilen. Eine sorgfältig angelegte Pflanzung kann auch den Eindruck erwecken, daß sie einen zu rasch fließenden Wasserlauf verlangsamt und beruhigt. Wenn man ein fließendes Gewässer auf einer längeren Strecke zu beiden Seiten bepflanzt, betont man das Moment der Bewegung zu stark, wie reizvoll die Wirkung im einzelnen auch sein mag. Man setze hohe Pflanzen und Büsche dicht auf ein breites Beet, das als einfache Einheit entworfen ist und einen Winkel zum Fluß bildet. Man kann das Wasser auch durch eine Gruppe blühender oder anderer Bäume fließen lassen, die an beiden Ufer gepflanzt sind, so daß ein Wechsel von Licht und Schatten, ebenen Rasenflächen und vertikaler Bepflanzung entsteht.

Langsam fließendes Wasser, Teiche, Kanäle und Becken verlangen eine andere Behandlung. Bäume, Rasenflächen und Gartenpflanzen sind hier so anzuordnen, daß ihre statischen Eigenschaften betont werden. Die im Wasser gespiegelten Formen und Farben sind von großer Bedeutung, auch wenn dem Betrachter der Eindruck, den sie erwecken, nicht bewußt wird. Man muß bedenken, daß jeder vertikale Akzent, jede runde Masse durch Spiegelung wiederholt wird.

Nicht weit von Turin gibt es eine wunderschöne Rokokovilla aus der Mitte des 18. Jahrhunderts. Da sie zu Piemont gehört, ist ihr Stil mehr klassisch als das Rokoko von Venetien oder Neapel. Ein geometrisch angelegter Einfahrtshof führt zu der kunstvoll gestalteten, prachtvollen Nordfassade, und von der ebenso aufwendigen Südfront blickt man auf einen langen, von Bäumen umrahmten Rasen. Ich bekam den Auftrag, mich um die Ostseite zu kümmern, wo die Hauptempfangsräume im ersten Stock lagen. Von dort aus sah man auf eine öde ebene Fläche. Sie diente als Gemüsegarten, einige Rosenbeete lagen dahinter, und jenseits davon, etwa 150 Meter vom Haus entfernt, nahm ein unansehnliches Gehölz aus Kanadischen Pappeln seinen Anfang und erstreckte sich bis zur Grenzmauer. Dieser Gartenteil verlangte eine großzügige Komposition, und ich machte mich an die Arbeit.

Angefeuert durch die wunderbare Architektur des Hauses, fertigte ich eine Skizze nach der anderen an und sah vor mir bereits einen Garten mit gestutzten Hecken und verflochtenen Bäumen, mit Springbrunnen und Statuen, alles miteinander zu kunstvollen barocken Formen verbunden. Mein Gastgeber, der das Haus vor dem Ruin bewahrt und das Innere mit großem Feingefühl und Geschmack wiederhergestellt hatte, verfolgte meine Anstrengungen mit Sympathie und sagte schließlich: »Ja, aber das paßt nicht nach Piemont.« So fuhren wir miteinander in die fruchtbare Poebene. Dort sind die Felder durch zahllose Bewässerungskanäle aufgeteilt, die seit der Zeit Vergils von gekappten Weiden und Pappeln flankiert werden. Ich sah, wie die vornehmen Häuser auf ungeheuer große Kiesflächen gesetzt und die Gärten nur durch einfache Baumreihen, eine Hecke oder eine Mauer angedeutet waren, und alles schien mir über pure Strenge hinaus bis zur Langweiligkeit vereinfacht.

Ich erkannte jetzt, daß mein Garten eher klassisch als barock werden mußte und daß ich jede Langeweile vermeiden und doch das Wesen dieser Landschaft erhalten könnte, wenn ich statt Kiesflächen Wasserflächen verwendete. Einen weiteren Hinweis erhielt ich durch den Namen des Besitztums, »Il Carpeneto« – der Ort der Hainbuchen.

So plante ich einen Kanal, der sich vom Haus über die ebene Fläche zwischen den Pappeln hindurch bis zur Grenze des Grundstücks erstreckte, mit zwei kurzen Seitenarmen ungefähr auf halbem Wege. Da die Gesamtlänge verhältnismäßig kurz ist, wurde dieser Kanal am anderen Ende ein wenig verengt, und vier Pyramidenpappeln, die auf die vier Ecken der Wasserkreuzung gesetzt sind, verstärken durch ihre Spiegelung die Illusion von Höhe und Weite. Der Kanal wurde ohne Weg und Einfassung direkt in kurzgeschnittenes Gras gelegt und ist an beiden Seiten bis zur Mitte der Anlage durch eine Reihe Linden gesäumt. Dahinter, wo der Kanal etwas schmaler ist, stehen zwei Reihen Kastanienbäume, die frei wachsen dürfen und sich im Laufe der Zeit zu einer grünen Wölbung über dem Wasser schließen sollen.

Vom Haus aus rahmen hohe Hainbuchenhecken den vorderen Teil des Kanals und die Seitenarme. Diese Hecken sind doppelt, und zwischen ihnen liegt ein breiter versteckter Kiesweg, der von einer weiteren Doppelreihe geschnittener Linden überschattet wird. Innerhalb von drei Jahren sind die Hainbuchen, die ganz klein gepflanzt wurden, zu dichten, 1,20 Meter breiten und vier Meter hohen Hecken herangewachsen. Wie es bei allen Hecken der Fall sein sollte, werden sie so gestutzt, daß sie unten breiter als oben sind, damit sie den Eindruck großer Stabilität erwecken. Dieser Garten aus Gras, Hecken, Bäumen und Wasser wirkt auf mich zeitlos und überzeugend. Liegt das daran, daß er eine Synthese, ein Symbol der Natur und des Wesens dieses Ortes ist, von Erde, Wasser und Luft und dem, was ich die menschliche Dimension nennen möchte – das Haus, sein Stil und seine Erbauer?

Wie Hainbuchen hier gedeihen, so auch Rosen. Wem die Anlage zu großartig erscheint, dem möchte ich sagen, daß hinter dieser grünen Architektur eine Fläche mit Rosenbüschen liegt, die in einem Labyrinth einfacher symmetrischer Beete angeordnet sind. Dunkelrote Kletterrosen bedecken das untere Stockwerk der Villa und der dazugehörenden Gebäude, und von Mai bis Weihnachten verwandeln große Vasen voll langstieliger Rosen in vielen Farben das Innere dieses prächtigen Hauses in eine bunte, wohlriechende Laube. Übrigens sind die Arten oder Sorten in jedem Rosenbeet mit glasierten Fayenceschildern gekennzeichnet, jenen Schildern aus Battersea-Emaille nachempfunden, die gewöhnlich um die Hälse von Karaffen gehängt wurden.

In diesem Garten ist alles genau überlegt. In der Fläche wie im Raum sind alle Proportionen auf das sorgfältigste berechnet und zueinander in Beziehung gebracht worden. Hecken, Wasser, Kies, Gras und Bäume sind streng geordnet und begrenzt, so daß jedes Element seine vorher bestimmte Rolle in der Gesamtanlage spielt. Hier gibt es eine Idee und einen Plan. Wachstum und Zeit haben ihren natürlichen Platz, der berücksichtigt wird, jedoch immer unter Kontrolle bleibt.

Wasserspiele in großem Stil einsetzen zu können ist ein immer seltener werdendes Privileg, obgleich Seen und Kanäle sich heutzutage mit Planierraupe, Bagger und Kipper wirklich leicht, schnell und verhältnismäßig billig anlegen lassen. Die künstlerische Behandlung des Wassers in einem bescheideneren und kleineren Maßstab kann sehr wohl viel beschwerlichere Forderungen an Arbeit und Zeit stellen.

In den gezähmten und freundlichen Landschaften Englands ist es lange Zeit Mode gewesen, Wasser auf malerische Weise in Kaskaden über Felsen herabstürzen zu lassen. Bis zum Ende des 18. Jahrhunderts galten Gebirgslandschaften im allgemeinen als schrecklich, aber dann wurde der Lake District ein Lieblingsplatz der Dichter und dann die Marotte der Touristen, und eine Pilgerfahrt in die Schweiz war ein Muß für die Liebhaber des Malerischen. Die sanften Ufer des Genfer Sees waren Gibbon und Boswell, Voltaire und Madame de Staël gerade recht, aber eine spätere Generation zog Zermatt, Interlaken und den Rheinfall von Schaffhausen vor, den der Tourist durch die blau, rot und gelb verglasten Gitterfenster des ganz in der Nähe liegenden Schlosses betrachten kann. Wandern und Gärtnern – diese beiden englischen Leidenschaften – führten gemeinsam zu einer Vorliebe für Alpenpflanzen, und Ende des 19.

Jahrhunderts waren Steingärten zu einem bleibenden Merkmal englischer Gärten geworden. Wo so geschickte Gärtner und so überzeugende Schriftsteller wie Reginald Farrer, Gertrude Jekyll und E. A. Bowles die Dinge vorantrieben, begannen Amateure in geeigneter und auch in ungeeigneter Umgebung Steingärten zu entwerfen. Es läßt sich wohl kaum ein schlechterer Ort für einen Steingarten denken als das Themsetal; doch bald wurde bei Henley ein großer Felsengarten angelegt, einschließlich einer Miniaturnachbildung des Matterhorns. Verwitterter Kalkstein aus dem Lake District, ein häßlicher Stein, wenn er aus seiner Umgebung herausgenommen wird – weil er wie ein Konglomerat aus weißem Zement aussieht –, wurde mit Güterzügen in den Süden transportiert, um Tausende von exotischen Erhebungen in flachem, grünem Wiesengelände entstehen zu lassen; und Gartenzeitschriften bringen noch immer Anregungen, wie man künstliche Felsen aus Klinkern, Ziegelschutt und Zement herstellt.

Anders sieht es aus, wenn man Naturstein unmittelbar zur Verfügung hat, wie zum Beispiel am Oolithgürtel, wo weicher Kalkstein dicht unter der Erdoberfläche liegt und sich in einem Diagonalstreifen von Lincoln durch Rutland und Gloucestershire bis nach Bristol erstreckt, oder im Westen und in Surrey und Sussex, wo Sandstein zutage tritt. Dort konnten Gartenliebhaber ganz reizende Steingärten aus dem örtlichen Gestein anlegen, das sich hier natürlich gut in seinen Rahmen einfügt. Mark Fenwicks bereits erwähnter Garten in Abbotswood bei Stow-on-the-Wold in den Cotswold Hills enthielt ein wunderbares Beispiel für einen Stein- und Wassergarten, der nirgends gekünstelt wirkte. Er lag an einem Abhang, nach Norden durch einen Baumgürtel geschützt. Auf einer nahen Pferdekoppel war eine Quelle angezapft und das Wasser in drei kleinen Bächen durch den Wald geleitet worden. Diese Rinnsale suchten sich hangabwärts einen Weg durch eine Reihe kleiner Teiche und niedriger Wasserfälle, die mit Hilfe flacher Platten aus dem dort anstehenden gelblichen Sandstein angelegt worden waren. Dieser einfache Steingarten wirkte ganz natürlich, es sah aus, als hätte das Wasser den direkt unter der Oberfläche liegenden Stein lediglich bloßgelegt. Grasflecke verschmolzen mit der Anpflanzung, und die Illusion einer Alpenwiese war vollauf erreicht. Nur wenn man die Anlage auf ihre Einzelheiten hin prüfte, konnte man entdecken, daß dies kein gewöhnlicher Bergabhang war, mit seinen Zwergpflanzen aus der alpinen Bergwelt, die während der Blüte wie Edelsteine funkelten. Eine Freude am Rande sind in einem solchen Garten die musikalisch-akustischen Nebengeräusche, die durch das Herabtropfen des Wassers von Teich zu Teich zustande kommen. Sie sind an diesem Ort so charakteristisch wie das Geräusch der Zikaden in der Provence. Diese kleinen Laute bewußt zu akzentuieren könnte auch den gewissenhaftesten Gestalter von Steingärten überfordern, doch kann man sicher sein, daß im wassermusikalischen Hintergrund eines solchen Gartens kein Mißklang aufkommen wird.

Eines der Geheimnisse, fließendes Wasser auf wirksame und natürliche Weise in einem Garten zu verwenden, besteht darin, daß man es nicht in Springbrunnen oder Wasserfälle zwingt, wo solche Anlagen einen Gegensatz zu der umgebenden Landschaft darstellen. Ein Springbrunnen an einer erhöhten Stelle im Garten sieht unglücklich aus, es sei denn, daß ein Hügel in der Nähe denken läßt, der Springbrunnen drücke die Gewalt von aus noch größerer Höhe kommendem Wasser aus. Aus dem gleichen Grunde wirkt ein kleiner Teich oder ein Springbrunnen direkt vor dem Meer oder einem See als Hintergrund gewöhnlich unangebracht; in beiden Fällen erscheinen diese künstlichen Anlagen unbegründet oder sogar angeberisch. Derartige Wasseranlagen passen am besten in eine Mulde oder an eine niedrige Stelle im Garten. Wünsche ich Wasser auf einem terrassierten Grundstück, so muß genügend unmittelbarer Hintergrund vorhanden sein, um einen Teich oder Springbrunnen an seinem Platz zu halten; anderenfalls sieht er unbehaglich aus und so, als wollte er über den hinteren Rand abrutschen. Es ist unmöglich, bei diesem besonderen Problem eine exakte Proportionsregel aufzustellen, aber die ebene Fläche hinter einem Teich sollte etwa zweimal so tief erscheinen wie die scheinbare Ausdehnung der Wasserfläche. Wird ein Teich gewünscht, der im Verhältnis zu seiner Umgebung so groß ist, daß man diese Regel nicht mehr anwenden kann, muß die andere Seite derart bepflanzt werden, daß die vertikale Ansicht dieser Pflanzung den notwendigen Rahmen schafft.

Dort, wo Blütenfarbe den Garten beherrscht, sollte dekoratives Wasser sehr zurückhaltend behandelt werden. Es genügt, wenn der

Eindruck von Raum und Kühle entsteht, und das erreicht man am besten durch eine ruhige Wasserfläche, die die Farben, das Grün von Bäumen und Hecken und das Ziehen der Wolken am Himmel widerspiegelt. Springbrunnengeplätscher in einem Blumengarten ist unnötig und so übertrieben, als wenn ein Hochzeitskuchen Walzer tanzte.

In einem eher geometrischen Garten sollte Wasser seine eigene Sprache sprechen und ein Teich unbepflanzt gelassen werden. Sind viele Blumen vorhanden und verlangt die Glätte der Wasseroberfläche eine Unterbrechung, so genügen wahrscheinlich Seerosen. Wo Flächigkeit betont werden soll, läßt sich mit senkrecht wachsenden Wasserpflanzen gerade der gegenteilige Effekt erreichen.

Springbrunnen oder Wasserbecken mit einem Rand aus behauenem Stein und Skulpturen sind an sich schon so interessant und im Spiel von Licht und Schatten so kostbar, daß sie einen einfacheren Rahmen aus Gras, Hecken und Bäumen brauchen und ohne weitere Bereicherung durch Blumen besser wirken. Das Spiel des Lichtes auf sprühendem und fallendem Wasser und das Rieseln des Wassers über Vertiefungen und Wölbungen von behauenem Stein oder über die Seiten einer Bronzestatue genügen in jedem Garten als Blickpunkt. Schönheit und Reiz der italienischen Renaissancegärten wären unendlich geringer, wenn Blumen eine bedeutende Rolle in ihrer Komposition spielten.

Wollte ich Wasser hauptsächlich verwenden, um für feuchtigkeitsliebende Pflanzen einen geeigneten Standort zu schaffen, so würde ich stehende oder fließende Gewässer mit großer Zurückhaltung behandeln. Hier muß das Wasser im Verhältnis zur Pflanzung eine untergeordnete Rolle spielen. Die Dimension – Rinnsal oder breiter Wasserlauf – hinge von der Größe meiner Pflanzung ab, die an sich schon auf das Vorhandensein von Wasser aufmerksam macht. Sumpfdotterblumen (Caltha), die größeren Schwertlilien, *Ligularia dentata,* verschiedene Binsen, das schwere Blattwerk der Funkien und *Primula florindae* ebenso wie die großen Schirme von *Gunnera manicata* oder die schönen roten Blätter des Zierrhabarbers *Rheum laciniatum alexandrina,* sie alle weisen auf das Vorhandensein von Wasser hin, das braun und ruhig ihre Wurzeln umgibt. In einer solchen Umrahmung wäre die Unruhe fallenden Wassers unpassend und störend. Hätte ich andererseits einen eigenen Stein- und Wassergarten, so würde ich die Aufmerksamkeit auf die Beziehung zwischen Stein und Wasser, auf den Gegensatz zwischen Stetigkeit und Bewegung, zwischen der Härte des Steins und dem fallenden Wasser lenken. Meine gesamte Pflanzung müßte diesen Gedanken betonen und unterstützen, und darum wäre ich auf äußerste Einfachheit bedacht. Im Idealfall würde ich mich mit einer Grundpflanzung von einer oder höchstens zwei Arten oder Sorten für mindestens neun Zehntel meiner bepflanzten Fläche begnügen. Ich würde vielleicht die flach wachsende Wacholdersorte *Juniperus chinensis* ›Pfitzeriana‹ verwenden oder niedrige Kuppen von Kurume-Azaleen in nur zwei Farben und ihre niedrige grüne Masse durch Japanischen Ahorn unterbrechen; auf kalkigem Boden würde ich einen Teppich aus niedrigem Cotoneaster oder kleinen Berberitzen anlegen.

Noch nie hatte ich etwas für Gärten übrig, in denen Blumen, Sträucher, Rosen, Hecken, Rasen, Teiche und Bäche ein unverdauliches Durcheinander von Formen und Farben ergeben. Das Wasser soll in jedem Garten und Gartenteil, wo es vorhanden ist, entweder dominieren oder eine eindeutig untergeordnete Rolle spielen, so daß es nur als Flackern von Licht oder Geräusch wahrgenommen wird. Wenn Wasser in einem Stadtgarten – zumindest im Norden – während vieler Monate im Jahr auch düster aussieht, so gibt es doch einen Garten in Paris, der eines der besten Beispiele für Wasser als beherrschendes Thema ist. Hier wird die Fläche hinter einem prunkvollen Haus im französischen Stil des späten 17. Jahrhunderts völlig durch ein streng in Stein gefaßtes Wasserbecken ausgefüllt. Diese exklusive Anwendung des Wassers ist sozusagen ein verschwenderischer und doch ruhiger Hintergrund für die festlichen Empfänge, derentwegen dieses Haus gebaut wurde.

Im allgemeinen liebe ich Gärten, in denen das Vorhandensein von Wasser zumindest angedeutet ist, selbst wenn es nur die altmodische Regentonne ist, die das Regenwasser vom Haus auffängt, ein schlichtes Becken oder eine Steinschale als Vogeltränke, die man mit runden Kieselsteinen anfüllen kann, damit die Vögel einen Halt haben. Komplizierte Wasserstrahlen in einem Springbrunnen sind meist verheerend, es sei denn, dieser hat eine einfache Umgebung aus Rasen, Bäumen oder Hecken und ist relativ groß. In einem kleinen Becken wird ein einzelner senkrechter Strahl gewöhnlich am wirksamsten sein.

Wasserspiele vermitteln immer einen festlichen Eindruck und sind am schönsten und erfrischendsten auf Straßen und Plätzen. Man denke nur an Rom und vergegenwärtige sich, wie das Sprühen des blauweißen Wassers auf gehauenem Stein die ganze Stadt funkeln und schimmern läßt. Ich erinnere mich an Carl Milles' Haus in Stockholm, das mit einem sehr schönen Garten verbunden war. Es gab darin nichts außer einigen Bäumen, den komplizierten Wasserspielen und den Bronzefiguren des berühmten Tritonbrunnens auf einer Terrasse hoch über dem Sund. Meiner Erinnerung nach gab es in diesem Garten keine einzige Blume und keinen Grashalm.

Wasser, das über Stein oder Bronze fließt, läßt einen reizvollen Gegensatz zwischen Bewegtem und Festem entstehen. Ich weiß noch, wie schwer es mir fiel, eine Beziehung zwischen Teichen und Springbrunnen und einer Umrahmung aus bemalter Leinwand und Sperrholz herzustellen, als ich die Festival Gardens im Battersea Park anlegte: Alles schien die Festigkeit eines Baisers zu haben, und ich mußte die notwendigen Kontraste mehr durch die Farbe als durch Gewicht, Masse oder Textur herausarbeiten.

Ich habe mich häufig mit kleinen Wasserläufen in Gärten befassen müssen, vor allem in Frankreich nach dem Krieg. Die Leute zogen immer häufiger in kleine Häuser, und es gibt im Umkreis von 150 Kilometern um Paris kaum eine alte Mühle, die nicht in ein Wochenendhaus verwandelt wurde. Die meisten dieser Mühlen hatten oberschlächtige Wasserräder; daher liegen Mühlgraben und Mühlteich gewöhnlich höher als der eigentliche Fluß oder kleine Bach. Die Mühle des Herzogs von Windsor in Gif ist ein typisches Beispiel, obwohl wir hier mit Blumen und nach englischem Muster arbeiteten, was für französische Gärten ganz ungewöhnlich ist. Der Mühlgraben, ein langer, gerader und langsamer Wasserlauf, führt am Kamm einer schrägen Wiese entlang bis zur Rückseite des Hauses. Der Mühlteich ist zugeschüttet worden, aber etwas Wasser läuft immer noch von dort durch den alten Mühlgraben unter das Haus. Der Hauptbach fällt etwa einen Meter, fließt dann um das Haus herum und vereinigt sich jenseits der Mühle wieder mit dem unteren

Teil des Mühlgrabens auf dem Talgrund. Wir unternahmen wenig mit dem oberen Mühlgraben, stauten ihn lediglich ein wenig wiesenaufwärts durch einen Steinwall, so daß er als niedriger Vorhang aus fallendem Wasser in den Garten fließt. Seine Ufer sind einfach bepflanzt, mit großen Gruppen von Gunnera und dem schönen gelapptblättrigen Rhabarber, mit langen Flächen von *Iris ochroleuca* und hellgelben Taglilien (Hemerocallis), während näher am Haus hellrote Flecke von *Lobelia cardinalis* aufleuchten. Wo das überlaufende Wasser in einer abgestuften Kaskade in einen von Haselnußsträuchern überschatteten Teich herunterstürzt, geben einige niedrige Trockenmauern den steilen und rutschigen Ufern Halt. Diese Mauern sind mit *Saxifraga umbrosa* und *Campanula portenschlagiana* bepflanzt, während *Lysimachia nummularia* mit ihren pfenniggroßen, buttergelben Blüten bis ins Wasser kriecht. Alle Böschungen und ebenen Partien, die durch die Mauern entstanden, sind mit niedrigen grünen Flächen aus Haselwurz *(Asarum europaeum)* und Pachysandra, Johanniskraut (Hypericum), Bergenien und *Vinca minor* bepflanzt. Ein paar einzelne Kerrien, weiße und dunkelrosa Kurume-Azaleen und Forsythien bringen Höhe und Frühlingsfarbe in die Anlage. Späte Osterglocken lugen durch die grüne Bodendecke, bald folgen Hasenglöckchen *(Scilla non-scripta)* in Weiß, Blaßblau und Rosa. Dann kommt der hellrosafarbene Fingerhut ›Tendresse‹, und schließlich öffnen die Königslilien ihre cremerosafarbenen Trichter. So wird das Dunkelgrün des Hintergrundes von April bis Juli durch aufeinanderfolgende helle Blütenfarben belebt.

Der Teil des Wasserlaufs, der das Mühlrad antrieb, kommt wieder unter dem Haus hervor und fließt von da aus durch den ehemaligen Küchengarten. Er war hier ein gerader und schmutziger Graben, ohne Reiz und übelriechend. Als wir den Küchengarten in einen üppigen Staudengarten umwandelten, der nur in der Mitte durch einen Rasenfleck unterbrochen wird, erweiterten wir diesen unteren Teil des Mühlgrabens und faßten ihn, um die schlammigen Ufer verschwinden zu lassen, zu beiden Seiten durch eine Mauer ein. Dann stauten wir das Wasser so, daß es über drei flache Stufen herabfloß. Dem Charakter eines Blumengartens entsprechend, gaben wir den Ufern ein gepflegtes Aussehen, indem wir Tränendes

Herz, Sibirische Schwertlilie und Gruppen verschiedener Sorten der gelben Trollblume pflanzten. Alte Buschquitten (Cydonia) und Wistarien verleihen diesem Garten Höhe und Charakter; für den späteren Sommer gibt es Astilben, karmesinroten Weiderich (Lythrum), Phlox und die orangegelbe *Ligularia dentata*.

Der Hauptbach windet sich das Tal hinab bis zum Haus, läuft um einen zufällig dort vorhandenen großen Block aus Sandstein herum, und als einzige Pflanzen findet man hier wildwachsend Ruprechtskraut *(Geranium robertianum)*, gelbe Schwertlilien und Mädesüß. Wo sich der untere Mühlgraben von der Kaskade herab ihm wieder zugesellt und der eigentliche Garten beginnt, fließt der Bach unter zwei kleinen Brücken hindurch, dann an der Mauer des umfriedeten Blumengartens entlang, um schließlich das Grundstück durch ein Wassertor im Schatten einer Gruppe von Trauerweiden zu verlassen. Dieser Gartenteil, wo der Bach sich eng zwischen dem Steingarten und dem ummauerten Blumengarten hindurchschlängelt, ließ eine Bepflanzung kaum notwendig erscheinen. Die steilen Ufer, die riesigen Steinblöcke, die gelegentlich den Bachlauf unterbrechen, und der Schatten der zwei kleinen Brücken sind an sich schon interessant genug. So begnügten wir uns damit, die Nesseln und Brombeeren auszuräumen und einige Kolonien von *Primula florindae* anzusiedeln, die aus Tibet stammt und deren große schlüsselblumengelbe Dolden gut zu den heimischen Gewächsen passen.

Jeder Garten mit einem weiten Blick auf das Meer ist ein Wassergarten besonderer Art, wobei derartige Gärten allerdings selten als Wassergärten angesehen werden, denn Wind, Schutz und Bepflanzung stellen Probleme, die diese unleugbare Tatsache, das Vorhandensein des Meeres, als zweitrangig erscheinen lassen. Wo die See von Land umschlossen oder wo zwischen Hügeln nur ein Schimmer von ihr zu sehen ist, gibt es kein besonderes Problem. Ein breiter Meereshorizont bildet jedoch für eine Gartenkomposition eine waagerechte Schranke, so unerbittlich und unverrückbar wie ein Fabrikdach und auch ebenso schwierig zu behandeln. Das gilt ganz besonders dort, wo das Gelände und dementsprechend auch die Horizontlinie hoch liegt. Bei gleicher Höhe mit dem Meer machen es die Brandung und was zum Strand gehört – Sand, Felsen oder, wie so oft am Mittelmeer, Pinien – verhältnismäßig einfach, das Meer in die Komposition einzubeziehen. Ein Garten am Meer, der hoch liegt, ist äußerst schwer zu behandeln, weil in der mittleren Entfernung oft nichts da ist, was Perspektive gibt.

Man muß wiederum das Problem des Geländes als Ganzes über-denken. Vielleicht möchte man die Breite der Aussicht durch dichte Bepflanzung oder Hecken vermindern und die Ausblicke, die man beläßt, dadurch kostbarer machen. Oder man will See und Himmel als wechselnde opalisierende Farbflecken sehen, die in einem Netz-werk aus Baumstämmen und Zweigen eingefangen werden; oder aber als Licht, das mit der Masse des dichten Laubs und seiner Schatten einen Kontrast bildet. Oder – strenger – man wünscht vielleicht die Horizontlinie zu betonen und sie durch horizontale Terrassen, niedrige Hecken und parallele Wege zu wiederholen. Angesichts von so viel Raum und Licht muß man kühne, entschlos-sene und konsequente Lösungen finden. Jede Verworrenheit der Ideen oder der Ausführung fällt an solchem Ort doppelt auf. Nimmt man es weniger formell, so kann man einen Vordergrund aus einer leicht wogenden Pflanzung schaffen, um durch die Vegetation die fernen Wellen zu wiederholen. Hier würde ich mit einem Farbbild aus Grün, Blau, Grau und etwas Weiß arbeiten und auf jeden Fall Rosa, Rot, Scharlachrot und Orange vermeiden, weil sie als Farb-kontrast die angestrebten Beziehungen und Harmonien nur ver-derben.

Man findet im Seeklima viele Pflanzen, die sich für diese unge-zwungenen Pflanzungen eignen: Melde (Atriplex), Sanddorn, Lavendel und Rosmarin, graue Santolina oder Heiligenkraut, Gamander (Teucrium) und Bartblume (Caryopteris) – es gibt eine lange Liste graublättriger Sträucher. Am Mittelmeer passen die sei-digen grauen Blätter des Natternkopfes (Echium) mit seinen meer-blauen Blüten und der weiße Blütenschaum der Hundskamille (Anthemis) zu Meer und Himmel; an einer kälteren Küste kann man sie vielleicht durch Stechpalmen und Schleierkraut (Gypsophila) er-setzen.

Jahre hindurch war ein kleiner mediterraner Villengarten am Cap d'Ail ein Problem für mich; er fiel steil vom Haus zu dem etwa zwanzig Meter tiefer gelegenen Meer hinab. Aus einigen verkrüppelten Kiefern, sehr steilen Stufen und schmalen Erdstreifen zwischen scharfen Felsen mußte ich etwas zustande bringen. Schließlich pflanzte ich den blauen fleischigen Senecio und ließ ihn von allen hervorspringenden Felsnasen herabhängen, und da ich an die hochgeschleuderte weiße Gischt stürmischer Tage dachte, füllte ich den ganzen Garten einfach mit weißer Hundskamille. Diese Pflanzung, die monatelang weiße Margeritenblumen zeigt, bewährt sich ausgezeichnet. Sie ist großzügig genug, um dem Maßstab des Meeres standzuhalten, und einfach genug, um die knorrigen Kiefern, von denen sie beschattet wird, voll zur Geltung kommen zu lassen.

Erst in den letzten dreißig Jahren sind Schwimmbecken ein Teil des Gartenbildes geworden. Vorher waren es große Zweckbauten aus Zement oder weißen Kacheln, die von Schulen oder Stadtbehörden für die Öffentlichkeit gebaut wurden. Nach dem ersten Weltkrieg kam das private Schwimmbecken langsam in Mode. Die ersten Gartenschwimmbecken waren, jedenfalls in Europa, recht plump und eher dazu angetan, den Garten zu verderben, statt ihn zu verschönern. Sie waren fast immer sehr groß und rechteckig, von einer meterbreiten gepflasterten Fläche umgeben, und hatten einen komplizierten Überlaufabfluß, der einen regelmäßigen Wasserstand von fünfundvierzig Zentimetern unter dem Rand gewährleistete. Wuchtige Leitern und sperrige Sprungbretter nahmen ihnen weiterhin jeglichen Reiz. Und damals hatte man, da noch keine Filter verwendet wurden, die Wahl zwischen eisigkaltem, aber sauberem, und wärmerem, dafür häufig durch Algen getrübtem Wasser.

Schwimmbecken aus dieser Zeit erhielten oft einen exotischen und sinnlosen Rahmen und liefen unter »Hollywood«. Goldfarbenes, grünes und blaues Mosaik, Marmor- oder Gipssäulen, eine weiße hölzerne »Pergola« und wasserspeiende Masken schienen als Dekoration unumgänglich. Wenn auch viele Schwimmbecken abscheulich funktional waren, so begann man doch hier und da allmählich, Schwimmbecken als Teil der gesamten Gartenanlage zu betrachten. Im Trent Park nördlich von London baute Sir Philip Sassoon ein langes, blau eingefaßtes Becken zwischen breite Rabatten aus blauen und weißen Blumen mit einer freundlichen Orangerie aus aprikosenfarbenen Ziegelsteinen an einem Ende. In Lympne machte er einen gewagteren Versuch, indem er ein quadratisches Becken mit einer Steinbalustrade und Zypressenhecken umgab und den Wasserspiegel so hoch anlegte, daß er fast in gleicher Höhe mit der Horizontlinie lag.

Mir scheint es am befriedigendsten, einen Swimmingpool als Teil der Gesamtkomposition zu behandeln, jedoch etwas zu isolieren. Liegt er in der Nähe des Hauses, so verdeckt man ihn am besten ganz oder teilweise durch eine Mauer oder eine Hecke. Ein leeres Schwimmbecken ist im Winter vom Haus aus betrachtet alles andere als verlockend; und außer in einem fast tropischen Klima ist ein Becken anziehender und auch praktischer, wenn es etwas Unge-störtheit und Schutz vor dem Wind bietet.

Außer bei ganz zwanglosen Ferienhäusern hat ein nahe am Haus liegendes Schwimmbecken gewisse Nachteile, und gesonderte Umkleidekabinen sind ratsam: Ein Schwimmbecken ist für die Nachbarn und ihre Kinder stets ein Magnet, so daß ein vom Haus unabhängiger Zugang und ein Umkleideraum wichtig sind, wenn es eine Freude und keine Plage sein soll, seinen Freunden ein Vergnü-gen zu bereiten.

Kleine Becken können mindestens ebensoviel Freude machen wie große, wenn sie mit Sorgfalt ausgedacht wurden. An einer Stelle muß genügend Tiefe vorhanden sein, um das Springen von einem Sprungbrett zu ermöglichen, doch sollte es im übrigen so flach sein, daß der Fuß Halt findet; ein Becken, das zu tief ist, um bequem darin stehen zu können, ist gefährlich und unattraktiv. Wenn kleine Kin-der da sind, so baut man am besten ein separates Planschbecken, um das Schwimmbecken nicht durch ein langes »seichtes Ende« vergrö-ßern zu müssen. Für die meisten Leute ist der Hauptzweck eines Beckens die Möglichkeit, ein kurzes Bad zu nehmen und danach in der Sonne herumzuliegen. Überhängende Bäume, dichtgedrängt stehende Gartenpflanzen und Gras sollten nicht zu nahe am Rand wachsen; ich finde es auch nicht schön, wenn zu große nüchterne Pflasterflächen ein Becken umgeben.

Die Höhe des Wasserspiegels in Beziehung zur Umgebung ist wichtig. Sehr oft läuft eine Abflußrinne etwa dreißig Zentimeter unterhalb der Einfassung um das Becken herum, und der Wasser-spiegel liegt dementsprechend tief. Das wirkt nicht besonders einladend auf die Badenden und schaut sehr häßlich aus. Der Wasserspiegel sollte, wenn das Becken nicht benutzt wird, so hoch wie möglich gehalten werden. Man kann manchmal einen gepflasterten Sitzplatz sogar unterhalb des Wasserspiegels anlegen; das steigert das Gefühl, mit dem Wasser engen Kontakt zu haben. Ich habe das zum erstenmal in einem Gemach aus dem 16. Jahrhundert im alten Palast von Cintra gesehen. Direkt vor den Fenstern befand sich ein rechteckiger Schwanenteich, dessen Wasserspiegel oberhalb des Fußbodenniveaus lag. Die gleiche Wirkung tritt in Bacalhâo, einige Kilometer südlich von Lissabon, noch stärker in Erscheinung. Hier steht ein getünchtes Landhaus, eine »quinta« aus dem 16. Jahrhundert, deren monumentale Außentreppe und zwiebelförmige Kuppeln mit pfauenblauen Ziegeln bedeckt sind. Auf diesem Grundstück gibt es ein rechteckiges Wasserreservoir, etwa hundert mal fünfzig Meter groß; an einem Ende wird es von einem Laubengang mit drei hoch überdachten Pavillons begrenzt. Der Boden dieses Laubengangs liegt etwa dreiviertel Meter unterhalb des Wasserspiegels, so daß – von innen aus gesehen – das Licht vom Wasser her schimmert und die gespiegelten Bäume und Hügel sich durch den ungewöhnlich niedrigen Blickwinkel mit besonderer Schärfe abheben.

Viele Leute haben in einem Schwimmbecken lieber Meerwasser als Süßwasser. In unmittelbarer Nähe der Küste läßt sich diese Vorliebe leicht berücksichtigen, weil hier das Meerwasser ohne Schwierigkeiten in dauerndem Strom durch das Schwimmbecken gepumpt werden kann. Einmal bekam ich jedoch den Auftrag, in Südfrankreich ein Salzwasserbecken fünf Kilometer vom Meer entfernt und etwa einhundertachtzig Meter über dem Meeresspiegel anzulegen. Da die alte feudale Salzsteuer noch besteht, konnten wir nur mit einer Sondererlaubnis Tanktransportwagen mit Meerwasser füllen – das durfte aber nur im Hafen von Nizza und unter Aufsicht von Zollbeamten geschehen – und sie hinauf in die Berge fahren. Es mußten besondere Filteranlagen gebaut werden, um das Salzwasser in das Becken einzulassen, und die Entleerung des Beckens erwies sich als ebenso schwierig. Hätte man das Wasser nämlich in die normalen Abflußgräben fließen lassen, so hätte man sich auf Prozesse mit sämtlichen Besitzern der zwischen dem Grundstück und dem Meer liegenden Nelkenfelder und Olivenhaine gefaßt machen müssen. Auf die Dauer erwies es sich als einfacher, das Becken alljährlich mit Süßwasser neu zu füllen und dann vier Tonnen Meersalz hineinzukippen. Wenn es geleert werden muß, wird das Wasser in Tankwagen geleitet und zum Meer zurückgebracht.

Heutzutage ist es möglich, ein Schwimmbecken in jeder Form anzulegen, die zur Umgebung paßt oder dem Entwurf entspricht. Wenn auch in einer geometrischen Anlage ein rechteckiges Becken am besten aussieht, so gibt es doch manche Gartenanlagen, in denen eine so starre Form schwer einzugliedern ist. Runde Schwimmbekken gefallen mir in kaum einem Rahmen: Sie sehen immer so endgültig aus, so eintönig und bar jeglicher Zielrichtung. Ein Oval, besonders in der Form des sogenannten »Gärtnerovals«, ist eine sehr anpassungsfähige und glückliche Form, die einen geheimnisvollen Reiz hat und immer zwanglos wirkt. Aus jedem Blickwinkel sieht es anders aus: bald mehr oder weniger elliptisch, bald fast kreisförmig. Man kann es einfach, aber auch sehr aufwendig einfassen, geometrisch und symmetrisch oder inmitten »freier« Bogenlinien oder »abstrakter« Formen verwenden. Es kann als bewegte Form erscheinen, aber auch statisch wirken.

Gerade Begrenzungen bei Wasserflächen verlangen sorgfältige Behandlung; sie können die Strenge, Unveränderlichkeit und Eintönigkeit des Meereshorizontes haben. Lange gerade Wasserlinien in einem Garten verstärken die Formen und Farben, die sich im Wasser spiegeln. Die künstliche Gestalt und Farbe eines Schwimmbeckens lassen Spiegelbilder leicht verzerrt und falsch aussehen, so daß man den Winkeln und Geraden sorgfältige Überlegung widmen muß.

Frei gestaltete Schwimmbecken, gewöhnlich bohnen- oder nierenförmig, sind in letzter Zeit recht beliebt geworden. Diese Formen verlangen sorgfältige Behandlung, vor allem bei einem kleinen Becken, damit ein Schwimmer sich darin bequem bewegen kann. Ein Schwimmbecken, das an seinem tiefen Ende als Rechteck anfängt – hier wird es mit Pflasterung in seiner Umgebung verankert –, zeigt sehr oft an seinem flachen Ende eine bogenförmige Begrenzung. Das kann ein glücklicher Kompromiß sein: rechteckig das zweckmäßige Ende, wo sich die Schwimmer tummeln können, während das flache Ende mit einer freien Linienführung das Becken mit seiner Umgebung verbindet.

Bisher war es gleichermaßen umständlich und äußerst kostspielig, Filter für Süß- wie für Salzwasser zu installieren. Glücklicherweise sind die neuesten Filteranlagen kaum unhandlicher als ein paar Sauerstoffflaschen, und Abflußrinnen können durch einen »Schaumlöffel« ersetzt werden, der nur wenig größer ist als eine Schüssel, während eine sehr kleine elektrische Pumpe für die nötige Zirkulation sorgt.

Ein weiteres Problem ist die Verkleidung eines Schwimmbeckens. Marmor, der in sehr großen Platten geliefert werden kann, ist in kunstvoll ausgearbeiteten und regelmäßig geformten Becken wunderschön, doch halte ich ihn als Material für Schwimmbecken in normalen Gärten für viel zu prunkvoll. Farbige Fliesen, etwa sieben bis zwölf Zentimeter im Quadrat, eignen sich auch gut, solange sie eine etwas mattierte Oberfläche haben. Glasierte Kacheln sehen viel zu blank aus und halten dem Winterfrost nicht stand. Kleine Glasmosaikquadrate sind ebenso beliebt wie teuer, doch haben sie gewöhnlich häßliche Farben, und ihr winziges Format ist im Freien fehl am Platz. All diese Verkleidungen aus Marmor oder Fliesen sind zwar teuer, brauchen jedoch nie erneuert zu werden, sind sie einmal verlegt. Farbe wäre auch eine Lösung, doch braucht ein Schwimmbecken jedes zweite oder dritte Jahr einen neuen Anstrich, und die Wahl der Farbe bringt Schwierigkeiten mit sich. Ich mag Weiß, denn der allgemeine Farbton wird dann ein ruhiges Graugrün. Grün ist gefährlich, wenn es in der Nähe Bäume oder Gras gibt. Ein grünliches Blau oder Türkisblau ist besser als Kobalt- oder Ultramarinblau, die im Freien meist unecht aussehen. Ich habe nichts gegen Schwarz oder Marineblau oder ein dunkles Flaschengrün in einer entsprechenden Umgebung. Und wenn ich ein geheiztes Schwimmbecken unter freiem Himmel im Schnee zu bauen hätte, so wäre ich versucht, das Scharlachrot des Freibades in Sestrières nachzunahmen.

Wahrscheinlich wird man Becken in naher Zukunft aus Plastik herstellen oder zumindest damit verkleiden. Vorgefertigte Plastikbecken, billig und leicht aufzustellen, gibt es bereits zu kaufen, doch sind sie oft häßlich in Farbe und Form. Auf einem Hügel bei Turin, von wo aus man die schneebedeckte Alpenkette sehen kann, ist vor kurzem ein Schwimmbecken angelegt worden, umgeben von einer ausgedehnten, ziegelgepflasterten Fläche. Sowohl die Ziegelfläche wie auch das Becken werden beheizt, und das Becken ist mit blauen Plastikplatten verkleidet, die auf besondere Weise gegossen wurden. Durch einen glücklichen Zufall ging beim Färben etwas schief – jedenfalls nach der Meinung der Hersteller. Das Ergebnis ist sehr hübsch: Es entstand ein gebrochenes und gemasertes Lapislazuli.

Die unmittelbare Umgebung eines Beckens muß sorgfältig durchdacht sein. Zu lange war es üblich, das Schwimmbecken in einer Zement- oder Pflasterwüste zu plazieren. Dadurch werden die Proportionen des eigentlichen Beckens meist zerstört, und das Ganze wirkt wie aus einem einzigen Steinblock, viel zu groß und schwer, und es sprengt den Rahmen jeder Gartenkomposition. Trotzdem sollten jegliche Platten oder Steine um das Becken herum dicht gefügt werden und glatt genug zum Barfußlaufen, jedoch nicht so glatt sein, daß man ausrutschen könnte. Wo keine Frostgefahr besteht, eignen sich gesägter Stein, Ziegelstein, Terrakottaplatten und sogar manche Arten von gegossenen Zementplatten; man kann das Muster der Pflasterung dem Thema und der Umrahmung des Beckens entsprechend wählen. Zwei Materialien zusammen verwendet, zum Beispiel Ziegel und Naturstein, sehen rings um ein Schwimmbecken meist viel zu kompliziert aus, denn obwohl ein Schwimmbecken im Garten durchaus ein schmückendes Element sein darf, sollte es nicht so weit herausgeputzt werden, daß seine eigentliche Funktion in den Hintergrund tritt. Wenn man mit Ziegeln pflastert, weiß man oft nicht, wie man den Rand des Beckens behandeln soll, denn Ziegelsteine als Einfassung sind für die Füße zu hart und bröckeln leicht im Frost ab. Bei der Villa Leopolda in Südfrankreich gelang es mir, für den Rand eines ovalen Beckens besonders hart gebrannte Ziegelsteine mit abgerundeten Kanten zu ergattern, deren Farbtöne genau mit dem warmen Orange der übrigen Pflasterung übereinstimmten. In einem anderen Garten bei Grasse, wo ich mich mit einem ähnlichen Problem befassen mußte, verkleidete ich das Becken bis an den Rand und darüber hinaus mit Kacheln und legte noch einen schmalen Kachelstreifen um den Rand des geschwungenen Beckens in gleicher Ebene mit dem Belag aus gegossenen Zementplatten. Bei Natursteinplatten gibt es keine Probleme, weil man die Randsteine wunschgemäß bearbeiten kann.

Gewöhnlich braucht der Plattenstreifen um das Schwimmbecken herum gar nicht breit zu sein. Ein Meter dürfte für Luftmatratzen und Gartenmöbel genügen. Im allgemeinen empfiehlt es sich, der Plattenfläche von der Einfassung des Beckens ab ein ganz leichtes Gefälle nach außen zu geben, und in irgendeiner Form sollte man am äußeren Rand für Entwässerung sorgen. Doch darf die Neigung nicht wahrnehmbar sein, weil sonst das Becken unnatürlich hoch wirkt. Ist die Filteranlage stark genug, so kann Regen- oder Spritzwasser auch von der Plattenfläche in das Becken zurückfließen. In diesem Fall müßte die Plattenfläche waagerecht oder mit unmerklich kleinem Gefälle zum Wasser hin angelegt werden.

Wenn in der Nähe des Beckens ein genügend großer Höhenunterschied vorhanden ist, um den Zugang zu erleichtern, ist es manchmal günstig und praktisch, die Filteranlage auf niedriges Niveau zu legen, indem man die Baugrube für das Becken einfach verlängert und die Anlage in einem Keller an einem Ende des Beckens unterbringt. Die einfachste Lösung ist gewöhnlich, in Verbindung mit dem Badehäuschen einen kleinen Maschinenraum einzurichten; jedoch passen die neuesten Filteranlagen schon in ein Gehäuse, das wenig größer als eine Hundehütte ist und das man leicht hinter einer Hecke oder einer niedrigen Mauer verbergen kann. Ich bevorzuge immer Sprungbretter und Leitern, die im Winter aus ihrer Fassung herausgenommen und weggeräumt werden können.

An der Mittelmeerküste scheint ein Schwimmbecken überflüssig zu sein; jedoch sind die Straßen im Sommer so überfüllt, und ein ruhiges Plätzchen für ein Bad im Meer ist so schwer zu finden, daß die meisten Häuser von einiger Bedeutung ihr eigenes Becken haben. Vor ein paar Jahren bekam ich den Auftrag, an einem Berghang in Le Cannet, direkt hinter Cannes, ein Schwimmbecken anzulegen. Das kleine, einfache Haus blickte über einen Steilhang hinweg. Dort fiel nach rechts und links je ein Halbkreis prachtvoller alter Pinien mit ihren nach allen Richtungen geneigten Stämmen ab. Sie bildeten einen Rahmen für Le Souquet, die alte Zitadelle von Cannes auf ihrem Felsen oberhalb des Hafens, drei Kilometer entfernt. Der Eigentümer wünschte ein großes Schwimmbecken und einen Pavillon mit Umkleidekabinen, einer Kochnische und einem

großen Wohnraum; alles sollte unterhalb des Hauses gut untergebracht werden. Mein erstes Ziel war, den Schwung der Pinien zu
unterstreichen, das Becken vom Haus aus so wenig sichtbar wie nur
möglich zu machen und den damit verbundenen Pavillon völlig zu
verbergen. Eine breite Terrasse vor dem Haus, von Olivenbäumen
überschattet und mit Töpfen vielfarbener Geranien belebt, ist schon
der ganze kultivierte Garten. Wir wollten das Gelände nicht durch
eine komplizierte Reihe von Terrassen und Treppen unterbrechen
und entschlossen uns deshalb, den Hang unterhalb der Terrasse
völlig mit Schwertlilien und Lavendel, weißer Santolina und grau-
blättrigem Kreuzkraut, Zinerarien und Teucrium zu bepflanzen.
Wo die Pflanzung in den Schatten der Pinien übergeht, ließ ich ihr
dominierendes Grau mit dem grünen Blattwerk von Myrte und
Agapanthus, Binsenginster *(Spartium junceum)* und weißem und
rosafarbenem Oleander verschmelzen.

Der Pavillon, dessen drei bogenförmige Eingänge in einen großen
gewölbten Wohnraum führen, wurde in den Abhang hineingebaut,
so daß außer der Vorderfront alles unterirdisch ist. Vom Haus aus
kann man von dem Pavillon nichts sehen, weil die Macchia sich auch
über das Dach hinzieht. Die gepflasterte Terrasse vor dieser schattigen Loggia liegt ihrerseits wieder unter dem Schatten einer Pergola
aus Leichtmetall, die im Sommer über und über mit den hängenden
Girlanden von Prunkwinden (Ipomoea) bedeckt ist. Innerhalb
weniger Wochen überwuchert diese Pflanze das metallene Gerippe
und hängt in Girlanden und Fransen voll ultramarinblauer und himmelblauer Glocken herab. Diese Terrasse liegt drei Stufen unterhalb
der sonstigen Bodenhöhe und ebenso tief unter dem Wasserspiegel
des großen Schwimmbeckens. Die Form dieses Beckens ist interessant. Die der Terrasse zugewandte Seite ist gerade und schneidet die
eigentlich ovale Form des Beckens, wobei die Länge des Ovals parallel zum Wohnhaus liegt. Vom Haus aus sieht man nur die entfernte
Seite des Schwimmbeckens, dessen Krümmung den Bogen der
Bäume gegen den Himmel umgekehrt wiederholt. Die gebogene
Linie des Wasserrandes ist von einem Steinstreifen eingefaßt. Daran
schließt sich – weil Gras unpraktisch schien – ein Rasen aus kriechenden Verbenen *(Verbena tenera)* an, der sich im Mai und Juni in
einen saphirfarbenen Teppich verwandelt. Ein breiter, gestufter

Weg läuft vom Haus hügelabwärts, indem er von einer Seite des Hauses wegführt und sich in einem Bogen, der das dominierende Motiv des Geländes wiederholt und betont, zu dem Becken wendet.

Bei einem anderen Schwimmbecken in Südfrankreich, diesmal in den Vorbergen bei Grasse, mußte ich ein ganz besonderes Problem lösen. Das Grundstück lag nördlich des Hauses, dessen beide Flügel eine durch Pfeiler gestützte, gewölbte Loggia schützten. Ursprünglich war der Boden vom Haus aus sanft zu einem Wäldchen von immergrünen Eichen und Kiefern angestiegen, durch die man den hohen Gebirgskamm jenseits von Grasse in nordöstlicher Richtung gerade noch sehen konnte. Doch hatte man in dem felsigen Boden ein riesiges Loch ausgehöhlt. Es war ein Rechteck von etwa dreißig Meter Länge und zehn Meter Breite; anderthalb Meter tief war es an der Stelle, die dem Haus am nächsten lag, und etwa vier Meter an dem entfernten Ende, das wir später abrundeten. Schlimmer jedoch war noch, daß der gesamte steinige Aushub gleichmäßig um dieses gähnende Loch aufgehäuft worden war und steile, ausgedörrte und wenig versprechende Böschungen bildete. Man hatte hier ursprünglich ein riesiges Schwimmbecken anlegen wollen, dann aber den Plan einige Jahre auf Eis gelegt, weil es ein langweiliges und außerordentlich kostspieliges Unternehmen zu werden drohte.

Hätte man die ganze Grube als Schwimmbecken verwendet, so wäre man bis an die Loggia herangekommen, die auf der schattigen Seite des Hauses lag und viel benutzt wurde. Der Eigentümer, Jean Prouvost, kam zuerst auf den Gedanken, einen kleinen Swimmingpool am entfernten Ende der Grube anzulegen, damit die Loggia von Spritzern, nassen Badesachen und all dem anderen Badezubehör verschont blieb. Als ich die ersten Skizzen machte, schien es ratsam, die Oberfläche des Badebeckens einige Stufen erhöht zu legen, so daß es nicht so eingesunken aussähe und wir auch die notwendige lichte Höhe hätten, um an dem einen Ende des Beckens unter der Plattenfläche eine Filteranlage einzubauen. Dieses Becken und seine Umgebung nahmen ein Drittel der ganzen Gartentiefe in Anspruch. Um den zwischen Becken und Haus liegenden Raum auszufüllen, planten wir zunächst einen Blumengarten, bis wir auf den Gedanken kamen, einen langen flachen Kanal anzulegen. Einer der Gründe, die zu diesem Entschluß führten, war das Problem der Instandhaltung. Der regelmäßige Blumengarten, den wir uns vorstellten, hätte ziemlich viel Pflege verlangt, wenn er vollkommen sein sollte. Ein flaches Wasserbecken, mit Seerosen bepflanzt, würde ganz von selbst hübsch aussehen. So arbeitete ich neue Pläne aus, und heute rahmt eine niedrige steinerne Stützmauer, die ich völlig mit himmelblauer Bleiwurz, *Plumbago capensis*, bepflanzt habe, die gesamte Komposition ein. Unterhalb der Mauer führt ein gepflasterter Weg zu dem etwas höher liegenden Badebecken. Die Mitte wird von dem Kanal eingenommen. Zu beiden Seiten liegen einen Meter breite Beete voller Pflanzen, deren Blattwerk gut zu den Wasserpflanzen des Kanals paßt. Hier finden sich rosa und gelbe Seerosen, *Thalia dealbata* mit ihren lanzettlichen Blättern und ihren spitzen violetten Blütenköpfen, Zyperngras und – das Glanzstück eines jeden Teiches – die rosafarbene Indische Lotosblume, *Nelumbo nucifera*. Keine Pflanze macht mir mehr Freude als die Lotosblume mit ihren runden, gelblichgrünen Blättern, die so oft einen Tautropfen einfangen, wo sich Stengel und Blatt berühren, mit der architektonischen Pracht ihrer spitzen, zart rosafarbenen Blumenblätter und der herben Schönheit ihrer Samenhülsen, die wie Zapfen mit abgeflachten Spitzen aussehen und etwa achtzehn kleine Gruben haben, in jeder ein hartes, rundes Samenkorn. Solange der ganze Samenkopf noch grün und feucht ist, wird jedes Samenkorn in einer kleinen Delle festgehalten; der Halt lockert sich, wenn der Kopf trocknet, und dann fallen die Samen allmählich aus. Die Lotosblume ist ein ständig wiederkehrendes Motiv in ägyptischen Wandmalereien und Reliefs ebenso wie in der chinesischen Malerei. Ich weiß nicht, wie widerstandsfähig die Lotosblume in Großbritannien ist. Auf dem Kontinent ist es üblich, die Teiche, in denen sie wächst, im Winter zu leeren und die Wurzeln mit einer dichten Stroh- oder Farnkrautschicht zu bedecken. In Grasse, wo einige Frostgrade im Winter nichts Ungewöhnliches sind, unternehmen wir nichts, und trotzdem kamen alle Lotospflanzen völlig unbeschädigt durch den harten Winter 1955/56.

Während die Hauptlinien des Wassergartens sehr einfach, ja streng sind, habe ich die Pflanzung im Wasser und auf den beiden Beeten an der Seite so üppig gestaltet, wie es mir nur möglich war. Agapanthus, Canna, Clivien, Bergenien, Nandinen und Funkien wachsen dicht zu beiden Seiten des kleinen Kanals und scheinen mit dem Laub der Wasserpflanzen zu verschmelzen. Am anderen Ende deutet eine niedrige Stützmauer auf das höher gelegene Schwimmbecken hin. An ihrer Vorderseite speisen drei kleine wasserspeiende Marmormasken das untere Becken, und man lauscht sehr gern dem in heißem Klima so angenehmen sanften Murmeln des fließenden Wassers. Auf dieser Mauer wiederholen vier Rokokovasen aus Terrakotta die im großen Stil des 18. Jahrhunderts gestalteten Ornamente des Hauses. Das Schwimmbecken ist mit blauen Kacheln verkleidet und liegt inmitten einer ziemlich breiten Fläche aus Waschbetonplatten. Ein Merkmal dieses Beckens ist ein breiter Steinstreifen direkt unter dem Wasserspiegel, der an beiden Längsseiten entlangläuft, so daß die Badenden einige Zentimeter tief im Wasser sitzen können. An der nach dem Haus zu gelegenen Seite des Beckens sind Unterwasserscheinwerfer angebracht, die es bei Nacht in einem sanften Licht erglühen lassen.

Damit das Schwimmbecken in der Gesamtanlage des Gartens nicht als Fremdkörper wirkt und um die Perspektive zu verlängern, pflanzte ich vier große Magnolienbäume *(Magnolia grandiflora)*, die ich symmetrisch auf beiden Seiten in die Pflasterung setzte. Als das alles fertig war, mußten nur noch die steinigen Böschungen behandelt werden. Die lange Böschung jenseits des Schwimmbeckens führt zu einem Wasserbehälter hinauf, der von unten nicht zu sehen ist. Um die Längenwirkung noch einmal hervorzuheben, baute ich in der Mitte eine schmale Wassertreppe ein, auf der Wasser aus dem Reservoir zwischen dicht gepflanzten Büschen von dunkelgrünem Pittosporum, zu niedrigen grünen Kuppen geschnitten, herabplätschert. Ein einzelner Wasserstrahl oben im Wasserbehälter und spitze Zypressen neben den Kaskaden betonen die Perspektive noch mehr und rechtfertigen eine diskrete, indirekte Beleuchtung bei Nacht.

Das alles ergibt ein reiches und kompliziertes Gartenbild, das durch einen ruhigen Rahmen zusammengehalten werden mußte. Darum bepflanzte ich die umliegenden Abhänge dicht mit immergrünen Eichen, Zypressen und Kiefern, und zwar sowohl mit Pinien *(Pinus pinea)* wie mit Seekiefern *(Pinus halepensis)*. Diese Bäume werden allmählich einen dichten, dunkelgrünen Wald bilden, der das funkelnde Wasserinnere des Gartens umgibt. Vorerst haben wir, um den weißen kalkigen Boden zu verdecken, Flächen von Rosmarin, Johanniskraut (Hypericum), das grünblättrige Heiligenkraut *(Santolina virens)*, ebenso Lorbeerbäume *(Laurus nobilis)*, *Pittosporum tobira* und Laurustinus *(Viburnum tinus)* angepflanzt.

Dieser Garten für das Ferienhaus eines Großindustriellen in der üppigen Umrahmung Südfrankreichs sähe in einer anderen Umgebung zu überladen aus. In einem weniger kunstvollen Garten würden bepflanzte Mauern, sauber geschnittene Hecken und Rasenflächen mit einem einzelnen, durch seinen Schatten wertvollen Baum einen angemessenen Rahmen für ein Schwimmbecken darstellen. Markisen, Kissen und Luftmatratzen geben eine passendere Farbe ab als Blumen, und die neuen leuchtendfarbigen Fertigbecken aus Plastik brauchen eine noch zurückhaltendere Umrahmung.

9. KAPITEL

Stadtgärten und verschiedene andere Gärten

Eine Kirche oder eine Moschee, ein Rathaus, ein Springbrunnen auf sonnenüberflutetem Platz und nach jeder Richtung nicht mehr als zehn Minuten Weg durch enge Straßen, um durch den kühlen Schatten eines Tores direkt auf das Land oder in Obstplantagen, in Gärten und kleine Felder zu gelangen – so sehe ich meine ideale Stadt. Die Altstadt von Damaskus oder Aix-en-Provence oder Stadtgemeinden wie Wareham in Dorsetshire, St. Paul-de-Vence und Moret-sur-Loing scheinen mir diesen Stadtcharakter am besten zu demonstrieren. Meine Arbeit jedoch zwang mich, meist in London oder Paris zu leben, zwei Städte, deren maßloses Wachstum in den letzten zweihundert Jahren die Städteplaner beschäftigte und – von Sir Christopher Wren bis Le Corbusier – größtenteils besiegte.

Private Stadtgärten sind heutzutage ein Luxus, ob für den Londoner, der sich eine ländliche Atmosphäre schaffen möchte, ob für den Pariser, der aus Blumen und Bäumen dekorative Elemente eines Salons im Freien macht. Da mir jeder Sinn für Utopie abgeht, habe ich Pläne für Gartenstädte, Villes radieuses, Satellitenstädte und dergleichen immer als Entwicklungsprogramme betrachtet, bei denen die Funktionen von Stadt und Land durcheinandergeworfen werden. Dieses Aufgabengebiet kann geradezu tödlich enttäuschen, und ich muß zugeben, daß ich mich lieber auf gärtnerische Aufgaben beschränke, die ich greifbar vor mir habe. Tatsächlich war mein einziger größerer Beitrag zu einem Stadtbild die beabsichtigte Schwerelosigkeit der Festival Gardens in Londons Battersea Park.

Wenn ich einen Stadtgarten in Angriff nehme, so muß ich zunächst über das Ziel, das mir vorschwebt, Klarheit gewinnen. Will ich innerhalb der mir durch die Lage auferlegten Grenzen ein ländliches Bild schaffen, oder strebe ich einen zum Himmel hin offenen Wohnraum an? Vielleicht auch keines von beiden, sondern einen Hintergrund, eine Szenerie, die man nur durch das Fenster sieht und beurteilt, eine künstliche Landschaft, die die Atmosphäre und die Ausstattung der Innenräume unterstreichen und betonen soll. Interessanter als Aufgabe für den Gartenarchitekten sind jene Stadtgärten, wo Bäume, Gebäude und der Horizont jenseits der Gartengrenze »geborgt«, in den Garten einbezogen werden, der dann ganz und gar als Vordergrund zu gestalten ist.

Zunächst einmal wird ein kluger Gartengestalter – ob in der Stadt oder auf dem Land – in Ruhe sein Gelände begutachten und sich dann eingehend mit seinen Auftraggebern beschäftigen: mit ihrem Geschmack, ihren Wünschen, ihrer Lebensart, ihrer Vorliebe für bestimmte Dinge und ihren Abneigungen. Alle diese Faktoren sind für den Gartenentwurf mindestens ebenso wichtig wie die Boden-verhältnisse des Grundstücks. Aber mit dem Boden muß man dann den Anfang machen. In London werden die Nachteile eines tonigen und verbrauchten Bodens voller Ziegelbrocken gewöhnlich durch einen oder zwei Bäume im Garten oder in Sichtweite ebenso wie durch verhältnismäßig niedrige Häuser in der Umgebung und das Fehlen von Schädlingen und Pflanzenkrankheiten ausgeglichen. In Paris ist der Boden meist kalt, steinig und kalkig, die Gebäude sind viel höher, und folglich hat man weniger Licht.

London hat sich durch eine allmähliche Überlappung und Ver-schmelzung einer ganzen Peripherie von Dörfern, die einstmals durch Wiesen und Wälder voneinander getrennt waren, langsam in eine große Stadt verwandelt. Aber trotz der Eleganz ihrer im Stil des 18. Jahrhunderts angelegten Parks und Plätze hat die Stadt den leicht ländlichen Charakter behalten, den der Londoner, wie alle Englän-der in der ganzen Welt ein in die Stadt verpflanzter Landmann, liebt und pflegt. Der Geist des Dorfangers lebt fort, die Nelsonsäule ist immer noch eine Art monumentaler Maibaum, und Greenwich und Hampton Court lassen eher an Picknickausflüge, Fischmahlzeiten und Ruderpartien denken als an die Pracht der Palastarchitektur. Ich erinnere mich noch, wie in einem Jahr die Gärten von Lambeth Palace in einen Wald von eiscremefarbenen Stockrosen verwandelt waren; und dann gibt es jenen bekannten, aber abgelegenen Garten ganz in der Nähe der South Kensington Station, der in seiner Größe und Blumenpracht dem Garten eines Landpfarrers ähnelt.

Das typische Londoner »Dorf«, St. John's Wood, ein Vorort aus dem frühen 19. Jahrhundert, wo einst zweifelhafte Damen in stukkierten und bemalten Villen etabliert wurden, der aber heute mit seinen neogeorgianischen roten Ziegelgebäuden respektabler geworden ist, wird noch immer von den alten Birnbäumen beschattet, die ihm wahrscheinlich seinen Namen gegeben haben. Auf den Bombentrümmern der City bedeckten Buddlejen, Weidenröschen und Baumsämlinge sehr bald die verbrannten Ziegel und hingen über den durch Zufall entstandenen Teichen, an denen wilde Enten ihre Nester bauten. Traditionsgefühl hat das Vogelhaus Karls II., einen Steinwurf von der Downing Street entfernt, bis heute erhalten.

Der Londoner Gartenbesitzer und -gestalter wird kaum in der Lage sein, sich dem Einfluß dieser Stadtlandschaft zu entziehen, und er kann seinen Garten, wie klein dieser auch sein mag, als Stück eines Puzzlespiels behandeln, das zusammengefügt ein typisch ländliches Bild ergibt.

Vor vierzig Jahren war der Hintergarten des Londoners viel uninteressanter als heute. Reizende Überbleibsel aus viktorianischen Tagen waren in dieser Zeit die kleinen Wagen, die im Mai durch die ruhigen, sonnigen Straßen Londons gefahren wurden, beladen mit Kästen voller Sämlinge von Löwenmaul und Petunien oder mit Geranien, rings um eine wogende Fülle von Palmenwedeln der Howea. Die Hausbesitzer erstanden dann ein paar Blumen für ihre winzigen Gärten. Soviel ich mich entsinne, lebte das Interesse an Gärten in London wieder stark auf, nachdem Thomas Hay – ein berühmter schottischer Gärtner mit einem ebenso berühmten Schnurrbart und sehr viel Enthusiasmus – zum Direktor der Königlichen Parkanlagen ernannt worden war. Mr. Hay beschäftigte sich bald eifrig damit, rußbedeckte Sträucher im Hydepark und im St. James's Park durch eine Fülle von Stauden und Sommerblumen zu ersetzen. Er experimentierte leidenschaftlich gern mit neu eingeführten Pflanzen und entzückte die Parkbesucher mit ganzen Wiesen aus blauem Scheinmohn *(Meconopsis betonicifolia)*, mit dem man es seither so oft versucht hat – zumindest in der Stadt mit demselben Erfolg wie mit dem Stein der Weisen. Er zeigte als erster in Londoner Parkanlagen Königslilien *(Lilium regale)*, Incarvilleen und eine Menge anderer exotischer Pflanzen. Regent's Park wurde von diesem Fieber erfaßt und durch eine lange Allee aus Japanischen Kirschen, breite Staudenrabatten und Queen Mary's Rose Garden bereichert. Als die Londoner sahen, was man in einer Gartenanlage alles machen konnte, faßten sie Mut und legten – mit unterschiedlichen, teils außerordentlich mißlungenen Ergebnissen – öffentliche und private Gärten an. Bauspekulanten setzten holterdiepolter Steingärten aus Westmorlandstein vor dürftige Wohnblocks, und Großstadtgemeinden unternahmen an belebten Verkehrskreuzungen und auf Plätzen im Stil des 18. Jahrhunderts unpassende Versuche mit Trockenmauern, Mosaikpflasterung und angemalten Gartenzwergen und Pilzen. Im Gegensatz zu dieser ansteigenden Flut von Kitsch zeigten Banken, Klubs, Regierungsgebäude und die großen Geschäftshäuser – stets tadellos instand gehalten und oft in den hellen, blassen Farben angestrichen, die dem Londoner Straßenbild seinen besonderen Reiz verleihen – Fensterkästen voll leuchtend blühender Blumen. Als im Kriege Kilometer von guß- und schmiedeeisernen Geländern verschwinden mußten, setzte ein ebenso schlecht beratener wie gut gemeinter gärtnerischer Unternehmungsgeist an ihre Stelle Eiben- und Stechpalmenhecken, die verkümmerten und schwarz wurden, und versuchte es mit zum Scheitern verurteilten Rhododendronpflanzungen als grüne Abzäunungen.

Ich habe wenig Erfahrung in der Anlage der typischen kleinen Londoner Hintergärten, die sich lang und schmal zwischen zwei Meter hohen Mauern aus gelblichen Londoner Glaskopfziegeln erstrecken, doch ließ mich der Zufall ein oder zwei größere Gärten entwerfen, in denen man etwas mehr Bewegungsfreiheit hatte.

Der eine Garten gehörte zu einem modernen roten Ziegelbau im georgianischen Stil mit einer halbkreisförmigen Eingangsfassade und einem Vorhof, der gerade Platz zum Wenden eines Wagens bot. Hinter dem Haus war genug Raum für eine breite gepflasterte Terrasse und einen einfachen Rasenplatz, einigen alten Birnbäumen fügte ich eine pyramidenförmige Hainbuche *(Carpinus betulus*

›Fastigiata‹) und eine *Ginkgo biloba* hinzu, und in den Schatten einer Grenzmauer pflanzte ich Rhododendren und Lilien. Um dem Vorhof etwas mehr Licht und Heiterkeit zu geben und das Glänzen der weißgestrichenen Fensterrahmen aufzugreifen, legte ich den Hof ganz mit weißen Marmorsplittern aus und ließ am Haus eine *Clematis montana* emporranken, die später in der Höhe des ersten Stocks horizontal gezogen wurde. Bei der Grundbepflanzung beschränkte ich mich auf eine Hecke aus weißen und hellrosa Kamelien – vielleicht etwas riskant, aber weil ich sie in den Schatten und in torfigen Boden pflanzte, gediehen sie prächtig. Auf der Gartenseite ermutigten mich eine leere Wand und volle Sonne, das Haus mit Säckelblumen *(Ceanothus dentatus)* und der Rose ›Mermaid‹ zu bepflanzen, in einer von mir sehr gern verwendeten Farbkombination in Blau und hellem Schwefelgelb.

Eine schöne Rasenfläche liegt in London durchaus im Bereich des Möglichen, vorausgesetzt, daß sie nicht begangen wird; sie paßt meines Erachtens gut zu der Stimmung der Stadt und ruft ein unersetzbares Gefühl von Raum und Wohlbehagen hervor. Die Blumen Londons sind Schwertlilien, Nelken, Stockrosen, alle Arten von Zwiebelgewächsen, insbesondere Lilien. Viele immergrüne Sträucher erweisen sich als zuwenig widerstandsfähig gegenüber der rauchigen Luft, die ihre Poren verstopft. Ich nehme lieber laubabwerfende Blütengehölze, die auf heitere Weise die Ankunft des Frühlings in einem Stadtgarten ankündigen. Kletterrosen lieben den Londoner Tonboden, und starkwachsende Rosen wie *Rosa filipes* mit ihren einfachen cremefarbenen Blüten oder die fast immergrüne Kletterrose ›Alberic Barbier‹ wachsen ohne Mühe sechs Meter hoch, wo man sie als Verkleidung braucht.

Ein sehr kleines, dunkles, vielleicht nur wenige Quadratmeter großes Gartengrundstück im Herzen der Stadt scheint dem Gärtner auf den ersten Blick ein fast hoffnungsloses Problem zu sein, das heißt, wenn er es in konventioneller Art gärtnerisch behandeln möchte. Aber solche Plätze sind ganz leicht zu verwandeln, wenn man sie von einem anderen Gesichtspunkt aus betrachtet. Man muß in diesem Fall mehr mit Andeutungen arbeiten, indem man zunächst das Gefühl von Raum und Volumen schafft und dann die Stimmung hervorruft, die man anstrebt. Weiß oder blaßblau getünchte Wände fangen das Licht ein und strahlen es zurück, während Dunkelblau und ein dunkles Ockerrot es aufsaugen und den Eindruck von Tiefe und Geheimnis erzeugen. Man kann Spaliere verwenden, entweder aus gestrichenem Holz, rohen Kastanienlatten oder Bambus, um damit an den Wänden eine je nach individuellem Geschmack mehr oder weniger regelmäßige Einteilung zu erzielen. Oben kann ein Gitter aus ähnlichem Material horizontal angebracht werden, um das Licht zu filtern oder um hohe benachbarte Gebäude zu verdekken. Bei so wenig Platz würde ich den Boden gänzlich mit Stein oder Marmor, Schiefer oder Ziegeln auslegen. Das alles bildet den Rahmen und die Gliederung des Raums, in dem nur ganz sparsame Bepflanzung den Gedanken an Wachstum und Grün andeutet. Gegen eine dunkle Mauer täuscht buntblättriger Efeu das Wechselspiel von Licht und Schatten vor, während sich zum Beispiel das komplizierte grüne Gebilde eines einzelnen Exemplars der *Fatsia japonica* am vorteilhaftesten gegen einen hellen Hintergrund ausnimmt. Eine Rebe, entweder der Weinstock *(Vitis vinifera)* oder die großblättrige Rebe *Vitis coignetiae*, wächst schnell und spendet Schatten von oben oder windet Girlanden über eine scharfe Mauerkante. Glücklicherweise gibt es eine Menge Pflanzen mit auffallendem Blattwerk, die in solchen Gärten gedeihen. Ich kenne einen dunklen, kopfsteingepflasterten Hof in Asolo bei Venedig, der von hohen Mauern umgeben ist. Er verwandelte sich in einen richtigen Garten, indem man eine doppelte Reihe Schusterpalmen (Aspidistra) in Töpfen an seinem Rand aufstellte. Einige Japanische Ahornbäume oder große, verzweigte Azaleen – ebenfalls alle in Töpfen – machen in Florenz im Mai aus jedem der im Schatten hoher Gebäude liegenden Palazzohöfe einen Garten. In Encombe bei Folkstone waren Echeverien in Töpfen die einzige Zierde einer weißgetünchten Loggia, und ein kleiner Innenhof erhielt alle Eigenschaften eines Gartens durch eine einzige Bambusgruppe, die in eine Ecke gepflanzt worden war. Die Mittelmeerländer wie auch Japan und China sind offensichtlich die Ursprungsländer für diese Art der Gartengestaltung; aber bei sorgfältiger Prüfung aller einzelnen Elemente, ihrer Formen und Farben, kann man auch bei uns solche Gärten gestalten, die um so mehr zufriedenstellen, je freier von abgedroschenen Assoziationen sie sind.

In Deutschland und den skandinavischen Ländern, vor allem in Dänemark, hat man sich viel mit Entwürfen für kleinste Gärten beschäftigt, ganz gleich, ob sie in Städten liegen oder rund um die kleinen Hütten und Sommerhäuser der Vororte, in denen die Leute ihr Wochenende verbringen, oder an der Küste wie in der Nähe von Kopenhagen. Gartengestalter haben eine ganze Serie von Themen herausgearbeitet, die eine weite Landschaft symbolisieren und die Idee »natürliches Wachstum« auf kleinstem Raum verwirklichen wollen. Mit einer einzigen Birke und einem Findling aus der Eiszeit, einem Teich und einer Binsengruppe halten sie die Atmosphäre der Ostseelandschaft fest. Das Prinzip ist bewundernswert und seine Anwendung in jener Landschaft gerechtfertigt. Man hat jedoch versucht, gleiche Themen mit den gleichen Elementen auch in Gegenden zu gestalten, wo die Natur weniger hart und trocken ist, und das Ergebnis war nicht sehr glücklich, denn diese Art der Bepflanzung, buchstäblich kopiert, verliert in einem anderen Klima ihre Gültigkeit.

Auch England blieb von dieser Mode nicht verschont. 1951 zeigte uns die South Bank Exhibition in London mehrere Gärten mit unkrautdurchsetzten Pflastersteinflächen. Das war eine verständliche Revolte gegen die Gemeinplätze einer doch unerreichbaren »Farbsymphonie« und gegen schlecht angelegte »Staudenrabatten«, die in der damaligen englischen Gartengestaltung alltäglich geworden waren. In unserer Zeit, da Ideen so leicht weitergetragen und so rasch verbreitet werden, wird jedoch jede Mode und jeder Stil – so authentisch sie sein mögen – schnell vulgarisiert und sozusagen verwässert. Das ist ein unvermeidlicher Verfall, dem durch genaue Nachahmung des Originals nicht abgeholfen werden kann. Die Einführung fremder, exotischer Elemente wird das allgemeine Durcheinander nur verstärken, wofür es in der Gartenarchitektur wie auch in der Baukunst, der Malerei, der Bildhauerkunst und der Musik viele Beispiele gibt. Eine umfassende Kenntnis historischer und zeitgenössischer Stilarten, der Pflanzen und der Entwurfstechnik und -ausführung kann heute weniger denn je als angemessenes Rüstzeug für den Gartenarchitekten angesehen werden. Das alles ist notwendig, aber wenn ein Gartenarchitekt wirklich ein Künstler sein will, muß er an jedes Problem so unbefangen wie möglich herangehen.

Mit Objektivität und Frische sollte er jedes Stadium seiner Arbeit und seiner Überlegung betrachten und leichte Lösungen, die ihm seine Kenntnisse und Erfahrungen vorschlagen, erst annehmen, wenn er sie mit seinem künstlerischen Gewissen, wie ich es nennen möchte, geprüft hat.

Eines Tages zeigte mir mein Freund Kokoschka ein Porträt, an dem er seit fünf Jahren gemalt hatte. Er erzählte mir, daß er jeden Morgen mit dem Empfinden eines Vierzehnjährigen an die Arbeit gehe, nichts wisse und das Gefühl habe, alles zum erstenmal zu sehen; jeder Arbeitsvorgang seiner Malerei sei ihm ein neues, lebendiges Erlebnis. Ich habe viel darüber nachgedacht. Manchmal gelang es mir, die gleiche Einstellung zu meiner Arbeit zu finden, häufiger nicht, aber ich versuche wenigstens, sie immer als Ziel im Auge zu behalten.

Wie London und Paris, so sind auch ihre Gärten zwei Welten. Private und öffentliche Gärten betrachtet man in Paris als dekorativen Schmuck, der bewundert werden soll, während Londoner Gärten nach meinem Gefühl hauptsächlich die Freude der Engländer an der Pflege von Wachsendem zum Ausdruck bringen. Die Place des Vosges, der Tuileriengarten und der Jardin du Luxembourg sind regelmäßig aufgeteilte Anlagen aus dem 17. Jahrhundert, an denen man sich von den Gesellschaftsräumen des Piano nobile aus erfreute, oder lange schattige Alleen und Terrassen, wo man in Gesellschaft promenierte. Selbst die absichtlich malerischen, zwanglosen Gestaltungselemente in den Anlagen des zweiten Kaiserreiches, wie an den Champs-Elysées und im Park Monceau, sind Nebensächlichkeiten, die in einem Netzwerk gerader, regelmäßig bepflanzter Alleen eingefangen wurden. Offensichtlich sehr exakt abgesteckt hat man die gewundenen Fahrwege, die den Bois de Boulogne, das einstige Wildgehege, für die Vergnügungen der Pariser ebenso förmlich ordnen, wie die langen, geraden Reitwege und die Kreuzungen die Jagdgebiete der Bourbonenkönige systematisch einteilten.

Privatgärten sind in Paris vor allem immer als ein Ort der Schaustellung betrachtet worden, wo sich elegant gekleidete Leute zwischen gestutzten, regelmäßig angeordneten Bäumen und Parterres aus kompliziert geschnittenem Buchsbaum bewegen. Kupferstiche des 18. Jahrhunderts zeigen die Faubourgs St. Honoré und St. Germain aus der Vogelperspektive mit Gartenanlagen, die die verschieden großen rechteckigen Grundstücke dieser eleganten Stadtviertel fast in gleicher Weise ausfüllen. Nur wenige dieser Gärten sehen heute noch wie damals aus. Haussmanns schnurgerade Boulevards durchschnitten die meisten von ihnen, und die sechsstöckigen Wohnhäuser, die während seiner Zeit und später entstanden, nahmen beinahe allen restlichen Gärten Luft und Licht.

Wenn man in Paris einen Garten haben möchte, so muß man im Faubourg St. Germain leben oder draußen, wo die Vororte Neuilly und Auteuil an den Bois de Boulogne grenzen. Die meisten Gärten im Faubourg St. Germain sind feucht und ohne Luftzug, von Kastanienbäumen und hohen Gebäuden überschattet. Nur wenige weisen noch Spuren der früheren Lindenalleen und der Mittelwege mit den angrenzenden Parterres à la française auf. Die größeren Pariser Gärten, die des Palais de l'Elysée, der britischen Botschaft und des Hôtel Matignon eingeschlossen, wurden in der Mitte des 19. Jahrhunderts in wogende Rasenflächen und gewundene Wege umgewandelt; für Farbe sorgten steil ansteigende Beete, die fast die Form eines Kegels hatten. Diese als »corbeilles« bezeichneten Beete sollten die hellscharlachroten und gelben Blumen deutlicher hervorheben – eine Art der Gartengestaltung, die man heute noch in den öffentlichen Anlagen von Provinzstädten findet.

Sowohl die Experimente in angewandter Kunst, von Poiret und Bakst begonnen, die ihren Höhepunkt 1925 in der Ausstellung für angewandte Kunst erreichten, wie auch die frühe kubistische Malerei spiegelten sich in einigen Pariser Gärten wider: Sich überschneidende Rechtecke und Dreiecke aus Kies, Pflaster, Gras und Blumen wiederholten die damals modernen Motive von Bildern, Stoffen und Tapeten. Ich kenne einen großen Garten in diesem Stil, der von einem hohen Zaun aus Spiegelglasscheiben umrahmt wird. Sie sind im Winkel wie gefaltet aufgestellt und wiederholen endlos das Durcheinander und die winklige Beschaffenheit der Blumenbeete. In einem anderen, kleineren Garten aus jener Zeit, den ich umgestalten sollte, war ein im Mittelpunkt liegendes Blumenrechteck von abwechselnd sich wiederholenden Buchsbaumeinfassungen und Kiesstreifen umgeben, die die ganze Fläche bedeckten.

Dieser Garten in der Rue de l'Université liegt hinter einem Privathaus im Régencestil, das wie alle bedeutenden Häuser dieser Epoche »zwischen Hof und Garten« gesetzt worden ist. Es beherbergt eine prachtvolle Bildersammlung, zu der auch Manets hinreißende »La Prune«, Porträts von Delacroix und Toulouse-Lautrec sowie zwei sehr schöne Goyas gehören. Der Garten hat die gleiche Breite wie die Fassade des Hauses, das trotz seiner schlichten Architektur etwas von der Überschwenglichkeit seiner Zeit aufweist. Es war ein melancholischer Garten; stark überschattet von einem großen Baum und hohen Gebäuden, erweckte er die Vorstellung vom Begräbnisplatz eines Lieblingspferdes. Ich glaube, daß wir – die Eigentümer und ich – ihn zwei Jahre studierten, ehe wir endlich eine Lösung fanden. Dabei hatte ein ausgezeichneter französischer Architekt dringend von jeglicher Veränderung abgeraten, weil der Garten ein prachtvolles Beispiel für den Stil seiner Zeit sei.

Es gab viele Probleme allgemeiner Natur. Das Grundstück war etwas zu groß, um als Terrasse behandelt zu werden, und zu klein und schattig für den üblichen Garten mit Gras und Blumen. Außerdem ist ein einwandfreier Rasen in einem kleinen Pariser Garten oft ein Ding der Unmöglichkeit, und so war es auch hier. Kontinentalklima mit seinen kalten Wintern und heißen Sommern und mit seiner geringen Luftfeuchtigkeit läßt einfach keinen dichten, federnden Rasen wachsen. Man kann, wenn man es erzwingen will, jeden Frühling *Lolium perenne,* Englisches Raygras, säen: Im günstigsten Fall wird es so aussehen wie schütteres Haar, unter Bäumen ist es nur ein schmutziger Fleck. Französischer Regen scheint schwerer zu sein als englischer, und französischer Rasen scheint den Regen nicht absorbieren zu können.

Da man vom Inneren des Hauses nur einen düsteren Baum vor den dunklen fensterlosen Wänden des gegenüberliegenden hohen Gebäudes sah, beschloß ich, eine Art Mittelweg anzulegen, der den Garten optisch verlängern und gleichzeitig die Möglichkeit geben sollte, von seinem anderen Ende aus auf die bezaubernde Fassade des Hauses zurückzublicken. Mit den herkömmlichen Gartenbildern des 18. Jahrhunderts im Kopf versuchte ich jede nur denkbare Variation, konnte jedoch weder meine Auftraggeber noch mich selbst überzeugen. Drei Jahre lang machte ich unermüdlich Planskizzen, bis man mir sagte: »Es muß etwas geschehen. Was würden Sie tun, wenn es Ihr eigener Garten wäre?« Die Schlichtheit dieser Frage fegte alle komplizierte Spielerei mit Assoziationen, die mein Denken durcheinandergebracht hatten, im Augenblick hinweg, und plötzlich sah ich eine Lösung. Heute führen drei Mittelstufen von der schmalen Steinterrasse vor den mit Fensterläden versehenen Glastüren des Erdgeschosses herab. Sie enden an einem Kiesoval, das den größten Teil des Gartens ausfüllt und die Rundungen eines Ochsenauges in der Fassade wiederholt. Am anderen Ende des Ovals führen drei flache, geschwungene Stufen zum Fuß des großen Baumes, und hier entstand ein erhöhter Platz, von Spalieren umgeben und mit vier gußeisernen Urnen im Directoirestil verziert. Diese Urnen sind im dunkelsten Grün bemalt und stehen auf hohen Sokkeln. Im Sommer werden sie mit weißen Hortensien gefüllt; das hellt diesen dunklen Winkel etwas auf. Das Spalier ist mit buntblättrigem Efeu bewachsen, um das Spiel von Licht und Schatten zu suggerieren. Dahinter habe ich in derselben Absicht buntblättrige Ahornbäume, *Acer negundo* ›Variegatum‹, gesetzt, für die ich endlich eine gute Verwendung fand. Das Kiesoval hellt den Boden auf, und im Sommer entsteht hier mit Stühlen und Tischen ein kühler Sitzplatz. Seine Form wird durch eine breite, dichte Umrandung aus kleinblättrigem Buchsbaum betont; an den Winkeln der Stufen setzen große, abgeflachte Buchsbaumkugeln Akzente. Der Rest des Gartens ist mit Sträuchern bepflanzt worden, so daß nur das Oval Bedeutung hat. Diese Strauchpflanzung setzt sich aus immergrünen Gehölzen zusammen – Rhododendren, Skimmien, Pieris, Aukuben, Schneeball *(Viburnum rhytidophyllum)* und Laurustinus –, die dafür sorgen, daß im Winter keine Kahlheit aufkommt, während Forsythien, Pfeifenstrauch (Philadelphus), Deutzien und Persischer Flieder den Frühlingsbeginn verkünden. Für Blumenfarbe sorgen lediglich weiße Tulpen, Narzissen und Königslilien *(Lilium regale)* zwischen den Sträuchern und blaßrosa Königspelargonien in Töpfen, die im Mai und Juni die Stufen der Terrasse säumen.

Ganz in der Nähe, in der Rue de Varenne, sollte ich einen großen, vernachlässigten Garten, ein Stockwerk tiefer als die Gesellschaftsräume eines schönen Hauses im Louis-XVI-Stil, wieder in Ordnung bringen. Das Haus führte auf eine schmale Terrasse, die von einer rohen Steinmauer abgestützt wurde. Von hier aus konnte man den Garten nur durch eine Art eiserne Feuerleiter erreichen. Vor seiner Umgestaltung war der Garten voller ungepflegter Sykomoren, schmutziger Kieswege und Mengen buntblättriger Aukuben. Doch gab es genügend Raum und Sonnenlicht, und darum ließ ich so viel Bäume am Ende des Gartens stehen, daß die kahle Wand eines ungefähr sechsstöckigen Warenhauses verdeckt wurde. Es hätte mir leid getan, die Aukuben zu vernichten, deshalb pflanzte ich sie um und setzte sie als Blöcke vor die efeubewachsenen Mauern zu beiden Seiten des Gartens. Ihre gelb gefleckten, glänzenden Blätter strahlen eine Farbe aus, die ich noch hervorhob, indem ich die Aukuben mit Forsythien abwechseln ließ. Eine niedrige Buchsbaumhecke begrenzt das schattige Ende des Gartens, und ein einzelner Wasserstrahl in einem runden Becken auf gleicher Höhe mit dem Rasen sieht wie ein flimmernder Lichtfaden aus. Der übrige Teil des Gartens ist mit Rasen bedeckt; an beiden Seiten grenzen gerade Wege eine Strauchpflanzung ein und lassen den Garten noch länger erscheinen. Drei langgestreckte Blumenbeete, parallel zu den Wegen auf beiden Seiten, betonen die gelbe Farbe, die in diesem Garten vorherrscht; sie werden im Frühjahr mit der Tulpe ›Golden Harvest‹ bepflanzt, der später hellgelbe Knollenbegonien folgen.

Die Mauer und die erwähnte Eisentreppe bereiteten größere Schwierigkeiten. Um eine Steintreppe im Einklang mit dem Haus anzulegen, hätte es zweier monumentaler Treppenfluchten und eines gewaltigen Kostenaufwandes bedurft. Schließlich kleideten wir die Mauer und die eiserne Treppe in ein ziemlich dichtes Spalier ein. Nun sind sie dadurch miteinander verschmolzen, daß sie über und über mit Feuerdorn (*Pyracantha coccinea* ›Lalandei‹ und *P. rogersiana*) bedeckt sind. Ganz kurz geschnitten, gibt der Feuerdorn einen wunderbaren dunkelgrünen Sockel für das Haus ab. Im Mai ist er mit weißen Blüten bedeckt, später mit orange und scharlachroten Beeren, die gewöhnlich bis nach Weihnachten hängen bleiben und in strengen Wintern den Vögeln als Nahrung dienen.

Pariser Gärten verlangen eine feste Umrahmung und eine sehr einfache Bepflanzung. Lockere Formen und eine komplizierte Pflanzenauswahl wirken, vom geordneten Innern einer französischen Wohnung aus gesehen, viel zu verworren. Eine symmetrische

Anordnung, wie einfach auch immer, paßt im allgemeinen am besten. In solchem Rahmen kommen Blumen am besten in scharf begrenzten Farbblöcken zur Geltung. Stauden können wegen zu kurzer Blütezeit und schwieriger Pflege nicht verwendet werden, so daß man sich auf das Auspflanzen im Frühjahr und Sommer beschränken muß. Diese Einschränkung ist aber nicht so groß, wie ein begeisterter Gartenliebhaber vielleicht denkt. Er kann Veilchen, Stiefmütterchen, Tausendschönchen, Vergißmeinnicht, Tulpen und Hyazinthen interessanter zusammenstellen als in dem üblichen Rosa mit Blau oder Scharlachrot mit Gelb. Im Sommer ist in Paris die wenig anziehende immerblühende einjährige Begonie *(Begonia sem-perflorens)* sehr beliebt, weil sie sich leicht ziehen läßt. Ich finde sie mit ihren salatgrünen, fleischigen Blättern und den armseligen rosa oder schwachroten Blüten häßlich, genau wie den ebenfalls sehr beliebten roten Salbei *(Salvia splendens)*, obgleich ich gelegentlich feststellen konnte, daß diese schwierige Pflanze sich sehr gut aus-nimmt, wenn sie hier und da verstreut in dem Purpur dicht gepflanz-ter Verbenen *(Verbena rigida)* wächst. Doch gibt es Knollenbego-nien, die in Stadtgärten gut gedeihen. Sie können in Weiß, Fleisch-farbe, Korallenrot, Orange und Gelb gemischt oder nach Farben getrennt gepflanzt werden, vorausgesetzt, man vermeidet dunkel-rote Schattierungen, die in der Anpflanzung nur wie Lücken wir-ken. In der Pariser Sonne gedeihen Geranien ebensogut wie Zinnien. Während die Zinnien bunt gemischt leicht grell aussehen, sind sie samtig und schön, sobald man sie jeweils nur einfarbig in Massen pflanzt.

Ein Garten, der einem zufälligen Besucher auffällt, ist gewöhnlich kein Garten, in dem man leben möchte, und so versuche ich, in Privatgärten Wirkungen durch Kunstgriffe zu vermeiden; selbst ein sanfter Überraschungsschock steht im Widerspruch zu der Vorstel-lung von Ruhe, die ich besonders in einem Stadtgarten als wesentlich ansehe. Manchmal allerdings kann nur eine solche absichtliche Tour de force bereits vorhandene, allzu verschiedene Elemente miteinan-der in Einklang bringen.

Ein ganz kleiner Garten am Rand des Bois de Boulogne stellte eine solche Scherzaufgabe dar und zwang mich zu einer ausgefallenen Lösung. Man muß sich eine Erdgeschoßwohnung vorstellen. Sie ging auf einen rechteckigen Gartenstreifen hinaus, der fünfzehn Meter breit war und etwa fünf Meter tief von den Fenstern bis zu dem efeubedeckten Zaun, der den Garten von der Straße trennte. Hinten stand in jeder Ecke ein halbsechseckiges Sommerhaus aus Bambus in pseudojapanischer Art und mit Wistarien überwachsen. Das Innere der Wohnung war gerade mit cremefarben bemalter Täfelung im Louis-XV-Stil ausgestattet worden, und alle Zimmer führten direkt in den Garten, der demzufolge als zusätzlicher Empfangsraum dienen mußte. Es war einfach kein Platz vorhanden, um auch nur eine Anspielung auf die Innenräume im Stil des 18. Jahrhunderts machen zu können; ich entschloß mich daher, die beiden kleinen Pavillons beizubehalten und meinen Garten darum herum aufzubauen. Zuallererst legte ich einen schmalen gepflasterten Streifen am Haus an, um die Glastüren miteinander zu verbinden; dieser Steinstreifen setzt sich in den Garten hinein fort und umrahmt einen kleinen Rasen in der Mitte. Der restliche Garten ist mit feinem Kies bedeckt und wird von einem kühn geschwungenen, fußbreiten Streifen aus runden, schwarzen, in Mörtel gebetteten Kieselsteinen begrenzt. Bambus- und Azaleengruppen rahmen die beiden Pavillons ein, und das japanische Thema wird durch ein oder zwei Wistarienbüsche und Japanischen Ahorn unterstrichen; diese Gehölze stehen inmitten kleiner Flecke flach geschnittenen Buchsbaums, die in dem Kies als unregelmäßige, dunkelgrüne Inselchen angelegt sind. Seltsamerweise scheint dieses grelle Stil- und Themengemisch seine Richtigkeit zu haben. Jedes Fenster ist der Rahmen für ein anderes Gartenbild, und die Anlage erscheint durch die Betonung der Horizontalen größer, als sie in Wirklichkeit ist.

Ich habe meine Freude daran, strenge Gärten anzulegen, in denen ich mich mit einer begrenzten, einfachen Pflanzenauswahl begnüge und durch sorgfältig ausgewogene Proportionen Harmonie zu schaffen versuche. Ein kleiner Garten in der Nähe des Trocadéro, der zu einem großen, sehr förmlich eingerichteten Haus gehört, stellt wieder ein von hohen, mit Spalier versehenen Mauern umgebenes Rechteck dar. Man erreicht den Garten durch ein Zimmer, das nur für Empfänge verwendet wird. Von hier aus kommt man direkt in das obere Drittel des Gartens, das etwa neunzig Zentimeter höher liegt als der übrige Garten. Eine Stützmauer, ein sehr einfaches, schmiedeeisernes Geländer und eine Treppe in der Mitte trennen beide Gartenteile. Die höher gelegene Fläche ist ganz mit weißen, quadratischen Marmorplatten ausgelegt, und die hohen Mauern sind nur von grünweiß gesprenkeltem Efeu bekleidet. Grüner Efeu bedeckt die Mauern und Spaliere am äußeren Rand des unteren Gartenteils. Diesen Teil des Gartens füllt wieder ein Grasoval, das von einer breiten, sorgfältig gearbeiteten Steinpflasterung mit strahlenförmig angeordneten Fugen eingerahmt wird. Die Pflanzenwelt ringsum ist völlig in Grün und Weiß gehalten; wir finden den Kleinblättrigen Pfeifenstrauch *(Philadelphus microphyllus), Deutzia gracilis,* Gartenhortensien (*Hydrangea paniculata* ›Grandiflora‹), *Viburnum plicatum* ›Mariesii‹ ebenso wie Schneeballbäume, Rhododendron ›Sappho‹ und grünen Buchsbaum, schließlich auch einige weiße Narzissen und zu einem späteren Zeitpunkt weißblühenden Tabak. Dieser Garten war für Mahlzeiten und Tanz im Freien bestimmt und bildete eine nüchterne, aber sehr geschmackvolle grünweiße Umrahmung für Festkleider. Er wurde vor mehreren Jahren angelegt, und ich wüßte gern, ob außer mir und dem Gärtner, der ihn in Ordnung hält, je irgend jemand darin gewesen ist.

Einen anderen Versuch im großen Stil unternahm ich in einem Pariser Garten in der Rue de l'Université für Madame de Jouvenel, die französische Gesandtin in Rom gewesen war. Sie bat mich, einen dunkelgrünen Garten mit vielen geschnittenen Eiben anzulegen; er sollte ihr Rom in Erinnerung bringen. Ihr Haus war sehr prächtig, voll von chinesischem Porzellan und schönen Zeichnungen aus dem 18. Jahrhundert, während der Garten das gewohnte, parallel zum Haus laufende Rechteck bildete. Er war nur zehn Meter tief und ungewöhnlich dunkel; das Haus nahm die eine Seite ein, und Mauern von zehn Meter Höhe bildeten die anderen drei Seiten.

Da es Jahre gedauert hätte, um derart hohe Mauern durch Kletterpflanzen zu verdecken, baute ich ein Stahlgerüst für riesige, einen Meter breite und einen Meter tiefe Kästen, die etwa sechs Meter über dem Boden vor die Mauer gesetzt wurden. Ein dichtes Spalier verbirgt die Kästen und ihre Träger, so daß der Eindruck einer zweiten Mauer entsteht, die stufenförmig bis zur halben Höhe der hinteren Mauer reicht. Der in den Boden sowie in die Kästen gepflanzte Efeu brauchte nicht lange, um das Spalier zu bedecken, und große Eiben-, Lorbeer- und Buchsbaumbüsche wachsen ungehindert in den Kästen und unterbrechen die Eintönigkeit der hohen, den schmalen Garten umgebenden Mauern.

Diese hoch angelegte Pflanzung zieht sich an beiden Seitenwänden bis zur Mitte der Rückwand hin, wo ich eine Brunnennische mit einem steinernen Säulengang umgab, um damit die Achse des Gartens zu markieren. Der Garten selbst war ein Buchsbaumparterre, das durch eine ganze Reihe einzelner gestutzter Buchsbaumexemplare und Eiben auf interessante Weise unterbrochen wurde. Bisher habe ich nur versucht zu beschreiben, wie die einzelnen Elemente einer solchen Anlage angeordnet sind. Die Zeit ließ den Efeu hoch wachsen und wie Vorhänge wieder herabfallen; die gestutzten Eiben, die neu gepflanzt so nüchtern-ausgeglichen sind, haben sich zu graziöser Asymmetrie entwickelt, und Sonnenlicht und Schatten verwandeln das Ganze in ein üppiges Durcheinander, das schon zweihundert Jahre alt sein könnte.

Ich war weder ganz davon überzeugt, daß Dachgärten besonders reizvoll seien, noch sind sie in meinen Augen richtige Gärten. Bäume und Blumen, die oben auf dem Dach wachsen, scheinen von der Erde, in der sie wurzeln sollten, zu weit entfernt zu sein. Die Dachgärten von New York, die ich sah, erfüllten mich mit Bewunderung, und die Tulpenparterres auf dem Dach von Radio City fand ich sehr eindrucksvoll, vielleicht weil die Tulpen in den Krallen eines Klimas gediehen, das Gartenerfolge eigentlich unmöglich macht. Aber in Rom scheint eine in Töpfen gezogene gemischte Pflanzung wirklich zu passen, vielleicht weil in dieser hügeligen Stadt der blühende Dachgarten eines Hauses oft gleichzeitig der Garten oder die Terrasse des darüberliegenden Hauses ist.

Ich habe nur einen Dachgarten in Paris entworfen, und zwar für Marcel Boussac, der vernünftigerweise lieber in einem sonnigen Doppelappartement mit Blick über den Bois de Boulogne wohnte als in der dunklen Vornehmheit eines Privathauses im Faubourg St. Germain. An den beiden Enden seines Daches beherbergen zwei kleine Pavillons die Treppe und ein kleines sommerliches Eßzimmer, und man hat einen weiten Blick über die Wipfel des Bois, vom Eiffelturm im Osten hinüber zum Mont Valérien. Nach rückwärts, dem Norden zu, gab es zwischen den zwei Pavillons nur Dächer und Schornsteine zu sehen. Um sie zu verbergen, um die beiden Pavillons miteinander zu verbinden und um den Wind zu brechen, entwarf ich eine Art Loggia oder überdachte Galerie aus gitterförmiger Holzarbeit; an jeder Seite verdecken efeubewachsene Spaliere die Nachbarhäuser und konzentrieren die Aufmerksamkeit auf die weite Aussicht nach Süden. Die mit Marmor ausgelegte Terrasse wird von einfachen, dunkelgrün bemalten Kästen mit scharlachroten Geranien und weißen Petunien eingefaßt und aufgeteilt; einige große Terrakottavasen, auf die gleiche Weise bepflanzt, wechseln mit ihnen ab. Das wäre ein recht herkömmliches Schema, gäbe es nicht noch den Pavillon oder die Galerie im »chinesischen Chippendalestil«, deren kunstvoll gearbeitetes Gitterwerk glänzend weiß und dunkelgrün wie die Pflanzenkästen gestrichen ist.

Die Originalität eines Dachgartenentwurfs wird gewöhnlich von dem Gewicht der Erde im Zaum gehalten, das der Unterbau tragen kann. Meistens muß man sich mit der Anordnung von Blumenkästen begnügen. Sie sollten so geräumig wie möglich sein, damit die mühsame, kostspielige und schmutzige Arbeit des Erdewechselns nicht zu häufig notwendig ist. Ich fülle Blumenkästen deshalb lieber mit einer Mischung aus gutem, schwerem Lehmboden und Stalldünger, nachdem ich dafür gesorgt habe, daß genügend Dränagematerial ihren Boden bedeckt. Kastenpflanzen, besonders immergrüne oder Heckenpflanzen, sind große »Fresser«, und ein leichter Boden wird sehr schnell ausgelaugt und trocken. Nie habe ich es auf einem Dach mit hohen Bäumen versucht. Selbst wo genügend Raum für ihre Wurzeln da ist, sind sie bald nur noch windzerzauste Schatten ihrer selbst. Niedrig geschnittene Hecken und sehr helle Blumen genügen in der Regel als Bepflanzung völlig, um die Aussicht einzurahmen und die Illusion eines Gartens entstehen zu lassen.

Le Corbusier wohnt jenseits des Bois in der obersten Etage eines von ihm gebauten Appartementhauses. Ich habe einen bezaubernden Morgen in seinem riesigen Atelier erlebt, in dem jede Einzelheit auf das sorgfältigste ausgedacht und ausgearbeitet war, »Platz für alles und alles an seinem Platz«. Es schien eine überaus strenge und logische Umrahmung für einen Mann zu sein, dessen Konversation phantasiereich und manchmal sogar poetisch war. Wir gingen dann auf das Dach, um den Garten zu betrachten; hier hatte sich Le Corbusier damit begnügt, Erde auszubreiten und, wie er es ausdrückte, die Vögel und den Wind den Rest besorgen zu lassen. Es gab hier daher Grasbüschel und Unkraut, Löwenzahn und Weidenröschen und sogar junge Goldregenbäume – eine wilde, zufällige Pflanzenwelt, aus Samen entstanden, die der Wind dorthin getragen hatte oder die von Vögeln zurückgelassen worden waren. Le Corbusiers Architektur scheint, wie auch seine Malerei, nur ein Suchen nach Form auszudrücken. Seine Gebäude streben von ihrer Umgebung fort wie komplizierte Kastendrachen, die kaum von einem Strick gebändigt werden können. Ich hatte mir oftmals den Kopf zerbrochen, wie ich um eins seiner schwebenden Gebäude Gärten anlegen würde. Nun wußte ich es.

Paris und die Ile de France müssen als Mittel- und Ausgangspunkt des geometrisch angelegten französischen Gartens angesehen werden. Vor einigen Jahren ließen mich besondere Umstände einen Versuch im großen klassischen Stil unternehmen. Dabei arbeitete ich ausschließlich mit Gras, Wasser, geschnittenen Hecken und Bäumen, um den Geist jener Epoche einzufangen, und verzichtete auf die kostspieligen Verzwicktheiten der Buchsbaumparterres und der endlosen Kieswege.

Achtundvierzig Kilometer westlich von Versailles liegt ein winziges Schloß im Louis-XV-Stil, das Le Moulinet heißt. Sein Mittelteil ist en lanterne, das heißt, es besteht nur aus einem Raum und enthält den Salon mit einer Originaltäfelung und Supraporten, die von Boucher gemalt sein sollen. Zwei kleine, niedrigere Flügel springen an beiden Seiten vor, und der Reiz dieses Schlosses verdankt sich der ungewöhnlichen Kompliziertheit des Mansarddachs, das teils schiefer-, teils ziegelgedeckt ist und dessen Gesims in Bogen herabschwingt, um sich auf niedrigerer Ebene mit den Seitenflügeln zu vereinen. Als ich Le Moulinet erstmals sah, gab es noch schwache Spuren einer recht kunstvollen geometrischen Anlage im Louis-XV-Stil. Doch die Zeit hatte nur einige vereinfachte Kaskaden in einem schmalen Wasserlauf, der parallel zu der Einfahrt dahinlief, sowie eine große Piece d'eau übriggelassen. Das Wasserbecken lag an der Nordachse des Hauses, etwa hundert Meter von ihm entfernt und bedeutend tiefer in einem vernachlässigten Obstgarten, der ursprünglich ein Küchengarten gewesen war. Noch weiter hinten in der gleichen Richtung beendete ein halbkreisförmiges Boskett aus verschlungenen Linden die Hauptachse am äußersten Ende des Besitztums.

Da das Haus um einige Treppenstufen erhöht steht und der Garten auf dieser Seite schräg abfällt, hat man eine weite Aussicht über die Ile de France. Man sieht, wie sich Dörfer und niedrige bewaldete Hügel und Felder unter dem blaßblauen Himmel und den jagenden perlfarbenen Wolken ausbreiten, die dieser Landschaft ihren besonderen Reiz verleihen.

Das regelmäßige Wasserbecken, gereinigt und mit Steinen neu eingefaßt, war sehr groß und brauchte einen ganz formellen Rahmen. Außerdem mußte perspektivische Wirkung helfen, das kleine Haus mit der verhältnismäßig großen Wasserfläche und dem weiten Himmel darüber in Einklang zu bringen. Es schien mir darum notwendig, das Becken mit einer weiträumigen, ebenen Grasfläche zu umgeben. Das erforderte beträchtliche Bodenbewegungen. Zunächst mußte ich anstelle eines abfallenden Rasens einen ebenen Platz anlegen. Dann wurde der Rasen selbst durch zwei flache, mit Stufen versehene Böschungen unterbrochen, damit das Niveau des Wasserbeckens ohne zu starkes Gefälle erreicht werden konnte. Jenseits des Beckens stuften wir den Boden erneut ab bis hin zu einem zweiten, kleineren, runden Becken, das früher den Mittelpunkt des Küchengartens gebildet hatte. Dahinter führte ein Mittelweg hinab bis zu dem Halbrund der alten Linden am äußersten Ende des Gartens.

Meine nächste Aufgabe war, diese aufeinanderfolgenden Gras- und Wasserflächen zu rahmen. Das geschah durch eine umfassende Anpflanzung von Hainbuchenhecken; heute sind sie drei Meter hoch. Die Hecken verlaufen zunächst gerade zu beiden Seiten des ersten Rasens und erweitern sich dann zu Halbkreisen um eine riesige alte und eine aus Gründen des Gleichgewichts neu angepflanzte junge Pappel, die zwölf Meter hoch wird. In Höhe des großen Beckens setzte ich die Hecken an jeder Seite noch weiter zurück und verdoppelte sie hier, um einen breiten Grasweg zu umschließen, der von zwei Reihen gestutzter Linden überschattet wird. Jenseits des Beckens kehren die Hecken dann in Richtung Mitte zurück und begleiten den nächsten Rasen, der bedeutend schmaler ist. Schließlich wird jenseits des kleinen runden Beckens die Perspektive bis auf die Breite eines von Philadelphus und altmodischen Pfingstrosen eingefaßten Kiesweges verringert.

Ich pflanzte Gruppen von Mammutbäumen (Sequoiadendron), Schnurbäumen (Sophora), Weiden und Scharlacheichen rechts in den Vordergrund der Komposition, um im Laufe der Zeit ein Gegengewicht zu einer Gruppe großer Bäume zu erzielen, die auf der linken Seite bereits vorhanden war. Oben wie unten wurden hinter die Hecken reihenweise Linden gesetzt, die dann später gestutzt werden sollen oder sich in freiem Wachstum entfalten können. Wo am Ende des Ausblicks der frühere Küchengarten war, entstand ein Wald aus Linden mit einer Unterpflanzung aus Haselsträuchern, Hainbuchen und wilden Erdbeeren.

Die Südfront des Hauses mit ihrem charakteristischen gebogenen Gesims, den hübschen Fenstern und der in Stein gehauenen Figur hoch oben in einer Nische ging auf eine ungepflegte Wiese hinaus. Die Wiese stieg bis zu einer Hecke an, die in den Himmel zu ragen schien. An der Ostseite kommt ein Wald bis dicht an das Haus heran, während nach Westen ein ähnlich gepflanzter Wald etwa dreißig Meter weiter zurückliegt. Die Regelmäßigkeit und strenge Symmetrie des Hauses wirkte in diesem unausgeglichenen Rahmen verloren; darum galt es wiederum, eine einfache, aber drastische Lösung zu finden.

Zunächst mußte das Haus einen festen Rahmen in Form einer einfachen gepflasterten Terrasse erhalten, deren niedrige Stützmauer die geschwungene Linie des Gesimses wiederholt. Über drei Stufen in der Mauer gelangt man hinauf zu einem ebenen Platz und einem breiten Weg, der dicht am Haus und parallel dazu von einem Wald zum anderen führt. Dann mußte die Wiese in einen vollkommen glatten Rasen verwandelt werden, der zwar auch aufwärts dem Horizont zustrebt, jedoch nicht mehr so steil wie vorher. Am anderen Ende steigt heute eine geformte Grasböschung bis zur ursprünglichen Höhe der Grenze an.

Um das Haus in den Mittelpunkt der Komposition zu rücken, pflanzte ich auf der rechten Seite des Rasens vier Reihen Linden parallel zum Haus und ebensoweit davon entfernt wie der Wald auf der Ostseite; hinter die Linden setzte ich eine hohe Hainbuchenhecke, um einen Tennisplatz und ein Schwimmbecken zu verbergen.

Von Haus und Garten ging dank der originellen und ungewöhnlichen Größenunterschiede ein außerordentlicher Zauber aus. Ich kenne kein anderes derart kleines, in allen Teilen fast miniaturhaftes Haus im Stil des 18. Jahrhunderts mit einem so großen, weitläufigen Garten, wie dieser gewesen sein muß. Auf einer zeitgenössischen Zeichnung sieht man das Haus von einem Wassergraben umgeben, das übergroße Becken, die kleinen Kaskaden und die Wälder, die von schnurgeraden Alleen durchzogen sind – alles im Stil der Zeit Ludwigs XIV. Einen dem ursprünglichen Plan und der ursprünglichen Stimmung entsprechenden Garten zu gestalten, der dabei nicht zu übermächtig wirken sollte, brachte eine Reihe von Problemen mit sich, die ich, so gut ich konnte, löste, indem ich die Hauptlinien klar und sehr deutlich erkennbar beibehielt, während ich Hecken und verschlungene Lindenbäume so verwendete, daß ein Gefühl des Umschlossenseins und des Geheimnisvollen entstand. Es war wichtig, daß keine Einheit zu groß erschien und daß man sich in jeden Teil des Gartens gezogen fühlte, um herauszufinden, was es dort zu sehen gebe.

Bei jeder Gartenkomposition taucht ein Problem auf, für das es nur eine exakte und richtige Lösung gibt. In diesem Garten fand ich bei einem Detail ein merkwürdiges Beispiel hierfür. Ich rätselte lange Zeit an dem Entwurf einer Treppe herum, die vom Eingangshof vor dem Haus in den Garten hinabführen und eine unordentliche Grasböschung ersetzen sollte. Schaute ich vom Haus auf die große Fläche des Gartens hinab, so schien eine einfache große Treppenflucht angebracht, sah ich aber vom Garten zum Haus mit seinen winzigen Flügeln und dem Miniaturziergiebel zurück, wurde mir klar, daß solch eine große Treppenflucht hier fehl am Platze wäre. Schließlich arbeitete ich die geschwungenen Stufen aus, und als wir das Fundament aushoben, fanden wir an genau der gleichen Stelle die ursprünglichen Fundamente für eine gerundete Treppe mit genau dem gleichen Durchmesser.

Wie die Konturen eines Geländes auch beschaffen sind, die grundlegende Form eines Gartens kann nie zu einfach sein. Diese

Regel gilt immer, ob man einen streng architektonischen Garten entwirft, der sich vor einem formell gebauten Haus ausdehnt und mit einer begrenzten Auswahl von Pflanzen bedacht wird, oder ob man einen symmetrischen oder unsymmetrischen Rahmen für eine üppige und abwechslungsreiche Pflanzenwelt schafft. Einer der herrlichsten Gärten, die ich kenne, wurde als Umrahmung für ein Haus im Stil des späten 18. Jahrhunderts in Roubaix in Nordfrankreich entworfen, wo das Landschaftsbild durch Fabrikanlagen heute stark beeinträchtigt ist. Der Plan ist symmetrisch. Vom Haus aus erstreckt sich ein langes Grasrechteck, umrahmt von dreieinhalb Meter hohen Hainbuchenhecken. In der halben Länge wird es durch eine quadratische Wasserfläche unterbrochen, die ohne Steinrand in Gras gesetzt ist und eine vom Haus aus nicht sichtbare Querachse markiert. Diese Achse besteht aus Gras und ist ebenfalls mit Hainbuchenhecken eingefaßt. Die gesamte Fläche hinter den Hecken ist als Wald angelegt. Es gibt keine Ablenkung, keine Kieswege, keine Skulpturen und keine Blumen. Die Wirkung ist immer beruhigend, und das Vorhandensein der Querachse wird vom Haus aus eher gefühlt als gesehen, was dem Garten etwas Geheimnisvolles verleiht. Nichts könnte einfacher und wirkungsvoller sein. Die Erinnerung an diesen Garten hat mir oft geholfen, wenn ich mich in zu komplizierte und gekünstelte Entwürfe für bedeutende Gärten verwickelte.

Heutzutage werde ich selbst in Frankreich selten aufgefordert, symmetrische klassische Gärten zu entwerfen. Die Leute ziehen die Zwanglosigkeit eines Landhäuschens vor, und man muß jetzt von Paris aus viele Kilometer fahren, wenn man ein kleines einfaches Besitztum finden will, das nicht ein Vermögen kostet. Die Ile de France hat viele kleine Flüsse, und seit einigen Jahren schon sind alte Wassermühlen als Sommersitz sehr gesucht. Sie sind oft sehr malerisch, und es ist immer eine interessante Arbeit, Gärten um sie herum anzulegen. Doch durch ihre Lage sind diese Gärten gewöhnlich feucht und kalt und ganz besonders anfällig für Spätfröste.

Der im sechsten Kapitel erwähnte Mühlengarten bei Chantilly war eine harte Aufgabe. Das Mühlenhaus ist gegen einen sechs Meter hohen Erddamm gebaut, der von einer abgestuften Trockenmauer aus riesigen viereckigen Steinen gestützt wird. Ein Teil des

Gartens und die Straße liegen oberhalb des Dammes, ebenso der Eingang des Hauses. Zwei Stockwerke tiefer fließt der Mühlbach, fast ein kleiner Fluß, unter dem Haus hindurch und dann quer über die flachen Rieselwiesen weiter. Der Erddamm liegt im rechten Winkel zu dem Bach und erstreckt sich fast über zweihundert Meter. Nachdem wir ihn von Eschenschößlingen und Nesseln befreit und dann sorgfältig bepflanzt haben, ist er nun die höchste und längste blühende Trockenmauer geworden, die ich kenne. Am anderen Ende grenzt diese Mauer an die Ruinen eines Klosters und an die ursprüngliche Klostermühle. Hier gelangt der Hauptfluß in das Besitztum, und dort war früher eine Furt. Das Wasser ist an dieser Stelle breit und fließt im Schatten der schönen alten Bäume, die die Steinruinen überdachen. Zwischen den Bäumen gibt es Mineralquellen, deren Wasser früher in Flaschen abgefüllt und als Chantillywasser verkauft wurde. Irgendwann im 19. Jahrhundert hat man aus Kieselsteinen und alten Flaschenböden um diese Quellen eine Art Grotte gebaut.

Es schien unnötig, die beiden Flußläufe abzuändern, weder den einen, der unter dem Haus hervorkommt und durch die sonnenbeschienenen Wiesen eilt, noch den anderen, der sich durch tiefen Schatten schlängelt.

Der Garten im unteren Teil des Anwesens ist äußerst einfach. Unterhalb der langen, gestuften Mauer liegt eine sehr große Staudenrabatte, und dann kommt ein breiter Rasen mit einigen Bäumen, der in einen kleinen, schattigen, leider hauptsächlich aus Tannen und Fichten bestehenden Wald übergeht. Dieser Wald umschließt die Ruinen und eine Graslichtung mit einigen schönen Eiben unmittelbar vor der dachlosen gotischen Klostermühle.

Nahe am Haus haben wir den Wasserlauf zwischen Trockenmauern eingefaßt und eine Reihe großer Steine aus den Ruinen als Trittsteine verwendet. Dann pflanzten wir *Spiraea cantoniensis* und Gruppen kleinblättrigen Buchsbaums als dauerhaften Hintergrund für Stiefmütterchen und Tulpen, denen Einjahrsblumen folgen. Diese recht anspruchsvolle Pflanzung beschränkt sich auf die wenigen Meter in unmittelbarer Nähe des Hauses; die Trittsteine und eine niedrige Trauerzeder bilden ihre Grenze. Der obere Garten zwischen Erddamm und Grenzmauer ist ein langer, schmaler Streifen Land, mit dem sich leichter umgehen ließ. Ich teilte ihn in vier Rechtecke auf. Das erste ist aus Gras mit einem gepflasterten Mittelweg, der vom Vordertor zum Haus führt. Die Bepflanzung besteht nur aus Feuerdorn (Pyracantha), flach an den angrenzenden Steinmauern gezogen, und einer flach und niedrig gestutzten Buchsbaumhecke parallel zum Haus.

Das zweite Rechteck ist ebenfalls von Rasen bedeckt, aus dem sich ein alter schiefer Apfelbaum und zwei einfache Beete mit der scharlachroten Floribundarose ›Moulin Rouge‹ herausheben.

Der dritte Abschnitt ist quadratisch und in rhombenförmige, mit Buchsbaum umrandete Beete eingeteilt, die im Frühjahr mit weißen und dunkelblauen Stiefmütterchen und im Sommer mit weißen und scharlachroten Petunien gefüllt sind. Eibenhecken umrahmen diesen geometrischen Farbteppich, und vier pyramidenförmige Eiben sorgen für Höhe.

Der letzte Abschnitt ist mehr lang als breit. Zu beiden Seiten eines Mittelweges werden schmale Beete gewöhnlich für den Mai mit Tulpen bepflanzt; ihnen folgen scharlachrote Verbenen, hellviolettes Ageratum und orangefarbene niedrige Tagetes. Hinter diesem schreienden Farbmosaik befinden sich auf beiden Seiten schmale Querbeete voller Schnittblumen aller Art.

Um diesen aufeinanderfolgenden Gärten Einheit und Gleichgewicht zu geben, setzte ich in regelmäßigen Abständen Eiben an die Grenzmauer und bedeckte diese selbst mit scharlach- und karmesinroten, weißen, gelben und rosa Kletterrosen, wobei ich immer nur eine Farbe für jeden Abschnitt verwandte. An der Innenseite bepflanzte ich die große Stützmauer dicht mit Nelken und Hochgebirgsphlox, Glockenblumen, Baldrian und Goldlack, um die ganze Höhe der Mauer in einen Wandteppich aus Blumen zu verwandeln. Oberhalb davon erstreckt sich längs des oberen Gartens eine niedrige, breite Mauer, gerade hoch genug zum Sitzen. Einzelne gestutzte Eiben, die in gleichen Abständen wie die Eiben an der äußeren Mauer gepflanzt sind, sorgen für Gleichgewicht und vertikale Akzente.

10. KAPITEL

Die Schweiz und Italien

Gleich nach dem Kriege war ich zum erstenmal in der Schweiz als Gartenarchitekt tätig. Man holte mich auf das am Seeufer in der Nähe von Genf gelegene Château de Bellerive, ein großes, rechtekkiges, steinernes Gebäude mit schönem Ziegeldach, flankiert von zwei Türmen aus dem 15. Jahrhundert. Dieses alte Schloß hatte seinen eigenen Hafen landeinwärts vom See und ein altes Fluttor und war einst der Einlaufhafen und das Salzlagerhaus des Königreiches Savoyen gewesen. Nach Westen geht der Blick über Wiesen und schöne Bäume quer über den See zu den langen Bergketten des Jura.

Mich erwartete dort keine allzu schwierige Aufgabe: Ich mußte alte und absterbende Bäume und ein überwuchertes Buchsbaumparterre entfernen. Die Buchsbaumanlage ersetzte ich durch einen einfachen Rasen und – an der Grenzmauer – eine breite Rabatte blühender Sträucher. Die Rabatte war etwa sechs Meter breit und dreißig Meter lang. Ich bepflanzte sie ausschließlich mit weißblühenden Sträuchern und fügte nur einige Gruppen des breitwachsenden Chinesischen Wacholders (*Juniperus chinensis* ›Pfitzeriana‹) und die Bergkiefer *(Pinus mugo* var. *mugo)* hinzu, um der Pflanzung Gewicht zu verleihen. In den Hintergrund setzte ich weißen Flieder, gefüllten Schneeball (*Viburnum opulus* ›Roseum‹), Philadelphus und für eine spätere Blüte weißen Roseneibisch *(Hibiscus syriacus).* Mehr im Vordergrund standen dann Gartenhortensien (*Hydrangea paniculata* ›Grandiflora‹), Schneeballsträucher (*Viburnum plicatum* ›Mariesii‹, *V. carlesii*), *Rosa rugosa* ›Blanc Double de Coubert‹, weiße Kurume-Azaleen und weißer Ginster. Ganz vorn pflanzte ich *Deutzia gracilis, Philadelphus microphyllus, Viburnum davidii* und Gruppen von Funkien mit graublauen Blättern, dazwischen weißen Rittersporn (Pacific-Hybriden) und Königslilien *(Lilium regale)*.

Der See kann das Sommernachmittagslicht so grell reflektieren, daß wir am anderen Ende des Rasens die Sicht verschleierten, indem wir Silberbirken und hochwachsende Sträucher, zum Beispiel Tamarisken und die grünblättrige wie die rotblättrige Form des Perückenstrauchs *(Cotinus coggygria)*, pflanzten.

Ich lernte bei diesem Probelauf in der Schweiz, mit welcher Liebe die Schweizer ihre Gärten anlegen und pflegen. Nach den Kriegsjahren ohne gärtnerische Betätigung war es eine Augenweide für mich, zu beobachten, mit welch peinlicher Genauigkeit hier gearbeitet wurde. Die Kosten waren und sind noch immer enorm hoch, aber man kann auch mit erstklassiger Ausführung rechnen. Die Pflanzlöcher sind gut und tief genug gegraben, es riecht nirgends nach Torf oder Dung, und in den Baumschulen hat man eine sehr große Auswahl an gutgezogenen Gehölzen. Steinmetzen leisten exakte Arbeit in der Ausführung von Pflaster und Treppen, Wege werden richtig entwässert und Rohrleitungen ordentlich verlegt. Gartenarbeit am Genfer See wäre ein wahres Vergnügen, gäbe es nicht die Bise, jenen unangenehmen Nordostwind, der das Rhônetal herunter von Brig nach Marseille bläst, wo er dann scharf nach Osten dreht und zum Mistral wird, dem dörrenden Unheil für jeden Garten in Südfrankreich.

Von Bellerive aus überquerte ich den See und gelangte zu einem entzückenden Besitztum, das Creux de Genthod heißt. Dieses kleine, erlesene Haus ist eines der wenigen noch bestehenden Gebäude von J. F. Blondel. Es wurde um 1730 für einen Geistlichen aus der alten Genfer Familie de Saussies erbaut. Blondels Originalentwurf zeigte ein sehr elegantes, aber einfaches Haus mit je einem Ziergiebel an den beiden breitesten Fronten und einem Flachdach. Dieses änderte der umsichtige Architekt dann aber offensichtlich in Anbetracht des unfreundlichen Genfer Wetters in ein schräges Ziegeldach ab. Als Baumaterial verwandte er den wunderschönen grünen Sandstein, der in Form von Geröllblöcken vom Grunde des Sees heraufgeholt wurde. Dieser Stein, der heute wohl nicht mehr verwendet wird, war im 18. Jahrhundert das charakteristische Baumaterial in der Gegend am See.

Das Haus mit seinen für ein französisches Haus dieser Zeit sehr ungewöhnlichen Schiebefenstern steht auf einem Grashügel. Der Eingang liegt auf der Südseite, und wie es bei allen Renaissancebauten üblich war, ging der Salon genau nach Norden, mit Blick auf einen langen Grasstreifen bis zu einem großen, rechteckigen Teich, der nun schon längst zugeschüttet ist. Diese Fläche, heute ein unebener Rasen, ist an beiden Seiten mit vier Reihen Roßkastanien bepflanzt, die auf Ochsenkarren mühsam aus dem etwa einhundertsechzig Kilometer entfernten Lyon herbeigeschafft wurden, kurz nachdem das Haus erbaut worden war. Die Ostfassade blickt von ihrer Anhöhe über eine ebene Fläche, die sich bis zu dem zweihundert Meter entfernten See hinzieht, und hier lag früher der von einer Mauer umgebene Küchengarten, der den schönen Ausblick auf den Mont Blanc versperrte. Als ich André Firmenich und seine Familie aufsuchte, denen das Haus jetzt gehört, fand ich sie in einem Zustand der Ratlosigkeit. Sie hatten die nach Osten liegenden Räume des Hauses in eine Bibliothek verwandelt; dort hielt man sich hauptsächlich auf. Der Küchengarten war entfernt worden, und seine schönen Torpfeiler und schmiedeeisernen Tore hatte man irgendwo anders verwendet. An der Stelle des Küchengartens befand sich nun ein Rasen, von Eibenhecken eingeschlossen und mit einer Reihe sehr hoher gestutzter Eiben bepflanzt, die man aus einem alten Garten in Genf geholt hatte.

Es ging darum, das Haus durch etwas anderes mit dem Garten zu verbinden als durch die häßliche Grasböschung, auf der es thronte. Zuerst war ich ziemlich verzagt; ich erkannte sofort, daß ein architektonisches Problem vorlag und daß ich mir eine ummauerte Terrasse und eine Treppenflucht ausdenken mußte, um die Höhe, auf der das Haus lag, mit dem langen, von Hecken umgebenen Garten unten in Verbindung zu bringen. Ich wußte auch, daß ich mit Architektur dieser Qualität nicht leichtfertig umgehen durfte. Schließlich entwarf ich für diese Seite des Hauses eine lange, einfache Mauer aus dem gleichen grünen Sandstein wie das Haus, die auf der inneren oder Hausseite etwa Sitzhöhe erreicht. Von hier aus führen zwei Treppen abwärts, um sich unten in der Mitte zu treffen. Wir diskutierten lange, ob wir Mauer und Treppen mit schmiedeeisernen Geländern versehen sollten. Ich gelangte schließlich zu der Überzeugung, daß sich Schmiedeeisen in der vom Baustil des Hauses geforderten Qualität weder entwerfen noch ausführen ließe und daß überdies etwas derart Kompliziertes nur die Aufmerksamkeit von dem schönen Ausblick auf die Alpen, vor allem auf den Mont Blanc, ablenken würde. So schloß ich die Hauptstützmauer mit einer Brüstung ab und setzte neben die Treppen sehr niedrige und breite Steingeländer, die in dicken Schnecken enden. Durch das Entfernen der Grasböschung war zwischen dem Fuß der neuen Mauer und dem Rasen eine Lücke entstanden; und hierfür dachte ich mir eine einfache Anlage von Beeten aus, die mit Buchsbaum eingefaßt und rings um ein steinumrandetes Becken symmetrisch angeordnet sind. Das Becken liegt genau auf der Achse zwischen einer der Kastanienalleen an der Nordseite und einem einfachen Holztor aus Gitterstäben, das den Eingang zu einem kleinen ummauerten, südlich vom Haus gelegenen Garten bildet.

Damit die Terrassenmauer nicht zu streng oder zu neu aussah, bepflanzte ich sie abwechselnd mit *Cotoneaster salicifolius* und Zierquitten (Chaenomeles). Diese Gehölze werden flach an der Mauer gezogen und kurz geschnitten, damit sie blühen und Früchte tragen und die Mauer nicht übermäßig verdecken. Doch brauchte die Komposition noch etwas mehr dauerhaften Schmuck. Nach vielem Suchen fanden wir in England einen Satz von sechs Steinvasen, und obwohl sie aus dem 17. Jahrhundert stammten und von den Cotswold Hills kamen, schienen sie uns genau zum Baustil des Hauses zu passen. Glücklicherweise war es tatsächlich so, und wir konnten sie in Abständen oben auf die Mauer setzen. Fast zur gleichen Zeit erwarb André Firmenich eine Bronzegruppe von Bourdelle, die in Paris zur Versteigerung gekommen war. Diese Brunnengruppe aus dem frühen 20. Jahrhundert stellt einen Knaben mit einer Ziege dar und steht nun in der Mitte des runden Beckens. Sie sieht aus, als wäre sie zweihundert Jahre früher gerade für diesen Standort entworfen worden.

Aber Jean Firmenich ist Schottin und fühlte sich ohne einen ummauerten Blumengarten unglücklich. Daher brachten wir rechts auf der Achse von Springbrunnen und Kastanienallee in der hohen

Mauer unser weißes Lattentor an; es führt zu dem ehemaligen Holz-lagerplatz. Hier legten wir einen einfachen Hof an, in dem Flächen aus feinem Schotter von Pflastersteinstreifen eingefaßt wurden, wodurch sich eine gute Aufteilung ergab. Am anderen Ende dieses Hofs steht unter zwei großen Kastanienbäumen ein winziger Holz-pavillon aus dem 18. Jahrhundert; er kam ebenfalls aus England und dient als Laube. Wir strichen ihn wieder in Weiß und Neapelgelb an und fügten Töpfe mit rosafarbenen Hortensien hinzu, um diesen schattigen Gartenteil etwas aufzuhellen. Von einer Seite dieses Hofs gelangt man in einen traditionellen ummauerten Staudengarten, in dessen Mitte ein Grasoval liegt. Um diesen Garten noch zusätzlich zu beleben, erstand Jean zwei bemalte hölzerne Esel von einem Karussell; sie stellte Tragkörbe für sie her, die nun im Sommer mit hängenden Geranien gefüllt sind.

Aber ich hatte noch mit der unmittelbaren Umgebung des Hauses zu tun. Um von der Eleganz der Architektur nicht zu sehr abzulen-ken, dachte ich mir eine einfache Anlage von Flächen aus feinem Kies und Gras aus; Farbe fügte ich durch sorgfältig verteilte Pflan-zen in Töpfen und Kästen hinzu. An jede Seite des Hauseinganges setzte ich hölzerne Kästen, Caisses de Versailles (siehe Kapitel IV), weiß gestrichen und mit schwarzen Eisenbändern umgeben; in ihnen wuchsen hochstämmige Lorbeerbäume. An der Ost- oder Seeseite sieht man kleinere, runde, mit Schmucklilien (Agapanthus) bepflanzte Holzkübel, und jedes Jahr füllen wir die Steinvasen auf der Brüstung mit weißen Geranien und der weißen hängenden Pe-tunie ›Satin Blanc‹, die stark duftet. Vor der Nordfront des Hauses mit den drei Bogenfenstern des Salons, die auf die lange, von Reihen alter Kastanien überschattete Grasfläche hinausgehen, legte ich einen großen Halbkreis aus Kies an, formte auch die Böschung halb-kreisförmig und pflanzte auf beiden Seiten, die Grasböschung hin-ablaufend, verschnörkelte Buchsbaumhecken im Rokokostil, einen Meter hoch und einen Meter dick. Um das Kieshalbrund stehen mehrere große weiße Caisses de Versailles. Sie sind mit zwei Meter hohen und ebenso breiten Büschen hellblauer Hortensien bepflanzt, die den ganzen Sommer lang blühen, bis die ersten Fröste sie kupfer-grün, türkis, hellviolett und zimtbraun färben. Das Creux de Gen-thod ist die vollkommenste und bezauberndste Komposition im Stil des 18. Jahrhunderts, die ich kenne. Es ist kompakt und doch geräumig. Die getäfelten Zimmer sind voller Bücher, Blumen und Bilder, und man hört das Lachen und Lärmen der Kinder, bis sich der gesamte Haushalt zu einem Sommerhaus am See zum Schwimmen und Segeln begibt; dann liegt das kleine Haus während der Sommernachmittage still in der Umrahmung seines Gartens.

In einem anderen Jahr war ich wieder in Genf; diesmal sollte ich rings um ein umgebautes Haus einen Garten anlegen. Das Haus lag hoch auf einem Hügel in einem Park mit vielen schönen Bäumen, und der Blick ging von hier aus wieder über den See auf den Mont Blanc. Dieses Gebäude ist ohne architektonischen Reiz, doch wird die Fassade zum See hin von zwei riesigen Platanen überschattet. Hier konnte ich keine Terrassenmauer bauen, da sie die Sicht von den Haupträumen in der Mitte der Fassade aus beeinträchtigt hätte. Da ich jedoch eine horizontale Grundlinie für das Haus brauchte, legte ich einen gepflasterten Platz oberhalb eines steil abfallenden Rasens an. Zu beiden Seiten ließ ich diesen Platz in ummauerte Terrassen übergehen, die etwas vorspringen, um die großen Platanen mit einzubeziehen und schattige Sitzplätze zu schaffen. Neben dem Haus mußte ich eine hohe Stützmauer bauen und den jäh abfallenden Boden auffüllen. Nachdem er ausgeglichen war, wurde eine ovale Grasfläche daraus, von breiten Staudenbeeten umgeben. Diese werden durch Gruppen von Polyantharosen, Persischem Flieder, Binsenginster *(Spartium junceum)* und einigen der neueren Buddlejahybriden verstärkt. Außerdem stehen im Schatten einiger großer Buchen Rhododendronhybriden zusammen mit Farnen und Funkien (Hosta), Tigerlilien, Astilben, *Iris sibirica* und *Ligularia dentata*. Der Boden in der Gegend von Genf ist etwas kalkig und voll runder Kieselsteine, und er trocknet ziemlich schnell aus. Es ist mir dennoch gelungen, hier Rhododendren und Azaleen zu ziehen, indem ich die ganze für die Pflanzung bestimmte Fläche sechzig Zentimeter tief aushob und die Grube mit zwei Lagen dichten Drahtgeflechts auslegte, ehe ich sie mit Torf ausfüllte. Das Drahtgeflecht scheint wandernde Baumwurzeln zurückzuhalten und zu verhindern, daß der Torf verschwindet.

Die Dame des Hauses bat mich, einen Garten voller Blumen und Sträucher in »englischer« Art anzulegen; sie war wie üblich erstaunt, daß Stauden nicht drei Monate hintereinander blühen. Ich richtete mich jedoch nach ihren Wünschen und tat mein Bestes, aber als ich zwischen die Herbstastern wegen ihrer hellrosa-violetten Beeren Schönfrucht *(Callicarpa bodinieri* var. *giraldii)* pflanzte, ging ich offensichtlich zu weit, und sie protestierte: »Hinaus mit Ihrem schrecklichen englischen Krimskrams!«

In diesem Garten erreichen schweizerische Gründlichkeit und schweizerische Neigung zu kostspieligen Unternehmungen die äußerste Grenze. Ich beschloß, einen ziemlich großen, strengen Vorhof in jenem Winkel anzulegen, der durch die beiden Flügel des Hauses an der Eingangsseite gebildet wurde, und zwar wollte ich ihn in Kies ausführen und mit Pflasterstreifen säumen. Es gab manche Diskussion darüber, wie man das am besten machen könnte, denn die ganze Familie fährt die größten amerikanischen Wagen, braust bis vor die Haustür und tritt dann scharf auf die Bremse. Eine solche Behandlung würde ein normaler Kiesbelag nicht lange aushalten. So betteten wir schließlich jedes einzelne Kieselsteinchen in farbloses Bitumen. Dieses Verfahren dauerte Wochen und kostete Unsummen, aber es hat sich bewährt.

Ein Problem in diesem Garten bildeten die Tiere. Die Tochter des Hauses brachte sie scharenweise an. Es gab sechs oder acht übelgelaunte Hunde, gegen die ich so allergisch wie ein Postbote war, zwei Hirsche nagten eine herrliche Hainbuchenhecke bis ins Innerste ab, und eine Miniaturschafherde zerstörte eine Lorbeerhecke zum großen Teil. Am schlimmsten aber war ein Affe, der häufig mit der Kette an einer der vier prachtvollen gestutzten Eiben, die ich für den Vorhof gefunden hatte, angebunden wurde. Nach wenigen Wochen waren die Bäume vernichtet.

Auf dem Weg durch den Park hinauf zum Küchengarten steht ein großer Taubenbaum *(Davidia involucrata* var. *vilmoriniana),* der vierzig oder fünfzig Jahre alt sein muß. Er bietet Anfang Juni einen wundervollen Anblick, und jedes Jahr versuche ich, einen Besuch zeitlich so zu legen, daß ich ihn mit seinen riesigen weißen, herabhängenden Hüllblättern, die sich im Wind drehen, zu sehen bekomme. Ich durfte alle Wege des Küchengartens mit Asphalt erneuern, der mit schönem Erbsenkies bedeckt wurde, und sie mit Haustein vom Kanton Wallis einfassen. Die Kosten hierfür waren zwar hoch, man erspart jedoch eine Arbeitskraft im Garten, denn es gibt kein Unkraut und keine Ränder, die man in Ordnung halten muß.

Während dieser Küchengarten an drei Seiten von einer Mauer eingeschlossen wird, hatte ich mir eine Abgrenzung für die vierte, zum Park hin gelegene Seite auszudenken. Es sollte kein zu steifer Eindruck entstehen; so pflanzte ich eine lange Hecke aus roten und rosa ›Grootendorst‹-Rosen. Das sind Rugosahybriden mit kleinen gefüllten Blüten, deren Blumenblätter nelkenartig ausgefranst sind. Sie bilden eine dichte, etwa zwei Meter hohe und einen Meter dicke Hecke und blühen von Mai bis September ununterbrochen.

Da der Park nicht bis an das Seeufer reicht, entschlossen wir uns, an der höchsten Stelle des Anwesens jenseits des Küchengartens ein Schwimmbecken, einen Tennisplatz und Umkleidekabinen zu bauen. Von hier aus sieht man zwischen den Stämmen einer Gruppe schöner alter Kiefern hindurch über abfallendes Gelände und den See bis zu den Bergen. Diese Aussicht ist so dramatisch, daß ich schließlich ein gewichtigeres Gebäude mit einem geräumigen Wohnraum entwarf. Das Zimmer hat ein breites Fenster, das auf Knopfdruck verschwindet. Die Lage dieses Fensters bestimmte den Grundriß. Hinter dem Gebäude ist ein Tennisplatz, von dreieinhalb Meter hohen Hainbuchenhecken umgeben; davor, und zwar etwa zwei Meter tiefer, legte ich das Schwimmbecken an, das nach Norden durch das Gebäude und nach Osten durch eine niedrige Stützmauer und eine Eibenhecke geschützt wird. Die Süd- und Westseite wurden für die Aussicht frei gelassen, und in der Südwestecke schwingt das rechteckige Becken halbkreisförmig zum See hin aus. Obwohl es nur etwa dreizehn Meter lang ist, verleihen die einfachen Linien und die sorgfältige Gestaltung der Grasböschungen und des Rasens rund umher dem Badebecken eine gewisse Großzügigkeit. Ich hoffe, daß es somit in angemessener Weise mit einer der atemberaubendsten Aussichten Europas verbunden ist. Die erforderlichen Leitern und das Sprungbrett sitzen in Metallfassungen und können im Winter herausgenommen werden, so daß das Becken dann lediglich als dekoratives Element dient.

Ich wurde mit allen Gärtnern und Baumschulenbesitzern in der Genfer Gegend gut bekannt. Sie haben ausgezeichnete Vorarbeiter und gute italienische Arbeiter. Sie sind gut ausgerüstet und konkurrieren heftig miteinander. Innerhalb weniger Stunden schafft ein Telefonanruf eine Gärtnerkolonne herbei, die Bäume schneidet, Hecken stutzt oder mit dem Bau eines Gartenprojekts beginnt. Wenn ich ausgefallene Pflanzen brauche, gibt es glücklicherweise eine englische Dame, die zurückgezogen am Ende des Sees lebt und alle Arten seltener Pflanzen züchtet, zu ihrem eigenen Vergnügen und um sie an Blumenläden in Lausanne zu verkaufen. Manchmal besuche ich sie in ihrem kleinen Haus voller Pekinesen, Familienandenken und Tennistrophäen. Vögel fliegen im Haus ein und aus, und sie schwört, daß sie ihr in der Dämmerung die Neuigkeiten des Tages zutragen.

Später entschloß sich Prinz Ali Khan, auf einem der wenigen noch frei gebliebenen Ufergrundstücke zwischen der Straße Genf–Lausanne und dem See ein kleines Steinhaus im Stil des 18. Jahrhunderts zu bauen. Das Haus liegt etwa achtzehn Meter zurück, ein wenig unterhalb der Straße und ungefähr gleich weit vom Wasser entfernt; auf dem ganzen Grundstück gab es weder Baum noch Strauch. Der Prinz gehörte zu jenen Personen, die von der Weltpresse gern in den Vordergrund gerückt werden, und darum sollte ich einen Garten entwerfen, der die Reporter fernhielt und diesem viereckigen Haus eine private Atmosphäre verlieh. Nach längerer Überlegung füllte ich die obere Hälfte des schmalen, abschüssigen Streifens bis in Straßenhöhe auf, so daß hinter dem Haupttor und der an die Straße grenzenden Garage ein Parkplatz vorhanden ist; diesen umgab ich mit einer Eibenhecke als zweiter Abschirmung. Eine Treppenflucht und ein schmaler Weg führen zu der Vordertür hinab; und den gesamten Raum dazwischen bepflanzte ich dicht mit Birken. Heute, nach nur drei Jahren, ist dort ein beachtliches Birkendickicht herangewachsen, und von der Straße aus kann man das Vorhandensein des Hauses nur ahnen.

Hainbuchenhecken sind in der Genfer Gegend eine Spezialität. Man kann sie in jeder Größe von einem bis dreieinhalb Meter Höhe kaufen; sie wachsen sofort an und bilden schon nach dem ersten Jahr eine wohlgeformte Hecke. Nach meiner Erfahrung wachsen sie in anderen Gegenden sehr viel langsamer an und sind schwierig zu verpflanzen. Am besten setzt man sie Mitte April um, kurz bevor sie die vorjährigen Blätter abwerfen. Auch der Garten des Prinzen ist mit einer solchen Hainbuchenhecke umgeben und nur nach der Wasserseite hin offen. Im Garten ziehen sich Gras, einige einzeln stehende Bäume und Gruppen blühender Sträucher bis zum Rand des Wassers hin. Auf der einen Seite des Hauses wurde eine einfache Beetanlage in Gras gesetzt, mit ›Cocorico‹-Rosen gefüllt und mit Katzenminze umrahmt. Ein dichter Gürtel von Sträuchern und Bäumen schützt den Garten gegen die Straße hin und schwächt den Verkehrslärm ab. Ich kenne nur wenige Dinge in einem Garten, die so bedeutungslos und unattraktiv sein können wie eine Pflanzung von gemischten Sträuchern. Jedesmal, wenn ich mir eine solche Zusammenstellung ausdenken muß, zwinge ich mich, ein einfaches Thema zu wählen und auch dabei zu bleiben. Hier entschloß ich mich, als Grundpflanzung Stechpalmen und Cotoneaster (*C. frigidus, C. salicifolius* und die Cotoneaster-Watereri-Hybride ›Cornubia‹) sowie *Viburnum rhytidophyllum* zu verwenden, wobei ich auf eine einfache Farbharmonie aus grünem Laub und roten Beeren abzielte. Sie wachsen gut heran und werden bald einen zweieinhalb Meter hohen Schutzwall gegen die Straße bilden. Um einen noch höheren vertikalen Akzent zu setzen und ein Nachbarhaus zu verdecken, pflanzte ich drei sehr große Scheinzypressen (*Chamaecyparis nootkatensis* ›Pendula‹). Neben ihnen an der seitlichen Abgrenzung des Besitztums steht eine große Gruppe rotblättriger Sträucher. Ich verwandte die rotblättrige Form des Perückenstrauches (*Cotinus coggygria* ›Rubrifolius‹), um einen höheren Hintergrund zu schaffen, ebenso wie *Carylus maxima* ›Purpurea‹, die purpurblättrige Haselnuß; davor wächst eine Gruppe von etwa zwölf roten Japanischen Ahornbäumen (*Acer palmatum* ›Atropurpureum‹), zusammen mit rötlichen Berberitzen (*Berberis thunbergii*) und *Rosa rubrifolia*. Die Rose gehört zu meinen besonderen Lieblingen. Ihr zartrotes Laub hat einen bläulichen Schimmer, das Rot wird gleichsam von Violett und einem sanften, silbrigen Grün verschleiert, und die kurze Blütezeit fügt genau den richtigen Ton von Violettrosa hinzu. Diesen Gartenteil ergänzte ich durch eine Gruppe der niedrigwachsenden *Rosa mutabilis,* um durch ihre mahagoniroten Stiele und ihre Blüten, die als Knospen orangerot sind, beim Öffnen in Gelb und beim Welken in Violettrosa übergehen, etwas Funkelndes in den Garten zu bringen. Wäre genügend Platz gewesen, hätte ich einige Exemplare des Indigostrauchs *(Indigofera gerardiana)* gepflanzt. Während das Laub silbergrün ist, öffnen sich die rosavioletten Blüten zur gleichen Zeit wie der rosaflaumige Blütenstand des rotblättrigen Perückenstrauchs. Dieser Garten war jedoch klein, und ich mußte Platz für einige schattenspendende Bäume finden, die in der Genfer Sommerhitze unbedingt nötig sind. So gruben wir unten am See ein großes Loch in den Kies und füllten es mit tonigem Lehm, um eine Trauerweide hineinzupflanzen. Ebenfalls ans Wasser pflanzte ich eine Sumpfzypresse *(Taxodium distichum)*. In die Nähe des Hauses setzte ich drei Magnolien *(Magnolia × soulangiana)*. Diesem Baum kann ich nicht widerstehen, obwohl ich genau weiß, daß sein Baldachin aus weißen wachsartigen Blüten in drei von vier Frühjahren durch Spätfröste braun gefärbt wird. Ich pflanze diese Magnolien auch gern wegen der schönen gedrehten Formen ihrer elefantengrauen Stämme und Zweige und wegen der Vornehmheit ihrer ovalen, salatgrünen Blätter. Diese Pflanze hat wie alle Magnolienbäume »Zeichnung« in jedem Zweig und jedem Blatt.

In einem kleinen kahlen Garten wie diesem hätte ich leicht in Versuchung geraten können, einige schnellwachsende Bäume zu pflanzen; aber gerade weil er so klein war, hatte ich das Gefühl, aus ihm eine Kostbarkeit machen zu müssen; so wählte ich auch einen Tulpenbaum *(Liriodendron tulipifera)*, der zwar langsam wächst, aber schon früh seine Besonderheit zeigt. Nicht weit davon fügte ich drei Amberbäume (Liquidambar) und eine Gruppe rosa Dogwood (*Cornus florida* ›Rubra‹) hinzu, alle in unvermischten Torf gesetzt. Sie sollten Herbstfarbe bringen. In einem kontinentalen Klima (auf gute Herbstfarbe kann man sich in der Schweiz jedes Jahr verlassen) färbt sich der Hartriegel kirschscharlachrot, während die Unterseite jedes Blattes ganz blaß silbergrün bleibt.

Während ich diesen Garten anlegte – gemächlich, weil ich auf die Bauleute warten mußte (einen Garten anlegen, ehe die Stukkateure ihre Arbeit beendet haben, bedeutet, alles zweimal machen zu müssen) –, sollte ich am anderen Ende von Genf einen Fabrikgarten gestalten. Die Fabrik ist ein ansehnliches, in seiner Linienführung einfaches Gebäude, an dessen einer Seite ein langes, dreieckiges Gartengrundstück anschließt. Um es gegen die Bise zu schützen und einen häßlichen, bebauten Hügelhang zu verdecken, pflanzte ich in dreifacher Reihe Italienische Pappeln (*Populus nigra* ›Italica‹) als Grenze an eine der langen Seiten des Dreiecks und legte einen großen, ungefähr dreieckigen, spiegelnden Teich in der Rasenfläche an, die den größten Teil des Grundstücks einnimmt. Neben dem Haus wurden rechteckige Beete in einem Zickzackmuster angeordnet, mit scharlachroten Polyantharosen bepflanzt und durch pyramidenförmig gestutzte Eiben akzentuiert. Sie geben die Atmosphäre des Bauwerks in Pflanzenform wieder. Außerdem sind da noch ein Dickicht aus Silberbirken und ein paar sorgfältig verteilte Gruppen von Libanonzedern und Gemeinen Kiefern (*Pinus sylvestris*).

Ich war nie dafür, in der Nähe von Fabriken oder großen öffentlichen Gebäuden intime Gärten anzulegen. Maßstab und Vokabular von Hausgärten kommen hier nicht in Frage. Breite Anfahrtsstraßen, Parkplätze und lange Dachlinien verlangen die allereinfachste Gartenanlage, wenn der Maßstab stimmen soll. Man muß großzügig und weitläufig pflanzen, und ganz gleich, ob man runde, vertikale oder horizontale Formen bevorzugt, sie müssen wiederholt werden, bis sie so unmißverständlich wie das Bauwerk selbst ihre Botschaft ausdrücken. Hier auf der Industrieseite von Genf, wo die Arve in einer tiefen Bergschlucht in die Rhône mündet, empfindet man die Nähe der Berge – mit dem Walfischrücken des Mont Salève auf der einen Seite und dem langen Gebirgskamm des Jura, der steil nach Bellegarde hin abfällt, auf der anderen Seite – und hat unbedingt das Gefühl, großzügig pflanzen zu müssen.

Als nächstes stand auf meiner Liste die Villa Deodati bei Genf, in der Byron einmal lebte. Hier kam zwar kein Auftrag zustande, doch verbrachte ich ein, zwei glückliche Tage damit, den Garten auf seine Möglichkeiten hin zu durchforschen. Das schöne Haus mit seinen schlichten Säulengängen und den prachtvollen schmiedeeisernen Geländern entstand gegen Ende des 18. Jahrhunderts. Leider hatten spätere Eigentümer die ganze Originaltäfelung herausgerissen und das Haus so ausstaffiert, daß es einem Transatlantikdampfer aus der Zeit um 1900 glich.

Der Leser stellt sich vielleicht beschauliche Monate vor, die mit Gärtnern im Schweizer Tempo verbracht wurden: ruhig und besinnlich und mit genügend Zeit, um über jede Einzelheit gründlich nachzudenken. In Wirklichkeit waren diese Jahre eher wie ein Clubsandwich mit im Zuge verbrachten Nächten als Toastscheiben. Der Belag dazwischen waren Gartenaufträge in Paris, in Südfrankreich und vielleicht auch in Italien, in der Schweiz oder in Belgien. Jahre hindurch war es für mich nichts Ungewöhnliches, vier aufeinanderfolgende Nächte im Schlafwagen zu verbringen, während ich, einen Auftrag in der Tasche, zu einem anderen in einem anderen Land mit einem ganz anderen Klima eilte. Es kam vor, daß ich Genf und einen altmodischen ländlichen Rosengarten am Abend verließ und in Nizza aufwachte, um mich mit Problemen der Pflanzung in dem von der See angeschwemmten Kalkstein des Cap d'Antibes zu beschäftigen. Von hier aus hetzte ich nach Grasse, wo Terrassen mit Tuberosen und Jasmin unter den Stämmen eines alten Olivengartens zu bepflanzen waren, und am Abend versuchte ich dann vielleicht ein Flugzeug zu erreichen, das mich nach Rom brachte. Hier hatte ich in der Nähe der Villa Borghese einen Hotelgarten anzulegen. Die nächste Nacht fuhr ich zum Beispiel im Zug nach Verona, Venedig oder Mailand oder auch zurück nach Paris, wo ich gerade noch zur rechten Zeit eintraf, um weiter nach Lille und Brüssel zu kommen. Dort mußte ich mit anderen Auftraggebern über andere Gärten verhandeln, wo ich mit einem anderen Klima und einer anderen Pflanzenwelt zu rechnen hatte.

Doch jetzt sind wir erst einmal in der Schweiz und können vielleicht langsam am Seeufer entlang durch Coppet und Nyon, Rolle und Morges wandern. Das sind wunderschön angelegte kleine Städte. Hier werden breite Straßen von grünen Sandsteinhäusern gesäumt, deren Rolläden oft bunt bemalt sind und deren Fensterkästen und Springbrunnen von blühenden Petunien, Geranien, Salbei und Tagetes überquellen. Die hügelige Landschaft steigt zum Jura hin an und verbirgt hundert kleine Schlösser, meist aus dem 18. Jahrhundert, die Eleganz und solide Bequemlichkeit in sich vereinen. Solch ein Schloß mit hübsch ausgearbeiteten Türen und Fenstern liegt für gewöhnlich etwas zurückgesetzt zwischen den Wirtschaftsgebäuden. Fast immer findet man ein schmiedeeisernes Tor zwischen steinernen Torpfeilern und einen großen steinernen Springbrunnen, der dem Hof zwischen den Gebäuden eine gewisse Atmosphäre verleiht.

Hinter Lausanne treten die Berge dicht an den See heran, und man reist durch terrassierte Weinberge in den Kanton Wallis. Jedesmal, wenn ich auf dem Wege nach Italien hier durchfahre, sehne ich mich danach, den kleinen Zug zu benutzen, der rechts ein steiles Tal bis Zermatt hinaufkriecht. Hier oben thront wie ein tibetanisches Kloster das Riffelalp-Hotel direkt an der Baumgrenze über einem Wald aus Zirbelkiefern mit dem Blick auf den großen Obelisken des Matterhorns, dessen Spitze wie eine Pyramide aufragt – eine Stelle, wo Himmel und Erde sich begegnen, sich magnetisch anziehen und ineinander übergehen. Aber wir müssen weiter durch den Simplon über Pallanza und Stresa mit den berühmten Terrassengärten auf der Isola Bella und der Isola Madre, hinunter in die Lombardische Tiefebene mit ihren Reisfeldern und den von Pappeln und Weiden gesäumten Bewässerungskanälen. Wenden wir uns westwärts, so kommen wir nach Turin, dahinter bewaldete Hügel und noch weiter entfernt das große Amphitheater der schneebedeckten Alpen.

Zuerst kam ich nach Turin, um bei La Loggia den großen Wassergarten für den Grafen Rossi anzulegen; oben habe ich ihn bereits beschrieben. Diese Arbeit führte zu einem anderen Auftrag: Ich sollte den Garten eines Landhauses in der Hügellandschaft am Fuße der Alpen jenseits von Pinerolo in Ordnung bringen. Die Villa wurde Mitte des 18. Jahrhunderts gebaut und ist in dem kräftigen, farbenfrohen piemontesischen Stil reich verziert. Von einem niedrigen Erdgeschoß, das einst Lagerräume und Stallungen beherbergte, führt eine geräumige Doppeltreppe zu einer im damaligen chinesischen Stil stuckierten Galerie und einer Reihe von Gesellschaftsräumen. Der Garten, verhältnismäßig klein und ringsum von einer hohen Mauer eingeschlossen, war etwa acht Jahre zuvor so dicht mit Ziernadelhölzern und Lorbeerbäumen bepflanzt worden, daß man sich in einem Vorortgarten in Streatham, Neuilly oder Brooklyn glaubte. Wo immer eine ebene Fläche vorhanden war, gab es auch ein formelles Buchsbaumparterre; insgesamt waren es sechs, einige davon terrassenförmig, alle mit endlosen Reihen häßlicher Terrakottavasen und weißen marmornen Springbrunnen und Statuen bedacht. Jahrelang hatte der Gärtner Nadelhölzer gepflanzt und einzelne Beete, meist mit scharlachrotem Salbei und Geranien, hinzugefügt. Als ich ankam, war er schon über fünfzig Jahre dort.

Zunächst beschloß ich, freie Sicht zu schaffen, um mit der Landschaft in Kontakt zu kommen. Mein Vorschlag, das Baumdickicht zu lichten, führte zu einem langen, verzweifelten Kampf. Jede Fichte, jede Schuppentanne war von diesem Gärtner gepflanzt worden, und er wurde immer verdrießlicher, als eine nach der anderen verschwand. Es gelang mir schließlich auch, alle die geometrischen Anlagen sowie sämtliche Statuen und Töpfe zu entfernen und die endlos sich windenden, ins Nichts führenden Kieswege loszuwerden. Auf diese Art und Weise erhielt der Garten wieder Licht und Luft, und schon sah alles besser aus. Man konnte jetzt zwischen schönen Zedern und Buchen hindurch bis hinüber zu den Bergen und dem gewundenen Tal schauen. Hinter dem Garten war wieder die Kuppel einer schönen Barockkirche zu sehen, die Juvara gebaut hatte. Jenseits dieser Kirche steigt ein Berghang mit Wäldern, terrassenförmigen Feldern und kleinen Bauernhäusern steil empor, und das alles wirkt wie ein großer Wandteppich, dessen Muster je nach der Jahreszeit die Farben wechselt.

Was wir bis dahin erreicht hatten, machte uns Lust auf mehr. Die Grenzmauer umschloß den Garten viel zu dicht. Ein öffentlicher Weg direkt dahinter führte zur Kirche; wir mußten also einen neuen Weg bauen, der in einem viel größeren Bogen um den Besitz herumführte, so daß man die Kirche von einer anderen Seite aus erreichte. Die Mauer kam weg, und der gesamte neugewonnene Boden wurde mit einem Zaun und einer Hecke aus Osagedorn (Maclura) umgeben. Wir wollten diese dreißig Morgen vom Haus schräg abfallenden Bodens mit Rasen bedecken, Bäume in Gruppen oder einzeln anpflanzen und so einen malerischen Park gestalten, der dem Wesen des Hauses entsprach und gleichzeitig einen Vordergrund für die Berge abgeben sollte. Wir pflanzten junge Zedern und Trauerbuchen, Silberlinden, Ahorn und Kastanien. Nur für die Zeit, bis diese Bäume herangewachsen sind, haben wir einen regelrechten Obstgarten mit hochstämmigen Apfel- und Kirschbäumen angelegt, unter denen wir Heu und Luzerne ernten, womit der Boden gut genutzt wird.

Hinter dem Haus fällt der Boden steil zu einem tiefen, engen Tal unterhalb des großen Hügels ab. Auch dieses Tal war durch eine Mauer abgetrennt und außerdem durch eine Reihe Platanen verdeckt. Jenseits der Mauer floß im Talgrund ein Gebirgsbach – zur Zeit der Schneeschmelze oder nach einem Gewitter ein reißender Strom, in heißen Sommermonaten lediglich ein Rinnsal. Diese Mauer und die Platanen verschwanden ebenfalls. Wir übernahmen den gegenüberliegenden bewaldeten Steilhang und das Tal und umfriedeten dieses Gelände.

Unter großen Buchen durchläuft ein kleiner Hohlweg den Garten und strebt unter einer roh gearbeiteten Brücke dem Tal zu. Hier begann ich ernsthaft mit der Gartenarbeit. Ich legte breite Torfbeete an und bepflanzte den Hohlweg mit Rhododendren, Kurume- und Exbury-Azaleen, Magnolien, Japanischem Ahorn und vielen anderen Pflanzen, von denen ich annahm, daß sie in diesem schattigen, feuchten und gut drainierten Bereich gedeihen würden. Im dunkelsten Schatten verwendete ich Bergenien, das Kleine Singrün *(Vinca minor)*, gestutzte Mahonien, große Mengen von *Scilla non-scripta* und, um Frühlingsfarben herzuzubringen, gelbe Narzissen und Traubenhyazinthen. Ich fügte noch eine andere sehr schöne bodendeckende Pflanze hinzu, die man in wohl jedem italienischen Garten vom Norden bis zum Süden findet. In Italien nennt man sie »convallaria«, in Frankreich »turquoise«; mir kommt sie wie zwergwüchsiger Schlangenbart (Ophiopogon) vor mit ihren charakteristischen schmalen Blättern und dem winzigen keulenförmigen, hellvioletten Blütenstand. Im Schatten wie auch in der Sonne gedeiht diese Pflanze prächtig.

Das Haupttal war, im ganzen betrachtet, ein größeres Problem. Da ich mich von Wasser immer angesprochen fühle, beschloß ich, einen sehr schlichten, ziemlich großen Wassergarten anzulegen. Das Tal stürzte so jählings ab, daß wir zunächst mehrere Dämme aus dem hier vorkommenden Gestein anlegen mußten, so daß eine Reihe von Teichen entstand. Diese Dämme – es sind elf – sind ein bis drei Meter hoch, die elf Teiche sechs bis fünfzehn Meter lang. Damit sie nicht zu künstlich aussähen, hielt ich es für das beste, sie ein Jahr lang Stürmen und Hochwasser zu überlassen; mitgebrachter Schlamm und Steine würden für ein natürliches Aussehen sorgen. Ich hatte jedoch nicht mit einem Wolkenbruch im oberen Teil des Tales gerechnet, der im August unsere ganze erste Anpflanzung und viele Tonnen Mutterboden und Torf hinwegschwemmte. Wir behoben den Schaden, indem wir einen größeren Damm außer Sicht etwas weiter oben im Tal bauten und von dort eine unterirdische Betonleitung mit einer Rohrweite von einem Meter anlegten, die alles überflüssige Wasser ableitet. Dies ermöglichte einen gleichmäßigen Zufluß für die Kaskaden, die von Teich zu Teich herabfallen.

Diesen ganzen Bau führten wir mit einheimischen Arbeitern aus. Alle italienischen Handwerker scheinen eine angeborene Geschicklichkeit für Steine zu haben und instinktiv zu wissen, wie man bauen muß. Bei diesem Gartenprojekt wollten sie zunächst alle Fugen mit Zement ausfüllen, auf diese Weise ihre Arbeit besonders kunstvoll gestalten und nach ihrer Art »verzieren«. Es ergaben sich dadurch anfänglich Schwierigkeiten, aber als ihnen langsam klar wurde, was ich wollte, war ich über die Schnelligkeit und Geschicklichkeit erstaunt, mit der sie eine rohe Skizze in eine solide Konstruktion umsetzen konnten. Mauern, Wasserfälle, Stufen und Pflasterung schienen fast ebenso schnell ausgeführt zu werden, wie ich sie zeichnen oder an Ort und Stelle abstecken konnte. Als ich beginnen wollte, Felsbrocken an den Kaskaden aufzubauen, um die Dammmauern, das zugrundeliegende Gerippe dieses Gartens, zu verbergen, kam es wieder zu einem Mißverständnis. Ich verlangte Flußsteine aus dem nächsten Flußbett und hatte vor, sie einen nach dem anderen am Fuße jeder Kaskade aufzuschichten. Als ich wieder an die Baustelle kam, sah ich, daß mehrere Wagenladungen unter den Wasserfällen am oberen Ende jedes Teichs ausgekippt worden waren. Die Steine mußten mühsam wieder herausgeholt werden, bevor ich mit dem Aufschichten beginnen konnte.

Als ich mich an die Bepflanzung dieses Tales machen wollte, mußte ich weit reisen, um das zu finden, was ich suchte. Die moderne Gartengestaltung in Italien folgt im allgemeinen der Praxis des 19. Jahrhunderts, und in fast jedem winzigen Villengarten findet man mit Sicherheit einige Zedern und Magnolienbäume *(Magnolia grandiflora)*, die ineinanderwachsen, so eng sind sie gepflanzt. Die etwas aufgeklärteren Anhänger moderner Architektur schaffen Gärten mit drei Birken, unregelmäßigem Teich, einem kurzen Stück bepflanzter Trockenmauer und einem Beet mit Floribundarosen – all dies Gemeinplätze der »modernen« Gartengestaltung von Stockholm bis Palermo. Die Pflanzenzüchter haben sich natürlich darauf eingestellt, und ihre Auswahl ist entsprechend begrenzt. Lediglich in der Villa Taranto in Pallanza fand ich bei Captain Neil McEacharn eine sehr große Sammlung, und nach seiner Handliste konnte ich ankreuzen, was wahrscheinlich in meinem Garten gedeihen würde, und Pflanzen in Holland und England bestellen.

Da das Tal am Rande des Gartens liegt und mit seinen steilen, bewaldeten Hängen und den vielen Teichen, die sich zusammen mit dem Tal verbreitern, schon dramatisch genug wirkt, beschränkte ich die Pflanzenwelt am Wasser auf Flächen voll *Iris sibirica*, Taglilien (Hemerocallis), Weiderich (Lythrum), Astilben und da und dort größere Gruppen von *Ligularia dentata* und Hortensien *(Hydrangea quercifolia)*. An Sträuchern pflanzte ich Gruppen des Perückenstrauchs *(Cotinus coggygria)*, Ginster, *Rosa hugonis* und *Rosa moyesii, Viburnum plicatum* ›Mariesii‹, *Spiraea cantoniensis,* einige Berberitzen und Cotoneaster und breite Flächen von Feuerdorn *(Pyracantha coccinea)*, der nach anfänglich zögerndem Wachstum, wenn er sich erst einmal eingewöhnt hat, auf trockenen und steinigen Abhängen gut gedeiht. Die bewaldeten Steilhänge an der gegenüberliegenden Seite waren in schlechtem Zustand. Alles, was ich tun konnte, war, die Brombeeren und die Wurzelstöcke der Akazien auszurotten und sehr junge Buchen, Hainbuchen, Silberbirken und Gemeine Kiefern dicht anzupflanzen. Wenn diese Bäume heranwachsen und sich gegenseitig bedrängen, können wir sie lichten und so zusammenstellen, wie wir gern möchten. Auf den Grund des Tales habe ich Gruppen von Scheinakazien *(Robinia hispida)* und Japanischen Kirschen gepflanzt; Amberbäume (Liquidambar), Scharlacheichen und Sumpfzypressen *(Taxodium distichum)* setzte ich an die feuchteren Plätze. Außerdem pflanzte ich Hängebirken, einige Nadelhölzer und immergrüne Laubgehölze. Gruppen von Tränenkiefern *(Pinus griffithii)* und Gemeine Kiefern *(Pinus sylvestris)* betonen Windungen im Tal, mehrere Flußzedern (Calocedrus) bringen senkrechte Akzente in das Bild, und ausgedehnte Pflanzungen des flachwachsenden Wacholders *(Juniperus chinensis* ›Pfitzeriana‹) bedecken einige der steileren Böschungen neben den Wasserfällen, während breitblättrige Stechpalmen wie *Ilex × altaclarensis* ›Camelliaefolia‹ im Laufe der Zeit einen glänzenden, dunkelgrünen Hintergrund für die laubabwerfenden Gehölze bilden werden.

Ich kannte das Klima in diesem Gebirgstal nicht; daher kam ich nur langsam voran, indem ich jedes Jahr einige neue Pflanzen ausprobierte, um zu sehen, wie sie die sehr heißen Sommer, die Regengüsse im September und einen kurzen, aber harten Winter, bei dem der Schnee mindestens einen Monat lang meterhoch liegt, überstehen würden. Ende Februar zeigen sich Primeln und der Gemeine Hundszahn *(Erythronium dens-canis)* bald in voller Blüte, wenn der schmelzende Schnee sie freigibt. Wir haben auch einen Versuch mit Kamelien gewagt, und junge Pflanzen von etwa dreißig verschiedenen Arten und Sorten wachsen in einem Anzuchtbeet im Schatten einer Buchengruppe heran. Wenn sie, wie es aussieht, gut gedeihen, werden sie später den Hauptteil der immergrünen Pflanzung an den schattigeren Stellen des Tals ausmachen.

Ein besonderer Reiz der Gartengestaltung in Norditalien liegt darin, daß manche Pflanzen hier bis zum Dezember in den Gärten blühen. Wenn das Gelände oberhalb der Nebelzone liegt, die im Winter wochenlang Mailand, Turin und tatsächlich das ganze Po-Tal einhüllt, verlängert sich der sonnige Herbst bis zur Jahreswende, und man kann mit Stiefmütterchen, Floribundarosen und besonders mit Koreanischen Chrysanthemen auch zu dieser Zeit noch einen blühenden Garten haben. Weiter nördlich – in Frankreich, in der Schweiz und in England – schauen Koreanische Chrysanthemen Ende Oktober so durchweicht und entmutigt aus, daß man sich entschließt, sie nicht im Freien zu ziehen; aber in Turin und Verona fand ich sie oft massenhaft in Gärten, wo sie bis Mitte Dezember in gelber und cremefarbener, orange, rosa und roter Blütenfülle prunkten.

Die Stadt Turin hat ihren eigenen, etwas herben Reiz. Der große Bogen des Po durchbricht einen rechtwinkligen Straßengrundriß, und jenseits des Flusses sieht man den »Hügel«, eine kleine Anzahl dichtbewaldeter Anhöhen mit verstreut liegenden Villen, viele davon Ende des 18. und Anfang des 19. Jahrhunderts gebaut. Piemontesische Architektur und Ausstattung lehnten sich in dieser Epoche mehr an Paris als an den Süden an, doch zeichnen sie sich durch eine italienische Überfülle an Farbe und Form aus. Obwohl piemontesische Handwerker nicht die Mittel zur Verfügung hatten, um mit ebenso ausgezeichnetem Material und mit der gleichen

Kunstfertigkeit wie ihre französischen Vorbilder zu arbeiten, stellten sie doch auf bezaubernde Weise bemalte Möbel und bemalten Zierat her. Die Vorliebe für das Chinesische zum Beispiel kam spät nach Turin, und man kann viele Häuser finden, deren Gesellschaftsräume mit Chinoiserien im späten Louis-XVI-Stil in leuchtendem Blau und Gelb, Lackrot und stechendem Grün geschmückt sind. Das Haus Savoyen, das hier residierte, errichtete eine Reihe extravaganter Paläste und Landhäuser, Stupinigi, Raconigi, Venaria und Moncalieri ebenso wie den königlichen Palast in Turin selbst. Heute haben manche Stadtteile, besonders an den Ufern des Po, die unauffällige Eleganz eines Stadtbildes von Bellotto.

Ein neuer, schön bepflanzter Park am Flußufer dehnt diese städtische Landschaft aus und vermehrt die Grünanlagen einer Stadt, die an Umfang und Bevölkerung rasch zunimmt. Im Zentrum, wo der offene Raum hauptsächlich aus Plätzen mit Bogengängen ohne Bäume und Gärten besteht, ergreift die Stadtverwaltung jede Gelegenheit, Blumen zwar meist nach der altmodischen Art des 19. Jahrhunderts, jedoch sehr geschickt und mit großem Erfindungsgeist zu pflanzen. Vor dem Hauptbahnhof mit seiner viktorianisch-türkischen Fassade liegt ein Platz mit einigen schönen Bäumen und einem großen Springbrunnen. Man hat hier Pyramiden aus Fingerhut in das Gras gesetzt, denen Glockenblumen folgen und Tulpen in verschiedenen Farben vorausgehen; alles ist sorgfältig ausgewählt und zu jeder Jahreszeit anders. Die ersten Spinnenpflanzen (Cleome) sah ich in Turin. Sie schmückten einen Verkehrskreisel, und selbst Laternenpfähle sind moosbewachsen und verwandeln sich im Sommer in sechs Meter hohe Säulen, die von Begonien überquellen.

Die Arbeit in einem Garten auf dem »Hügel«, nicht weit von Moncalieri, machte mir viel Freude. Er gehörte zur Villa Silvio Pellico, benannt nach dem Dichter des 19. Jahrhunderts, der hier gelebt hat. Um zu dem Haus zu gelangen, muß man unter prachtvollen Zedern (Cedrus) und Flußzedern (Calocedrus) hindurchfahren; sie stehen in einem untadeligen Rasen aus »Monzagras«, jenem feinen, dichtwachsenden Straußgras (Agrostis), das kein Unkraut aufkommen läßt. Der Hauptteil des Hauses fällt durch braungelb-orangefarbenen Stuck auf und hat die schönen, einfachen Proportionen des späten 18. Jahrhunderts; ein weiträumiger Flügel und eine Kapelle im neugotischen Stil aus der Zeit um 1830 wurden hinzugefügt. Dieser Teil des Hauses wird von schönen alten Nadelhölzern und einer ausladenden Paulownie überschattet, an deren Fuß ein schöner steinerner chinesischer Buddha in Betrachtung versunken sitzt. Der Rasen vor dem Haus endet am Rand des Hügels, der steil zu der flachen, im diesigen Sonnenlicht ausgebreiteten Ebene abfällt.

Als ich diesen Garten zum erstenmal sah, führte eine steile Grasböschung jenseits des Rasens zu einem sehr häßlichen, schräg abfallenden Küchengarten mit schlecht angelegten Frühbeeten und vielen diagonalen Wegen. Als Ersatz entwarf ich eine ganze Reihe horizontaler, von Hainbuchenhecken eingefaßter Flächen. Ich wollte einen Garten gestalten, der von oben interessant aussehen, jedoch von der Aussicht in die Ferne nicht zu sehr ablenken sollte. Aus diesem Grunde, und um die Instandhaltung zu vereinfachen, plante ich für jede Gartenebene verschwenderisch viel Wasser. Ich dachte mir eine durch Stufen verbundene Reihe schlichter, in Stein gefaßter Wasserbecken aus, die den Himmel widerspiegeln würden. Als diese Komposition in meiner Vorstellung genügend ausgereift war, konnten wir beginnen. Wir ebneten den Boden und bauten die Becken, die niedrigen Stützmauern und die Stufen. Wir pflanzten sogar schon die Hainbuchenhecken, bevor wir das schwierige Problem in Angriff nahmen, den oberen Gartenteil und den neu entworfenen Garten mit der steilen Rasenböschung dazwischen sinnvoll miteinander zu verbinden. Ich mußte eine Treppe entwerfen, die etwa sechs Meter Höhenunterschied überwand, und es gab nur wenig Platz dafür. Schließlich baute ich eine sehr einfache Doppeltreppe in drei Fluchten, die von der oberen Mitte zunächst nach außen führte und am Fuße wieder zusammentraf. Die Stufen sind aus Stein und haben das klassische römische Profil. Ich tünchte die mit leicht vorspringendem steinernem Abschlußrand versehenen Stützmauern und Brüstungen im gleichen lohfarbenen Orange wie das Haus. Jasmin (Jasminum) und Sternjasmim (Trachelospermum) werden sie allmählich zudecken, und die Zypressen, Lorbeerbäume *(Laurus nobilis)* und Buchsbaumbüsche, die auf beiden Seiten und in dem vom Treppenaufgang umgrenzten Raum gepflanzt sind, werden die Strenge der Architektur mildern und der ganzen Komposition hoffentlich Ruhe und Bescheidenheit verleihen.

Weiter ostwärts, in der Nähe von Verona, brachte ich den Garten einer großen Villa wieder in Ordnung; sie liegt am Fuß der Berge mit dem Blick über die Ebene von Venetien. Um die Villa Musella zu erreichen, fährt man eine kilometerlange Zypressenallee hinauf, die im Zickzack den terrassierten Berghang zwischen Weizenfeldern und Weingärten emporklettert. Am Ende der Allee stehen prachtvolle Torpfeiler aus dem 18. Jahrhundert unterhalb der hohen Mauer des terrassenförmigen Gartens. An der Mauer entlang fährt man durch einen Wald von *Magnolia grandiflora*. Die Magnolienbäume sind fünfzehn bis achtzehn Meter hoch, ihre glänzenden Blätter haben eine braunfilzige Unterseite, und ihre wachsartigen Blüten duften herrlich nach Zitronen. Dieser prächtige Wald wirkt um so überraschender, als man zwischen den Stämmen die nahen Berge sehen kann, die sechs Monate im Jahr mit Schnee bedeckt sind.

Wenn man die Villa endlich erreicht, so erlebt man einige architektonische Überraschungen. Die Eingangsfassade im neugotischen Stil des 19. Jahrhunderts ist mit Nischen und sanften, lebensgroßen Statuen unbekannter mittelalterlicher Helden geschmückt, deren leerer Blick zu den Bergen über das mit Tulpenbäumen bepflanzte Tal geht. Auf der Ostseite des Hauses findet man eine niedrige, vornehme Steinfassade im Stil des 16. Jahrhunderts. Die Südfassade zeigt nur ein langweiliges Stuckgebäude, das ungefähr 1890 entstanden sein könnte, und auf der Westseite schließlich, an die die Hauptterrasse des Gartens grenzt, wird das Haus eine Phantasie aus rosafarbenem, weißem und gelbem Stuck mit pseudoorientalischen hufeisenförmigen Fenstern und einem Kapellenglockenturm, der wie ein Minarett aussieht. Aber das ist noch nicht alles. Ganz in der Nähe steht ein großer, mit Efeu bedeckter Würfel, der von einer Kuppel aus Maschendraht überwölbt wird. Es ist ein Vogelhaus aus dem 16. Jahrhundert mit einer streng klassischen dorischen Arkade, von San Micheli entworfen. Vom Haus ist es durch eine öde Kiesfläche getrennt, und man hat von hier wieder einen herrlichen Blick über die Ebene. Daneben erstreckt sich ein streng gegliederter Garten vom Haus bis zu der Zypressenallee. Dieser Garten ist mit seinen Grasrechtecken und einigen großen Zedern und Schuppentannen sehr schlicht angelegt.

Diese außergewöhnliche Stilmischung und die Kahlheit des flachen Gartens hoch über der Ebene wirkten etwas entmutigend. Zuerst mußte die weite Kiesfläche verschwinden, die das ganze Bild zu jeder Jahreszeit so reizlos machte. Das war nicht sonderlich schwierig, denn ich brauchte nur die Proportionen zwischen Rasen und Kies zu korrigieren; aber selbst als das getan war, hatten Villa und Vogelhaus keine Beziehung zueinander, und jedes sah in des anderen Gegenwart unbehaglich aus. Endlich beschloß ich, mich von dem Volumen und den schönen Proportionen des Vogelhauses leiten zu lassen, und damit wurde das Vogelhaus zum beherrschenden Thema der Komposition. Ich wandte den Grundsatz an, daß man von einer guten Sache nie zuviel haben kann: Warum also kein großes, regelmäßiges Wasserbecken entwerfen, das das Vogelhaus reflektiert und damit seine Wirkung verdoppelt? Dieses Wasserbecken ist siebenundzwanzig Meter lang und sechs Meter breit und wird von einem einen Meter breiten Band aus Haustein eingefaßt, auf dem in großen Terrakottagefäßen hundertjährige Zitronenbäume stehen. Trotzdem erscheint das Becken in seiner Umgebung keineswegs zu groß. Die Maschendrahtkuppel des Vogelhauses brachte mich auf einen weiteren Gedanken. Ich ließ an jeder Ecke des Gebäudes Scheinwerfer aufstellen, so daß die Kuppel nachts wie eine schwebende Lichtkugel aussieht, die vom Wasser eingefangen und reflektiert wird.

Man mag diese Arbeit, die Veränderung bestehender Gärten, für unwichtig halten; doch ich finde sie aufregend interessant. Ich beschäftige mich gern mit einem kuriosen Haus und seinem Garten, an dem irgend etwas grundfalsch ist: schon im Entwurf ein größerer Fehler, eine unvollständige Anlage oder spätere unglückliche Veränderungen. Solche Probleme regen mich mehr an als eine leere Fläche, wo ich eine ganze Komposition von Haus, Garten und umgebender Landschaft von Grund auf erfinden muß.

Irgendwo in einem verunstalteten, unvollkommenen oder sogar restlos häßlichen Garten hält sich der Genius loci versteckt. Wie der Detektiv in einem Kriminalroman muß ich aus der Umgebung Schlüsse ziehen: Welchen Spuren muß ich folgen? Was ist zu beseitigen? Was verschleiert den wirklichen Charakter dieses bestimmten Ortes? Manchmal ändert sich die gesamte Atmosphäre eines Gartens, wenn man einige Bäume oder Sträucher entfernt; manchmal liegt der Hauptmangel in der Form des Bodens, wodurch dann – weil man ihn am Anfang übersehen hat – jeder spätere Versuch, den Garten zu gestalten, fehlschlägt. Diese mißlungenen Gärten stammen meist aus dem 19. oder 20. Jahrhundert. Bis zum Ende des 18. Jahrhunderts hatten Gärten, wie einfach sie auch waren, meist eine harmonische Beziehung zu den Häusern, für die sie angelegt wurden. Aber spätere »Verbesserungen« haben vielleicht die ursprünglichen Proportionen zerstört, und wenn ich anfange, einen alten Garten umzugestalten, zeigen mir häufig ein alter Baum, die Fundamente einer Mauer oder die Reste einer überwucherten Hecke, daß ich die ursprüngliche Komposition wiederentdecke.

In Italien ist jede Stadt und jedes Haus – ich könnte auch sagen jeder Bergabhang – das Palimpsest eines zwei- oder dreitausendjährigen Aufbaus und Verfalls. Jeder Stil und jede Epoche werden von den nachfolgenden überlagert. Man müßte gegenüber den Möglichkeiten seines Handwerks schon außerordentlich blind sein, um aus den tausend Winken und Hinweisen, die sich dem Auge offenbaren, nicht auswählen und neugestalten zu können.

11. KAPITEL

Südfrankreich

1928 fuhr ich zum erstenmal ans Mittelmeer. An einem Aprilmorgen erwachte ich zeitig im Zuge und sah König Renés Schloß in Tarascon, die schäumenden Wasser der Rhône und golden glänzendes Pappelgrün. Ich hatte vor noch nicht allzu langer Zeit die Schule verlassen, und es war anscheinend von meiner klassischen Bildung etwas hängengeblieben, denn ich war aufgeregt, endlich an das Meer zu kommen, an dessen Ufern Odysseus und Äneas gewandert waren. Ich hatte keine bestimmte Vorstellung, wohin ich mich wenden sollte, und nachdem ich an St. Maxime vorübergefahren war, entschloß ich mich, irgendwo auszusteigen, wo es mir gefiel. Der Schaffner schlug mir Beaulieu vor. Dort blieb ich einen Monat und nahm begierig die Mittelmeerlandschaft in mich auf, sah und berührte Pflanzen, die ich lediglich durch meine Bücher kannte. Ich pflegte nach Villefranche und Eze und um das Cap Ferrat zu wandern und benutzte dabei ein- oder zweimal die Bahn, die an der Küste entlang von Nizza nach Monte Carlo fährt. Damals hielt man sich noch hauptsächlich im Winter an der Riviera auf. Die Leute richteten sich für drei Monate in ihren Villen ein, und das Cap Ferrat war wie Cannes vor allem von gartenbegeisterten Engländern besiedelt. Ich fand bald Zutritt zu einigen dieser Gärten. Der eine war »Les Bruyères«, wo der betagte Herzog von Connaught eine Sammlung seltener Bäume hatte; drei andere Gärten gehörten zu den Villen »Sylvia«, »Rosemary« und »Maryland«, Anfang des Jahrhunderts von Harold Peto im florentinischen Stil gebaut.

Als ich 1947 wieder an die Riviera kam, um mich dort gärtnerisch zu betätigen, hatte sich alles verändert. Die englische Kolonie war durch die Kriegsereignisse restlos verschwunden, die Villen entweder zerbombt oder verlassen oder von Franzosen, Belgiern oder Schweizern gekauft. Heute ist Südfrankreich eine Sommerfrische, und neue Gärten müssen vornehmlich für den Sommer entworfen werden. Man öffnet sein Haus zu Weihnachten etwa für zehn Tage und vielleicht ebensolange zu Ostern, aber die Hauptsaison dauert von Juni bis September. Darum wird die Gartengestaltung hier zu einer Kunst der Verlängerung. Der Frühling kommt im Süden schon im Februar mit der Mandelblüte und mit *Jasminum mesnyi*. Die Pfirsichbäume blühen im März zusammen mit *Iris unguicularis,* Tazetten *(Narcissus tazetta), Bellevalia romana* und den regenbogenfarbigen Anemonen, und auf dem sauren Boden hinter Cannes sind die Wälder zu dieser Zeit ein einziges Mimosendickicht. Im April und Mai blühen die Rosen: weiße und gelbe Banksrosen, die Kletterrosen ›La Follette‹ und ›Garibaldi‹, ›Safrano‹ und die rosig-aprikosenfarbene ›General Shablikine‹, die riesige Büsche bildet und anscheinend das ganze Jahr hindurch alle sechs Wochen neu zu blühen beginnt. In geschützten Winkeln blühen im Mai in Beaulieu und Mentone die großen purpurnen Wigandien, die Paulownien und die seltenere blaue Jacaranda; farbig getünchte Wände glühen von den scharlachroten und rosafarbenen Pelargonien, und die gewöhnliche Bougainvillea färbt ganze Flächen magentarot. Ende Juni wird es schon schwieriger, blühende Pflanzen zu finden, aber noch blühen Wandelröschen (Lantana) in Weiß, Gelb, Orange und Rosa stetig weiter, und Schmucklilien (Agapanthus) wie auch Bleiwurz *(Plumbago capensis)* ergeben einen willkommenen blauen Farbton. Auf saurem Boden ist die Lagerstroemia ein sehr schöner Blütenstrauch für August und September.

Man kann an dieser Küste vielerlei Pflanzen ziehen, da Boden und Klima sich alle paar Meter beträchtlich verändern; doch heutzutage gibt es allzuwenig experimentierfreudige Gartenliebhaber, und man muß weit gehen, um eine interessante Sammlung zu finden. Oben in Grasse, wo es um einige Grade kühler ist als im Küstenland, zu kühl jedenfalls für die blauen Ähren des Natternkopfs (Echium) oder sogar für Orangenbäume, besitzt der Vicomte de Noailles einen

Frühlingsgarten voller Japanischer Kirschen, Schwertlilien und an Spalieren gezogener Judasbäume. In einem kleinen, geschützten Talgarten am Cap d'Antibes zieht Basil Leng Strauchpäonien *(Paeonia suffruticosa)*, seltene südafrikanische Zwiebelgewächse und Lotosblumen (Nelumbo). Am Cap Ferrat besitzt Monsieur Marnier-Lapostolle einen Garten mit einer großen Wasserpflanzen- und Kakteensammlung, und in Beaulieu hat Doktor Arpad Plesch einen sonnigen, terrassierten Abhang mit exotischen Obstbäumen aus aller Welt bepflanzt. Selbst der Papayabaum *(Carica papaya)* trägt hier Früchte; allerdings steht eine Plastikhülle für kaltes Wetter bereit. Die örtlichen Gärtnereien haben eine anspruchslose Kundschaft und begnügen sich mit einer begrenzten Pflanzenauswahl, die sie zum größten Teil von der unteren Loire oder von Italien einführen. Sie scheinen sich nicht gern mit der Züchtung abzuplagen, weshalb ich die Kataloge der Züchter in Angers und Pistoia verwende, wenn ich Pflanzenlisten anlege. Ich weiß, daß ich von diesen beiden Orten jede nicht alltägliche Pflanze bekommen kann. In den Bergen wachsen viele Zistrosen- und Lavendelarten und alle wohlriechenden Pflanzen des Maquis, aber man kann sie ebensowenig wie die einheimische Myrte – die sich für blühende, wohlriechende Hecken so gut verwenden läßt – käuflich erwerben.

Das alles erschwert und verlangsamt die Gartenbepflanzung, und in den letzten zehn Jahren habe ich so etwas wie ein Netzwerk einrichten müssen, das die Gärten von einem Ende der Küste bis zum anderen miteinander verbindet. Überall, wo ich gearbeitet habe, habe ich die Gärtner überreden können, alle interessanten Pflanzen ihrer Gärten zu vermehren, so daß ich den Austausch der Pflanzen von einem zum anderen in die Wege leiten kann.

Der erste Garten, den ich nach dem Kriege in Angriff nahm, lag hoch oberhalb von Cannes in der Nähe des Observatoriums auf der Spitze eines windigen Hügels aus vulkanischem Fels; nur eine dünne Schicht trockenen und leicht sauren Bodens bedeckte ihn, aber die Aussicht über die ganze Küste vom Cap d'Antibes über die Inseln und die Bucht von Cannes bis zu den scharfen Spitzen der Estérelberge im Westen war prachtvoll. Das kleine, ziemlich komplizierte Haus hing über einer Reihe kleiner, unbedeutender Terrassen, die steil zu den umliegenden Wäldern aus Seekiefern *(Pinus halepensis)* und einem silbrigen Gestrüpp von Mimosen *(Acacia decurrens* var. *dealbata)* herabfielen. Als Arthur Sachs, der neue Besitzer, das Haus umgestaltete, konnte ich ihm in bezug auf das Äußere und die unmittelbare Umgebung des Hauses einige Ratschläge erteilen. Wir gaben dem Gebäude eine sehr einfache, cremeweiße Fassade mit hellgrauen Fensterläden und ließen an den Terrassen des oberen Stockwerks ganz schlichte schmiedeeiserne Geländer anbringen. Die ganze Sonnenseite des Hauses bepflanzte ich mit meiner Lieblingsrose ›Mermaid‹ und mit Wistarien. Unten am Erdgeschoß, etwa einen Meter oberhalb des Gartens, befindet sich eine steingepflasterte Terrasse, und hier stellte ich in eine Nische zwischen zwei Fenstern eine Porphyrurne aus dem 18. Jahrhundert. Sie steht auf einem Sockel, der als Springbrunnen dient und in der Sommerhitze an Kühle denken läßt. Diese Terrasse und eine überdachte Loggia in dem Winkel zwischen Salon und Eßzimmer ergeben einen Wohnraum im Freien – mit einfachen Gartenmöbeln, einer Reihe von Apfelsinen- und Zitronenbäumen in großen Terrakottatöpfen und mit Dutzenden kleiner Blumentöpfe, die mit lachsfarbenen und weißen Geranien oder weißer Hundskamille (Anthemis) gefüllt sind. Unterhalb der Terrasse habe ich einen Rasen angelegt; er endet an einer etwa einen Meter hohen Myrtenhecke am Kopf einer Stützmauer. Diese zweieinhalb Meter hohe Mauer ersetzt die drei oder vier abgestuften Terrassen, die vorher vom Haus wegführten. Um den Boden zu nivellieren, mußte ich Lastwagen voll sandigen Schwemmbodens aus dem sechzehn Kilometer entfernten Tal der Siagne heranschaffen, und nun ist hier die einzige Stelle des Gartens, wo der fruchtbare Boden mehr als einige Zentimeter dick ist. In diesem leichten Lehmboden gedeihen Pflanzen außerordentlich gut.

Dieser Garten bietet einen überwältigenden Ausblick. Man schaut über den grünen Rasen zwischen den Stämmen der Pinien hindurch, die mit Vorbedacht so gepflanzt wurden, daß sie die Aussicht in zwei oder drei verschiedene Bilder teilen. Alles, was an Blumenfarbe vorhanden ist, liegt unterhalb der Stützmauern oder abseits an der einen Seite des Hauses, und trotzdem wirken die verschiedenen Blau, das Weiß, ein wenig Zitronengelb und viel graues Blattwerk hell genug in dieser Umrahmung von Meer und Himmel. Zuallererst verpflanzte ich ein halbes Dutzend sehr großer

Olivenbäume und setzte sie in eine Bodendecke aus Lavendel, Zinerarien *(Senecio cineraria)*, schwarzäugigen, milchweißen Kapkörbchen (Dimorphotheca), Federnelken, Kapastern *(Felicia amelloides)*, Schmucklilien (Agapanthus) und Natternkopf (Echium). Für den späteren Sommer pflanzte ich die dunkelblaue Säckelblume *Ceanothus × delilianus* ›Indigo‹, die himmelblaue Bleiwurz *(Plumbago capensis)*, weiße und gelbe Wandelröschen (Lantana) und ergänzte sie durch weiße und blauviolette Petunien. Lediglich dort, wo es keinen Wettstreit mit der Aussicht gab, ließ ich das kräftige Rot der Geranien zu, einige Salbeiarten und die verschiedenen scharlachroten, orange- und rosafarbenen Trompetenblütler, die als *Phaedranthus buccinatorius, Bignonia tweediana, Tecomaria capensis* und *Bignonia ricasoleana* bekannt sind. Hohe Hecken aus gestutzten Zypressen begrenzen den Garten seitlich und bilden einen Rahmen für die zwanglose Pflanzung, während einzelne Zypressen an wichtigen Stellen vertikale Akzente setzen. Heutzutage ist es Mode geworden, solche Zypressen alljährlich zu nadelförmigen, manchmal neun bis zwölf Meter hohen Spitztürmen zu schneiden. Das ist ein teures Vergnügen, aber es gibt einem gepflegten Garten tatsächlich die letzte Vollendung.

Das Schwimmbecken hat unterhalb einer hohen Stützmauer einen günstigen Platz und wird von Zypressenhecken umsäumt. Daher kann man es vom Haus aus nicht sehen, obwohl es ganz in dessen Nähe liegt; ich setze nicht gern ein geometrisch geformtes Wasserbecken vor den Ausblick auf das Meer. Der ganze Garten besteht eigentlich aus einer Reihe kleiner, terrassenförmig angelegter Rechtecke. Sie tragen und umrahmen das Haus, das auf seiner Anhöhe aus dem umliegenden Kiefernwald herausragt. Unter den Kiefern habe ich das Unterholz aus wilden Mimosen durch einige bessere Arten und Sorten verstärkt, wie *Acacia motteana* und ›Clair de Lune‹, die mit ihrem silberblauen Blattwerk und ihren Polstern aus duftenden, flaumigen Blüten das Blühen von Januar bis Ende Mai verlängern.

Fahren wir hinunter zum Cap d'Antibes, dem Felsfinger, der südwärts ins Mittelmeer zeigt; seine Struktur ist geologisch und darum auch ökologisch recht verwirrend. Früher standen hier zwischen windzerzausten Kiefern nur ein Hotel und das Château de la Garoupe, ein großes Besitztum. Dann bauten sich die Maclarens, eine Familie leidenschaftlicher Gärtner, ein Haus und legten in dem aromatischen Gestrüpp einen großen, aber schlichten Garten an. Allmählich erwarben andere Leute Land und bauten Häuser, leider eins häßlicher als das andere. Heute ist das Kap so bebaut, daß auch das kleinste Fleckchen ausgedörrten, felsigen Bodens in Küstennähe eine astronomische Summe kostet.

Ostwärts nach Nizza zu wird der herrliche Blick auf die schneebedeckten Alpen in wenigen Jahren durch eine ununterbrochene Reihe häßlicher Appartementhäuser verdeckt sein. Aber hat man einmal den Mont Boron jenseits von Nizza hinter sich gelassen, so gelangt man zu der Bucht von Villefranche, die nicht verschandelt werden kann, und in die ruhigere Atmosphäre von Beaulieu und Cap Ferrat. Auf der Moyenne Corniche mit dem Blick über das Cap Ferrat und die Bucht von Villefranche liegt die Villa Leopolda, die ich bereits erwähnt habe. Hier wurde ich unter anderem beauftragt, einen kleinen, intimen Badegarten zu entwerfen, damit die Eigentümer und ihre Gäste einen ruhigen Zufluchtsort abseits der Vornehmheit und Förmlichkeit des Hauses hätten. Die breiten Terrassen, die monumentale, zypressengesäumte Treppe der Villa und der weite Rundblick an der Meerseite des Hauses sind so großzügig, daß ein Becken hier belanglos und sogar absurd ausgesehen hätte. An der Eingangsseite des Hauses war schon ein Wasserbecken vorhanden, das mit seiner Größe von sechzig Meter Länge und neun Meter Breite, mit einem Vorhang aus hohen Zypressen, mit Vasen, Statuen und Springbrunnen einen ebenso monumentalen und also ungeeigneten Nachbarn für ein kleines Becken abgegeben hätte. Der Garten liegt oben auf einem Hügel und hat somit zwar den Vorteil eines weiten Rundblicks, aber auch einen großen Nachteil. Verläßt man das Haus, so muß man immer bergab gehen, und wenn man zurückkehrt, immer bergauf steigen. Aus diesem Grunde wollte ich einen Badegarten mehr oder weniger auf gleicher Höhe mit dem Haus und auch nicht zu weit davon entfernt anlegen.

Ein paar Meter vom Haupthaus entfernt lag ein Gärtnerhäuschen, das man in ein Gästehaus umgewandelt hatte, ein anspruchsloses, farbig getünchtes Gebäude mit dem üblichen Dach aus römischen Ziegeln. Die vom Hauptgebäude am weitesten entfernte Fassade hatte kein Fenster und erhob sich auf einem steilen Hang über einem

Olivengarten. Ich teilte einen Raum im Erdgeschoß in mehrere Umkleidekabinen auf und brach durch die fensterlose Mauer eine Tür, die jetzt auf eine Loggia mit Ziegeldach führt. Diese Loggia begrenzt den ganzen rückwärtigen Teil des kleinen Hauses und geht unmittelbar auf ein kleines ovales Becken hinaus, dessen größte Länge – parallel zum Haus – zehn Meter und dessen größte Breite etwa acht Meter beträgt. Es ist blau gekachelt und von einem Pflaster aus kleinen orangeroten Ziegeln umgeben. Hohe Mauern, die sich vom Haus aus fortsetzen, wiederholen die Krümmung des Beckens in einer Länge von etwa sechs Metern an jeder Seite; eine Pergola aus Metall, mit Wein bepflanzt, wiederholt die gleiche Bogenlinie und wirft einen gesprenkelten, purpurnen Schatten auf das Pflaster.

Da das Becken auf gleicher Höhe mit dem Haus liegen sollte und das Gelände stark abfiel, brauchte nur wenig Boden ausgeschachtet zu werden, doch mußte ich auf der Talseite des Beckens eine etwa fünf Meter hohe Stützmauer errichten. Diese geschwungene Stützmauer bildet zusammen mit den hohen Seitenmauern ein dem Wasserbecken entsprechendes größeres Oval. Sie ist zweieinhalb Meter von der gepflasterten Beckenumrandung entfernt, so daß noch genügend Raum für eine Anpflanzung blieb. Ich verwendete graublättrige Sträucher, die zu grob abgerundeten Formen gestutzt wurden. Melde (Atriplex), Gamander (Teucrium), Lavendel, Heiligenkraut (Santolina) und Hertia bilden blaugraue und silbergrüne Polster, die die runden Formen der Olivenbäume im unteren Teil des Gartens wiederholen. Während man von jedem anderen Teil des Gartens einen herrlichen Blick über die Landschaft hat, sieht man von diesem Badegarten aus nur einen schimmernden Wall aus graugrünem Laub und den blaßblauen Himmel.

Dieser Teil der Küste wird wieder von Kalksteinfelsen gebildet, auf denen Mimosen mehr schlecht als recht gedeihen. Aber der Mistral erreicht diese Gegend nicht mehr, und in Eze sind die Mandarinenbäume wegen der Qualität ihrer Früchte berühmt. Auf dem Hintergrund der rötlichen Felsen wachsen Bougainvillea, Geranien und Bignonia in jeder Farbtönung von einander widerstreitendem Rosa, Purpur, Scharlachrot, Karmesinrot und Orange; und in geschützten Winkeln sieht man die salatgrünen Wedel von Bananenbäumen hinter hohen Gartenmauern.

Vom Cap Ferrat können wir zu der berühmten Rivierastraße, der Mittleren Corniche, hinauffahren und dann wieder durch ein wildes Tal hinab, das mit seinen dichten Kiefernwäldern wie ein Sung-Gemälde aussieht. So kommt man zum Cap d'Ail und zu einem großen, ziemlich außergewöhnlichen Garten. Cap d'Ail ist ein steiler, felsiger Abhang zwischen der Unteren Corniche und dem Meer. In halber Höhe taucht die Eisenbahn zwischen zwei Tunneln auf, und ein steiler, schmaler Weg führt zwischen großen und häßlichen Villen – alle um die Jahrhundertwende gebaut, als Cap d'Ail ein eleganter Vorort von Monte Carlo war und mit Vorliebe vom russischen Adel aufgesucht wurde – von der Hauptstraße zum Meer. Unten in der Nähe des Meeres liegt hier eine ziemlich uninteressante Villa, die von Fanny Heldy, der heutigen Madame Boussac, gekauft worden war, als sie auf der Höhe ihres Ruhmes als Opernsängerin stand. Nach dem letzten Krieg erwarb Monsieur Boussac den großen Garten des in der Nähe liegenden Hotels Eden hinzu. Hier gab es Asphaltwege und Zementgeländer, die Holz vortäuschen sollten, und altmodische Laternenpfähle beleuchteten die gewundenen Pfade, die zwischen Felsen und Kiefern hinab zum Bahnhof führten. M. Boussac übernahm außerdem einen langen, schmalen Streifen zwischen Straße und Eisenbahn, um diesen Garten mit seinem eigenen Haus zu verbinden. Dem Edengarten konnte er zwei weitere angrenzende Gärten hinzufügen; am höchsten Punkt eines dieser Gärten stand eine verfallene vierstöckige Villa. Man hatte sie auf eine mit Balustraden umgebene Terrasse oberhalb einer künstlichen Grotte gebaut, von wo aus eine Quelle eine Anzahl Wasserbecken und einen kleinen Wasserlauf speiste. Alles war in der überladenen Art der Jahrhundertwende entworfen.

1947 wurde ich beauftragt, mir dieses Gartenpuzzle anzusehen und zu überlegen, was man damit anfangen könnte. Zunächst schien mir alles chaotisch, sehr häßlich und nicht zu bewältigen, und beinahe zwei Jahre lang lehnte ich es ab, mich damit zu befassen, und sagte meinem Auftraggeber auch den Grund. Aber nach einigen Besuchen und ebenso vielen abschlägigen Antworten begann ich, das Terrain und seine Eigenart zu »sehen«, und mit einem verständnisvollen Hauptgärtner und sechs Leuten ging ich an die Arbeit; drei Jahre brachte ich mit der Gestaltung dieses recht außergewöhnlichen

Grundstücks zu. Außergewöhnlich für mich, weil ich erkannte, daß man das charakteristische Gepräge der Jahrhundertwende nur mit Erdarbeiten größten Ausmaßes hätte entfernen können. Ich sah ein, daß die Art des Gartens zu der allgemeinen Atmosphäre paßte und daß ich besser daran tat, diesen altmodischen Stil zu verstärken, als ihn auszumerzen. Da das Anwesen nur um Ostern herum aufgesucht wurde, entschied ich ferner, weite Flächen mit all jenen heiteren Pflanzen zu füllen, die man herkömmlicherweise mit dem Frühling an der Riviera in Verbindung bringt.

Wandern wir in Gedanken an einem Aprilmorgen von der Villa zum Meer hinunter, und unternehmen wir einen Rundgang durch den Garten. Vom ersten Stock des Hauses aus überqueren wir die Straße auf einer neuen Brücke und gelangen in einen kleinen, steil terrassierten Garten, in dem früher Gemüse angebaut wurde. Um aufwendige Veränderungen zu vermeiden und um dem Garten Gepräge zu verleihen, habe ich hier fünfzig oder sechzig Zypressen gepflanzt, deren Höhe zwischen fünf und zwölf Metern schwankt; einige stehen in Gruppen, andere auch einzeln. Jedes Jahr werden sie kräftig gestutzt, so daß sie wie Ausrufungszeichen aussehen; diese dunklen Spitzen bilden das Hauptthema in einem Gartenteil, der zuvor ein formloser Abhang war. Die Zypressen sind mit ganzen Flächen von lebhaft enzianblauem Natternkopf (Echium) unterpflanzt, die niedrigen Stützmauern werden von violettblau blühenden Kennedyen, blauen Kapastern *(Felicia amelloides)*, blauer *Brachycome iberidifolia* und weißen Kapkörbchen (Dimorphotheca) mit einem dunkelblauen Fleck auf jedem Blumenblatt bedeckt, und dicht am Wege wachsen massenhaft blaue Zinerarien (Senecio). An dem steil ansteigenden Hang hinter den Zypressen ist eine Gruppe von Mimosen *(Acacia cyanophylla)* schnell herangewachsen und verdeckt nun eine hohe Mauer, die die gewundene Landstraße stützt, mit ihren Kuppeln aus silbrigblauem Laub und gelben Blüten. Hinter der Brücke wendet sich der Pfad scharf nach links durch diesen kleinen Garten und folgt etwa achthundert Meter dem Streifen zwischen der Eisenbahn und der Straße darunter. Hier haben wir, um einen einfachen Buschwald anzulegen, Hunderte von jungen Kiefern, Pittosporum und Rosmarin gepflanzt. Wo Mauern den Weg stützen, sind sie flächenweise mit verschiedenen Mittagsblumen (Mesembryanthemum) bedeckt; hierzu gehört eine niedrige Zwergart, die ich nicht identifizieren konnte. Sie hat sehr kleine, fleischige Blätter und ist im April von winzigen rosafarbenen Blüten übersät. Die Eisenbahn verschwindet schließlich in einem Tunnel, und der Pfad wendet sich nach rechts und zieht sich ansteigend am Fuße eines steilen Kiefernwaldes entlang, der von gewundenen Wegen durchkreuzt wird – das ist der sogenannte »Park« des Eden-Hotels. Zwischen zutage tretenden Felsschichten, die in dieser besonders heißen Küstengegend im Sommer glühen, teilten wir hier Tausende von alten, jahrelang vernachlässigten Aloepflanzen und setzten sie neu ein. Ich gestehe, daß ich ihre botanischen Namen nicht kenne; mir genügt es, wenn ich in jedem Frühling vier oder fünf verschiedene Arten von orangefarbenen, scharlachroten oder kupfernen Blütenschäften sehe.

Wir steigen an diesem heißen Aprilmorgen den Hügel hinauf und gelangen zu dem Hauptteil des Edengartens. Ich mußte die Breite der Wege, die sich durch den Wald schlängeln, um ein oder zwei Meter vermindern. Viereinhalb Meter breite Wege sind für öffentliche Anlagen gerade richtig, in einem privaten Garten jedoch sehen sie ziemlich öde aus. Dann ließ ich große Mengen wuchernden Klebsamens (Pittosporum), Agaven und andere uninteressante Sträucher entfernen, um die Schönheit der bizarren Kiefernstämme und des grünen Baldachins ihrer Kronen besser zur Geltung zu bringen. Aber jähe Höhenunterschiede, die buckligen kleinen Stützmauern für Wege, die sich den Abhang hinauf- und hinabschrauben, und die zutage tretenden Felsen sahen noch viel zu nervös und kompliziert aus. Man konnte nur dadurch etwas Ruhe hineinbringen, daß man sehr einfach und sehr großzügig pflanzte. So gruben wir erst einmal den gesamten Boden – wo immer es möglich war – tief um, fügten ungeheure Mengen langsam wirkenden Schafdungs hinzu und besserten die Wasserrohre aus oder erneuerten sie ganz. Zunächst mußte ich versuchen, die Straße und die breite, häßliche Fassade des Hotels oben auf dem Hügel zu verdecken. Das geschah, indem ich im oberen Teil des Gartens überall, wo Platz war, Eukalyptus oder Zypressen (Cupressus macrocarpa) anpflanzte. Um dem Wald im Frühling ein freundlicheres Aussehen zu geben, füllte ich jede Lichtung zwischen den Kiefern mit Gruppen verschiedener Mimosen

(*Acacia cyanophylla, Acacia* ›Clair de Lune‹, *Acacia motteana* und ein halbes Dutzend anderer Arten und Sorten). Von Februar bis Ende April blühen sie nun unablässig und erfüllen den Wald mit ihrem eigenartigen, lieblichen Duft.

Ich mußte diesen Garten wie einen Naturgarten behandeln. Die Verwendung von üppigem tropischem Blattwerk hätte die Wirkung der schönen Kiefernnadeln geschmälert, und vier Morgen dieses Waldes intensiv mit Gartenblumen der Riviera zu bepflanzen hätte unmöglich zu bewältigende Arbeit nach sich gezogen. Ich mußte jedoch zunächst den kahlen Boden unter Kiefern und Mimosen irgendwie bepflanzen. So wählte ich einfache Stauden und Halb-sträucher, die alle paar Jahre durch Stecklinge leicht erneuert werden können. Ich arbeitete sehr großflächig, wobei ich oft achtzehn mal sechs Meter große Flächen mit nur einer Art oder Sorte bepflanzte. Silbertöne brachten Zinearien – *Senecio cineraria* und das feinere und weißere Blattwerk jener Sorte, die hier ›Le Diamant‹ genannt wird – und gewöhnlicher Lavendel. Ich pflanzte auch grünblättrigen Lavendel *(Lavandula semidentata)*, der allem Anschein nach alle sechs Wochen seine blauschwarzen Blüten hervorbringt, wenn man ihn nach der Blüte leicht schneidet, und eine einfachblühende eichenblättrige Geranie, die hier als »geranium sauvage« (wilde Geranie) bekannt ist. Mit ihrem tiefgrünen Laub und den dunkel-scharlachroten oder scharlachrosaroten Blüten ohne die geringste Spur von Blau ist das eine besonders reizende Pflanze. Große Flä-chen bedeckte ich mit *Iris unguicularis,* die gewöhnlich im Dezem-ber zu blühen beginnt und dann Mitte März einen lavendelblauen Teppich bildet, sowie mit der gewöhnlichen purpurnen Schwertli-lie. Dazu kamen mehrere sehr große Flecke mit Zonalpelargonien. Diese Pelargonien werden jedes zweite Jahr durch Stecklinge erneu-ert, und ich verwendete sie hier gemischt, in den Farben Weiß, Rosa, Lachs, Scharlach-, Karmesin- und Magentarot. Von der Sonne beschienen und in dem tanzenden Schatten der Kiefern strahlen sie besonders hell.

Wenn wir den Wald verlassen und uns dem gärtnerisch intensiver bearbeiteten Teil des Besitztums zuwenden, durchqueren wir zunächst eine weite Kronwickenpflanzung (Coronilla), die sich im April durch ihr leuchtendes Gelb von den seltsam lohfarben gelben

Gruppen des Schneckenklees (Medicago) abhebt. Dann aber wird der Garten mit einer Reihe von Teichen zwischen künstlichen Felsen entschieden kultivierter. Es muß in dieser Gegend vor sechzig Jahren einen Maurer gegeben haben, der sich besonders auf solche Arbeit verlegt hat. Mit überraschender Geschicklichkeit und viel Geschmack baute er Grotten, Klippen, Wasserfälle und Felsgruppen. Er nahm Maschendraht, übergoß ihn mit gefärbtem Zement und erzielte damit Resultate, die natürlichen Felsen überraschend ähnlich sind. Hier bildet seine Arbeit das Rückgrat eines verschwenderisch blühenden Berghangs – orange durch das Kapkörbchen (Dimorphotheca), Gazanien, Ringelblumen und Nemesien; blau durch Zinerarien (Senecio), Stiefmütterchen und Kapastern *(Felicia amelloides);* rosa, violett und purpurn durch gefüllte Levkojen, Brautprimeln *(Primula malacoides)* und Becherprimeln *(Primula obconica),* Alpenveilchen, Tausendschönchen, efeublättrige Geranien und weitere Zinerarien. Die Luft ist schwer vom betäubenden Duft der wilden weißen Freesien, die dichte Kolonien bilden und selbst die Kieswege überwuchern; an feuchten Stellen in der Nähe der Teiche findet man Gruppen des weißen Aronstabs. Die violette Kennedya aus Australien fällt über die Felsen hinab und windet sich durch rosa ›La-Follette‹-Rosen und gelben Jasmin *(Jasminum mesnyi).* Und an einer der wenigen ebenen Stellen stehen Orangen, Zitronen und Pampelmusen als Obstgarten aus hochstämmigen Bäumen in einem Teppich von blauen und gelben Stiefmütterchen.

Eine ziemlich gemischte Sammlung von Bäumen durchsetzt und überschattet diesen Garten. Hier gibt es Palmen, den großblättrigen japanischen Klebsamen (Pittosporum), einige Oliven- und Lorbeerbäume *(Laurus nobilis)* und eine sehr große Grevillea. Das alles läßt zusammen mit den großen Felsen und dem zerklüfteten Boden ein vielfältiges Muster aus Licht und Schatten entstehen. Da in dem Garten nur Einjahrsblumen verwendet werden, wechsele ich die Pflanzen jedes Jahr; ich versuche mich auch nicht in ausgefeilten Farbzusammenstellungen. Die einzelnen Farbflecken sind groß und erstrecken sich über fünfzehn Meter lange Flächen, die ineinander übergehen, wie es sich gerade aus den Bodenverhältnissen ergibt.

Dieses Blumengewirr liegt am Fuß einer sechs Meter hohen künstlichen Felsklippe, an deren steilen Wänden Bougainvillea,

Rosen und Jasmin wachsen. Oben wird die Klippe von einer Brüstung abgeschlossen. Dahinter verbirgt sich eine flache, sandbe-
deckte Terrasse, geschmückt von zwei Olivenbäumen und einigen
sorgfältig plazierten Zypressen; an einem Ende der Terrasse steht ein
kleines Sommerhaus mit einem Ziegeldach, das von einem Tauben-
schlag gekrönt wird. Von den breiten Fenstern aus kann man den
Blumengarten sehen, der steil zum Mittelmeer abfällt. Es ist wirklich ein absonderlicher Garten, interessant nur deshalb, weil er vielleicht der letzte seiner Art ist.

Eine völlig andere Aufgabe hatte ich in Eze-sur-Mer, das von Cap
d'Ail aus westlich an der Küste liegt. Ich mußte hier ein Schwimmbecken bauen, und das war ein schwieriges Problem der Landschaftsgestaltung. Die Villa Isoletta ist ein Haus ohne sonderlichen
architektonischen Reiz; sie liegt auf einem schmalen, steil abfallenden Streifen Land von etwa fünfzehn Meter Breite zwischen den
Schienen der Eisenbahn und dem Meer. Früher war das Haus nur
durch einen Fußweg quer über die Eisenbahnschienen und eine
steile Treppenflucht hinab zu der Vordertür im ersten Stockwerk zu
erreichen. Das Erdgeschoß geht auf eine breite, gepflasterte Terrasse
hinaus, die von einer riesigen, wundervoll sich ausbreitenden Kiefer
überschattet wird, während sich der eigentliche Garten nur nach
einer Seite etwa zweihundert Meter über eine Reihe schmaler Terrassen hinzieht. Dem Haus gegenüber, durch einen schmalen
Damm mit dem Festland verbunden, liegt die kleine Insel, die dem
Haus seinen Namen gibt, ein Felsbuckel, bedeckt mit verkrüppelten
Kiefern. Etwa fünfundvierzig Meter lang und acht Meter breit
erhebt sie sich aus dem Meer und bildet am anderen Ende einen sechs
Meter hohen Felsen.

Als die Duchesse d'Acquarone die Villa vor einigen Jahren kaufte,
war ihr erster Gedanke, auf der Insel ein Schwimmbecken anzulegen
– ein Vorhaben, das wir jahrelang zurückstellten, zum Teil, weil es
zunächst wichtiger war, mit dem Zugang zum Haus fertig zu werden, zum Teil aber auch, weil die Anlage eines Schwimmbeckens an
einem so unzulänglichen Ort große Schwierigkeiten bereitet. Einige
Jahre später jedoch ließ eine Quallenplage, die das Baden im Meer
gefährlich und unangenehm machte, das Vorhaben doch zur Ausführung kommen. Wir entschlossen uns, das Becken auf dem höch-

sten Punkt der Insel zu bauen, etwa dreihundert Meter von der nächsten Stelle entfernt, die zur Anlieferung von Baumaterialien für Lastwagen erreichbar war. Die gepflasterte Fläche um das Becken herum ließen wir über das Meer freitragend hinausragen; so erhielten wir ein Schwimmbecken von elf Meter Länge und einer maximalen Breite von sechs Metern. Die Form wurde durch das Gelände bestimmt, und der leichte Überhang, den wir schaffen mußten, damit man um das Becken herumgehen kann, hält Fischer und Touristen fern, wenn sie einer gefährlichen Kletterei in den Felsen unten nicht widerstehen können.

Das war das erste und einzige Mal, daß ich ein Schwimmbecken anlegen mußte, bei dem das Meer ringsum und der Horizont das dominierende Thema abgaben. Es war, als hätte ich ein Becken an Deck eines Dampfers einzurichten, und so ging ich auch an das Problem heran. Die wenigen knorrigen Bäume, die in dem kargen Fels um ihr Dasein kämpften, wuchsen hinter dem Schwimmbecken, und ich konnte auch mit keiner anderen eindrucksvollen, malerischen Wirkung durch Anpflanzung oder Licht und Schatten rechnen, die mir hätte helfen können. Hier, wo es nur Himmel und Meer gab, wurde auch die Farbe zu einem Problem: Ein blaues oder grünes Becken würde bei klarem, sonnigem Wetter wundervoll aussehen; war das Meer aber nicht hellblau, so würde eine kräftige Farbe fehl am Platze sein. Am Ende entschloß ich mich, das Becken mit reinweißem Zement zu verputzen; das Meerwasser, das beständig durch das Becken gepumpt wird, verleiht ihm einen grünlichen Schimmer. Wie auch immer das Wetter und die Farbe von Meer und Himmel, das Schwimmbecken nimmt getreulich die gleiche Färbung an. Aus ähnlichem Grund mußte das Pflaster rings um das Becken so blaß wie möglich gehalten werden, um mit dem rosigen Creme der Kalksteinfelsen zu harmonieren. Außerdem sollte es nicht zu elegant aussehen. Deshalb wählte ich keine Pflasterung aus gesägtem Naturstein, sondern aus quadratischen Betonplatten – feiner Erbsenkies in hellockerfarbenem Zement – mit einer Seitenlänge von siebenunddreißig Zentimetern. Jede Platte wurde, ehe sie ganz trocken war, mit einer Drahtbürste bearbeitet und gewaschen, so daß die schönen Kieselsteine in der obersten Schicht etwas herausragten. Das ergibt eine gute, rauhe Oberfläche, auf der man nicht ausgleitet, und die Grundfarbe harmoniert mit dem Felsgestein der Umgebung ebenso wie das Wasser im Becken mit Himmel und Meer. Ich war im Raum derart beengt, daß ich auf zwei Seiten des Beckens keine Schutzmauer anbringen konnte; daher stellte ich – genau wie an Deck einer Jacht – dünne weiße Eisenpfähle auf und verband sie mit waagerechten weißen Nylontauen.

Dieses Schwimmbecken nahm sich so gut aus, daß wir im folgenden Jahr eine andere Vertiefung im Fels ausnutzten – diesmal unter den Kiefern –, um Umkleidekabinen unterhalb der Bodenoberfläche zu bauen. Das flache Dach ist mit Platten ausgelegt, mit einem Geländer umgeben und bietet einen schattigen Sitzplatz.

Eze liegt nur wenige Minuten von Monte Carlo entfernt, jener seltsamen architektonischen Eruption gegenüber dem alten Grimaldischloß auf dem Felsen von Monaco. Das Kasino und die Gebäude rings um den »Tapis Vert« (den »Grünen Tisch«) sind als architektonische Gruppe einzigartig, vielleicht abgesehen von den Städten, die im 19. Jahrhundert an den Rändern des brasilianischen Urwaldes so plötzlich entstanden und heute langsam zerfallen. Ich erhielt den Auftrag, die Parkanlagen und Gärten von Monte Carlo neu zu gestalten. Das war ein erfreuliches Angebot, denn die Aufgabe war einmalig. Diese Gärten waren in den achtziger Jahren des vorigen Jahrhunderts in enger Anlehnung an die französische Gartengestaltung jener Zeit angelegt worden. Sie bestehen aus einer rechteckigen symmetrischen Mittelanlage, zu deren beiden Seiten sich frei gestaltete kleine Parkanlagen anschließen; gewundene Asphaltwege schlängeln sich hier um Rasenflächen, die in ihrer Mitte eine Vertiefung haben und nach den Wegrändern zu ansteigen. »Corbeilles«, erhöhte runde oder ovale Beete, sind zwanglos über diese Rasenflächen verstreut, und ich fand viele Bepflanzungspläne jener Zeit mit verschiedenen Mosaikmustern, die für einen zwei- oder dreimaligen Pflanzenwechsel im Jahr gedacht waren. Die Besonderheit dieser Gärten liegt darin, daß nach den Originalplänen nur immergrüne Bäume und Sträucher verwendet werden sollten. Damit wollte man erreichen, daß die Gärten völlig exotisch und tropisch aussahen, und das muß ja wohl auch der Fall gewesen sein, wenn sie mit Canna, Caladium und all den anderen tropischen und subtropischen Beetpflanzen jener Zeit verschwenderisch bepflanzt waren.

Aber inzwischen waren siebzig Jahre vergangen, das Auto war erfunden worden, Parkanlagen und Gärten wurden angenagt, um Parkraum zu schaffen, neue Gebäude in späteren und weniger barocken Stilarten schossen empor, Bäume starben ab und wurden nicht ersetzt, leicht erhöhte Beete wurden durch jährlichen Bodenzuwachs konisch, die Gärtnerschar war beträchtlich geschrumpft – kurzum, die Gärten waren unter einer desinteressierten Leitung ziemlich heruntergekommen. Wie die ganze Côte d'Azur erfreute sich auch Monte Carlo bis 1914 eines Besucherkreises, der für drei Monate kam, um hier in größtem Überfluß und Luxus zu leben. Die Reichen kommen auch heute noch aus der ganzen Welt, aber sie bleiben drei Tage statt drei Monate, während die »Saison« von Weihnachten bis Oktober dauert. Außer den Reichen strömen Tausende von Touristen vielleicht nur für einige Stunden herbei, um den Schauplatz dieser legendären vergangenen Pracht zu sehen und ein bescheidenes Spiel zu wagen.

Aus einer solchen verfallenen Anlage einen modernen Park für diese neuen Gäste zu gestalten war für einen Gartenarchitekten eine reizvolle Aufgabe. Doch einige Monate später wurden das ganze Vorhaben und meine recht umstrittenen Pläne zunichte gemacht, als man die damalige Verwaltung der etwas eigenartig benannten »Société des Bains de Mer«, die Monte Carlo besitzt und leitet, durch eine weniger unternehmungslustige Direktion ersetzte. Ich hatte kaum mit dem vorbereitenden Aufräumen begonnen, als der Status quo ante wiederhergestellt wurde. Tatsächlich war jeder abgestorbene oder kranke Baum, den ich entfernen ließ, zum Gegenstand zorniger Kommentare in den Lokalblättern gemacht worden, so daß ich diese Arbeit sehr früh am Morgen hatte ausführen lassen müssen, als noch niemand draußen zu sehen war.

Obwohl von meinen Plänen nicht viel verwirklicht wurde, hatte ich doch Freude an dem interessantesten Teil des Auftrags, nämlich dem Durchdenken des Problems. Meine Idee war, da wenige Besucher länger als drei oder vier Tage blieben, daß Monte Carlo immer festlich aussehen und den Glanz und die Heiterkeit einer Luxusausgabe von Coney Island haben sollte. Die Eigentümlichkeit der ursprünglichen Bepflanzung ließ den mittleren Teil der Gärten aussehen, als gehöre er nirgendwohin; er wirkt nicht einmal mediterran, und die Mischung von Palmen und riesigen Feigenbäumen erinnert auch nicht an irgend etwas anderes. Mir schien es richtig, durch meine Bepflanzung diese Gärten fest in der Mittelmeerlandschaft und darüber hinaus in der Provence zu verankern, und wenn Leute aus rauheren Gefilden kamen, sollten sie sich an Mimosen und Orangenblüten, Magnolien, Oleander und Rosen und all den blühenden Kletterpflanzen erfreuen, die an dieser Küste so gut gedeihen. Es würde Pinien und Zypressen geben, Olivenbäume, Geranien und Iris, Freesien, Veilchen und Nelken, Anemonen, überhaupt jede Pflanze, von der ich mir vorstellen konnte, daß sie auf den Besucher zu irgendeiner Jahreszeit durch ihre Farbe und ihren Duft wirken würde. Der Gast sollte das Vergnügen haben, die Blumen, die er nur aus dem Blumenladen kannte, auch wachsen zu sehen.

Das Hauptmerkmal der Parkanlagen von Monte Carlo ist der Mittelrasen. Er erstreckt sich vom Kasino aufwärts und wird an beiden Seiten von einer Palmenreihe begrenzt, deren beste Zeit längst vorüber ist. Die Palmen wechseln mit uninteressanten und häßlichen Stinkbäumen (Sterculia) ab, die jahrelang falsch geschnitten wurden, so daß sie wie Karikaturen von Bäumen aussehen. Ich hatte vor, den Rasen verschwinden zu lassen, der jedes Jahr monatelang umgepflügt und brach daliegt und der so eingesät wird, daß er gerade zu Weihnachten grün aussieht. Zugleich wollte ich die armseligen Beete rübenroter Alpenveilchen beseitigen, die den Rasen von Weihnachten bis März beleben sollen. Ich schlug vor, an Stelle dieser ganzen Bepflanzung eine beleuchtete Kaskade mit fortwährend wechselnden Wasserspielen zwischen Pinien und Magnolien *(Magnolia grandiflora)* anzulegen. Das Grasoval vor dem Kasino, den »Camembert«, wollte ich in einen kunstvollen Springbrunnen im gleichen pseudobarocken Stil wie das Hotel de Paris und das Kasino umwandeln. Den kleinen Park westlich der mittleren Anlage sah ich als provenzalischen Garten, in dem blühende Bäume, Sträucher und Zwiebelpflanzen für eine ganzjährige Aufeinanderfolge von Farbe und Duft sorgen würden. Der ostwärts im Tal liegende Garten würde sich mit seinem Wasserlauf und den Teichen mehr für eine exotische Behandlung eignen; ich könnte Palmen und Farnpalmen, Aralien, Neuseeländer Flachs (Phormium), Aronstab, *Victoria amazonica* und viele andere tropisch aussehende Blattpflanzen sammeln und dort ziehen. Etwas weiter westlich fällt das Gelände steil vom Kasino zum Bahnhof hin ab – der in Kürze ebenso wie die Eisenbahnlinie entfernt werden soll. Dort plante ich Parkplätze, die den mittleren Durchblick jedoch frei lassen müßten, und vor dem Kasino eine stattliche Piniengruppe und ein Amphitheater für allerlei Freiluftveranstaltungen. Dieses Programm schien mir die logische gärtnerische Auslegung des Themas »Vergnügen«, das vielleicht wie für Las Vegas die seltsame und einzige Begründung für die Existenz von Monte Carlo ist.

In einem mit Gartengestaltung ausgefüllten Leben ist es wahrscheinlich unvermeidlich, daß es einen bestimmten Prozentsatz angefangener und unvollendeter oder geplanter und niemals ausgeführter Arbeiten gibt, während die Jahre dahingehen und die Verschiedenheit und das Ausmaß der Arbeit zunehmen. Als ich jung war und am Anfang meiner Laufbahn stand, hielt ich das für persönliches Versagen. Entweder ärgerte ich mich darüber, oder ich bedauerte es, je nachdem, ob mein Stolz oder mein Geldbeutel oder auch beides angegriffen war. Heute werte ich derartige Fehlschläge als Übungen. Ich komme mir nicht verarmt vor, wenn ich ein Problem durchgearbeitet habe, bleibt auch der finanzielle Erfolg oder die Verwirklichung aus. Vielleicht hat die Lösung mein Können bereichert und meine Erfahrung erweitert; und wenn die Arbeit dann nicht ausgeführt wird, bin ich keineswegs ärmer. Es ist auch möglich, daß ich bei irgendeinem Problem keine Lösung gefunden habe. Blicke ich zurück, so scheint mir das daran gelegen zu haben, daß ich den Auftraggeber und seine Wünsche nicht verstanden hatte oder – auch das kann vorkommen – für beide keine Sympathie empfand. Da man nur bis zu einer gewissen Grenze anpassungsfähig ist, betrachte ich solche Fälle mit Gleichmut, ja Erleichterung, weil ich genau weiß: Hätte ich meine Arbeit fortgesetzt, so wäre das Mißverständnis gewachsen und hätte sich unvermeidlich in dem Garten widergespiegelt. Es existieren tatsächlich einige nicht gelungene Gartenanlagen, deren Verkehrtheit und Mangel an Harmonie eine gewisse Unstimmigkeit, Kompromisse und das Fehlen von gegenseitigem Verständnis zwischen dem Eigentümer und mir verraten. Mit der Zeit habe ich gelernt, bei der ersten Fühlungnahme zu beurteilen, ob ich in der Lage sein werde, eine Gartenplanung durchzuführen. Kann ich das notwendige Verständnis weder aufbringen noch vermitteln, so verhandle ich nicht weiter. Ich möchte jedem Gartenarchitekten raten, seine Meinung zu verfechten, wenn er wirklich weiß, was er mit einem gegebenen Grundstück anfangen will. In manchen Fällen fühlt man sich voller Eingebungen und ist fähig, eine ganze Reihe verschiedener Zeichenentwürfe zu machen; doch das stürzt nach meiner Erfahrung fast jeden Auftraggeber in Verwirrung, und man beschränkt sich besser auf zwei Entwürfe. Es gibt auch Auftraggeber, die besser Bescheid zu wissen glauben als man selbst, und das vielleicht zu Recht. Aber dann ist der Auftrag nichts für den Gartenplaner, und er tut gut daran, die Arbeit sofort aufzugeben, bevor er etwas unternimmt, was der eigenen Überzeugung widerspricht; sonst kommt es schließlich dahin, daß der Auftraggeber gegenüber seinen Freunden alle seine Fehler auf den Gartenarchitekten abwälzt. Wie fesselnd das Problem eines Entwurfs und einer Komposition auch sein mag, es kann der Augenblick kommen, da man sich entscheiden muß, ob man den Wünschen des Auftraggebers nachgeben und Kompromisse schließen soll, die gegen die eigene Überzeugung sind, oder ob es besser ist, aufzugeben. Nach meiner Erfahrung ist Aufgeben richtiger. Ist der Name des Gartenarchitekten mit einem Garten verbunden, der nicht ganz seiner Idee entspricht, kann man vielleicht Auftraggeber gewinnen, die keine Fehler in der Anlage bemerken; aber ganz bestimmt verliert man andere Auftraggeber, deren Geschmack und Urteil sicherer sind. Das alles mag sehr einfach klingen, ist es aber ganz gewiß nicht. Sicherheit erlangt man erst nach vielen Jahren des Strauchelns und durch ebensoviel Enttäuschungen wie Erfolge.

12. KAPITEL

Gärten für die Öffentlichkeit

Ich nehme an, daß der richtige Gärtner seine gärtnerische Tätigkeit als ein persönliches Vergnügen und ein privates Sichmühen ansieht, obwohl ich keinen kenne, der seine Erfolge nicht gern auch gezeigt und mitgeteilt hätte. In früheren Zeiten, noch vor dreißig Jahren, brachten lokale Blumenausstellungen und nachbarliche Besuche einem Garten in einem verhältnismäßig kleinen Umkreis Ruhm ein. Der Hauptgärtner eines großen Besitzes konnte meilenweit in der Umgebung als Kenner und Schiedsrichter gelten; er hatte die Mittel, neue Pflanzen zu erwerben und auszuprobieren, und allmählich fanden sie dann als Same oder Steckling ihren Weg aus seinen umschlossenen Küchengärten und den Glaskästen hinaus in die umliegenden Dörfer. Aber heutzutage tragen Autos und Flugzeuge, Zeitungen, Radio und Fernsehen dazu bei, daß Gärten und Blumen zu einem echten Massenvergnügen werden.

Bereits im 17. Jahrhundert waren bestimmte königliche Gärten dafür vorgesehen, große Menschenmengen anzuziehen und zu beeindrucken. In Versailles zum Beispiel lebte die französische königliche Familie zur größeren Befriedigung ihrer Untertanen ein fast ganz der Öffentlichkeit preisgegebenes Leben. Vor den Augen aller, die kamen und gafften, spielte man Karten, aß und tanzte, starb man sogar und brachte Kinder zur Welt. Hier planten Ludwig XIV. und Le Nôtre den großen Gartenkomplex als eine Reihe nach oben offener Staatszimmer und Galerien mit »Kabinetten« wie der »Salle du Bal de Madame de Bourgogne« und dem »Labyrinth« (wo

Äsops Fabeln durch Figurengruppen aus vergoldetem Blei veranschaulicht wurden) als umschlossenen Räumen für exklusivere Unterhaltungen. Im 18. Jahrhundert äfften deutsche Duodezfürsten die bourbonische Art mit riesigen, aber schwerfälligeren Rokokopalästen und Gärten nach, um ihre Untertanen in Staunen zu versetzen; die wurden durch die Kosten manchmal fast ruiniert.

Der wohlhabende Tourist mit guten Beziehungen, damals gewöhnlich Engländer, konnte zu jedem Garten, den er sehen wollte, Zutritt finden und kehrte oft mit französischen oder italienischen Skulpturen auf seinen eigenen Landsitz zurück; oder aber er konnte bei einem Besuch im Ausland seinen Gastgebern einen Garten nach englischem Vorbild anlegen und so die Vorliebe für englische Gartengestaltung fördern, die noch bis heute auf dem Kontinent besteht. Durch die politischen Wirren Ende des 18. Jahrhunderts erschüttert, mußten die europäischen Königshäuser später zurückgezogener leben; auch konnten sie nicht mehr als einzige über die öffentlichen Gelder verfügen. Viele königliche und andere Parkanlagen, Gärten und Jagdgründe gingen in öffentlichen Besitz über. Es entstand der sogenannte öffentliche Garten, der Eigentum der Behörden war.

Das Ende echter Stilentwicklung in der Architektur, das Fehlen des persönlichen Geschmacks und Talents und der besonderen Vorlieben eines individuellen Bauherrn, die Anfänge der Bürokratie und das Zeitalter des Museen machten aus dem 19. Jahrhundert nach 1830 eine Epoche der Wiederholung und der Nachahmung. Ein Jahrhundert der Stillosigkeit begann. Alte Vorbilder wurden mit den primitiven Methoden der beginnenden Massenproduktion in neuem Material nachgeahmt. Gußeisen löste Schmiedeeisen ab, Stuck und Zement ersetzten Stein, Asphalt das Pflaster; und selbst Pflanzen wurden so lange selektiert und gekreuzt, bis ihre Farben den neu entdeckten Anilinfarben so ähnlich wie möglich waren. Zeit und Mode wollen uns heute einreden, daß auch die Erzeugnisse des 19. Jahrhunderts Stil und Reiz haben. Ich sehe jedoch nur Grobheit der Formen, Materialien von minderwertiger Qualität und das völlige Fehlen einer Linie.

Der Central Park in New York ist das verkümmerte Zerrbild eines englischen Parks im Stil des 18. Jahrhunderts und fristet auf dem alten unfruchtbaren Felsen der Insel Manhattan sein Dasein. In dem Bemühen, die Künste zu fördern, ließ die Kaiserin Eugenie massige Kopien von sehr kunstvoll gearbeiteten Möbelstücken aus der Mitte des 18. Jahrhunderts anfertigen. Sir Joseph Paxton schuf zwar hervorragende Gebäude unter Verwendung von Gußeisen, entwarf jedoch auch eine Reihe schwerfälliger Gärten, die eine Mischung aus den einfacheren Kompositionen von Le Nôtre und »Capability« Brown waren, während Nesfield und Sir Charles Barry mit allzuviel Vorliebe für Gartenthemen nach der Art der italienischen Renaissance arbeiteten. In Paris griff Haussmann Projekte auf, die ursprünglich von Percier und Fontaine für Napoleon entworfen worden waren, und zwang der Stadt unbarmherzig in allen Richtungen schnurgerade Boulevards auf, wobei Tausende von schönen, »zwischen Hof und Garten« gebauten Häusern zerstört wurden. Dabei war dieses System der Grundstücksnutzung, bei dem nur ein kleiner Teil der Fläche bebaut wurde, eine der erfreulichsten Lösungen gewesen, die die Stadtplanung je gefunden hat. Glücklicherweise bepflanzte Haussmann seine Boulevards mit Bäumen und verdeckte auf diese Weise die abscheuliche Häßlichkeit der zu jener Zeit entstehenden Mietskasernen.

Von den öffentlichen Gärten in Paris blieben der Jardin du Luxembourg und der Tuileriengarten im großen und ganzen so, wie sie für ihre königlichen Besitzer geplant worden waren. Alle anderen, wie zum Beispiel der Bois de Boulogne, sind französische Versionen des Jardin anglais, der »malerischen« Landschaft des 18. Jahrhunderts, verschönert durch Streifen und Kreise voll scharlachroter Blumen, durch Cafés und Restaurants aus Glas und bemalter gußeiserner Filigranarbeit – die Vergnügen symbolisierenden Architekturelemente des 19. Jahrhunderts.

Westeuropa belieferte die Welt mit Industriewaren und wurde immer reicher. Überschüssiges Geld verwendete man zur Stiftung von Krankenhäusern, Universitäten, Schulen, Kunstgalerien und sogar Gärten. Riesige Glashäuser wurden den Kew Gardens hinzugefügt. Leopold II. von Belgien errichtete in Laeken Treibhäuser auf einer Fläche von etwa acht Morgen, hoch genug für voll ausgewachsene Palmen; verbunden waren sie durch lange Korridore aus Glas, wo man noch heute zwischen Palisaden aus Farnkraut, Fuchsien und

Klettergeranien spazierengehen kann. Alte, zu europäischen Universitäten gehörende botanische Gärten, die jahrhundertelang wenigen Gelehrten als Wirkungsstätten gedient hatten, wurden jetzt wesentlich reichhaltiger, zogen allmählich Besucher an und weckten in neuer Form das Interesse der Öffentlichkeit an der Betrachtung von Blumen.

Die Stadt Gent, etwa fünfzig Kilometer von Brüssel entfernt, liegt in einem Gebiet mit sandigem, saurem Boden und ist schon seit langer Zeit ein bedeutendes gärtnerisches Zentrum. 1836 taten sich die Blumenzüchter dieser Stadt zusammen und begründeten die »Floralies de Gand«. Dort stellten sie ihre Geschicklichkeit als Züchter von Indischen Azaleen, Knollenbegonien und Treibhauspflanzen unter Beweis. Meines Wissens hat diese Ausstellung – abgesehen von den Kriegsjahren – seit ihrem Anfang alle fünf Jahre stattgefunden. Sie ist jetzt in einem ständigen Gebäude untergebracht und zieht jedesmal mehr als eine Million Besucher an. Zehn Tage lang schieben sich dann endlose Menschenmengen langsam durch einen Dschungel künstlich zum Blühen gebrachter Azaleen in Weiß, Rosa, Lachs, Scharlachrot, Orange und Karmesinrot. Es gibt riesige Exemplare dieser Pflanzen, die hundert Jahre alt sind oder noch älter und von denen man sagt, daß sie allein zur Ausstellung laufen, so oft sind sie schon dort gewesen. Bei jedem Besuch erkenne ich einen großen Teddy, ein Sofa und einen Lehnstuhl wieder, die gänzlich aus rosa- und lachsfarbenen Blüten bestehen und jedesmal an Größe zunehmen. Ursprünglich war es eine Ausstellung für Spezialisten und Techniker; heute ist es eine Pilgerstätte für Millionen, die – ebenso wie zu den Pyramiden oder nach Lourdes – dorthin gehen, um zu staunen. Valenciennes, eine Industriestadt am Rande des Kohlenbergbaugebietes von Nordfrankreich, hat lange Zeit einen sehr regen Gartenbauverein gehabt, dessen Mitglieder meistens Bergarbeiter waren. Für die letzte Ausstellung im Jahre 1954 war ein Riesenzelt gebaut worden, das acht Morgen überdachte, und es kamen solche Massen von Besuchern, daß sich die wirklich breiten Wege trotz Rundgangs in nur einer Richtung als völlig unzulänglich erwiesen.

Ich finde solche Ausstellungen deshalb reizvoll, weil sie für den Gartenarchitekten eine neue und völlig andersartige Herausforderung sind. Man muß seinen Ausstellungsbereich in Entwurf und Farbe so interessant gestalten, daß der Zuschauer davon gefesselt wird, auch wenn er vielleicht gerade vorher die schwindelerregende Wirkung eines halben Morgens dichtgedrängt stehender Azaleen oder Orchideen erlebt hat. Man muß seine Pflanzen in einer Weise anordnen, daß sie leicht ersetzt werden können, denn eine solche Ausstellung dauert gewöhnlich zehn Tage. Ein Areal von – sagen wir – tausend Quadratmetern auszufüllen ist außerordentlich kostspielig; die Schaustellung von Blumen muß also sowohl gärtnerisch wie auch ästhetisch eine ganz besondere Anziehungskraft haben, soll sie einen der ansehnlichen Preise gewinnen, die meistens ausgesetzt werden und die Unkosten decken helfen.

Ich habe mehrfach »Gärten« für solche Ausstellungen aufgebaut, die, jedenfalls in Frankreich und Belgien, für gewöhnlich Ende April stattfinden. Das kommt den belgischen Azaleen- und den holländischen Zwiebelzüchtern gelegen, schließt jedoch die Verwendung der meisten einjährigen und perennierenden Pflanzen aus. Diese Lektion wurde mir erteilt, als ich mich einmal in Gent mit einem dürftigen Stück Ausstellungsfläche befassen mußte. Ich überlegte, wie in aller Welt ich mit den kräftigen Farben konkurrieren sollte, die mich – wie ich wußte – umgeben würden, und entschloß mich, mit einem kleinen Feld gewöhnlicher getopfter Ringelblumen, gefüllt und ungefüllt, in Zitronengelb und Orange Furore zu machen. Das hieß, sie aus Samen zu ziehen und etwa am 20. April zum Blühen zu bringen. Im Herbst zuvor brachte ich also den Samen an die französische Riviera und fand einen Züchter, der mir zwei große Gewächshäuser zur Verfügung stellte; hier konnte ich einige Tausend Ringelblumen aufziehen. Ungefähr am 15. April waren sie genau im richtigen Stadium, reihenweise standen die Töpfe voller Pflanzen, deren Knospen bereit waren, sich im Frühlingssonnenschein zu öffnen. Drei riesige Lastwagen wurden mit großer Behutsamkeit beladen und auf eine dreitägige Reise nach Gent geschickt – dort kamen sie bei Nordwind und Graupelschauern an. Die Blumen hatten durch die Reise und den Temperaturwechsel sehr gelitten, aber ich pflanzte sie aus, weil ich nichts anderes zur Verfügung hatte. Die Knospen verwelkten und fielen ab oder öffneten sich nicht; mein Feld in Gelb und Orange sah so lebensfroh aus wie ein vernachlässigtes Salatbeet. Ich lernte hieraus auf recht unsanfte Weise, stets mehrere Pfeile im Köcher zu haben, möglichst keine Pflanzen zu verwenden, die nicht in die Jahreszeit passen, und auf jeden Entwurf zu verzichten, der sich auf eine bestimmte Menge Pflanzen einer einzigen Art stützt.

In Valenciennes wurde mir im folgenden Jahr eine weitere Lektion erteilt. Ich sollte einen Plan für ein großes Inselgelände ausarbeiten; es handelte sich um eine Fläche von etwa zwölfhundert Quadratmetern, zu einem Viertel von einem großen, ungleichmäßigen Teich und zu einem weiteren Viertel von Gras bedeckt. Den Rest sollten wir mit ziemlich winterharten Einjahrsblumen bepflanzen. Verwendet wurden Stiefmütterchen, Veilchen, Vergißmeinnicht, gefüllte Tausendschönchen, Goldlack (Cheiranthus), Schöterich (Erysimum), Levkojen, dazu noch Azaleen, und zwar Gandavense-Sorten (»Genter Hybriden«) und Mollis-Sorten, blühende Kirschen, Rhododendren, verschiedene immergrüne Pflanzen und große Mengen von Tulpen, Narzissen, Hyazinthen und Maiglöckchen. Alle diese Pflanzen kamen zu Tausenden an und wurden auf dem Gelände abgeladen, nachdem sie eine Reise von über hundert Kilometern auf der Landstraße hinter sich hatten. Das Gelände war kahler Erdboden, der mir fertig umgegraben übergeben wurde. Als wir ans Auspflanzen gingen, stellten wir fest, daß das Umgraben nur sehr oberflächlich durchgeführt worden war. Man mußte sich minutenlang schwer abmühen, bis man mit einem Hohlspatel ein Loch in den hartgetretenen, kiesigen Boden gekratzt hatte, das groß genug war, eine Pflanze mit ihrem Topf aufzunehmen; und auf einen Quadratmeter rechneten wir etwa fünfzig bis sechzig Pflanzen. Meine unglücklichen Pflanzer mußten mit schmerzenden Rücken und Handgelenken drei Tage schwer arbeiten, um die Pflanzen rechtzeitig in die Erde zu bekommen. Daraus habe ich gelernt, den Boden zumindest mit dreißig Zentimeter Sand oder Torf zu bedecken, damit alle getopften Pflanzen schnell und mühelos eingesetzt werden können.

Meine erste größere Erfahrung in der Gestaltung eines Vergnügungsparks machte ich in den Jahren 1950 und 1951, als ich den Auftrag bekam, die Festival Gardens im Battersea Park in London für die Festival of Britain Exhibition zu entwerfen. Das Gelände, das

Südufer der Themse gegenüber Chelsea, war einstmals sumpfiges Gebiet gewesen, das später aufgefüllt und im 19. Jahrhundert in einen öffentlichen Park umgewandelt worden war. Dieser Park war gut angelegt und bepflanzt, und seine ruhigen Alleen erfreuten sich einer gewissen Beliebtheit, als der Radsport volkstümlich wurde.

Eines der Ziele des Festival of Britain war, die Entwicklung des Südufers zu beschleunigen, und die grundlegende Idee für die Festival Gardens bestand darin, einen Anziehungspunkt im Freien nach dem Vorbild des Tivoli in Kopenhagen zu schaffen. Es sollte Restaurants geben, Theater, einen See für Bootsfahrten, Cafés und einen Vergnügungspark, alles gärtnerisch umrahmt. Das war nichts Neues für London. Im 18. Jahrhundert gab es schon mehrere solcher Gärten. Ranelagh, Vauxhall und Cremorne waren die berühmtesten; Mitte des 19. Jahrhunderts wurde Cremorne, der als letzter übrig gebliebene Garten, so liederlich, daß man auch ihn schließen mußte.

James Gardener und ich wurden dazu ausersehen, die Festival Gardens mit ihren verschiedenen Elementen zu entwerfen; wir hatten freie Hand in der Ausgestaltung der Anlagen und konnten Sonderaufträge vergeben, an wen immer wir wollten. Lediglich die Grenzen unserer Begabung, die Schwierigkeiten der Konstruktion und der Beschaffung von Material im Nachkriegsengland sowie ein mehr als bescheidenes Budget legten uns Beschränkungen auf.

James Gardener hatte für die Juweliere Cartier gearbeitet. Von hier war er in den Bereich der Ausstellungen und der industriellen Formgebung übergewechselt, und sein Ansehen war kurz zuvor durch einen blendenden Entwurf für die Ausstellung »Enterprise Scotland«, die unmittelbar nach dem Krieg stattfand, bestätigt worden. Ungeheuer erfinderisch, hatte er die leichte Hand und die Phantasie, die dieser Auftrag erforderte. Er konnte alles zeichnen und erfaßte die Möglichkeiten von Holz, Glas, Metall, Faserzementplatten, Farbe und Leinwand sehr gut. Seine Entwürfe, wie phantasievoll sie auch sein mochten, ließen die technischen Möglichkeiten seines Materials nie außer acht, so daß seine verschiedenen Konstruktionen im wahrsten Sinne des Wortes »funktional« waren – das heißt, sie »gingen«. Seine Befähigung war so ungewöhnlich, daß kein unvorhergesehenes Ereignis ihn ernstlich nervös machte; er konnte zu jeder Stunde arbeiten, er genoß den Respekt der Arbeiter, denn er kannte ihre technischen Probleme mindestens so gut wie sie selbst. Obwohl wir ununterbrochen achtzehn Monate lang miteinander arbeiteten, kann ich mich an keine einzige Meinungsverschiedenheit erinnern.

Dreizehn Morgen Land waren uns zugewiesen worden. Im Norden unseres Geländes, nahe der Themse, war ein schmaler Grasstreifen mit einigen einzeln stehenden Bäumen. Südlich davon säumte eine Doppelreihe schöner alter Platanen beide Seiten eines breiten Fahrwegs. Hiervon wiederum südlich befand sich auf einer Grasböschung ein dichter Baumgürtel mit nicht bestimmbaren Sträuchern darunter. Die Böschung verlief schräg abwärts bis zu dem ebenen Teil des Hauptgeländes, das etwa zweieinhalb Meter unterhalb des Fahrdamms lag. Diese Hauptfläche stellte ungefähr ein Rechteck dar, das von Bäumen umgeben war und als Kricketplatz Verwendung gefunden hatte. Es gab keinerlei Wege in diesem tiefliegenden Teil, und später entdeckten wir auch, warum.

Unsere erste Aufgabe bestand darin, einen allgemeinen Plan samt allen Elementen und Einrichtungen, die wir verwenden wollten, zu entwerfen und ihn Sir Gerald Barry, dem Generaldirektor des Festivals, zur Genehmigung vorzulegen. Wir nahmen die längste Achse, die wir finden konnten – sie lag zum Westen des Geländes hin, rechtwinklig zum Fluß und zu dem vorhandenen Fahrweg –, und beschlossen, einen großen Durchblick zu schaffen, um die Besucher in diesen Teil herabzulocken. Von hier aus konnten sie weiterspazieren und die verschiedenen Anziehungspunkte entdecken. Das Hauptcharakteristikum dieses Teils unseres Plans war eine breite Treppenflucht, die zu einer Piazza mit Säulengängen auf beiden Seiten führte. Jenseits dieser Piazza war ein Kanal vorgesehen, der so groß wie möglich und voller Fontänen sein sollte und zu irgendeiner abschließenden Besonderheit überleiten würde. Kunstvolle Wasserspiele und häufige Feuerwerksveranstaltungen würden ihn zur visuellen Hauptattraktion der Ausstellung machen. Rechtwinklig zum Kanal, nach Osten hin, mit der Rasenböschung zur Linken, gedachten wir einen großen, ruhigen Rasenplatz anzulegen. Jenseits dieses Rasenplatzes planten wir dann einige geometrisch angelegte Gärten, die an einem Gebäude – schließlich wurde es ein Vogelhaus – enden sollten, und dahinter waren ein kleiner See mit Booten, der Rummelplatz, eine kleine Eisenbahn und so weiter vorgesehen. Die zwei Haupteingänge wollten wir an die beiden Enden der bereits vorhandenen Fahrstraße legen. Auf der Piazza und rund um den Kanal würde genug Platz zum Promenieren und Verweilen zur Verfügung stehen. Der Hauptverkehrsstrom sollte die mittlere Rasenfläche und die Gärten wie eine Insel umfließen und mehr am Rand des Geländes entlangführen. Die Straße parallel zur Themse war als Hauptpromenade gedacht. An ihrer Südseite würden wir zwischen den Bäumen scheinbar zufällig kleine Überraschungen einstreuen und mit den Platanen an der Nord- oder Flußseite eine Reihe kleiner Läden abwechseln lassen. Die ebene Fläche, die sich etwa fünfzehn Meter breit zwischen Bäumen und Fluß erstreckte, wollten wir als Garten behandeln, in den ein kleines Theater, ein Restaurant, ein Café und verschiedene Kioske etwas Leben bringen sollten. Auch hatten wir vor, einen Landungssteg als zusätzlichen Eingang für die Leute anzulegen, die mit dem Dampfer stromabwärts von der Hauptausstellung hierherkamen.

Wir arbeiteten ganze Nächte hindurch in einem Büro unter dem Dach, tranken ab und zu eine Tasse Kaffee, aßen zwischendurch ein zweifelhaftes Sandwich und gelangten durch ein Meer von Pauspapier schließlich zu unserem Hauptentwurf. Wir machten Zeichnungen und verwarfen sie wieder, bis wir einen Plan vorlegen konnten, für den zu kämpfen wir notfalls bereit waren. Darüber hinaus hatten wir eine ganze Reihe von Skizzen und Ansichten angefertigt, die mehrere Variationen für die Behandlung der einzelnen Teile des Entwurfs darstellten. Zu diesem Zeitpunkt stand noch nicht endgültig fest, daß man Gardener die Gesamtleitung des Projekts und mir die alleinige Verantwortung für die gärtnerische Gestaltung übertragen würde, aber unser Entwurf brachte uns den Auftrag, denn er war viel weiter und praktischer durchdacht als mancher recht verschwommene Vorschlag von anderer Seite.

Als unser Plan akzeptiert war, stellten wir eine Liste der verschiedenen Einrichtungen auf, die das Gelände bieten würde. Ein ständiges Theater oder eine Konzerthalle und ein ständiges Restaurant waren erwünscht und sollten nach der Ausstellung im Park bleiben. Noch manch andere Restaurants verschiedener Kategorien mußten untergebracht werden, darunter auch ein kleines, verhältnismäßig luxuriöses, das Geschäftsleute zu einem Essen mit Blick auf den Fluß verführen sollte. Wir waren in England, und somit mußte es Möglichkeiten geben, ständig zahllose Tassen Tee bereitzuhalten, und das unter einem regensicheren Dach, denn niemand konnte für einen schönen Sommer garantieren. Außerdem planten wir einen altmodischen Tingeltangel, einen Tanzboden, eine Miniatureisenbahn, die durch das Gelände fuhr, und einen kleinen »Zoo« mit Jungtieren zur Belustigung der Kinder. Einfälle, Entwürfe und Entwerfer fluteten von allen Seiten herein, und nachdem wir uns wochenlang mit endlosen Ausschußsitzungen und Kostenfragen herumgeschlagen hatten, stellten wir endlich eine Liste der geplanten Arbeiten und der jeweils verantwortlichen Gestalter auf. Ein Architektenbüro und ein Bauunternehmen wurden mit den wichtigsten Aufgaben, dem Wegebau und dem Bau der bleibenden Gebäude, beauftragt. Doch selbst mit dieser Gruppe von Fachleuten konnten wir nicht immer die richtige Reihenfolge der Arbeiten einhalten. Zuerst mußten natürlich Fahrstraßen gebaut werden, damit man zu jedem Abschnitt des Geländes Zugang hatte. Als das Hochwasser zur Zeit der Tagundnachtgleiche den Fluß bis zum Rand des Uferdamms ansteigen ließ, sickerte das Wasser durch und setzte die ganze tiefliegende Mittelfläche unter Wasser. Da sich die Tiefbauer mit schnell hergestellten provisorischen Straßen begnügt hatten, kam es nicht selten vor, daß etwa vierzig Lastautos bis zur Achse in einem Meer von Schlamm steckten.

Nachdem wir uns über Form und Proportionen der Piazza und des Kanals im klaren waren, mußten wir uns überlegen, wie wir sie architektonisch behandeln und ausschmücken wollten. Schließlich wählte der Maler John Piper zusammen mit Osbert Lancaster einen »romantisch-neugotischen« Baustil. Die mit Arkaden versehenen Säulengänge und die Türme zu beiden Seiten der Piazza wurden aus Bambus, Sperrholz und Rohrgerüsten hergestellt, scharlachrot, ocker und schwarz angemalt und mit Statuen bevölkert, die man ingeniös aus biegsamem Rohr wie Körbe gefertigt hatte. Osbert Lancaster entwarf auch zwei hohe Obelisken für beide Kanalseiten, arrangierte die Fontänen und stellte die riesige dekorative Wand auf, ebenfalls aus bemalten Bambus, die als Abschluß dieser Hauptachse diente.

Ich übernahm den Geländestreifen an der Flußseite, wo Guy Osborne ein reizendes kleines Theater im Stil des 18. Jahrhunderts in der Art von Vauxhall schuf; es war weiß und hellblau gestrichen, damit es zu den Kiosken und kleinen Läden an der Straße zwischen den Platanen paßte. Ich plante diese kleinen Läden so, daß sie wie blau und weiß gestreifte Zelte aussahen; an den Ecken wurden sie von Bambusstangen gestützt. Diesen Einfall hatte ich einem französischen Aquarell aus der Zeit um 1760 entnommen, das ein Gartenfest in St. Cloud darstellt, wo eine lange Reihe gestreifter Zelte mit den Stämmen einer geraden Allee abwechselte. Um an dem Streifen am Flußrand ein Gefühl von Umschlossenheit hervorzurufen, wurde diese Reihe kleiner Läden (die heute noch bestehen, wenn auch andersfarbig bemalt, was meiner Meinung nach die Einheit des Entwurfs zerstört hat) durch weiß gestrichene Spaliere miteinander verbunden. Auf die ebene Fläche unmittelbar am Wasser wollten wir Kioske für Tabak, Süßwaren und so weiter setzen, ebenfalls in der Form gestreifter Zelte. Die Gartenanlage arbeitete ich als eine Kette sich schlängelnder Blumenbeete aus, begrenzt von einer niedrigen Einfassung aus weißem, gebogenem Draht. Auf diese Idee brachte mich eine Jardiniere aus dem 18. Jahrhundert. Da ich beschlossen hatte, diese ganze Fläche in Weiß, Blau und Gelb zu halten, pflanzte ich für die Eröffnung der Ausstellung im Mai als einzige Blumen zwanzigtausend gelbe Tulpen. Es war ein harter Kampf, diese Beete schon sechs Monate zuvor fertigzumachen: Überall waren Arbeiter, Straßen und Wege waren noch nicht angelegt, und die verschiedenen Bauten hatte man gerade erst begonnen. Aber wir kamen mit der Einfassung voran, und im Oktober wurden die Zwiebeln gelegt. Da wir die Beete kreuz und quer mit Stacheldraht überzogen, blieben alle Tulpen unversehrt. Weil die Ausstellung schließlich erst Ende Mai ihre Pforten öffnete, war es ein Glück, daß ich die spätblühende Sorte ›Golden Harvest‹ gewählt hatte, und da der Frühling spät kam, standen sie noch in der ersten Juniwoche in vollster Blütenpracht.

Es ergaben sich für mich bei dieser Ausstellung viele gärtnerische Probleme. Londoner Parks sind im großen und ganzen prachtvoll bepflanzt, und ich wollte die Art der Bepflanzung, die man jeden Tag sehen konnte, nicht wiederholen. Das Festival sollte ja auch ausländische Besucher nach London bringen; darum hoffte ich, die Festival Gardens zu einem Schaufenster britischer Gartenkultur zu machen, und arbeitete dementsprechend. Einer meiner ersten Einfälle ließ mich einen kleinen eingezäunten Garten so entwerfen, daß er jeden Monat mit anderen Blumen bepflanzt werden konnte: Rhododendren und Azaleen im Mai, Rosen im Juni, Stauden im Juli und so weiter. Mr. A. Simmonds, der damalige Sekretär der Royal Horticultural Society, tat, was er konnte, und half mir insbesondere, Zusammenkünfte mit führenden Gärtnern und Mitarbeitern von Gartenzeitschriften zu organisieren, damit ich ihnen meine Pläne erklären und ihre Hilfe erbitten konnte. Es endete aber damit, daß ich nicht genügend Unterstützung fand, und so beschloß ich, das zu tun, was in meinen eigenen Kräften stand, um britische Blumen zu zeigen, ohne mein Budget zu überziehen. In diesem entscheidenden Moment erschien Mr. E. R. Janes auf der Bildfläche. Ich hatte Mr. Simmonds gebeten, jemanden ausfindig zu machen, der sich mit dem Sammeln und der Aufzucht all der Pflanzen beschäftigen würde, die ich verwenden wollte. Dazu gehörten Tausende von Einjahrsblumen, die auszusäen, aufzuziehen und so an ihren endgültigen Standort zu bringen waren, daß vom Frühling bis zum Herbst immer eine Bepflanzung die andere ablöste, und zwar mußten bestimmte Teile meines Gartens innerhalb weniger Stunden mit blühenden Blumen völlig neu bepflanzt werden können.

Mr. Janes war damals ein älterer Herr, der gerade in den Ruhestand getreten war. Jahrelang hatte er bei Suttons, den berühmten Samenhändlern in Reading, gearbeitet, und er war es, der alljährlich jene prachtvollen Anlagen mit Einjahrsblumen auf der Ausstellung in Chelsea einrichtete: Gipfel, Täler und Grotten, die wie ein leuchtendes Freudenfeuer aus den herrlichsten Pflanzen loderten – Petunien, Clarkien, Trompetenzungen (Salpiglossis), Nemesien, Tabakblumen und tatsächlich fast alle Einjahrsblumen, die man sich nur denken kann. Es gelang mir, für Mr. Janes ein winziges Büro zu finden, und wir arbeiteten glücklich miteinander, bis die Gärten fünfzehn Monate später fertig waren. Ich verbrachte viel Zeit in meiner schäbigsten Kleidung und steckte oft bis zu den Waden im Schlamm, um auf dem Gelände die Arbeit voranzutreiben. Welche Erholung war es, in das Büro zurückzukommen und Mr. Janes in untadeliger Kleidung vorzufinden, mit seinen altmodischen dunklen Anzügen, seiner gewissenhaften Art zu arbeiten: ruhig, langsam sprechend und unendlich methodisch. Als Sohn eines Gärtners hatte er sehr viel Erfahrung – ich kenne niemanden, der so viel über Blumen und ihre Aufzucht wüßte. Jede Minute, die ich mit ihm verbrachte, war kostbar, und im Laufe der Monate lehrte er mich eine Menge über die Kunst, Blumen und Pflanzen für eine Ausstellung zu arrangieren. Er hatte auch ein erstaunliches Gefühl für Farbe, und er erklärte mir, wie man durch verschwenderische Anwendung von Weiß und Hellgelb eine ausgezeichnete Wirkung erzielen kann. So habe ich auch gelernt, daß bei Ausstellungen in geschlossenen Räumen oder unter Dach violette und blaue Blumen leicht grau aussehen und leuchtendes Rot fast schwarz wirkt, während Weiß, Gelb und ein helles, warmes Rosa funkeln und leuchten.

Mit Mr. Janes zur Seite kam ich mit meinen Plänen gut vorwärts, voller Vertrauen, daß er meine Pflanzen- und Farbauswahl sowohl vom praktischen wie vom ästhetischen Standpunkt aus kritisch beurteilen würde. Meinen Plänen lagen ganz einfache Prinzipien zugrunde. Jeder Pavillon oder jedes Gebäude sollte eine Umrahmung aus lebhaften Blumen erhalten, die entweder in Fensterkästen oder auf geometrisch angeordnete Beete in nächster Nähe gepflanzt werden sollten. Diese Blumen wären etwa jeden Monat, wenn sie abgeblüht waren, auszuwechseln.

Anschließend an die mittlere Rasenfläche war ein geometrischer Garten als farbenprächtiges, dichtes Muster geplant. Das ganze alte Gebüsch unter den Bäumen auf den Böschungen und längs der Straße sollte entfernt und durch Gruppen blühender Sträucher wie Rhododendren, Azaleen, Philadelphus, Hortensien und Schneeball (Viburnum) ersetzt werden. Weil dieser Teil ziemlich viel Raum einnahm, beschloß ich, zusammen mit den Sträuchern solche perennierenden Pflanzen zu verwenden, die durch schönes, reizvolles Blattwerk für Gewicht und Fülle sorgen würden. Zusätzliche Farbe käme durch Tulpen, Lilien und Gladiolen hinzu, die ich als Farbakzente in eine Anlage bringen wollte, wo die Textur des Blattwerks mehr galt als Blüten.

Da Regent's Park schon einen prachtvollen Rosengarten besaß, entschloß ich mich, nur Floribundarosen zu verwenden, um rosa und karmesinrote Blöcke in die Nähe des geometrischen Blumengartens zu setzen. Auf dem Gelände standen bereits genug ausgewachsene Bäume; ich brauchte mich deshalb nicht mit dem so überaus schwierigen Problem zu befassen, für ein kahles Ausstellungsgelände genügend große Bäume zu finden, sie zu transportieren und zu pflanzen, die riesigen Summen zu bezahlen, die eine solche Arbeit naturgemäß erfordert, und dann dafür zu sorgen, daß sie nicht eingehen. Da die Gärten nicht vor Ende Mai geöffnet wurden, hatte es keinen Sinn, Zierkirschen und Zieräpfel zu pflanzen, die, wenn auch ein bißchen spärlich, schon im Jahr nach ihrer Anpflanzung blühen. Blühende Sträucher waren jedoch wirklich ein Problem. Große Büsche, wenn sie überhaupt aufzutreiben waren, würden sich schlecht verpflanzen lassen und ein oder zwei Jahre schmollen, und kleines, verpflanzbares Material würde ein Jahr nach dem Umpflanzen noch nicht wirkungsvoll aussehen. Eine Ausnahme bildet natürlich die Gattung Rhododendron. Während ich zwischen Sunningdale und Woking die auf Rhododendren spezialisierten Baumschulen durchforschte, wies König Georg VI. einmal darauf hin, daß eine Trauerfichte *(Picea breweriana)* in den Gärten sicherlich gut aussehen würde. Das führte dann zu einem Brief vom Exbury Estate, in dem Edmund de Rothschild uns ein ziemlich großes Exemplar aus einer Gruppe anbot, die sein Vater vor Jahren gepflanzt hatte. So kam ich wieder in die herrlichen Eichenwälder von Exbury, die schräg zum Beaulieu River in der Nähe von Southampton abfallen. Dort hatte Lionel de Rothschild vor dem Krieg ein Heer von Gärtnern damit beschäftigt, tausend verschiedene Arten und Sorten von Rhododendren zu kreuzen, aufzuziehen und auf Hunderte von Morgen Land auszupflanzen. Jetzt waren diese Pflanzungen zu dicht geworden, und ich durfte so viele große Exemplare von diesen herrlichen Rhododendren aussuchen, wie ich nur wollte. Ich wählte sie hauptsächlich nach der Beschaffenheit des Laubs aus, nahm aber auch einige der später blühenden Hybriden hinzu. Da alle Rhododendren leicht zu verpflanzen sind und weil ich meinen verbrauchten Londoner Tonboden mindestens fußhoch mit Torf und vielen Tonnen Kuhdung aufgefrischt hatte, gediehen und blühten diese Rhododendren, als hätten sie schon jahrelang dort gestanden.

Da ich immer großes Interesse für Blattpflanzen hege, beschloß ich, einen breiten unregelmäßigen Streifen blaugrünblättriger Funkien zwischen der Hauptstraße und meiner Strauchpflanzung anzulegen. Sie sollten von einem Ende zum anderen unter den Platanen eine graugrüne Fläche bilden, die ich in Abständen durch runde Lücken unterbrechen wollte. Hier gedachte ich Farbflecke aus Tulpen einzufügen, denen später Lilien und Gladiolen folgen würden.

Fröhlich bat ich Mr. Janes, einem entsprechenden Gärtner zu schreiben und fünftausend – oder waren es zehntausend – Funkien *(Hosta sieboldiana)* zu bestellen. Die Antwort sicherte uns fünfzig zu. Wir schrieben weitere Briefe, zurück kamen Angebote über zwanzig oder fünf Pflanzen. Das war Anfang Mai. Ich wußte, daß die Blumenausstellung in Chelsea in zwei Wochen beginnen und daß jeder englische Gärtner dort vertreten sein würde. Deshalb fuhr ich dorthin, und nachdem ich drei Tage lang herumgefragt hatte, kannte jedermann diesen Verrückten, der jede Funkie im Lande haben wollte. Ich war so beharrlich, daß sich viele Gärtner versteckten, wenn sie mich nur kommen sahen. Aber ich bekam doch schließlich genügend Pflanzen zusammen, indem ich alles nahm, was man mir anbot, auch von auswärts und aus Privatgärten, manchmal Hunderte von Funkien, manchmal nur zwei oder drei. Als ich zufällig einige Jahre später durch die Überbleibsel der Festival Gardens fuhr, war ich sehr glücklich über die prächtige Wirkung der Funkien, die sich inzwischen wunderbar zu kräftigen, großen Gruppen entwickelt hatten.

Mit der Durchführung der Vorarbeiten beauftragte ich eine Baufirma, die ich schon seit Jahren kannte. Sie stellte mir einen sehr unternehmungslustigen und energischen Vorarbeiter zur Verfügung, der nicht nur temperamentvoll war, sondern auch viel von Gartengestaltung verstand. Er suchte sich schnell einen Trupp junger Londoner Arbeiter zusammen, die hingebungsvoll oft unter schwierigsten Bedingungen für ihn arbeiteten. Wie viele junge Cockneys waren sie in ihrer Freizeit fürchterliche Stutzer, die sich hingebungsvoll mit aufwendigen und kostspieligen Frisuren beschäftigten und sich mit ihren knallbunten Phantasiewesten, engen Hosen und Sportjacken à la Sherlock Holmes gegenseitig übertrafen; ihre Kommentare zu dem Kleidungsgeschmack der verschiedenen einflußreichen Persönlichkeiten, die das Gelände zu inspizieren kamen, waren oft sehr komisch.

Den ganzen langen nassen Winter hindurch mühten wir uns in Schmutz und vielem Durcheinander damit ab, dem Ausstellungsgelände langsam Gestalt zu geben. Die einzige regelmäßige Gartenanlage östlich des großen Mittelrasens wurde zuerst in Angriff genommen: ein Rechteck, das von der Rasenfläche aus über drei Stufen erreichbar war und auf den anderen drei Seiten von niedrigen Stützmauern eingefaßt wurde. Oben auf den Mauern wechselten lange, regelmäßige Beete voll scharlach- und karmesinroter Floribundarosen mit gestutzten Eiben, die der Anlage etwas mehr Höhe und Fülle gaben. Der Garten selbst war ein Parterre aus ganz einfachen, rautenförmigen Beeten, alle eingefaßt mit dem hellen Grau von gestutztem Lavendel. Im Oktober war der Garten für die Bepflanzung bereit, wenn auch der Boden fast völlig durchweicht war. Zur Eröffnung sollten nur reinweiße Tulpen blühen, also hinein mit den Zwiebeln. Im Februar wollte ich mich über ihren Zustand vergewissern und grub zuerst eine Zwiebel aus, dann eine andere und stellte schließlich fest, daß alle – Tausende von Tulpenzwiebeln – verfault waren und daß mein weißer Garten ein Fehlschlag war. Glücklicherweise brachte Mr. Janes, den nichts umwarf, die notwendige Menge herrlich gewachsener, weißer gefüllter Levkojen rechtzeitig für die Eröffnung herbei. Später dann im Sommer war der Garten blau von Lobelien und weißäugigen, blauvioletten Verbenen der Sorte ›Loveliness‹. Im Spätsommer folgte ihnen eine karmesinrote und scharlachfarbige Komposition, bestehend aus den schönen roten Verbenen ›Lawrence Johnston‹ und meinem Lieblingshahnenkamm, den Federbuschcelosien in Orange, Scharlach- und Karmesinrot. An dem breiten Weg, der durch die Mitte dieses Gartens führte, stellten wir Sitzstangen für leuchtend bunte Papageien auf.

Da das Wetter frostfrei, wenn auch sehr feucht blieb, begannen wir im Februar, an die Ränder der größeren Strauchpflanzungen Stauden zu setzen. Eine dieser Pflanzungen gefiel mir besonders gut. Die Grundlage bildete die schöne rundblättrige *Ligularia dentata*, eine Großstaude mit goldorangefarbenen Blüten. Außerdem pflanzte ich für den Hochsommer große Gruppen der Tigerlilie und des blaublühenden Eisenhutes *(Aconitum carmichaelii* var. *wilsonii)* und für eine frühere Blüte Gruppen von buntblättrigen Funkien und verschiedenen Astilben.

Farbe war das wichtigste visuelle Element der Festival Gardens. Außer der ständig bleibenden Konzerthalle und dem Restaurant – beides ziemlich massige Gebäude aus rotem Ziegelstein – waren alle anderen Bauten und Pavillons aus dem leichtesten und billigsten Material errichtet worden, das man nur auftreiben konnte. In der Nähe der Piazza, wo die Farben Karmesin, Schwarz und Gold dominierten, befand sich ein Restaurant mit halbkreisförmigem Grundriß, das hauptsächlich aus Segeltuch bestand; die Flächenteile wurden in den aufeinanderfolgenden Farben des Spektrums bemalt. Der Tanzsaal war ein riesiger Kegel aus rot und gelb gestreifter Zeltleinwand. Für den Platz unter den Bäumen an der langgestreckten Rasenböschung entwarf Guy Osborne eine absurd-reizvolle Grotte, die innen mit fluoreszierender Farbe geschmückt war. Alle Gebäude auf dem Streifen am Flußufer zeigten eine Farbkombination aus Türkis, Kobaltblau und Weiß mit gelegentlichen Akzenten von Schwarz und Zitronengelb. Der Schmuck einer zweiten Piazza, die am anderen Ende der Hauptstraße als Treffpunkt am Eingang zum Rummelplatz diente, war so phantastisch wie Alexander Benois' Bühnenbild für »Petruschka«, und hinter dem kleinen Bootssee zeigte eine bemalte Leinwand ein Fischerdorf. Um das Gelände herum fuhr die Miniatureisenbahn. Ihre Bahnhöfe, Lokomotiven und Wagen stammten von Emmet, entworfen mit der ihm eigenen schrägen spätviktorianischen Phantasie. Das alles muß man sich vor dem Hintergrund der riesigen, dräuenden Schornsteine des Kraftwerks von Battersea vorstellen.

Im allgemeinen verwendet man bei einer Gartenanlage Farbe in einem Rahmen aus grünen Hecken, Rasen und Bäumen als Gegensatz zu Stein, den Ziegeln oder dem Holz eines dauerhaften Bauwerks oder vor dem Hintergrund von Felsen und Bergen. Hier in Battersea hätten die übliche Bepflanzung und selbst einfarbige Blumenbeete neben dem großen Aufgebot künstlicher Farben und phantasievoll gemalter Arabesken eine völlig falsche Wirkung ergeben. In einem normalen architektonischen Rahmen vermitteln Blumen ein Gefühl der Vergänglichkeit. Hier würden sie zu ernst aussehen, wenn man sie nicht sehr sorgfältig verwendete.

Von Beginn an hatte ich versucht, den Kern des Problems zu erfassen, und während sich allmählich Struktur und Atmosphäre der Gärten herausbildeten, erkannte ich immer deutlicher, daß die Besucher hier die Möglichkeit haben sollten, einige Stunden in einer vollkommen gelösten, fröhlichen Welt zu verbringen. Die Gärten sollten die Entbehrungen der vergangenen zwölf Jahre vergessen machen und Schauplatz eines großen Festes ein.

Schließlich wußte ich genau, was zu tun war. Ich mußte meine Blumenfarben mischen und weite Flächen bepflanzen. Ein blasses Rosa würde in helles Zitronengelb übergehen, zwischen Orange wäre am besten ein Purpurrot zu setzen, und Textur, Farbe, Größe und Form der Pflanzen waren so zur Geltung zu bringen, daß alle Beete schimmern und leuchten und sich als Kontrast zu den hellen, statischen, bemalten Flächen scheinbar bewegen würden.

Als der Frühling des Jahres 1951 nahte, war der Boden noch immer außerordentlich naß, doch ich konnte nicht länger warten. Der große Platz in der Mitte, immer noch ein Schlammsee, mußte mit Rasen bedeckt werden, und die letzten Stauden waren zu pflanzen. Um eine möglichst ebene, gut dränierte Oberfläche zu erhalten, auf die man den Rasen legen konnte, brachten wir Wagenladungen voll feiner Asche herbei und bedeckten damit den feuchten Grund in einer Höhe von etwa zwanzig bis dreißig Zentimetern. Dann breiteten wir den Rasen direkt auf der Asche aus. Innerhalb von zwei Wochen war das Gras zusammengewachsen, hatte seine Wurzeln durch die Asche hinuntergeschickt – und wir hatten einen ausgezeichneten Rasen. Nun wurde es höchste Zeit, die restlichen Stauden zu pflanzen; da wir verschwenderisch Torf verwendeten, war das Pflanzen leicht, und obwohl es fast einen Monat zu spät war, gewöhnten sich die Stauden sofort ein. Wir nahmen viele Lupinen, denn ihre seidigen Regenbogenfarben entsprachen der Stimmung der Gärten. Dazwischen pflanzten wir Tausende von Gladiolen in einer großen Farbskala. Nach der ersten Blüte wurden die Lupinen zurückgeschnitten. Während die Gladiolen nun für Farbe sorgten, hatten die Lupinen Zeit zum Wachsen und blühten im September erneut.

Die letzte Woche im Mai vor der Eröffnung war hektisch, doch außerordentlich erfreulich. Mr. Janes hatte monatelang ruhig und unbeirrt gearbeitet, und als jetzt ein Lieferwagen nach dem anderen auf das Gelände rollte und Tausende von Einjahrsblumen in voller Blüte und prachtvoll in Töpfen gezogen an jedem verfügbaren freien Platz ausgeladen wurden, erkannte ich, was für eine ausgezeichnete Arbeit er bei der Organisierung von Saat und Aufzucht all dieser Pflanzen geleistet hatte. Eine ganze Woche verbrachten wir damit, sie an den vorgesehenen Standorten einzusetzen. Arbeiterteams trugen sie nach unseren Anweisungen dorthin und luden sie ab, andere folgten unmittelbar, um sie in den Boden zu bringen. Am Abend vor dem Eröffnungstag waren alle Blumen an Ort und Stelle. In diesen letzten Tagen lernte ich jede Minute von Mr. Janes, wie man Pflanzen dicht gruppieren und wie man ihre Farben mischen muß, um die herrlichste Wirkung zu erzielen. Wir legten ganze Hänge und Täler in schillernden Farben an, indem wir große Mengen weißer, zart rosafarbener und hellgelber Blumen verwendeten, die durch kleine hellblaue oder violette Blütenstreifen unterbrochen wurden. Ich erinnere mich einer phantastischen Pflanzung von meterhohen Trompetenzungen (Salpiglossis) in warmem Rot, lohfarbenem Braun, Goldgelb und Lila, verstärkt durch die zimtfarbenen Federbüsche der wie Weihrauch duftenden *Humea elegans;* und noch eine andere Zusammenstellung fällt mir ein, wo weiße, rosafarbene und glutrote Tabakblumen in Gruppen von roten und weißen Lupinen übergingen. Schritt man die Wege entlang, die von einem Pavillon zum anderen führten, so enthüllte jede Wegbiegung eine neue und unerwartete Fülle von Blumenfarbe. Noch verstärkt wurde sie durch die lachsfarbenen und rosa Blüten riesiger Rhododendronbüsche, so daß man, von diesem Farbkaleidoskop etwas schwindlig geworden, fast Erleichterung empfand, wenn man zu dem Uferstreifen mit dem Grün der Bäume und dem sanften Blauweiß der Gebäude inmitten gelber Tulpen zurückkehrte, die ein schöngeformtes Feld zu bilden schienen.

Das war mein erster Versuch, für eine breite Öffentlichkeit und in einem großen Maßstab Gärten anzulegen. Bei dieser Art von Arbeit kann man viele der sonst üblichen Grundsätze der Gartengestaltung einfach nicht anwenden. Die begrenzte Dauer einer Ausstellung verlangt einen Garten, dem das Element des Wachsens fehlt: Man hat keine Zeit, auf die natürliche Entwicklung zu warten. Die sonst gewohnten Freuden – das langsame Wachstum einer Hecke, das Sichöffnen der Knospen, die Blüte, der Samen und das Fallen der Blätter – haben hier keinen Platz. Feinheiten der Pflanzung, die Freude, eine Kletterrose zu beobachten, die ihre Blütenbüschel durch die Zweige eines Apfelbaumes zwängt, oder die runden Bukkel einer alten Buchsbaumhecke, von der Zeit und einer behutsamen Schere zu beabsichtigter Unregelmäßigkeit geformt – das alles gehört einer anderen Welt an. Für eine Ausstellung muß man mit einer vorbereiteten Palette arbeiten wie ein Maler, der die Farben kühn massiert und Formen und Muster so zusammensetzt, daß sie auf den ersten Blick gefallen und ein – das darf man nie vergessen – bewegliches Ziel treffen, den Betrachter. Im allgemeinen freut man sich an einem Garten durch Verweilen und Wiederaufbrechen. Man sieht ihn als eine Reihe von Bildern von günstigen, festen Plätzen aus, einem Fenster oder einem Torweg, einer Terrasse oder einem Sitzplatz, oder auch bei einem müßigen Bummel, wenn man stehenbleibt, um eine Pflanze näher zu betrachten oder um ein Unkraut zu zupfen. In Ausstellungen dagegen wird die Komposition von der vorübergehenden Menge so gesehen, als bewege sich alles.

Das ist ein Grund dafür, daß ich in solchen Gärten schwungvolle Formen verwende. Selbst in einer regelmäßigen oder rechtwinkligen Anlage können gewundene Formen von Grasflächen, Wasser und Pflanzungen die Idee der Bewegung unterstreichen und außerdem eine ganze Reihe verschiedener Wirkungen auf sehr begrenztem Raum erzielen. Ein symmetrischer Plan bedeutet, daß man eine genaue Anzahl von Pflanzen einer bestimmten Farbe oder Art zur Verfügung haben muß, um die festgelegten Flächen der Anlage auszufüllen, und das wiederum bedeutet, daß man mindestens doppelt soviel Pflanzen zu besorgen hat, wie man tatsächlich braucht. In einem gewöhnlichen Garten können Zufälle, Lücken, Mißerfolge und kleinere Schäden aller Art als Teil der launenhaften Natur in Kauf genommen werden. In einer Ausstellung jedoch ist mehr als die übliche Geschicklichkeit erforderlich, um kümmerlich gewachsene Pflanzen annehmbar zu machen, und ein halbes Dutzend davon kann das ganze Werk zerstören.

Eine Ausstellungsbepflanzung stelle ich mir gern als Übung in drei Dimensionen vor, wie auch die Bepflanzung eines gewöhnlichen Gartens. Form und Proportion aller von mir verwandten Elemente – Wasser, Gras, Kieselsteine, Steine, Büsche, Bäume oder Blumen – und die Form und Modellierung des Geländes müssen eine Einheit von leeren Räumen und festen Körpern bilden, die für sich allein schon zufriedenstellend sind. Dann erst kann das nächste Stadium stimmen, wenn nämlich Textur und Farbe ins Spiel kommen. In der Praxis gibt mir mein allgemeiner Entwurf auf dem Papier nicht viel mehr als den Umriß des Geländes und eine ungefähre Vorstellung von der Verteilung der verschiedenen Elemente – Wege, Bepflanzung, Wasser, Gras und so weiter. Als nächstes sehe ich mir die senkrechten Flächen an: Abhänge, Vertiefungen, Stufen oder vorstehende Felsränder, die Stämme der Bäume und die Fülle und Höhe von Hecken und Sträuchern. Auf dem Papier können sie für mich nicht lebendig werden; ich muß sie an Ort und Stelle erfühlen, ganz gleich, ob eine Ausstellung in Innenräumen oder im Freien zu gestalten ist. Sie werden für mich erst deutlich, wenn ich umhergehe und spüre, wo eine ebene Fläche gegen den Block einer hohen Pflanzung gesetzt werden muß, wo ich Transparenz brauche, wo eine gebogene Linie im Gelände durch eine gegensätzliche oder ergänzende Biegung der Anpflanzung zu betonen ist und wo ich einen vertikalen oder einen kräftigen horizontalen Akzent benötige.

Der »Salon des Arts Ménagers« ist eine Ausstellung, die sozusagen das »ideale Heim« zum Thema hat. Bis 1962 fand sie stets im Grand Palais an den Champs-Elysées statt. In diesem Gebäude gibt es ein geräumiges Kellergeschoß, das die Organisatoren der Ausstellung früher nicht sehr erfolgreich ausgenutzt hatten. Ein Teil dieses Kellergeschosses ist ein Oval von etwa tausendfünfhundert Quadratmetern mit tragenden Säulen und Pfeilern; es liegt direkt unter der mittleren Kuppel der Haupthalle. Eiskalt, mit einer nur drei Meter hohen Decke und künstlicher Beleuchtung, war dieser Raum ein denkbar ungeeigneter Rahmen für eine Blumenschau in der dritten Februarwoche, gewöhnlich der kältesten Zeit des Pariser Winters. Es sollte dort Blumen und Gemüse geben und zwei Läden, von denen der eine Sämereien und der andere gärtnerische Gebrauchsartikel verkaufen würde. Vier riesige Pfeiler, starke Säulen aus Mauerwerk und ein Dutzend gußeiserne Säulen mußten überlistet werden, und sechs tiefe Einbuchtungen um das mittlere Oval waren irgendwie nutzbar zu machen.

Das erste Jahr, in dem wir uns mit diesem merkwürdigen Raum abmühten, legte ich eine unregelmäßig geformte Insel in der Mitte an, bepflanzte sie dicht und bunt mit Tulpen, Hyazinthen, Zinerarien, rosa Kurume-Azaleen, mit dunklen Nadelhölzern als Kontrast und mit Gruppen gelber Forsythien und gefüllter rosablühender Zierpflaumen *(Prunus × blireana)*. Ich mußte eine falsche Decke aus gespannten Baumwollgewebe in Hellblau anbringen, in die ich viele Scheinwerfer einbaute. Die Säulen und Pfeiler wurden in dem gleichen hellblauen Ton bemalt und erschienen dadurch weniger aufdringlich. Die tiefen Einbuchtungen an den Seiten verwandelte ich in halbkreisförmige Nischen. Ich ließ sie himmelblau bemalen und den Boden mit Gras bedecken, in das wir rote und weiße gefüllte Tausendschönchen setzten. In der Mitte jeder Nische stellte ich einen alten kahlen Apfelbaum, den einen ganz vergoldet und den anderen versilbert. Sie waren mit richtigen Früchten – mit Äpfeln und Birnen – behangen, die man mit Nylonfaden sorgfältig befestigt hatte. Von den anderen Nischen wurden zwei zu Läden mit blau und weiß gestreiften Markisen, und zwei füllten wir mit blühenden Kirschen und Forsythien vor einem Hintergrund von Nadelhölzern.

Da Paris den kältesten Winter seit Jahren hatte, erwies sich diese helle Höhle als großer Anziehungspunkt, und wir wurden ermutigt, unsere Arbeit im nächsten Jahr fortzusetzen. Diesmal benutzte ich die halbkreisförmigen hellblauen Nischen als Hintergrund für zwei kleine runde Küchengärten mit geometrisch angelegten, buchsbaumumrandeten Gemüsebeeten; wir hatten das Gemüse in Algier in Töpfen ziehen und von dort mit dem Flugzeug herbeischaffen lassen. Um diesen Gemüsegärten etwas Höhe und Phantasie zu geben, setzte ich pyramidenförmige Birnbäume hinein, deren kahle Zweige zuerst hellrot lackiert und dann mit richtigen gelben Birnen behängt wurden. Den Mittelpunkt der Halle bildete ein ovaler, von rosafarbenen und weißen Azaleen, Hyazinthen und Zinerarien umgebener Teich. Die zwei übrigen Nischen füllten wir mit Blumen und blühenden Sträuchern, die eine in allen Schattierungen von Gelb, Orange, Scharlachrot und Karmesinrot und die andere in Blau, Lila und Weiß mit wenig violettem Purpur und blassem Zitronengelb. Ich verwendete wiederum Tulpen und Zinerarien, Azaleen, Hyazinthen, Osterglocken, *Primula obconica, Primula malacoides* und Gruppen von süß duftenden Maiglöckchen, Frankreichs Glücksblumen.

Jedes Jahr müssen wir für diesen schwierigen Schauplatz eine neue Komposition entwerfen. Man kommt an einer Reihe von Ständen entlang dorthin. Hier wird Möbelpolitur verkauft oder Spezialwerkzeug, mit dessen Hilfe man zum Beispiel Möhren die Form von Rosenknospen geben kann, außerdem stehen dort Gasherde, Kühlschränke usw. In einem Jahr erschien mir der Eingang zwischen den bloßen Wänden aus rohem Mauerwerk zu kahl; wir fertigten also Holzrahmen an, bespannten sie mit zwei Lagen Maschendraht und schoben Moos dazwischen. Aus diesen Rahmen bauten wir eine Reihe Bogen und setzten sie zu einer Art Laubengang zusammen. Wir bedeckten sie völlig mit grünen Buchsbaumzweigen, die so dicht gesteckt und dann gestutzt wurden, daß sie wie beschnittenes Buschwerk aussahen. Das machte unendlich viel Arbeit, aber diese Reihe grüner Bogen bildete – perspektivisch gesehen – einen bezaubernden Rahmen für die leuchtend bunten Blumen hinten in der Ausstellung.

Französische Ausstellungen haben immer eine Schwäche für Statuen, und man findet zwischen den Chrysanthemen oder Orchideen oder anderen Pflanzen einer Blumenschau mit Sicherheit eine überlebensgroße nackte Dame aus weißem Gips. In einem richtigen Garten lehne ich es meistens ab, Statuen und Blumen nebeneinanderzustellen; ich ziehe Steinvasen, Obelisken oder Sonnenuhren vor, denn Blumen und Figuren zusammen ergeben mir eine zu reichhaltige und unverdauliche Mischung. In unserem Untergrundgarten jedoch müssen die ununterbrochenen Massen von Blumenfarbe gleichsam humanisiert und durch die kontrastierende Wirkung eines Kunstgegenstandes akzentuiert werden. Manchmal verwende ich einen Teich oder Springbrunnen, aber in letzter Zeit öfters eine abstrakte Skulptur.

Diese seltsamen, ziemlich amorphen Gebilde aus Holz oder Stein, Bronze oder Gips scheinen mir sehr geeignet für einen Garten im Freien, mögen sie nun von Gras, Wasser, Bäumen oder Hecken umgeben sein oder als statisches Elemt in einem turbulenten Meer von Blumenfarbe stehen. Sie vermitteln keine mythologischen Assoziationen, die die Gärtner der Renaissance dazu veranlaßten, ihre Gärten mit einer Welt klassischer Gestalten zu bevölkern; sie haben auch nicht die billige Sentimentalität der pausbäckigen Amoretten oder Grazien, die vor fünfzig Jahren in den großen Gärten zwischen Kletterrosen gesetzt wurden. Sie entsprechen vielmehr jenen sorgfältig ausgewählten großen Steinen, die chinesische und japanische Gärtner ihren Gartenkompositionen stets gern als Akzent hinzugefügt haben; und ich bin der Meinung, daß ich in meinem Pariser Untergrundgarten die ausgefallensten Werke der Pariser abstrakten Bildhauer selbst in einer ganz klassischen und symmetrischen Anlage verwenden kann, solange sie in keiner Weise die menschliche Gestalt darstellen. Auf der Brüsseler Ausstellung 1958 war es interessant zu beobachten, wie oft abstrakte Skulpturen in Verbindung mit einem einfachen Rasen oder einer gepflasterten Fläche verwendet wurden, um Höfe und offene Plätze ohne Blumen wie Gärten wirken zu lassen. Eine Kugel von zweieinhalb Meter Höhe, aus rohen Steinen gebaut und auf dem gepflasterten Boden einer Halle der österreichischen Abteilung ausbalanciert, vermittelte genau dasselbe Gefühl wie die drei prachtvollen Felsblöcke, die die Japaner mitgebracht und mit großem Geschick vor einer schlichten Wandfläche am Eingang ihrer Abteilung aufgestellt hatten.

Die Brüsseler Ausstellung bot mir eine günstige Gelegenheit. Von dem Bevollmächtigten des französischen Pavillons erhielten wir den Auftrag, eine Fläche neben dem französischen Pavillon gärtnerisch zu gestalten. Das Gelände war schwierig; ungefähr dreieckig, wurde es an seiner längsten Seite von einer Wand des Pavillons begrenzt, einer dreißig Meter hohen Mauer, die aus einem Stahlrohrgerüst und gewellten Kunststoffplatten erbaut war. Eine Hochstraße riegelte das Ende des Dreiecks ab. Sie ruhte auf riesigen, etwa zwölf Meter hohen Betonpfeilern; der Durchblick dazwischen wurde durch eine häßliche, dreistöckige Bierhalle blockiert. Dieses Gebäude schloß sich der Ausstellung des Vatikans an und trug den ausgefallenen Namen »Civitas Dei Brasserie«. Die dritte Seite des Dreiecks kehrte von dem Viadukt zum Ende des Pavillons in Form einer Straße zurück, die zweieinhalb Meter über dem Niveau des Dreiecks am anderen Ende lag. Auf diese Weise wurde mein keilförmiges Gelände zur Linken von dem Pavillon begrenzt, an seinem hinteren Ende von dem Viadukt und zur Rechten von einer steilen Böschung, die zu einer großen Kastaniengruppe und zu der Straße anstieg.

Die »Modernität« der umliegenden Bauten und die Asymmetrie des Geländes ließen mir keine große Wahl. Der Architekt des französischen Pavillons, dieses großen und meines Erachtens ziemlich weit hergeholten Experiments moderner Bauweise, forderte für meine Anlage – wohl in dem Wunsch, zu den Beaux Arts zurückzukehren – eine axiale Komposition mit einem Springbrunnen in der Mitte und mit all den anderen konventionellen Elementen. Nach einem Blick auf das schlammige Gelände sah ich, daß diese Lösung nicht in Frage kam. So suchte ich bei bestimmten Gemälden von Braque nach Anregungen. Am anderen Ende des Pavillons beim Viadukt befand sich ein großer Nebeneingang; daher war ein breiter Gehweg von dieser Tür zu dem Ausgang an der schmalen Dreiecksseite notwendig. Die Größe der umliegenden Gebäude war enorm und mein Budget ziemlich klein. Ich entwickelte schließlich drei freie, inselartige Formen, von denen ich zwei mit einem dreißig Zentimeter hohen Betonrand umgab, um meine Pflanzflächen sicher abzugrenzen, während die dritte, nahe am Eingang, ein flaches, türkisblau angestrichenes Wasserbecken sein sollte. Ich dachte mir für dieses Wasserbecken ein Metallmobile aus, das die Wasserspiele des Springbrunnens in Bewegung halten sollten. Schließlich aber war weder Geld noch Zeit, noch ein geeigneter Bildhauer zu finden. Das war schade, denn ich hatte gehofft, durch dieses Element Belebung und Leichtigkeit in eine schwerfällige, übermächtige Umrahmung zu bringen.

Die Böschung und die Anhöhe zur Straße und zum Viadukt hin bedeckte ich ganz einfach mit Gras, dazu pflanzte ich dort Birken als Kontrast zu dem massiven Bau des Viadukts. Alle Farbe behielt ich mir für meine Inselbeete vor. Nachdem ich die Betoneinfassungen mit blauer Farbe gestrichen hatte, beschäftigte ich mich mit der Bepflanzung dieser Inseln, deren Krümmungen, Einbuchtungen und Erhöhungen an die Gestalt von Knochen erinnerten, in frei aneinandergrenzenden Formen kontrastierender Blumenfarben.

Als die Ausstellung Ende April ihre Pforten öffnete, bestand meine erste Anpflanzung aus orangefarbenem Schöterich *(Erysimum × allionii)* und weißen, blauen und zitronengelben Stiefmütterchen, zu denen weiße und hellgelbe Tulpen sorgfältig als Gegenthema gesetzt wurden.

Das Ergebnis entsprach meinen Vorstellungen. Schaute man vom Viadukt oder von der Straße herab, so sahen diese großen Blumeninseln mit ihren kontrastierenden Farben aufregend und lebendig aus und konnten sich selbst in einer Umgebung behaupten, in der jedes Gebäude durch extravagante Farbe und Form beherrschend wirken wollte. Als im Juni die erste Anpflanzung verwelkte, wurde sie von weißen, rosa und karmesinroten Petunien abgelöst; im August folgten weiße, gelbe und aprikosenfarbene Zwergdahlien. Um diesen flachen Farbflecken etwas mehr Gewicht zu verleihen, pflanzte ich in jede Insel einige goldgelbe, zu kugeligen Formen von etwa einem Meter Höhe und eineinhalb Meter Breite geschnittene Eiben.

Seit den Tagen, als die Londoner den Bushey Park am »Kastaniensonntag« in Scharen besuchten, zum Hyde Park wanderten, um Tom Hays Tulpenrabatten zu sehen, oder den Blumenweg in den Kensington Gardens bestaunten, haben Blumenpilgerfahrten immer mehr an Beliebtheit gewonnen. Heute führt die größte, heiterste und populärste Blumenfahrt in Europa nach Keukenhof in Holland. Hier, inmitten der Blumenzwiebelfelder, taten sich einige unternehmungslustige Züchter zusammen und kauften einen jener kleinen, leicht gewellten, sandigen Parks, die wie Inseln zwischen den flachen Poldern liegen. In diesem kleinen Park waren Teiche und große Buchen von ungleichmäßigen Erdhügeln und Vertiefungen umgeben, auf denen ein Dickicht aus jungen Birken und Erlen wuchs. In den letzten Jahren wurde das ganze Gelände mit sämtlichen Arten und Sorten der in Holland gezogenen Frühlingszwiebeln bepflanzt, und jedes Jahr strömen Millionen Besucher herbei, um Krokus und Narzissen, Traubenhyazinthen und alle bekannten Tulpen zu bewundern. Die Blumen sind geometrisch oder zwanglos angeordnet, sowohl getrennt als auch in jeder nur denkbaren Zusammenstellung. Das Meisterwerk scheint mir jedoch ein sechs Meter breites Band blauer Traubenhyazinthen zu sein, das sicher hundert Meter lang ist und ein kleines Birkenwäldchen durchzieht. Als reichten die

Regenbogenfarben des Gartens allein nicht aus, sieht man dahinter noch die Blumenfelder, die einen kräftigen Hintergrund in Rosa, Scharlachrot und Gelb abgeben.

Das ist nicht nur ein außergewöhnlicher Versuch, für die Blumenzucht zu werben, sondern erschließt gleichzeitig dem Fremdenverkehr ein neues Betätigungsfeld und setzt für den Gestalter öffentlicher Gärten ganz neue Maßstäbe. Darüber hinaus bieten sich den gärtnerischen Erwerbszweigen jedes Landes neue Aussichten auf Gewinn.

Ich war nach Keukenhof gegangen, um zu entscheiden, welche Tulpenkollektion ich für die Pariser »Floralies«, die Ende April 1959 stattfinden sollten, verwenden könnte. Zum erstenmal sollte es in Paris selbst eine internationale Blumenschau geben. Der Plan war schon lange erwogen, doch aus Mangel an geeignetem Ausstellungsgelände zurückgestellt worden. Nun wuchs eine neue Ausstellungshalle für technische und industrielle Ausstellungen an der Place de La Défense, das erste Gebäude einer neuen Stadt, die entsprechend einem neuen Entwicklungsplan zwischen den westlichen Ausläufern von Paris und St. Germain liegen wird.

Als ich mir das neue Gebäude zum erstenmal anschaute, wurde an der Dachkonstruktion noch gearbeitet. Ich fand mich in einem Labyrinth aus Stahlgerüsten, einem Spinnengewebe aus Metallrohren, das Piranesi mit Vergnügen gemalt hätte; es erhob sich bis zu einer Höhe von fünfundvierzig Metern, um das weitrippige Betondach zu tragen. Das Bauwerk ist dreieckig, und sein Dach steigt vom Erdboden aus an den drei Ecken bis zu seiner vollen Höhe in der Mitte wie drei gewölbte, dreieckige Kammuschelschalen hinauf. Dieses Dach überdeckt etwa acht Morgen Bodenfläche und hat keine tragenden Säulen. Die innere Aufteilung dieses merkwürdigen, kuppelartig geformten Raums ist höchst einfach. Zehn Meter über dem Erdboden und von Betonpfeilern gestützt liegt das Hauptgeschoß; in der Mitte wird es von einem sechseckigen Lichtschacht unterbrochen, und drei zusätzliche Plattformen befinden sich an den drei vertikalen Seiten des Gebäudes, die völlig aus Glas bestehen. Die Fläche, die ich zu gestalten hatte, lag zur ebenen Erde, betrug etwa 850 Quadratmeter und war genau das Sechseck unter dem Lichtschacht des Hauptgeschosses. Hier hatte ich einen hellen

Raum zur Verfügung, dessen Höhe bis zur Spitze des Daches fünfundvierzig Meter betrug. Das Hauptgeschoß bildete eine Galerie,
von der aus man auf die Blumenflächen herabschauen konnte.

Das war vor allem deshalb eine anregende und schwierige Aufgabe, weil man den Garten, den ich anlegen mußte, sowohl vom
Erdgeschoß wie auch beinahe vertikal vom Hauptgeschoß aus sehen
würde. Es war eine Inselsituation. Jede Seite des Sechsecks maß
achtzehn Meter, und an jeder Ecke war ein Betonpfeiler. Ich
erkannte sofort, daß eine symmetrische oder sonstige streng geometrische Komposition hier unbrauchbar wäre, denn sie wäre von oben
zu leicht überschaubar gewesen. Ich konnte meinen Inselraum auch
nicht durch Wege unterbrechen, weil die Menschen, wenn sie auf
diesen Wegen spazierengingen, die Einheit des Gartens – von oben
betrachtet – zerstören würden. Außerdem war es technisch fast
unmöglich, die ganze Fläche mit Blumen zu bedecken, denn das
hätte etwa fünfzigtausend Pflanzen in Töpfen erfordert, und das
wiederum hätte bedeutet, ungefähr die doppelte Menge vorzubereiten. Überdies würde der Betrachter zu ebener Erde alles mehr als
sechs Meter von ihm Entfernte aus dem Auge verlieren. Den Gedanken, Gras zu verwenden, um die bepflanzten Flächen auf ein ver-
nünftiges Maß zu reduzieren, verwarf ich sofort, da ich wußte, daß
andere Ausstellungen große Rasenflächen haben würden. Gras wäre
auch zu langweilig und schwerfällig als Mittelpunkt für dieses
prachtvolle Gebäude gewesen, dessen Proportionen bei aller technischen Kühnheit und Großartigkeit so wunderbar abgestimmt sind,
daß es meines Erachtens ebenso klassisch ist wie eine gotische
Kathedrale der Ile de France oder Mansarts Orangerie in Versailles.
Ich fühlte, daß ich aus diesem Grunde jegliche Gartenarchitektur,
jede vertikale Konstruktion oder jede historische Assoziation vermeiden mußte. Noch ehe ich meinen Bleistift auf das Papier setzte,
führten mich meine Überlegungen schließlich dahin, etwas vollkommen Freies und sozusagen Bewegtes zu schaffen. Ich mußte
auch inmitten von so viel architektonischer Klarheit und Logik die
Vorstellung von etwas Geheimnisvollem wecken. Welche Elemente
kamen in Frage? Es mußten natürliche Elemente sein: Bäume und
Pflanzen, Stein, Sand und Wasser. Die Idee »Wasser« schien alle
Bedingungen zu erfüllen, die ich mir selbst gestellt hatte und die der

Stil des Bauwerks verlangte. Ich beschloß also, daß mein Hauptthema das Wasser sein sollte – die ganze Fläche Wasser – von Blumen umrandet und durch sie in eine Insel verwandelt.

An diesem Punkt begann ich zu skizzieren, und mein Bleistift suchte innerhalb des Sechsecks ein großes Becken zu entwerfen, das den größten Teil der Fläche ausfüllte und dessen geschwungene Formen dem von oben herabschauenden Betrachter einen befriedigenden und vollkommenen Anblick verschaffen sollten. Auf ebener Erde bildeten die gleichen Bogen Ein- und Ausbuchtungen, um von jeder Seite dem Besucher neue Perspektiven zu enthüllen und sie dann wieder zu verbergen, während er seinen Gang fortsetzte.

Auf dem Papier schien es, als befasse ich mich mit »abstrakten« Formen. Tatsächlich schwebte mir die Decke von Braque im Louvre vor mit ihren freien weißen, seemöwenähnlichen Formen, die in die geometrischen Fächer der Renaissance-Kassettendecke eingeschlossen sind. Aber dahinter wiederum lag ein reines Landschaftsbild, das vielleicht von den Zengärten des 15. Jahrhunderts in Kioto stammte, wobei ich vor allem an Soamis Garten im Ryoangin-Kloster dachte, ein Rechteck, in dem Sand und einige Steine ein Gefühl von Zeitlosigkeit und unendlichem Raum einfangen. Und so wuchs der Entwurf des Gartens, der gar nicht so hochgestochen war, wie es klingen mag. Wenn dieser Garten etwas aussagte und ein Geheimnis barg, so lag es in der Mitte – eine große, leere Fläche offenen Wassers, das sich sanft über geharktem Sand kräuselte. An den Rändern grenzte das Wasser an Inselchen und Buchten voller Blumen, die sich dem Betrachter von außen oder von oben als ein farbenprächtiger Regenbogen darboten, als eine leuchtende Schranke, die seine Wahrnehmung durchdringen konnte, um dahinter das Herz des Ganzen zu sehen.

Obwohl die Ausstellung höchstens zehn Tage dauern sollte, mußte das nur fünfundzwanzig Zentimeter tiefe Becken aus Eisenbeton gebaut werden; und das würde von oben tot und leer aussehen. Ich wollte es nicht anstreichen, denn das hätte die ganze Blumenfarbe verfälscht, doch wirkte es auf mich, wie eine leere Leinwand auf einen Maler wirken mag. Wieder dachte ich an die japanische Technik, durch Sand und Kieselsteine einen See vorzutäuschen. Seltsamerweise fielen mir auch die Collagen der frühen Kubisten ein, ebenso wie bestimmte Gemälde der Normandieküste von Braque und Derain, und ich beschloß, einen Entwurf aus Kieselsteinen und Sand unter Wasser zu machen. So wurden von Dieppe Lastwagen voller ausgesuchter Kieselsteine angefahren: große und kleine, schwarze, graue und weiße. Ich legte sie in lockeren, gerundeten Formen aus, um die Krümmungen der Inseln und Buchten zu betonen und die Bewegung von Wasser vorzutäuschen. Den Raum dazwischen füllte ich mit feinem Flußsand. Sorgfältig geharkt, deutete er das Kräuseln bewegten Wassers an. Von oben gesehen, ergab die Form des Beckens – bevor es mit Wasser gefüllt wurde und ehe ich anfing zu pflanzen – ein überzeugendes Muster, dessen Umrisse, Strukturen und Farben in Sand und Stein die Formen der Pflanzung vorausahnen ließen.

Es war mir schon klar geworden, daß all diese geschwungenen Formen einige scharfe Akzente und eine Andeutung von Schwere brauchen würden; daher war ich zum Wald von Fontainebleau gegangen und hatte mit roter Farbe Findlinge verschiedener Größe gekennzeichnet. Schließlich brachten zwei riesige Lastwagen diese von Gletschern bearbeiteten Sandsteinblöcke, einige über zwei Tonnen schwer und alle mit einer wunderbaren Patina aus braunen und orangefarbenen Flechten. Meine erste Arbeit an Ort und Stelle bestand darin, mit einem Sack Kalk die Form des Beckens zu markieren und dann sofort sämtliche Felsbrocken aufzustellen. Entweder betonte ich die »Landzungen« damit, oder die Steine wurden einzeln im Wasser verteilt. Ich plazierte sie alle so, daß sie eine klare Beziehung zueinander und zu der ganzen Anlage hatten. Dabei dachte ich nicht im entferntesten daran, einen Steingarten anzulegen. Jeder Felsblock war um seiner selbst willen da, und als alle ihren Platz gefunden hatten und das Becken fertig war, hatte ich bereits, wie erhofft und beabsichtigt, eine in sich vollkommene dreidimensionale Komposition. Dieser Eindruck der Vollkommenheit bei den verschiedenen Stadien der Gestaltung eines Gartens ist für mich immer ein sicherer Beweis für die Richtigkeit einer Komposition. Bei dieser Anlage konnte ich diese Probe mehrere Male machen. Das erste Mal, als ich meine Steine in Beziehung zur Form des Teiches aufgestellt hatte, ein zweites Mal, als das Becken fertig und mit Kies ausgelegt war. Dann pflanzten wir eine kleine Gruppe weißstämmiger Birken in ihrem jungen Grün und setzten dunkle Akzente durch kriechenden Wacholder und Zwergkiefern, und auch hier brachten wir jede Pflanze äußerst sorgfältig in harmonische Beziehung zu den Felsen und zu der Oberfläche des Wassers; so war es auch mit den riesigen Rhododendren – *R. sinogrande, R. falconeri, R. macabeanum* und *R. calostratum*, die ich als nächste hinzufügte.

Ich hatte diese und andere großblättrige Arten wegen der Textur und Form ihres Laubs ausgesucht; sie sollten den Eindruck von Höhe vermitteln und einen Hintergrund für die leuchtende Blumenfarbe schaffen, welche die ganze Landfläche der Komposition bedecken würde.

Diese Rhododendren und einige Hybriden der *Camellia sasanqua* verwendete ich als Unterbrechung oder als Rahmen hauptsächlich an den Ecken des Hexagons. Auf diese Weise wollte ich erreichen, daß der Anblick des Gartens von jeder der sechs Seiten aus ganz verschieden war. Von einigen Seiten her sah man in erster Linie bepflanzte Flächen und hatte nur einen flüchtigen Eindruck von Wasser und Fels und dem anderen Ufer. Aber an zwei gegenüberliegenden Seiten kam das Wasser nahe an den Rand des Geländes heran, und hier schien die Anlage aus Wasserflächen zu bestehen, die von Blumeninseln unterbrochen wurden. Von keinem Punkt aus konnte man den ganzen Garten überblicken, und wenn man herumging, sah man selten die gegenüberliegende Grenzlinie. Lediglich von oben war das Ganze zu überschauen, jedoch aus einer solchen Höhe und Entfernung, daß der richtige Maßstab verlorenging. Die Menschenmassen auf den Wegen rings um dieses komplizierte Mosaik aus Wasser und Felsen, Bäumen und Blumenfarbe sahen so entfernt und winzig aus wie Leute, die man durch ein umgekehrtes Fernglas betrachtet.

Doch dies war eine Blumenschau, und die Leute kamen, um Blumen und Farben en masse zu sehen. Um mir die Arbeit zu erleichtern, hatte ich die ganze Anlage mit einer dreißig Zentimeter hohen Einfassung umgeben und meine gesamten Pflanzflächen mit einer dreißig bis fünfundvierzig Zentimeter hohen Torfschicht ausgefüllt, so daß all meine blühenden Pflanzen in ihren Töpfen schnell und leicht ausgepflanzt werden konnten. Mit Absicht hatte ich keine Bepflanzungspläne entwickelt; denn erst wenn die Pflanzen wirklich an Ort und Stelle wären, könnte ich sicher wissen, welche Arten und welche Mengen mir zur Verfügung standen.

Pflanzen für eine Ausstellung vorzubereiten ist ein außerordentlich schwieriges Unternehmen. Man muß mindestens achtzehn Monate vorher damit beginnen und mindestens die doppelte Anzahl der gewünschten Pflanzen einkalkulieren. Schlechtes Wetter, eine Pechsträhne, ein einziger Irrtum in den Monaten der Aufzucht können leicht Tausende von Pflanzen vernichten. In diesem Fall ließ ein sehr zeitiger Frühling ungefähr fünftausend Tulpen in zwanzig verschiedenen Sorten und Farben, die ich das Jahr zuvor in Keukenhof sorgfältig ausgesucht hatte, zu früh zum Blühen kommen. Nur dadurch, daß wir Schirmwände als Sonnenschutz aufstellten, konnten wir in letzter Minute das Blühen einer Menge anderer Pflanzen genügend lange hinausschieben.

Frühere Erfahrungen mit Schwierigkeiten dieser Art hatten mich gewitzigt. Diesmal ließ ich mir vor dem Auspflanzen etwa ein Dutzend Töpfe von jeder Pflanze, die ich verwenden wollte, auf das Gelände liefern, zusammen mit einer Liste der jeweils verfügbaren Menge. Auf diese Weise hatte ich meine ganze Palette vor Augen und konnte die Zusammenstellung von Pflanzen, Formen und Farben ausprobieren, indem ich hier einen Topf und dort einen Topf hinstellte, gleichsam als Farbnotizen.

Dann erst gab ich das Startzeichen. Eine Wagenladung mit Pflanzen folgte auf die andere, insgesamt wurden etwa 14 000 Töpfe Stunde um Stunde auf das Gelände gefahren. Jede Pflanze war einzeln eingewickelt und mußte ausgepackt werden, sie wurden reihenweise um das Gelände herum aufgestellt, fix und fertig, um nur noch aufgehoben, an den Standort gebracht und schließlich ausgepflanzt zu werden.

Wie üblich arbeitete ich mit den Harmonien einer Farbe; ich begann unter den Birken mit Exbury-Azaleen in Orange und Gelb, mit jungen Pflanzen von Japanischem Ahorn *(Acer palmatum)* und den gelbgrünen Wedeln des Königsfarns *(Osmunda regalis)*. Dazu pflanzte ich große Gruppen von Jan de Graaffs Lilien, die orangefarbene ›Enchantment‹ und vor allem ›Golden Clarion‹. Obwohl Herr de Graaff selbst bezweifelte, daß sie schon so früh blühen würde, gelang es uns, diese Lilie Ende April zu voller Blüte zu bringen; jede

Pflanze wurde etwa eineinhalb Meter hoch. Unter die Lilien und Azaleen kamen weite Flächen voll Primula-Elatior-Hybriden in Gelb, Orange und Rot und ein großer Fleck mit blauen Primeln, die das Schwefelgelb der ›Golden Clarion‹ steigern sollten.

Diese hauptsächlich in flammendem Rot und Orange gehaltene Komposition nahm eine ganze Seite des Sechsecks ein. Die Verbindung zur nächsten Seite schuf ich durch eine große Pflanzung orangefarbenen, scharlachroten und zitronengelben Islandmohns mit rotem, orangefarbenem und cremefarbenem Hahnenfuß (Ranunculus). Diese Pflanzung ging in schwefelgelbes Löwenmaul (Antirrhinum), späte gefüllte gelbe Narzissen und Gruppen der scharlachroten Tulpe ›Holland's Glory‹ über. An der nächsten Ecke warf ein riesiger Rhododendronstrauch seinen Schatten über einen Farbfleck aus weißen Hortensien, die den Beginn einer ganz in Grün und Weiß gehaltenen Pflanzung anzeigten: weiße Lilien *(Lilium longiflorum)*, weiße Hortensien und weiße Akelei auf einem Teppich aus grün- und weißblättrigen Funkien, weißen Tausendschönchen und weißen Becherprimeln *(Primula obconica)*. Diese weißen Blumen gingen ihrerseits in hellviolette Primeln, blaue und weiße Zinerarien und blaue Hortensien über, während den nächsten Winkel eine Gruppe riesiger Rhododendronbüsche der Sorte *Rhododendron obtusum* ›Amoenum‹ voller magentaroter Blüten ausfüllte.

Während unsere Pflanzung wuchs, mußte ich dauernd die sechzig Stufen zum Hauptgeschoß emporklettern, um sie von oben zu sehen. Ich merkte bald, daß, von oben betrachtet, der normale Zwischenraum die Pflanzen in dem schwarzen Torf isoliert aussehen ließ und daß ich sie viel dichter nebeneinandersetzen und beträchtliche Mengen Zinerarien und Hortensien verwenden mußte, um jene kräftigen Farbwirkungen zu erzielen, die allein der Pflanzung – aus dieser Höhe und Entfernung gesehen – genügend Gewicht verliehen. Ich mag Hortensien und Zinerarien eigentlich nicht besonders, und sobald ich wieder unten war, mußte ich diese Gruppen sehr geschickt mit anderen Pflanzen durchsetzen, um den ziemlich gewöhnlichen Eindruck zu vermeiden, den sowohl Zinerarien wie Hortensien – in Massen gepflanzt – erwecken. Auf die magentaroten Rhododendren folgte eine große Pflanzung von Zinerarien. Ich verwendete Schattierungen von Magenta bis zu einem sehr blassen Rosa und fügte gerade so viel Ziegelrot hinzu, daß diese süßlichen Farben etwas lebendiger wurden. Auf einer Insel nahebei vereinigte ich weiße Stiefmütterchen und Tausendschönchen mit blauen Hortensien, Palmlilien (Yucca) ihres Blattwerks wegen und etwas weißem Ginster. In der Nähe der Trittsteine, die zu der Insel führten, setzte ich ein Dutzend riesiger Aronstabpflanzen in das Wasser, mehr wegen ihrer sattgrünen, pfeilförmigen Blätter als um ihrer Blüten willen.

Während ich eine Seite nach der anderen gestaltete, ging ich von einer Farbe zur anderen über. Nach den Zinerarien kamen karmesinrote, rosa und weiße Kurume-Azaleen ›Palestrina‹ mit weißen und rosa Brautprimeln *(Primula malacoides)* unter einer großen ›Amanogawa‹-Kirsche. Es folgten eine Gruppe *Rhododendron augustinii,* deren milchiges Blau von Rhododendronbüschen der Sorte ›Blue Tit‹ noch betont wurde, weiße *Deutzia gracilis* und noch einmal die weiße Azalee ›Palestrina‹. Diese verschmolzen mit einem Feld gefüllter Tulpen ›Peach Blossom‹, mit dem Tränenden Herzen *(Dicentra spectabilis)* und großen Gruppen weißer, rosa und tiefroter Astilben. In der Nähe lag eine andere Insel, die ich mit rosa und weißen Brautprimeln *(Primula malacoides)* und weiteren Tulpen der Sorte ›Peach Blossom‹ bepflanzte, und als ich feststellte, daß diese Komposition etwas zu süßlich wirkte, würzte ich sie mit scharlachroten ›Holland's-Glory‹-Tulpen.

Inzwischen hatten wir fast die letzte Ecke und die sechste Seite des Hexagons erreicht. Den Grundton gab hier eine riesige Rhododendronpflanze der Sorte ›Naomi‹, die sich im vollen Glanz ihrer muschelrosafarbenen Knospen und ihrer Blüten von noch zarterem Rosa zeigte; daneben stand ein Exemplar der *Camellia-sasanqua-*Hybride ›Eddy‹ in fast genau dem gleichen Farbton. In ihrem Schatten bepflanzte ich einen großen Fleck mit weißen, muschelrosafarbenen und lachsroten Alpenveilchen. Dahinter stieg der Boden bis zu einem großen Felsen an, der über dem Wasser hing und durch die prächtigen Wedel zweier Farnpalmen akzentuiert wurde; hier fand sich eine Bodendecke aus Primula-Elatior-Hybriden in hellstem Lachs und Rosa neben weißen und rosafarbenen Tulpen ›Her Grace‹, und auf dem ansteigenden Boden ganz nahe bei dem großen Felsen wuchsen fünfzig oder sechzig Amaryllis (Hippeastrum) mit ihren riesigen Trompeten in grünlichem Weiß, Rosa, Scharlachrot und in Scharlachrot mit Weiß gestreift. Jetzt hatten wir schon die Ostseite erreicht, wo das Wasser nahe an die Grenze der Anlage herankommt und von wo man ganz deutlich zwischen den Inseln hindurch auf die gegenüberliegende Seite sehen kann. Unmittelbar am Rand standen Gruppen gestutzter Buchsbaumkugeln von verschiedener Größe, die durch das helle Smaragdgrün ihres jungen Laubs auffielen. Ich hatte sie wie Pilzkolonien zwischen dichtgedrängt stehende weiße Gloxinien, Maiglöckchen und junge Wedel des Frauenhaarfarns (Adiantum) gesetzt. Dann brauchten wir nur noch eine Gruppe aus Bambus und dem cremeweißen *Rhododendron johnstoneanum* einzufügen, um mit dieser exotischen und wohlriechenden Pflanzung den Kreis einer bunten Blumenwelt zu schließen, den ich mit der Birkengruppe und den Azaleen begonnen hatte.

Wir hatten einen Monat lang täglich zwölf Stunden in dem Lärm und Staub eines kaum fertigen Gebäudes gearbeitet. Nun beobachteten wir, sauber und ordentlich gekleidet, wie die ersten eleganten Besucher sich einfanden und wie aus dem dünnen Rinnsal bald ein Strom wurde. Die Leute standen zu acht hintereinander sowohl oben auf der Galerie als auch unten um das Gelände. Schweigend, fast hypnotisiert nahmen sie diese Phantasie von Form und Farbe in sich auf. So ging es zehn Tage lang, und der dicke Zementstaub, der von drei Millionen Füßen aufgewirbelt wurde, senkte sich wie schmutziger Schnee auf alle Blumen und auf uns, während wir jede welkende Pflanze gossen, besprengten und wenn nötig ersetzten. Daß wir einen echten Erfolg erzielt hatten – der mich mehr freute als der Grand Prix d'Honneur und alle anderen diesem Garten zuerkannten Preise –, wußte ich, als ich mehr als eine Person sagen hörte, daß man trotz der großen Menschenmenge das Gefühl gehabt habe, allein zu sein.

In Paris hat man versucht, den Frühlingszauber von Keukenhof in kleinerem Maßstab zu kopieren, und zwar im Park von Bagatelle im Bois de Boulogne. Doch Frankreichs bedeutendste gärtnerische Leistung nach dem Krieg war eine ganze Reihe bemerkenswerter Rosen, die von der Familie Meilland und anderen gezüchtet wurden. Der kiesige Boden, die geringe Größe und die öde Anlage des einstmals berühmten Rosengartens in Bagatelle, wo jedes Jahr internationale Rosenwettbewerbe stattfinden, ziehen das Publikum jedoch nicht an. Es wäre nicht schwer, zehn oder zwanzig Morgen günstigen Bodens in einer ansprechenden Umgebung bei Paris zu finden, wo man Rosen in großzügiger Weise und auf großer Fläche anpflanzen könnte. Sie würden ganz sicher die Tausende von Rosenliebhabern herbeilocken, die es bereits gibt, und noch viel mehr dazugewinnen.

Mit ihrem besonderen Klima waren die Ufer des Lago Maggiore in Norditalien zwischen dem Simplon und Mailand wegen ihrer Gärten schon Jahrhunderte berühmt, ehe Captain McEacharn seine hundert Morgen großen Gärten bei Pallanza anlegte. Diese Gärten waren ursprünglich ein privates Unternehmen: eine umfassende Sammlung seltener exotischer Pflanzen, die in dieser feuchten und milden Luft vielleicht gedeihen würden. Seitdem die Gärten halb öffentlich geworden sind, ziehen sie trotz ihres sehr speziellen Charakters eine Menge Besucher an. Ich könnte mir vorstellen, daß man ein großes malerisches Gelände ausfindig macht – und es gibt deren viele an den Ufern dieses Sees –, um dort ein Frühlingsgartenfestival zu veranstalten, das ein Anziehungspunkt für ganz Europa werden könnte. Es müßten riesige Flächen voll blühender Gardenien und ganze Hügel mit lodernden Indischen Azaleen in Weiß, Violett, Rosa, Scharlach-, Purpur- und Magentarot zu sehen sein, denn dies ist eine der wenigen Stellen in Europa, wo diese beiden Pflanzen im Freien gedeihen.

In England sind Städte, Vororte und Dörfer so voller Blumen, daß jeder Ausflug zu einem Gang durch Gärten wird. Jeder Torweg, jede Lichtung in einem Gehölz läßt einen versteckten Garten vermuten, und oft findet man tatsächlich einen. Das Land ist voller großer und kleiner Gärten, fast alle sind Privateigentum und werden gern jedem gezeigt, der sie sehen möchte. Seit Jahren sind nun die meisten der bedeutenderen privaten Gärten von Zeit zu Zeit für den Publikumsverkehr geöffnet. Als Vorbilder scheinen sie das allgemeine Niveau der englischen Gärten sehr gehoben zu haben, zumindest was die Vielfalt und Qualität der Pflanzen anbelangt. In einem Land, dessen Klima die Aufzucht der verschiedensten Pflanzen so sehr begünstigt, ist der Mangel an Form in fast jedem Garten ein verständlicher Fehler; es gibt auch keinen großen öffentlichen Garten, der in erster Linie als Studienobjekt gedacht und bepflanzt worden wäre. Die Grundlage der Kew Gardens ist die malerische Landschaft, die von Sir William Chambers entworfen und ausgeschmückt wurde, und alle formellen Elemente stammen sowohl im großen Umriß wie im Detail aus dem 19. Jahrhundert. Nur in Hampton Court gibt es einen öffentlichen Garten, der mit seinem tiefgelegenen, geometrischen Blumengarten, den Wasseranlagen des 17. Jahrhunderts, den Alleen in einem Landschaftspark des 18. Jahrhunderts und den gerade fünfzig Jahre alten Staudenrabatten Beispiele für Stilwandel vor Augen führt.

In den letzten dreißig Jahren haben sich bedeutende englische Gärten nur in einer Richtung entwickelt. Geometrische Blumengärten, die traditionellen, schön gemähten Rasenflächen und breite, prachtvoll bepflanzte Staudenrabatten sind gleichzeitig mit den geschulten Arbeitskräften und dem für die Erhaltung notwendigen Geld fast verschwunden. Gärtnerischer Geschmack, wirtschaftliche Erwägungen und die Manie einer Generation wohlhabender und einflußreicher Gartenfreunde haben eine Neigung zum zwanglosen Gehölzgarten entwickelt und erneuert. Das ist natürlich eine Rückkehr zu der britischen Vorliebe für die »naturalistische« Gartengestaltung des 18. Jahrhunderts. Heute gehören nicht mehr Lorbeerbüsche, Grotten, Tempel oder Sommerhäuser dazu, sondern eine Fülle von Rhododendren und Azaleen, Primeln, Iris und Astilben, blühende Zieräpfel und Zierkirschen und Tausende von Sträuchern und Bäumen, die in den glühenden Farben des Herbstes leuchten. Der Umfang des Materials und der verfügbare Farbenreichtum sind überwältigend, und man kann den Amateur kaum tadeln, wenn er sorgfältige Pflege und einen verwirrenden Tumult von Farben mit Gartengestaltung verwechselt. Aber trotz dieser Einschränkungen entsteht hier ein einzigartiger Stil. In ausreichend großem Maßstab demonstriert, könnte er viele der Touristen anziehen, die sich alljährlich zu Millionen aufmachen, um die Welt zu sehen. Ein solcher Garten sollte aus verschiedenen Gründen in großem Maßstab angelegt werden. Erstens, um große Menschenmengen aufzunehmen und dadurch Einnahmen zu erzielen, die den Instandhaltungskosten entsprechen; zweitens, um genügend Raum für jene eindrucksvollen

Wirkungen zu bieten, die verständlicherweise nötig sind, will man die Bewunderung vieler Menschen gewinnen.

Am nächsten kommen diesem Gartentyp die Savill Gardens im Großen Park von Windsor, eine erstaunliche Leistung von Sir Eric Savill, der im stillen jahrelang ausgedehnte Waldflächen von Windsor in Traumgärten verwandelt hat. Obwohl als private Gärten angelegt, werden sie doch jedem freundlich geöffnet, der sie sehen möchte. Größe und Art ihrer Bepflanzung machen aus ihnen das beste Beispiel moderner englischer Gartenanlagen, und sie stellen vielleicht den wichtigsten Beitrag zur Landschaftsgärtnerei im England des 20. Jahrhunderts dar.

Da fast alle größeren Ländereien aufgeteilt werden und viele große Landhäuser verschwinden, sollte es nicht schwierig sein, ein ansprechendes Besitztum zu finden und in der Art eines Nationalparks als Nationalgarten zu gestalten. Hier könnte die britische Gartenkunst auf hundert oder noch mehr Morgen Land eine sorgfältig durchdachte Folge von Gärten entstehen lassen, die von April bis Oktober geöffnet wären, um Blumenliebhaber aus aller Welt anzuziehen. Diese Idee wäre vielleicht das Hirngespinst eines Enthusiasten, wenn Keukenhof und Gent und andere internationale Blumenausstellungen nicht bewiesen hätten, daß Gartenkunst als Veranstaltung für die breiten Massen genauso Gewinne erzielen kann wie ein Fußballänderspiel, ein Motorrennen, Eishockey oder irgendeine andere öffentliche Unterhaltung.

Die Gartengestaltung muß sich dem Lebensstil anpassen, den uns die westliche Zivilisation heute auferlegt. Die Zeit der Seßhaftigkeit ist vorüber. Zweitausend Jahre lang war die europäische Kultur im Boden verwurzelt. Die Leute lebten ihr Leben bis zum Ende vorwiegend in der Stadt oder auf dem Dorf, in Schlössern, Hütten oder Landhäusern, und sie verschönerten ihre persönliche Umgebung, soweit Zeit und Wohlergehen es erlaubten. Die letzten hundert Jahre haben eine völlige Veränderung gebracht. Zunächst nur langsam und daher von uns kaum bemerkt, änderten sich unsere Reichweite und unser Tempo und die Verteilung des Besitzes, bis die zwei Weltkriege die Entwicklung technischer Erfindungen ungeheuer beschleunigten.

13. KAPITEL

Mein Garten

Dieses Buch hätte »Andrer Leute Gärten« heißen können, gäbe es diesen Titel nicht schon. Ich habe keinen eigenen Garten, und was ich gelernt habe, verdanke ich jahrelanger Arbeit auf dem Grund und Boden anderer Leute. Aber hin und wieder denke ich mir Phantasiegebilde aus, die ich eines Tages besitzen möchte.

Ich hoffe, mein Garten hat einen Boden, der weder zu kalkhaltig noch zu sauer ist und dem ich nach Belieben Torf oder Kalk zusetzen kann. Auch darf kein schwerer Lehm vorhanden sein, den erst jahrelange Knochenarbeit auflockern kann, ebensowenig ausgetrockneter Sand, dessen Wasser- und Düngemittelbedarf nie zu sättigen wäre.

Ich wünsche mir einen kleinen, einfachen Garten; die Arbeitskraft eines Mannes, vielleicht meine, muß genügen, und auf keinen Fall soll der Garten so groß sein, daß ich ein ganzes Arsenal mechanischer Gerätschaften brauche oder gar einen ganztags tätigen Mechaniker, der den Maschinenpark in Ordnung hält. Wie gut der Boden auch sein mag, zuallererst werde ich zwei Einfriedungen für Kompost machen, je anderthalb Meter breit und drei Meter lang, mit einer einen Meter hohen Mauer. Hierhin kommt alles, was mir innerhalb weniger Monate einen schönen Vorrat an schwarzem, gutem Humusboden sichert, denn ich kenne nichts, was geeigneter wäre, einen Garten verhältnismäßig frei von Schädlingen und Krankheiten zu halten. Zeit, Mühe und Geld für Schädlingsbekämpfungsmittel werde ich begrenzen, denn chemische Präparate zerstören so leicht das empfindliche organische Gleichgewicht im Boden. Man wird durch sie vielleicht den einen oder anderen Schädling los, öffnet aber unvermeidlich Tor und Tür für viele andere.

Habe ich diese zukünftige Speisekammer des Gartens eingerichtet, so kann ich darangehen, mir das Gelände näher zu besehen. Zunächst will ich bemerken, daß ich meinen Garten in England anlegen möchte, denn alles in allem wüßte ich kein besseres Land. Gern würde ich mit einem alten Garten beginnen, wie schlecht aufgeteilt und wie vernachlässigt auch immer, denn ein paar ausgewachsene Bäume, eine alte Mauer und selbst wenige Quadratmeter guten Bodens geben mir zwanzig Jahre Vorsprung, was besonders wichtig ist, da ich so spät anfange. Zuerst werde ich alles Wertlose entfernen – Holunderbüsche, Nesselbeete und alle Bäume, die mißgestaltet und häßlich oder zu üppig sind. Überalterte Sträucher werde ich mitleidlos lichten und alle Exemplare, die ich behalten und vielleicht später verpflanzen will, zurückschneiden. Der weiche grüne Abfall kommt auf den Komposthaufen, den Rest werde ich verbrennen und die Holzasche gut aufheben. Erst wenn ich den Garten gesäubert habe und alles, was ich nicht brauche, losgeworden bin, mache ich eine genaue Übersicht auf dem Papier als Grundlage für einen späteren Plan.

Mein Garten wird sehr einfach sein. Es wird keine Staudenrabatten geben, keinen Rosengarten und keine komplizierten geometrischen Anlagen mit all dem Auspflanzen, Beschneiden der Ränder und Anbringen von Stützpfählen, das diese Art Gärten erfordert. Ein Parterreraum des Hauses oder ein umgebautes Nebengebäude wird mein Arbeitsraum werden, teils Bibliothek für Gartenbücher und Kataloge, teils Studio mit Zeichenbrett und Malgeräten, teils Geräteschuppen für all die kleinen Werkzeuge, für Schnur, Bast, Büchsen mit aufbewahrtem Samen und all das seltsame Zubehör und die Hilfsmittel, die der Gärtner stets zur Hand haben muß.

Eine Wand meines Arbeitsraums soll ein einziges Fenster sein, davor ein ebenso breiter Arbeitstisch mit einem Platz zum Zeichnen und einem zum Schreiben. Die Wände werden getüncht sein, der Boden wird aus Ziegelsteinen bestehen, ein Kamin und Stühle für eine Plauderstunde sind da und mindestens eine Wand voller Bücher.

Dieser Raum wird nach Süden oder Westen auf meinen Arbeitsgarten hinausgehen, den ich genau wie einen jener schwarzlackierten Tuschkästen anlegen werde. Ich stelle mir diesen Arbeitsgarten als ein rechteckiges Stück Land vor, so groß, daß ich es ohne Mühe bearbeiten kann. Mit Glück oder Geschicklichkeit oder beidem werden Ost- und Nordseite durch hohe Mauern geschützt, und die anderen Seiten werde ich mit einer niedrigen Mauer oder einer anderthalb Meter hohen Eiben- oder Buchsbaumhecke umgeben. Am Fuße der Mauern sehe ich ein etwa einen Meter breites Beet für Kletterpflanzen und andere Gewächse, die die Wärme und den Schutz einer Mauer lieben. Den Rest werde ich dann in kleine Beete von 1,35 bis 1,50 m im Quadrat aufteilen, die ich durch 45 cm breite Wege trenne. Diese Wege können aus hochkant gestellten Ziegeln, aus Steinen oder auch aus vorgefertigten Zementplatten von guter Textur und Farbe bestehen, alles auf jeden Fall in eine Zementmischung eingebettet, damit kein Unkraut wachsen kann. Anzahl und genaue Maße der Beete hängen von der Größe des Grundstücks ab; auf alle Fälle müssen sie von den Wegen aus leicht bearbeitet werden können. Beim Ausarbeiten dieses einfachen, kreuz und quer laufenden Musters werde ich es sicherlich zweckmäßig finden, einige Doppelbeete, 2,70 × 1,35 oder 3,00 × 1,50 m groß, anzulegen. Dieser Garten wird in der Tat sehr dem »Systemgarten« eines alten botanischen Gartens ähneln, auf dessen kleinen Beeten jeweils verschiedene Pflanzen einer Gattung gezogen werden. Er soll für mich Malkasten, Palette und Leinwand sein, und hier werde ich Pflanzen auf Blütenfarbe, Blattextur und Wachstumsweise hin studieren. Auf einige Beete werde ich Sämlinge zur Selektion setzen, auf andere Knollen und Zwiebeln, und auf manchen Beeten werde ich Pflanzen kombinieren, um Farbzusammenstellungen zu erproben. Jedes Beet wird autonom sein, eine kleine Welt für sich, deren Pflanzen mir ihre ästhetischen Möglichkeiten, ihre Vorlieben und Abneigungen offenbaren. Hier strebe ich nicht nach einer Gesamtwirkung, denn dieser Gartenteil soll mein persönliches Pflanzenmuseum sein, meine Kunstgalerie natürlicher Formen, ein Versuchsboden, von dem ich ständig lernen will. Vielleicht verwende ich hier und da auf meinen Briefmarkenbeeten einen Blütenbaum, dort nämlich, wo ich Pflanzen aufziehen möchte, die leichten Schatten lieben, und vielleicht schachte ich auch ein oder zwei Beete als Wasserbecken für Seerosen oder *Iris kaempferi* aus.

So werde ich nahe an meinem Arbeitsplatz meine Palette haben, die sich von Jahr zu Jahr und von einer Jahreszeit zur anderen verändert und bei jedem Wetter zugänglich ist und bearbeitet werden kann. Ich sehe bereits ein Quadrat mit Gruppen weißer und korallenrot gefederter, scharlach- und rosaroter Tulpen vor mir; ihr Blattwerk wird beim Verwelken überdeckt von den neuen, blaugrauen, grünen oder gelbgrün mit Weiß gestreiften Blättern der verschiedenen Funkien und von Camassien mit ihren unauffälligen, lavendelgrauen Blüten. Auf einem anderen Viereck wachsen Wolfsmilch *(Euphorbia wulfenii)*, Nieswurzen (Helleborus) und vielleicht langspornige Akelei. Auch Lilien werden da sein und Lavendel, einige altmodische Rosen und alle Federnelken, die ich auftreiben kann. Vielleicht werde ich auch ein oder zwei Quadrate mit Rittersporn haben, Pflanzen, die ich nur in einem umschlossenen Garten schätze. Hier werde ich Kurume-Azaleen auf ihre Farbwirkung in der Sonne und im Schatten hin prüfen. Primelarten, Rodgersia, Moräen und Scheinmohn (Meconopsis) werden auf Beeten mit besonders feuchtem und torfigem Boden wachsen, Sonnenröschen (Helianthemum) und Zistrosen in sandigem und trockenem Boden. Hier werde ich jene farbige Welt lebendig und wachsend vor Augen haben, die mich als Maler und Gärtner ebenso erfreut wie als Katalog- und Wörterbuchbesessenen.

Nur in einem umfriedeten Garten möchte ich Pflanzen in so offensichtlich chaotischer Weise ziehen. Dabei würde jede sorgfältige Gestaltung mit Achsen, zentralen Elementen und mit ungleichen Proportionen von Beeten und Wegen, Gras und Wasser den Reiz des Gartens zerstören und seinen Zweck zunichte machen. Deshalb soll mein Arbeitsgarten eine Wiederholung kleiner Einheiten sein, so daß er den ordentlich aufgeteilten Schubladen eines Münzsammlungsschranks oder – genauer gesagt – der Seite eines Briefmarkenalbums gleicht.

Ich kann mir meinen künftigen Garten schwer ohne das dazugehörige Haus vorstellen; das wäre, als zeichnete man einen Körper ohne Kopf. Ob das Haus groß oder klein ist, seine Wände werden mit Kletterpflanzen bedeckt sein, und davor werden andere Pflanzen wachsen. Am Haus, in vollem Sonnenlicht und gegen Wind geschützt, wird sich ein breiter gepflasterter Platz befinden, auf einer Seite vielleicht einige rechteckige Blumenbeete, von Buchsbaum oder Lavendel eingefaßt. Ich bin ein Tulpennarr und werde mir im Frühling ein oder zwei Beete mit Tulpen, Stiefmütterchen, Vergißmeinnicht, Goldlack und Tausendschönchen nicht versagen können. Im Sommer werde ich diese Beete dicht mit halbharten Einjahrsblumen besetzen. Nur ein Prophet könnte jedes Jahr wissen, was man pflanzen sollte. In einem nassen Sommer wären Zinnien ein Fehlschlag (und ich liebe weiße Zinnien und weiße Tabakpflanzen am Haus); vielleicht mache ich auch einen Versuch mit einem bunten Beet voll *Phlox drummondii*, nur um ihn dann in einem sengenden Sommer dahinwelken zu sehen. Doch lieber will ich mein Glück versuchen, als auf Petunien und Fuchsien, Ageratum, Zwergdahlien und widerstandsfähige Chrysanthemen zu verzichten – all diese farbenfrohen Blumen, die in die Nähe des Hauses gehören.

Sowenig wie das Haus kann ich das Landschaftsbild meines künftigen Gartens voraussagen. Gern hätte ich einen schnellfließenden Bach. Hat er auf seinem Weg durch den Garten ein Gefälle von einem Meter oder mehr, so werde ich ihn an drei oder vier Stellen stauen, indem ich Steine so kunstvoll plaziere, daß jeder der kleinen Wasserfälle einen anderen Ton erhält; denn eine meiner größten Freuden ist der Laut fallenden Wassers. Viel mehr würde ich wohl nicht tun, da ich mir nicht viel aus Sumpf- oder Wassergärten mache, wo sie vermeidbar sind. Wachsen dort die gelbe Schwertlilie und Mädesüß, so würde ich die wilde Schwertlilie vielleicht behutsam durch das Blau und Weiß von *Iris sibirica* und *Iris laevigata* ersetzen. Ist genügend Platz vorhanden, würde ich einige hohe, rosafarbene Mädesüß (*Filipendula rubra* ›Venusta‹) hinzufügen. Wahrscheinlich würde ich versuchen, an dem feuchten Bachufer *Primula rosea* anzusiedeln; für das helle Karminrot dieser Himalajapflanze habe ich eine besondere Vorliebe, weil die Farbe Anfang April so ungewöhnlich ist. In den Regenschauern und dem flüchtigen Sonnenschein eines zeitigen Frühjahrs sieht *Primula rosea* immer kräftig und bodenständig aus wie eine einheimische Primel. Sie ist so widerstandsfähig und fruchtbar, daß sie sich schon vor vielen Jahren an mindestens fünfzig englischen Flüssen hätte eingewöhnen können. Soviel ich weiß, ist das nie geschehen, doch werde ich mich weiter um die Verwirklichung dieses Gedankens bemühen. Auch möchte ich mir eine oder zwei Gruppen von *Primula florindae* leisten; ich weiß, daß sie verglichen mit der zarteren *Primula sikkimensis* grob ist, doch wenn sie im Juli blüht, sieht sie mit ihren großen Büscheln gelber, hängender, schlüsselblumenartiger Blüten aus, als wäre sie bei uns heimisch, und tatsächlich gewöhnt sie sich auch leicht ein. Soviel über meinen Bach. Ich hoffe, sein Lauf führt ihn auch durch Schatten, weil immer etwas Geheimnisvolles damit verbunden ist, wenn ein Wasserlauf aus dem Schatten plötzlich ins volle Sonnenlicht tritt. Um diese Wirkung zu erzielen, würde ich sogar nachhelfen und einen oder zwei einfache einheimische Bäume pflanzen.

Den Hauptteil meines Gartens wird eine Rasenfläche einnehmen, die sich vom Haus aus auf gleicher Höhe hinzieht oder vielleicht ansteigt oder abfällt. Sie mag dreißig, sechzig oder hundert Meter lang sein; ob sie aber breit oder lang ist, ob sie fällt oder ansteigt – ich werde versuchen, ihr eine Form zu geben, die in sich vollkommen ist. Diese Rasenfläche wird der lebenswichtige offene Raum sein, der alles verbindet und allem Bedeutung verleiht: dem Haus und den Hecken, den Bäumen und Beeten, dem klaren und dem bewölkten Himmel. Um all diese Elemente zu steigern, werde ich der Rasenfläche eine bestimmte, doch keine starre Form geben. Weil ich das Haus nicht als architektonisches Glanzstück sehen will, das eine formal strenge Anlage verlangt, werde ich symmetrische Linien vermeiden und unmittelbar am Haus mit geschwungenen Hecken oder einer einfachen, einheitlichen Pflanzung beginnen. Weiter entfernt werde ich die Umrisse der Rasenfläche mehr durch das Spiel von Licht und Schatten zu begrenzen versuchen, als sie durch eine strenge, grell leuchtende Bepflanzung zu unterstreichen. Ich stelle mir diesen Mittelpunkt meiner Komposition eher als eingeschlossene Fläche denn als Lichtung vor. Lichtungen – so wie man sie heute verwendet – lassen an eine Folge unregelmäßiger Aus- und Einbuchtungen mit sorgfältig gepflanzten Gruppen blühender Sträucher denken. In einer merkwürdigen Weise suggerieren sie Weite, ein Thema, das sich am besten für große Besitztümer eignet, wo man auf diese Weise immer tiefer in den Garten hineingezogen wird, um neue Wege und Ausblicke zu entdecken. Mein Garten soll jedoch klein sein, und mein Thema soll Umfriedung ausdrücken. Wenn es einen Ausblick gibt, so will ich ihn einzurahmen versuchen, so daß auch er zu der mittleren Rasenfläche gehört, die trotz ihrer scheinbaren Leere Brennpunkt und Mittelpunkt des Gartens sein wird. Denn hier treffen und vereinigen sich die Schwingungen, Bedeutungen und Eigenschaften der verschiedenen Bestandteile des übrigen Gartens zu einem Ganzen.

Da ich die englische Landschaft als Rahmen für meinen Garten gewählt habe, werde ich die Abstraktheit der Formen nicht zu weit treiben. Ich möchte nicht den Versuch machen, nach kalifornischer Art Haus und Garten miteinander zu verschmelzen, denn bei unserem Klima bedeutet das eine unbehagliche Abnormität; auch würde ich nicht danach streben, die Grundideen meines Entwurfs in einer gewollt exotischen Art zu verkörpern. Die Stimmung, die ich vor allem hervorrufen möchte, ist Entspannung, leicht und ungezwungen vermittelt durch einen Garten, in dem Pflanzen, wie selten und fremd sie auch sein mögen, ganz bescheiden und natürlich heranwachsen und ihren Platz einnehmen.

Irgendwo habe ich auch das Bild einiger einheimischer Bäume im Kopf – ein paar Buchen, Eichen oder Birken, vielleicht auch Kiefern, ein kleines Haseldickicht oder einige wilde Stechpalmen. Wenn der Garten alt ist, dürften ein paar schöne Bäume da sein oder ein überwucherter Obstgarten, so daß ein Teil meines Gartens einen Blätterbaldachin hat und die Silhouette seiner Bäume die Horizontlinie unterbricht. Wenn es aber dort Tannen oder Fichten gibt – weg damit; die meisten kleinen Gärten sehen ohne sie besser aus. Eine gut gewachsene einzelne Roßkastanie oder Sykomore würde ich wohl stehenlassen; doch unverzüglich würde ich beide entfernen, wenn sie an einer Stelle stünden, die ich bepflanzen möchte: Kastanienbäume, weil in ihrem feuchten, kalten Schatten selbst Efeu kaum gedeiht, und Sykomoren, weil sie in ihrer Jugend so reizlos sind und weil ihr wenig anmutiges Laub gewöhnlich im Juli durch Krankheit schwarz wird. Kanadische Pappeln hätten das gleiche Schicksal.

Vielleicht wird sich meine Rasenfläche bis zum Fuß der nächsten Bäume erstrecken. Dann werde ich ihre Grenze durch eine dichte

Pflanzung großer Sträucher kenntlich machen, die ich mehr nach der Wirkung ihrer Masse und Textur als nach ihrer Blütenfarbe auswähle. Ich könnte Buchsbaum oder Eibe oder vielleicht auch Rhododendron, Schneeball (Viburnum) oder Cotoneaster verwenden. Da sie die äußere Grenze des Rasens bilden, sollen sie nicht zu auffällig in der Farbe sein. Das Scharlachrot oder das kräftige Rosenrot bestimmter Rhododendren würde beispielsweise die ganze Perspektive verfälschen. Ob mein Rasen frei oder im Schatten liegt, immer würde ich ihn mit sorgsam abgestuftem Grün umgeben und sonst blasse Farben wählen – Creme, Blaßgelb, ein zartes Rosa, ein blaues Violett für volles Sonnenlicht und viel Weiß mit hellem Violett, dazu Akzente von Korallenrot für Halbschatten und Schatten. Ich mag weiße Blumen, vor allem Kamelien, Rosen, Rhododendron, Schneeball und Hortensien, das seidige Weiß der *Romneya coulteri*, die violettweiße Seide der Waldanemonen und des Pfeifenstrauchs Philadelphus ›Belle Etoile‹, das eisige Schneeweiß bestimmter Kamelien und der gefüllten weißen *Rosa rugosa*. Durch Nebeneinanderstellung kann man diese verschiedenen Weißtöne hervorheben und herausstellen, oder man kann sie durch Kontraste und Reflexion verstärken.

In einem so kleinen Garten muß ich mit Blumenfarbe sehr behutsam umgehen und die sensationelle und dramatische Wirkung leuchtender Farbe vermeiden, es sei denn, ich habe genügend Platz, um gelegentliche Farbausbrüche – rote, lachsfarbene, scharlachrote, tief purpurne und orangefarbene Töne – an Stellen zu verbergen, wo sie die vorherrschende ruhige Harmonie nicht sprengen.

Aber das übliche Kleid eines Gartens ist schließlich doch grün, und meine Hauptaufgabe wird darin bestehen, die Pflanzen nach der Schattierung ihres Laubs zu wählen und einzuordnen. Wenn mir nach Form, Textur und Farbabstufung ansprechende Gruppen gelingen, wird mein Garten im Rhythmus der Jahreszeiten immer Harmonie ausstrahlen. Dann erst will ich Blumenfarbe als zusätzliches Ziel und zusätzliche Freude in Betracht ziehen.

An dieser Stelle muß ich mich selbst schleunigst vor der blutarmen Methode gewisser moderner Puristen warnen, die die Forderung nach einfachster Bepflanzung in geradezu lächerlicher Weise erfüllen. Sie pflanzen zum Beispiel eine einzige Binsenart und Sumpfdotterblumen *(Caltha palustris)* in ein rechteckiges Wasserbecken im Innenhof eines eleganten modernen Hauses oder glauben mit etwas Strandhafer *(Ammophila arenaria)* und ein paar Weiden das Avantgardevokabular eines Ausstellungspavillons zu verstärken. Solche Dürftigkeit, und sie vermehrt sich zusehends, ist eine öde Verleugnung aller Gartenfreuden.

Bin ich hier voreingenommen, so bin ich aber auch tolerant und verstehe die Auflehnung eines Gartenplaners gegen die populäre Leidenschaft für lebhafte Farben um jeden Preis. Ich erinnere mich an eine etwa hundert Quadratmeter große fächerförmige Anlage von Beeten, dicht an dicht mit scharlachroten Salvien bepflanzt, die sich über einen ungepflegten Grashang in einem öffentlichen Park in Genf ergossen – ein ordinärer und gedankenloser Farbklecks, der um so mehr überrascht, als er nur wenige Meter von einem der schönsten Rosengärten Europas entfernt liegt. Als Beispiel für eine Komposition am anderen Ende der Skala fällt mir ein kleiner Garten mitten in England ein, der oft als Vorbild für gute Bepflanzung und Planung gerühmt wird. Hier sah ich unter einem grauen und bewölkten Himmel Blumenrabatten, die mit unendlicher Liebe und Mühe nach einem sorgfältig ausgedachten Schema in Purpur, Karmesinrot und Orange bepflanzt waren. Purpurrote Berberitzen und *Cotinus coggygria* ›Rubrifolius‹, Kaskaden von *Clematis* × *jackmanii*, Gruppen von *Phlox paniculata* in tyrischem Purpur und königlichem Karmesinrot und prächtig gewachsene Tigerlilien ergaben ein Gartenbild, das ebenso grell wie seltsam düster aussah.

Zwischen diesen beiden Extremen der Unter- und Übertreibung müssen wir uns vorsichtig bewegen. Ich sehe meinen grünen Rasen und seine Umgebung als den Teil meines Gartens, den ich ganz und gar als Landschaft entwerfen werde. Unabhängig von seiner Größe wird dieses Verbindungsglied zwischen dem Haus und seiner Umgebung eine Übung in Landschaftskomposition sein.

Gern würde ich meinen Rasenplatz und die ihn umgebende Bepflanzung vor dem schroffen Eindringen eines Weges bewahren. Lieber hätte ich einen Weg als äußeren Ring hinter der Anpflanzung, die den Rasenplatz säumt und ihm seine Form verleiht, und als Hauptverbindungsweg durch alle Teile des Gartens. Zunächst soll er etwas streng seitlich vom Haus zwischen Blumenbeeten verlaufen. Hier kann er mit Steinen oder Ziegeln belegt sein, doch im weiteren wird sich das Material jedem Teil des Gartens entsprechend ändern. Um sicherzugehen, daß er schnell trocknet und jedem Wetter standhält, gebe ich ihm ein Fundament von mindestens zwanzig Zentimeter Steinsplitt oder Ziegelschutt und lege eine Schicht von acht Zentimeter Asche oder grobem Kies darüber. Erst dann kommt eine Deckschicht aus gutem Sand und vielleicht fein gesiebtem und gewaschenem Erbsenkies. Erbsenkies ist besser als zerkleinerter Kies oder Steinsplitt, deren scharfe Kanten selbst die derbsten Schuhe ruinieren.

Der Weg führt von den ziemlich regelmäßig angelegten Blumenbeeten neben dem Haus durch eine Reihe untergeordneter Gartenabschnitte, die alle am Rande liegen und vom Mittelteil aus nicht zu sehen sind. Sie werden so kunstvoll oder so einfach sein, wie die Natur des Gartens und meine eigenen Möglichkeiten es erlauben. Vielleicht kann ich meinen Weg durch Pflanzungen von Blütensträuchern führen, deren Größe verlangt, daß schmale Wege vom Hauptweg abzweigen, um ihn später wieder zu erreichen. Hier würde ich Halbsträucher verwenden, die ich mag, und zwar würde ich sie so pflanzen, daß sie die Härte der Wegkanten mildern. Dazu gehören Lavendel und Fingerkraut (Potentilla), Bleiwurz (Ceratostigma) und Bartblume (Caryopteris), Löwenohr (Leonotis) und Brandkraut (Phlomis), Zistrose (Cistus), Sonnenröschen (Helianthemum) und Heidekräuter. Ich würde nicht alle beisammen pflanzen und auch nicht alle verwenden, denn meine Auswahl wird vom Boden und vom Standort abhängig sein. Diesen Teil meiner Anlage betrachte ich als gärtnerische Pflanzung, die sicherlich harmonisch zusammengestellt ist, jedoch einen intimen Charakter hat: eben Garten, nicht Landschaft. Die kleinen Sträucher werden wie Vorhügel für die höheren Erhebungen all der größeren Sträucher sein, die ich in zwangloser Form ziehen möchte. Ich sage zwanglos, denn daneben werden – wenn Platz vorhanden ist – Fliederbüsche und Philadelphus, Goldregen und sonstige blühende Sträucher einen anderen und etwas strengeren Rahmen, eine Umfriedung brauchen. Zu diesen blühenden Sträuchern gehören auch die Rosen, die ich zu ziehen gedenke. Das sind Rosen, die man zu großen Büschen heranwachsen lassen kann; sie müssen nur gelegentlich etwas zurückgeschnitten werden, damit sie in Form bleiben, wobei das tote Holz entfernt wird. Mein Geschmack ist vielseitig, und ich würde die stärker wachsenden Floribundarosen, wie ›Queen Elizabeth‹, mit Strauchrosen mischen, beispielsweise mit ›Frühlingsgold‹, ›Nevada‹, *R. gallica* ›Versicolor‹, Damaszenerrosen und *R. centifolia*, oder mit den reizenden, reich- und immerblühenden Rosen wie ›General MacArthur‹, ›Ulrich Brunner‹ und ›Caroline Testout‹. Auch würde ich Moschusrosenhybriden, wie ›Penelope‹ und ›Pax‹, nicht auslassen. In diesem Teil des Gartens sehe ich zwischen den Rosenbüschen dichte Gruppen von Stauden, die für meinen »Systemgarten« zu kräftig wachsen, auf die ich jedoch nicht verzichten möchte: Staudenpäonien und Wiesenraute (Thalictrum) und ein Dutzend Sorten von *Phlox paniculata* wegen ihrer frischen Farben und ihrer Lieblichkeit im Spätsommer, dazu alle Sorten von Herbstanemonen, deren ich habhaft werden könnte. Ich würde Kaiserkronen haben und Riesenhyazinthen *(Galtonia candicans)*, Madonnenlilien *(Lilium candidum)* und breit gepflanzte Gruppen bestimmter Tulpen, Cottage und Rembrandt, die dort bleiben und jedes Jahr wiederkommen. Auf diese Weise werden zwar die einzelnen Blüten kleiner, doch die Gruppen breiten sich immer weiter aus und bilden Buketts, die in jedem Jahr größer werden. Zwischen all diesen Pflanzen verläuft mein Weg, der mit *Saxifraga umbrosa*, Frauenmantel (Alchemilla) oder mit dem schönen Blattwerk der Bergenien oder Funkien ordentlich eingefaßt ist.

An dieser Stelle unseres imaginären Spaziergangs können wir anhalten und uns mit der Frage des Küchengartens auseinandersetzen. Ich betrachte ihn als Luxus – er wäre mein bescheidenes Gegenstück zu der Jacht oder dem Rennstall des reichen Mannes. Ich brauche seinen Ertrag, möchte aber nicht dafür arbeiten. Im Augenblick jedoch stelle ich mir einen gepflegten Küchengarten vor, der durch den Weg in vier Teile geteilt wird, alle säuberlich mit Buchsbaum eingefaßt. Wenn eine Buchsbaumeinfassung auch Schnecken beherbergt, geschnitten werden muß und im allgemeinen das Kreuz des Gärtners ist, möchte ich doch keinen Küchengarten ohne Buchsbaumeinfassung haben und auch nicht ohne ordentlich gezogene Spalierbäume mit Äpfeln und Birnen. In meinen vier Vierteln will ich nur solche Gemüsearten ziehen, deren Geschmack zerstört wird, wenn mehr als eine Stunde zwischen Ernte und Zubereitung verstreicht – wie Spargel, grüne Erbsen, neue Kartoffeln und kleine Karotten. Sollte ich jemals diesen Küchengarten besitzen, so werde ich keine Kosten scheuen und alle Wege entweder asphaltieren, wobei ich in die letzte Bitumenschicht Kies einwalze, oder rauhen Beton verwenden und im Abstand von einem Meter bündig abschließende Holzlatten als Dehnungsfugen einsetzen, was auch die Entstehung von Rissen verhindert. Unkraut auf Wegen zu jäten ist eine entsetzliche Zeitverschwendung, und die Anwendung von Herbiziden bedeutet den Tod jeglichen Gewächses an den Rändern.

Wir haben uns so weit über die Grenzen unseres bescheidenen Gartentraums hinausgewagt, daß wir, statt in den Küchengarten zu gehen, ebensogut den Schatten eines »Nußwegs« aufsuchen können; einen Nußweg anzulegen ist ein schöner alter Gartenbrauch, den man ziemlich mühelos aufgreifen kann. Der Weg ist hier ungefähr anderthalb Meter breit; zu beiden Seiten werde ich Haselnußsträucher im Abstand von knapp zwei Metern pflanzen. Innerhalb weniger Jahre werden sie Gruppen dunkelbrauner Stämme bilden, die sich nach oben und außen wölben und sich über dem Weg schließen. Im Schatten von Haselnußsträuchern gedeihen eine Menge Pflanzen besonders gut. Hier werden Primeln wachsen, vor allem die gefüllten hellvioletten, wenn ich sie finde, *Anemone apennina, Anemone blanda, Anemone × fulgens,* Leberblümchen (Hepatica), Nieswurz (Helleborus), das Kaukasusvergißmeinnicht *(Brunnera macrophylla),* Fingerhut vielleicht, Zwergglockenblumen und so viele Zwergnarzissen und Tulpenarten, Scilla, Traubenhyazinthen (Muscari), Chionodoxa und andere kleine Zwiebelgewächse, wie ich mir nur leisten kann.

An dieser Stelle wollen wir umkehren und den Weg zurückgehen, vorbei an den blühenden Sträuchern, um in den Schatten eines kleinen Wäldchens einzutauchen. Unter den Bäumen wird der Weg ein anderes Aussehen bekommen. Die Oberfläche wird aus Sand bestehen, Moos wächst allmählich darüber, und fallende Blätter bedekken ihn. Gelegentliches Harken hält ihn in Ordnung. Ist das Fundament solide, so werden hier nur kleine Unkräuter und Gras wachsen, die keinen Kummer machen, denn üppiges Unkraut verlangt einen besseren Boden, als hier zu finden sein wird. Im Osten der

USA sieht man in Gehölzgärten häufig Wege, die dicht mit Kiefern-nadeln oder Lohe oder einer Mischung aus beidem bedeckt sind. Es läuft sich angenehm darauf, und Unkraut kommt kaum durch.

Hier im Wald, vom Haus aus nicht zu sehen, kann ich mit schat-tenliebenden Pflanzen experimentieren; Rhododendren zum Bei-spiel, Azaleen oder Hortensien in so leuchtenden oder gedämpften Farbtönungen, wie ich es gerade möchte. Die Wahl meiner Pflanzen wird von der Art des Waldes abhängen. Vielleicht ist es besser, wenn die Baumstämme nicht verdeckt werden – dann werde ich meine Pflanzung niedrig halten. Ich könnte Schwalbenwurzenzian *(Gentiana asclepiadea)* flächenweise pflanzen, dazu Kirengeshoma, die Schattenblume (Smilacina), Tigerlilien, Gemeinen Hundszahn *(Erythronium dens-canis),* Waldlilien (Trillium) und Farne. Sie alle gedeihen gut, wenn der Boden tief, feucht und leicht sauer ist. In trockenerem und sandigerem Boden würde ich eher sorgfältig aus-gewählten weißen und blaßrosa Fingerhut in Gruppen anpflanzen. So oder so aber werde ich versuchen, die Pflanzung sehr einfach zu halten, nur wenige Arten zu ziehen, diese aber voll auszunutzen, denn ich habe zu viele schattige Wälder und Dickichte gesehen, die durch überkomplizierte und unruhige Pflanzungen verdorben wurden.

Jetzt sind wir bereits durch den Wald auf offenes Wiesengelände gekommen, wo jeder klar abgegrenzte Weg fehl am Platze wäre. Trotzdem behalte ich das Fundament bei und bedecke die Oberflä-che wiederum mit Sand, lasse aber Gras darauf wachsen. Der Weg wird schnell trocknen und eine angenehme Oberfläche haben, die sich durch gelegentliches Mähen in Ordnung halten läßt.

Hier finde ich vielleicht den Bach, den ich mir wünsche, oder zumindest einen Teich, den ich mit der gleichen Zurückhaltung wie den Bach behandeln würde. Im Gras möchte ich gern zwei Wiesen-pflanzen ansiedeln. Die eine ist der wilde blaue Storchschnabel (Geranium). Wo die Wiesen der Yorkshiretäler zu kieseligen, erlen-beschatteten Wildbächen abfallen, in denen Wasseramseln und Bachstelzen beim Singsang des plätschernden Wassers von Stein zu Stein hüpfen, bedeckt er große Flächen mit seinem zarten Blau. Für diese Blumen möchte ich eine Fläche freimachen und umgraben, groß genug für hundert Pflanzen, in der Hoffnung, daß sie hier gedeihen und heimisch werden. Wenn nicht, so sei's drum. Der purpurrote Wiesensalbei *(Salvia × superba)* ist eine andere Wildpflanze, die bei mir so natürlich zwischen den Wiesengräsern wachsen soll wie an den Straßenrändern in der Ile de France, wo man sie neben gelbem Rainfarn und milchigblauer Wegwarte findet.

Bis hierhin habe ich einen schon recht anspruchsvollen Wunschgarten geschildert. Jetzt fehlt nur noch ein kleines Gewächshaus, in dem ich Pflanzen aus Samen und Stecklingen und Wintergeranien, Fuchsien und andere Topfpflanzen ziehen kann. Ich arbeite gern mit Topfpflanzen und würde sie auf Stufen, niedrige Mauern und auf meine gepflasterte Terrasse stellen, und zwar in einfachen Blumentöpfen aller Größen. Ich würde Blumenrohr (Canna) verwenden und Palmlilien (Yucca), Hedychium, *Francoa sonchifolia* var. *ramosa,* Tigerblumen (Tigridia), gelbe und weiße, zu Bällen geschnittene Wandelröschen (Lantana) und den Zwerggranatbaum *(Punica granatum* ›Nana‹), der sich so leicht aus Samen ziehen läßt und mit seinem zierlichen Laub und seinen orangescharlachroten Blüten die exakte Miniaturausgabe des Granatapfelbaums ist.

Einen Teil des Gewächshauses werde ich für die blaßblaue Bleiwurz *(Plumbago capensis)* reservieren und besonders für *Jasminum polyanthum,* denn dann könnte ich während der Wintermonate Zweige mit den rötlichbraunen Knospen und den stark duftenden weißen Blüten schneiden. Ich werde auch Platz brauchen für Schalen und Gefäße mit Zwiebeln der Narzissensorte ›Paper White‹, um sie zu Weihnachten ins Haus zu bringen; außerdem will ich einige Römische Hyazinthen *(Bellevalia romana),* wohlriechende, cremefarbene Freesien und andere Frühlingsblumen hier unterbringen; immer werden so viele Blumen vorhanden sein, daß ich eine kleine Vase füllen und so die dunklen Wintertage beleben kann. In zwei warmen Frühbeeten neben dem Gewächshaus möchte ich für meine Blumenbeete halbharte Annuelle ziehen, die ich als kräftige Pflanzen etwa in der dritten Maiwoche auspflanzen kann.

Wo immer ich meinen Garten anlege – die wesentlichen Bestandteile werden sich nicht ändern: vor dem Haus eine wohlüberlegt komponierte »Landschaft«, so ruhig, daß man ihrer nicht müde wird; in der Nähe ein Arbeitsgarten. Diese beiden Hauptbestandteile werden durch Elemente ergänzt, die sich nach der umgebenden

Landschaft, dem Boden, der Lage des Grundstücks und auch nach meinem Geldbeutel richten. Den Aufbau eines nicht existierenden Gartens zu beschreiben bedeutet leider nur, einen Katalog zusammenzustellen. Mauern, Wege, Bäume, Sträucher, Rasenflächen und Terrassen, Listen von Pflanzennamen, Geräteschuppen, Gewächshaus, Parkraum und alles übrige sind wie einzelne Teile in einer Spielzeugschachtel, die man zusammensetzt, damit das Gefüge eines Gartens entsteht. Wäre das alles, so wäre es ein langsamer und trockener Vorgang, die bloße Anwendung von Technik und Erfahrung, um das äußere Erscheinungsbild eines winzigen Fleckchens Erde zu ändern – eines unendlich kleinen Punktes auf der Oberfläche des Planeten. Es wäre ein Zeitvertreib wie jeder andere, nicht mehr und nicht weniger konstruktiv, als Patiencen zu legen oder Puzzles zusammenzusetzen.

Nur dann lebt ein Garten wirklich, wenn er ein Ausdruck des Glaubens, die Verkörperung einer Hoffnung und ein Loblied ist. Das sind hochtrabende Worte, doch wo immer ich mir ein Ziel stecke, hoch oder niedrig, das Ergebnis kann der Idee im besten Falle nahekommen, und eine zu bescheidene Zielsetzung führt leicht zu unbedeutender Leistung. Ich verwende das Wort Ziel vielleicht zu nachlässig, denn bei jedem Garten, den ich zu gestalten suche, habe ich gewiß viele Ziele vor Augen. Das erste ist vielleicht ganz einfach: einen Ort schöner zu verlassen, als ich ihn vorfinde. Das ist an sich ein subjektives Ziel, eines, das mich persönlich befriedigt und mit meinen eigenen, unvermeidlich subjektiven Vorstellungen von Schönheit zu tun hat. Daher muß es mein nächstes Ziel sein, den Standpunkt anderer zu verstehen. Wird mein Garten ihnen die Botschaft vermitteln, die er für mich hat? So erweitert sich mein Ziel und schließt das Verständnis meiner Mitmenschen ein. Doch auch das kann noch nicht alles sein. Ich muß die Natur aller Vorgänge, aus denen der Garten erwächst, verstehen, den Rhythmus der wirkenden Kräfte, und erkennen, wo bei einem Vorgang dieser Rhythmus stockt und schwankt und nur durch einen Stimulus in einem ganz bestimmten Augenblick wieder einsetzen kann. Es gibt den Rhythmus sowohl bei allen menschlichen wie bei allen pflanzlichen Entwicklungsvorgängen: Menschen können wie Bäume nur zu bestimmten Zeiten verpflanzt werden. Ich zeichne und zeichne und suche nach einer Komposition, die erst gelingt, wenn die Zeit reif ist; manchmal sofort, manchmal nach Stunden, vielleicht auch erst nach tagelanger Arbeit. Natürlich ergibt sich die Antwort aus der Aufgabe, und ich finde die Lösung nur so schnell und so eindeutig, wie ich sämtliche oder genügend Faktoren des Problems erkenne. Es ist also für die Erreichung meines Zieles notwendig, daß ich klar denke. Man sieht jetzt, wohin das führt: Klares Denken kommt nur aus einem weisen Herzen. Aber wo finde ich die Weisheit des Herzens? Das alles habe ich zu bedenken, wenn ich mich mit Problemen des Zeichnens und des Komponierens auf dem Papier herumschlage, mit der mühsamen Kleinarbeit der Kalkulationen und Preislisten, den Schwierigkeiten der Ausführung, mit den zufälligen Launen der Pflanzen und Menschen, des Bodens und des Wetters, denen allen Zugeständnisse zu machen ich bereit sein muß.

Ich bin zu lebenslanger Disziplin gezwungen, zu einem notwendigen und fortwährenden Auf-der-Hut-Sein, daß Eifer sich nicht in Übellaunigkeit verwandelt und Hoffnungen, die nicht auf soliden Tatsachen beruhen, nicht in Verzweiflung untergehen oder in frivolem Zynismus verdorren.

Wenn ich meinen eigenen Garten schaffe, so kann seine Form kaum etwas anderes denn ein Spiegelbild seines Gestalters sein. Wenn er »ideal« sein soll, dann muß ich auch ein Ideal, ein eigenes Ziel haben. Wie für den Maler, den Bildhauer oder irgendeinen anderen Künstler erhebt sich also auch für den Gartengestalter die Frage: Welche Werte versucht er auszudrücken? Mir scheint, bis zu einem gewissen Grade hat er die Wahl. Er kann den leichten Weg wählen und einen Garten als Demonstration seiner technischen Geschicklichkeit und Brillanz gestalten, auf kräftige Wirkungen hinarbeiten oder seine Aufgabe als gutes oder schlechtes Geschäft betrachten und demgemäß handeln. Er kann auch versuchen, seinen Garten als ein Symbol anzusehen, und nach besten Kräften ein wohlerwogenes Gerüst schaffen, das die Natur mit Leben bedecken wird. Vielleicht helfen ihm die Umstände, seinen Garten unter das Thema »Wasser« zu stellen. Er wird dann so viele Aspekte des Wassers zeigen wollen wie nur möglich: ein ruhiges Gewässer, das die zartgrünen Schatten sommerlicher Bäume, das purpurne Grau des aufkommenden Sturms oder die Helle weißer Wolken an einem klaren, blauen Himmel reflektiert; oder flaches Wasser, das schimmernd über ein Kiesbett fließt und sich in weißen Schaum verwandelt, wo es hinabfällt. Vielleicht möchte er Wasser zeigen, wie es spitzenartige Muster auf Stein oder Bronze zeichnet, oder er wählt eine der hundert anderen Arten, die verschiedenen Erscheinungsformen und Eigenschaften des Wassers aufzuzeigen.

Ich stelle mir einen anderen Garten mit einem anderen Thema vor: Hier soll der Textur und den Formen des Laubs die größte Bedeutung zukommen; ein grüner Garten, den das Auge wie einen Wald von Altdorfer erforschen möchte, Blätterschicht um Blätterschicht, von Sonne überflutet oder im Schatten liegend oder als gesprenkelte Silhouette. Mir fällt eine Sequenz aus dem japanischen Film »Rashomon« ein: eine Kamerafahrt, das Objektiv auf die allerhöchsten Zweige eines Waldes gerichtet, die sich gegen den Himmel abhoben. Als die endlose Folge von Blattmustern über die Leinwand flimmerte, jede Konfiguration mit ihrer besonderen Form und Textur, fühlte man sich als Teil dieser Welt von Bäumen, Blättern und Licht, und das gab mir, obwohl es sich um ein ganz anderes Medium handelte, ein neues Verständnis für eine ganze Dimension der Gartenkunst.

Ich könnte versuchen, in meinem Garten eine Seite der Naturkräfte besonders zu beleuchten. So könnte ich die wachsende Spitze einer Schneeglöckchen- oder einer Scillazwiebel betrachten, die Kraft und Zähigkeit, die diese Pflanzen aufwenden müssen, um ihren Weg durch das gefrorene Erdreich zu erzwingen, und dann die symmetrische Entfaltung der Blätter und Blüten, dies Gesetzen folgende anmutige Aufbrechen. Diese und andere Naturerscheinungen des Frühlings vollziehen sich meist unbemerkt. Wir nehmen sie als selbstverständlich hin und beachten sie kaum. Warum sollte ich nicht die Kräfte, die dieses heftige Wachstum hervorbringen, ganz bewußt in meinem Garten würdigen? Warum nicht einen Teil so planen und bepflanzen, daß meine Aufmerksamkeit auf diese eine Seite der Natur gezogen wird und dadurch vielleicht mein Verständnis für sie wächst?

Nach dem Winterling und den Schneeglöckchen lugt der Krokus als nächster hervor, und dann kündigen die frühen Osterglocken all die Spitzen der Frühlingshyazinthen und die geordneten Scharen der

Tulpen an. Die dicken Knospen der Kaiserkronen kommen heraus, wenn sich die Rosetten der Königslilie *(Lilium regale)* öffnen und die dunkelrotbraunen Triebe der Pfingstrosen erscheinen, die bald ihr junges Frühlingslaub in schönster Vollendung entfalten. Aus schwarzem Schlamm brechen die unglaublichen Spathen des *Lysichiton camtschatcensis* und des Feuerkolbens (Arisaema) hervor, und unter den Bäumen wird der Waldboden von zwei weiteren bescheidenen Arazeen durchstoßen, dem einheimischen Aronstab *Arum maculatum* und *Arisarum proboscideum*. Kaum daß die Farne die feuchte Frühlingserde durchbrechen, beginnen die eingerollten Triebe der jungen Wedel auch schon, sich in den Spitzbogen- und Schneckenformen eines gotischen Bischofsstabes aufzurollen, und die blaugrauen Spitzen der Schwertlilien schießen wachstumsbegierig aus dem Boden.

Das sind die Riten des Frühlings. Die Erde dreht sich, innerhalb weniger sonnenwarmer Stunden weicht das Eis, und die ausgefransten lilafarbenen Glöckchen der Soldanella heben sich in einer dunklen Erdmulde gegen den letzten Schnee ab.

Auf diese Weise nimmt mein Phantasiegarten vielerlei Formen an, und jede hat ihre Besonderheiten. Manchmal stelle ich ihn mir als sandige Vertiefung vor, von Dünen umgeben, die mit Strandhafer *(Ammophila arenaria)* als Schutz gegen die wechselnden Winde bepflanzt sind. Jenseits der Dünen rollt und donnert die graublaue See, bis der Rhythmus wechselt – dann weicht das Meer zurück, und es bleiben lange, ebene Sandflächen, die in der Sonne glitzern. Mein Garten wiederholt in pflanzlichen Formen die Gestalt und Farbe der Wellen. Ein Dickicht aus silbrigem Sanddorn *(Hippophaë rhamnoides)* und meergrüne Polster aus Melde (Atriplex) schützen weite Pflanzungen von blaugrauen Kugeldisteln (Echinops) und Edeldisteln (Eryngium), der statischen Strauchveronika *(Hebe hulkeana)*, von Teucrium, silbrigem Heiligenkraut (Santolina), Zistrosen (Cistus), *Buddleja alternifolia,* Senecio, darunter *Senecio cineraria,* und Meerkohl *(Crambe maritima);* alle diese Pflanzen sind silbern bewehrt, um den Kampf mit dem sandigen Boden in diesem sonnigen, luftigen Garten bestehen zu können.

Wie Wolken, die am Himmel dahinziehen, sich auflösen, um dann wieder turmhohe runde Massen, lange Bänder oder gekräuselte Schleier zu formen, jetzt gezackt und zerrissen, dann wieder im Fischschuppenmuster regelmäßig über den Himmel verbreitet, so formen sich auch die Muster meines Gartens immer wieder von neuem. Ein Blatt, ein Zweig, eine Steinstufe unter den Füßen, das Tröpfeln von Wasser, der Moschusduft eines Alpenveilchens, an dessen Topf man nur zu klopfen braucht, um am Klang zu erkennen, ob es gegossen werden muß – solche flüchtigen Eindrücke können eine Tür öffnen und eine ganze Welt von Gartenbildern entstehen lassen. Jede Sekunde ist neu, und in jeder Sekunde sind hundert Gärten mitenthalten; da geht die Sonne unter, plötzlich schwatzt es in den Kiefern, und in der Abendstille durchfliegen acht Elstern die Luft, lassen sich einen Augenblick in dem kurzen Gras nieder, wo das Hasenglöckchen blüht, um dann mit Lockrufen auseinanderzufliegen und einzeln zu den Bäumen zurückzuschwirren. An einer anderen Stelle sitzen Schmetterlinge, Pfauenauge und Admiral, dicht auf den purpurnen, honigduftenden Rispen der Buddleja. Unterhalb des großen Steinhauses ist ein quadratischer Rasenplatz, von dunkelgrünen Eibenhecken eingefaßt, ein weißer Pfau entfaltet hier sein prachtvolles Gefieder und schlägt ein Rad. Dort, wo eine rostrote Ziegelbrücke den Graben überspannt, hängen die Blütendolden alten Persischen Flieders über moosgrünem Wasser, wo später Libellen die Goldkarpfen zu necken scheinen.

So wechseln die leuchtend bunten Eindrücke wie in einem Kaleidoskop, und bei jeder Drehung entsteht ein neues Gartenbild, das zeitlich und räumlich abgemessen ist, wo jedes Blatt, obwohl es seit langem tot und verwelkt ist, wieder Knospen treibt und wo das Gespinst des Altweibersommers den Tau eines längst vergangenen Morgens für immer einfängt.

Manchmal kommt mir mein Garten wie eine Fata Morgana vor, die immer wieder verschwindet. Wenn sich aber dieses wechselnde Traumbild je verwirklichen sollte, so wird es beglückend sein; denn wo immer er liegen und welche Gestalt und Größe er haben mag – wie alle Gärten wird mein Garten eine Welt für sich sein und für mich.

Register

389

Blumen für jeden Tag

Von Margery Fish. 284 Seiten mit 16 farbigen Abbildungen sowie einer einfarbigen Zeichnung, Register, kartoniert (DuMont Taschenbücher, Band 277)

In diesem erstmals 1965 erschienenen Band hielt die renommierte Gartengestalterin Margery Fish in Form eines nach Monaten gegliederten persönlichen ›Tagebuchs‹ Beobachtungen, Arbeiten und Erfahrungen in ihrem Garten in East Lambrook Manor fest. Sie stellt grundlegende Überlegungen zur Gestaltung an, beschreibt anschaulich die praktische Umsetzung und setzt sich liebevoll und detailliert mit den einzelnen Pflanzen, ihren Besonderheiten und ihrer Pflege auseinander. So fließt in die persönliche Schilderung ›ganz nebenbei‹ eine Menge fundierter Sachinformation ein.